NEUKIRCHENER

Klaus Koch

Vor der Wende
der Zeiten

Beiträge zur apokalyptischen Literatur

Gesammelte Aufsätze
Band 3

Herausgegeben von
Uwe Gleßmer und Martin Krause

Neukirchener

© 1996
Neukirchener Verlag
Verlagsgesellschaft des Erziehungsvereins mbH,
Neukirchen-Vluyn
Alle Rechte vorbehalten
Umschlaggestaltung: Hartmut Namislow
Satz und Druckvorlage: Uwe Gleßmer
Gesamtherstellung: Breklumer Druckerei Manfred Siegel KG
Printed in Germany
ISBN 3-7887-1606-1

Die Deutsche Bibliothek – CIP-Einheitsaufnahme

Koch, Klaus:
Gesammelte Aufsätze / Klaus Koch. – Neukirchen-Vluyn:
Neukirchener
NE: Koch, Klaus: [Sammlung]
Bd. 3. Vor der Wende der Zeiten: Beiträge zur apokalyptischen
Literatur / hrsg. von Uwe Glessmer und Martin Krause. – 1996
ISBN 3-7887-1606-1
NE: Glessmer, Uwe [Hrsg.]

Inhalt

II. Zur Vorgeschichte der Apokalyptik

IV. Anhang

Vorwort der Herausgeber

"Wir sind gezwungen,
in Bildern und Gleichnissen zu sprechen,
die nicht genau das treffen, was wir wirklich meinen."
(Heisenberg)

Im Zusammenhang mit diesem Zitat hat *Klaus Koch* sich und andere (S. 170) gefragt, ob das, was für die Naturwissenschaft gälte, nicht auch in der Theologie zu erwägen sei. - Beide Bereiche verbindet, daß Menschen versuchen, Phänomene der Wirklichkeit zu beschreiben, die durch ihre Wissenschaften in besonderer Weise *wahr*-genommen werden. Diese Beschreibungen lassen sich jedoch nur in herkömmlichen Sprachmustern vornehmen, die immer schon eine Vorgeschichte haben. So kommt neuer Erkenntnis und deren "Wahrheit" notwendig stets eine Unschärfe zu, da sie immer historisch bedingt, nie unter Absehung von Zeit und Raum zu formulieren ist. Wie die Bezugsgrößen von Zeiteinheiten und Raumvorstellungen in naturwissenschaftliche Messungen und Beschreibungen eingehen, so kann ganz ähnlich auch eine verantwortliche *Rede von Gott* nicht auf die Erarbeitung solcher Dimensionen verzichten, die einerseits in verständlichen Sprachmustern Wissen und Erkenntnisse der Gegenwart andererseits mit biblischen Bildern und Textvorgaben zusammenzudenken erlauben. Theologie kann für dieses Synthese keine *absoluten*, losgelösten Formeln finden, sondern nur ältere Texte in methodisch kontrollierbarer Weise derart verwenden, daß sie im Zusammenhang von Denkmodellen der Gegenwart "neues Leben" gewinnen - und freisetzen.

Jedoch sind Spannung, die sich aus wandelnden Weltbildern und deren Auswirkungen auf theologische Deutungen ergeben, keineswegs neu. Es war in ganz besonderem Maße Klaus Koch, der die Bemühung der apokalyptischen Literatur auf dem Hintergrund einer analogen Situation entfaltet hat. Damals, "vor der Wende der Zeiten", hat sich der Verstehenshorizont der Hebräischen Bibel einschneidend verändert: Von Gott war nicht mehr nur in Bezug auf *das Land*, sondern auf die *ganze Erde* zu sprechen, - nicht mehr nur in Bezug auf *das Volk*, sondern auf *alle Völker* und im Blick auf die gesamte Erden- und Sternenwelt. Und es ist keinesfalls so, wie es manchem christlichen Theologen leicht erscheinen mag. Nicht erst in den Gleichnissen Jesu kommt *Herrschaft Gottes* zur Sprache. Der Frage, wie angesichts neuer naturwissenschaftlicher Erkenntnisse sowie der gewandelten politischen Bedingungen der Mittelmeer- bzw. Nahost-Region, Antworten versucht werden können, hat sich apokalyptische Literatur in ihrem oft symbolischen Sprachgebrauch bereits einige Generationen "vor der Wende der Zeiten" gestellt. Wie kann, was schicksalwirkend ist, ausgesagt werden? In der Gegenwart wagen sich jedoch nicht allzu viele derjenigen, die "Altes Testament" oder

"Neues Testament" studieren und lehren, an dieses wichtige Ver-
bindungsglied zwischen beiden Testamenten heran. Deshalb ist für eine
meist nur an kanonischen Bibeltexten orientierte Theologie wegweisend,
daß - und wie methodisch reflektiert - Klaus Koch im Laufe der letzten
drei Jahrzehnte "Beiträge zur apokalyptischen Literatur" erarbeitet hat.
Sie helfen, hinter der metaforischen Sprache der Apokalyptik eine
systematische, theologische Bemühung sichtbar zu machen: Welche große
Anstrengung haben die Träger der apokalyptischen Literatur aufgewendet,
um ihren damaligen Adressaten einen erkennbaren Zusammenhang
zwischen Gott, Mensch und Welt aufzuweisen! Diese Autoren versuchen,
im Kontext der Erkenntnisse ihrer Zeit und ihrer Sprachbilder
auszusagen, wie *ein* Gott denkbar wird und bleibt, dem die Menschen
zutrauen, die Welt zu einem umfassenden endzeitlichen Heil zu führen.

Es steht außer Frage, daß sowohl das Neue Testament als auch die gegenwärtigen Bemühungen, über Offenbarung und Geschichte zu sprechen,
in vieler Hinsicht durch diese Epoche vorgeprägt sind. Diese Einsicht
nötigt zu einem produktiven Umgang mit apokalyptischer Literatur und
zur Kenntnisnahme ihres Kontextes vor und um die Zeitenwende. Wer
sich fragt, was "Wende der Zeiten" bedeutet, und sich um Rechenschaft
über Kontinuität, Fort- und Auseinanderentwicklungen im gemeinsamen
jüdisch-christlichen Erbe müht, wird nicht an den Schlüsselthemen dieser
Epoche vorbeigehen können. Daß man dieses immer wieder versucht hat,
liegt wohl daran, daß den Menschen der nach-biblischen Zeit bis heute
hin die damals entscheidenden Fragen (vor allem über einen Zusammenhang von Gott mit Zeit und Raum) z.T. einfach aus sprachlichen Gründen
fremd geworden, z.T. als mythologischer Balast erschienen sind. Für ein
Neuverständnis der Apokalyptik hat Klaus Koch in seinen Publikationen
geworben. Die hier ausgewählten zehn Beiträge sind in drei Teilen so
angeordnet, daß sie schrittweise Leserinnen und Lesern helfen, sich neu
in die Apokalyptik einzuarbeiten.

Teil I   bietet als Ausgangsbasis "Exegetische Überlegungen". Exemplarisch
wird an ihnen die *theo*-logische Bemühung deutlich, wenn leitende
Konzepte für das Denken in Zeit und Raum aus den Texten direkt
erhoben werden: (1) "Die Anfänge der Apokalyptik in Israel und die
Rolle des astronomischen Henochbuchs", (2) die Vorstellung von einer
"Sabbatstruktur der Geschichte" sowie von (3) "Weltzeiten und Weg
des Höchsten". Anhand dieser drei wichtigen Beipiele werden die
biblischen Hintergründe ebenso wie die sich im neuen Kontext ergeben-
den Probleme deutlich gemacht: etwa am Gegenüber von Schöpfungs-
denken und astrologischer Weltdeutung, die spätestens ab der hellenistischen Zeit überall in der Region Spuren hinterläßt; oder daran, daß das
Ringen um die Chronologien der bisherigen Weltzeit, das im Kultur-
kontakt der Völker und ihrer Textüberlieferungen virulent wird, sich

auch in kontroversen Konzeptbildungen bis hin zu Eingriffen in die biblischen Textüberlieferungen niederschlägt. Ähnlich wird gegenüber neuen Herausforderungen durch die Ausprägung einer Vorstellung von mehreren "Weltzeiten" im 4Esr reagiert. Diese sind nicht etwa nur nacheinander, sondern z.T. zeitlich überlappend sowie räumlich parallel zu denken. Raum und Zeit, himmlische Überwelt und irdisches Geschehen, werden im visionären Frage-Antwort-Lernprozeß nicht als zusammenhanglos begriffen. Vielmehr ergibt sich in Fortführung und Neuakzentuierung biblischer Rede über den "Weg des Höchsten", daß dieses Sprachbild dazu verhilft, Weltzeiten als gemeinsam umspannte "Geschichte" auszusagen.

Teil II fragt dann gezielt nach der Vorgeschichte und den Voraussetzungen der Apokalyptik. In einem nicht nur für die Einarbeitung sehr wegweisenden Überblick werden die Problemkreise und die forschungs- sowie religionsgeschichtlichen Bedingungen in dem Beitrag (4) "Einleitung zur Apokalyptik" benannt. Anschließend kommt die textliche Vorgeschichte im Detail weiter zur Sprache: sowohl (5) "die mysteriösen Zahlen der judäischen Könige und die apokalyptischen Jahrwochen" als auch die Linie (6) "Vom profetischen zum apokalyptischen Visionsbericht" führen die Weiterentwicklung vorgegebener biblischer Denkweisen vor Augen.

Teil III entfaltet "Zentrale Themen der Apokalyptik". Deutlich wird an ihnen, wie sie zugleich Brücken *und* Scheidewege zu Themen späterer christlicher und jüdischer Texte bereitgestellt haben. Das betrifft (7) "Erkenntnis und Fall ..." und (8) "Monotheismus und Angelologie" ähnlich wie (9) "Messias und Menschensohn" und schließlich die Vorstellungen vom (10) "Schatz im Himmel". Gerade der letzte Beitrag zeigt, wie der ältere Tun-Ergehen-Zusammenhang im Kontext von geänderten Raum- und Zeitvorstellungen "eschatologisch gestreckt" ganz entsprechend von den Autoren apokalyptischer Texte wie von denen des Neuen Testaments gedacht wird.

Teil IV bildet zu den zehn Beiträgen einen Anhang, um Hilfsmittel bereitzustellen, die einen an Benutzerbedürfnissen orientierten Zugang erleichtern. Die Literatur, wie sie in den Originalbeiträgen geboten wurde, ist jeweils von Klaus Koch um Wichtiges ergänzt worden, auf ein Gesamtverzeichnis im Anhang mußte aus Platzgründen jedoch verzichtet werden. Um trotzdem eine Übersicht zu bieten und bei nicht-kontinuierlicher Lektüre das Auffinden zu ermöglichen, ist ein "Register der Autorinnen und Autoren" angefügt. Ebenso unterstützen ein ausführliches "Sach-, Orts- und Namenregister", sowie jeweils ein hebräisches, aramäisches und griechisches Wortregister thematisch Suchende. Das "Register der Bibelstellen und antiker Dokumente" vermerkt schließlich nahezu alle entsprechenden

Bezugnahmen, so daß auch von dieser Seite her versucht ist, den Band so benutzerfreundlich wie möglich zu gestalten.

Die Beiträge in den Teilen I-III wollen die oben geschilderte Sachlogik zum Ausdruck zu bringen, wie sie sich aus der Rückschau darstellt. Nicht zu verwechseln ist diese jedoch mit der historischen *Entwicklung* der Fragestellung, die sich in den Beiträgen widerspiegelt. Das wird daran deutlich, daß es sich etwa bei dem ersten Aufsatz um die jüngste Ausarbeitung von 1996, beim letzten dagegen um die älteste von 1968 handelt. Für ihre Neuedition stellt sich damit ein Problem der Balance: Wie stark sind jüngere Erkenntnisse und Entwicklungen in die älteren Texte einzutragen? Der notwendige Kompromiß ist vom Autor und den Herausgebern schließlich so gewählt worden, daß nach Möglichkeit die Wachstumsstadien gekennzeichnet sind:

- Literaturnachträge und Textergänzungen werden zumeist am Ende angefügt und explizit bzw. grafisch durch eckige Klammern [[...]] markiert.
- Ebenso ist der historisch bedingt unterschiedliche Charakter der Beiträge nicht etwa durch zu starke formale Vereinheitlichungen verwischt.
- Eigenheiten der Rechtschreibung sind weitgehend - auch in ihrer Unterschiedlichkeit - belassen, jedoch nach Möglichkeit Inkonsequenzen innerhalb eines Aufsatzes bzw. Druckfehler beseitigt. Als Hommage an Klaus Koch haben wir durchgängig u.a. die Schreibweise Profeten gewählt.

Fünf Jahre nach den "Spuren des hebräischen Denkens" erscheint jetzt als Band III der Gesammelten Aufsätze von Klaus Koch die damals bereits avisierte Sammlung zu seinem 70. Geburtstag. Mit dem anderen, jetzt gewählten Titel "Vor der Wende der Zeiten" sollte das Interesse und Anliegen Klaus Kochs in besonderer Weise akzentuiert werden: Wie kann Rede von dem *einen* Gott, die vor über zweitausend Jahren die Denkenden bewegt hat, so aktualisiert werden, daß ihr Interesse an einer Wende im Geschick von Menschen und im Ergehen der ganzen Welt auch in der Gegenwart bedeutungsvoll zum Ausdruck kommt (mehr dazu unten S. 279)?

Dank gilt der Nordelbischen Kirche, die das theologische Engagement von Klaus Koch und das Erscheinen dieses Buches wieder mit einem Druckkostenzuschuß unterstützt hat, ebenso dem Neukirchener Verlag und Herrn Dr. V. Hampel für die verlegerische Betreuung dieses Sammelbandes.

Mit den hoffentlich zahlreichen Leserinnen und Lesern sowie den Gratulantinnen und Gratulanten zum 70. Geburtstag wünschen wir, daß es Klaus Koch auch weiterhin möglich sein möge, seine große Schaffenskraft für die notwendige theologische Wegweisung einzusetzen.

Hamburg, im August 1996
Uwe Gleßmer und *Martin Krause*

I
Exegetische Überlegungen

Die Anfänge der Apokalyptik in Israel und die Rolle des astronomischen Henochbuchs

1. Apokalyptik und Profetie

"Wir warten nach seiner Verheißung auf einen neuen Himmel und eine neue Erde, in denen Gerechtigkeit wohnt" (2Petr 3,13). Der neutestamentliche Vers faßt das Credo der Apokalyptik in einem Satz zusammen. Welche Schriften man auch immer diesem Sammelbegriff zuordnet, sie alle schauen voraus auf eine künftige, andersartige und bessere Welt, die der Schöpfer am Ende der Zeiten heraufführen wird. Das Leitwort "Gerechtigkeit" läßt erkennen, daß nicht ein kosmisches Szenario dieses Interesse bestimmt, sondern die im Namen Gottes vorgetragene Utopie einer unter sich und mit ihrem Gott endlich geeinten Menschheit; das Neue Testament spricht - wahrscheinlich im Anschluß an Dan 2 - vom Kommen der βασιλεία τοῦ θεοῦ, des "Reiches" oder der "Königsherrschaft" Gottes selbst. Indem Gerechtigkeit als ein noch ausstehendes Gut gilt, werden die gegenwärtigen Weltverhältnisse als durch und durch ungerecht qualifiziert. Dennoch sind sie nicht von vornherein gott-los, sondern dazu allmählich durch die Sünde der Menschen geworden; ein ontologischer Dualismus ist den Apokalyptikern fremd. Zu dieser Weltzeit gehört das kostbare Gut göttlicher Verheißungen, gehören Menschen, die ihnen glauben und sich damit als Bürger des künftigen Reiches qualifizieren. Mehr noch: die vorhandene Welt gründet in Gottes Schöpfung, deren Strukturen sich durchhalten; der bestehende Himmel und die zuhandene Erde spiegeln ein Stück göttlicher Herrlichkeit; denn "der Höchste hat nicht einen Aion geschaffen, sondern zwei" (4Esr 7,50).

Der Ausgang von der Idee eines bevorstenden Untergangs von nie dagewesenem Ausmaß und die Hoffung auf eine nachfolgende bessere Welt Gottes sind das Erbe israelitischer Profeten. Auf sie weist das Stichwort "Verheißung" im Eingangszitat und verwandter Literatur zurück. Das apokalyptische Schrifttum will keine völlig neue Botschaft künden, sondern entfalten, was Jesaja und seinesgleichen geäußert haben, und entschlüsseln, was bei deren Worten nur allzu rätselhaft geblieben war (vgl. Dan 9 oder die Pescharim aus Qumran). Der dem Alten Testament noch unbekannte Begriff "verheißen" ist vermutlich ein zu diesem Zweck von den Apokalyptikern geprägtes Sprachzeichen (4Esr 5,40f; 7,119; 2Bar 14,13; 51,3).

Dennoch bezeichnen sich die Apokalyptiker nicht selbst als Profeten, und das mit gutem Grund. Den beträchtlichen Unterschied zwischen den beiden Strömungen hat die Bibelwissenschaft seit anderthalb Jahrhunderten zunehmend herausgearbeitet[1]. Schon Gattung und Stil klaffen auseinander, obgleich die Apokalyptiker oft die Gattung des profetischen Visionsberichts nachahmen[2]. Zwar bleiben schon in der profetischen Gesellschaftskritik die Angegriffenen und in ihren Unheilsweissagungen die Akteure der Katastrofe meist anonym, dennoch werden die Aussagen knapp und konkret gehalten, sind auf die unmittelbar bevorstehende Zukunft bezogen, und überirdische Verursachungen werden nur mit einigen wenigen mythologischen Motiven wie der Hand, dem Feuer, dem Schwert Jahwäs angedeutet. Die Sprache der Apokalyptik dagegen ufert in eine breite, bizarre und mythologische Symbolik aus, die selbst da schwer zu fassen ist, wo sie nicht als Schauung, sondern als Deutung vorgetragen wird. Die Profetie denkt, aufs Ganze gesehen, national und regional, die Apokalyptik global, universal, oft kosmologisch. Wenngleich am Rand profetischer Kündung auch einmal vom Heil für alle Enden der Erde geredet wird (Jes 52,10) und andrerseits die Apokalyptik dem Volk des "Bundes" eine Sonderrolle einräumt, das Schwergewicht wird je anders gelagert. So wird selbst der neue Bund, den Jer 31 verheißt, nur mit dem Haus Israel und dem Haus Juda geschlossen, während dem das Gottesreich repräsentierenden apokalyptischen "Menschemsohn" alle Völker, Nationen und Sprachen zugeordnet werden (Dan 7,14). Die Profeten blicken voraus auf die Exilierung ihres Volkes und die spätere Repatriierung, damit es dann in der angestammten Heimat unter Davidabkömmlingen auf immer in *šalôm* leben kann. Einen solchen Messias für Israel kennt die Apolalyptik nur als Durchgangsstation zu einem (zweiten,) verklärten Messias, der als "Menschensohn" vom Himmel herabkommen, die Auferweckung der Toten bewerkstelligen und im neuen Aion herrschen wird[3]. Die Liste der Unterscheidungen ließe sich fortführen. Gewiß sind Überschneidungen zu beobachten; Apoklaypse und Apokalypse sind ebensowenig dasselbe wie Profet A und Profet B, doch die auffällige Kluft zwischen beiden Arten von Eschatologie und Metahistorie läßt sich nicht ernsthaft bestreiten.

Die Bibelwissenschaft hat die Differenzen aus einem beträchtlichen zeitlichen Abstand und einer tiefgreifend veränderten politischen und religiösen Lage erklärt. Die Schriftprofetie hatte ihre Blütezeit zwischen 750 und 450 v.Chr. erlebt, also während einer Epoche gewaltiger Veränderungen der altorientalischen Machtverhältnisse, in deren Gefolge Gott die Profeten sowohl den Untergang von Staat und Kult in Israel/Juda wie die nachfolgende großartige Restauration in und um Jerusalem erahnen

---

1   Vgl. die Dokumente in dem von mir und *J.M. Schmidt* herausgegebenen Sammelband "Apokalyptik" (WdF 365), 1982.
2   S. "Vom profetischen zum apokalyptischen Visionsbericht", u.S. 143-178.
3   S. "Messias und Menschensohn" u.S. 235-266.

ließ. Apokalyptische Schriften sind dagegen erst in seleukidischer Zeit mit Sicherheit zu belegen, also rund zwei bis drei Jahrhunderte später. Demnach entsprangen sie einer Zeit, in der die fremde Großmacht gefestigt dazustehen schien und im Begriff stand, sich Israels Religion zu bemächtigen und Aufweichungserscheinungen unter der eigenen Priesterschaft die Jahwäverehrung von innen bedrohten. Die Konstellationen waren also andere als zu profetischen Zeiten.

Eigenart und Entstehung der Apokalyptik in Israel pflegen die Exegeten an Hand des Buches Daniel zu exemplifizieren. Denn seit der Entdeckung dieses Schrifttums als eigenständigem Phänomen hat es als selbstverständlich gegolten, jenes Buch sei die älteste selbständig veröffentlichte Apokalypse und es habe während der Religionswirren um den Jerusalemer Tempel 167 - 164 v.Chr. seine maßgebliche Fassung erhalten. Die Faktoren, die solche Literatur hervorgerufen haben, schienen leicht zu erheben. Die Apokalyptik war demnach aus dem Widerstand konservativer Kreise gegen die hellenistische Überfremdung der Jahwäverehrung hervorgegangen und von dem Anliegen bestimmt, durch den Ausblick auf die unmittelbar bevorstehende Weltenwende bei Verfolgung oder gar Martyrium Mut und Trost zu spenden. Den Konsens faßt beispielsweise *Die Religion in Geschichte und Gegenwart* so zusammen: "Die Entstehung der jüdischen A(pokalyptik) dürfte mit dem Zurücktreten der Prophetie und der schwierigen Lage des jüdischen Volkes im hellenistischen Zeitalter zusammenhängen ... Eine entscheidende Rolle scheint die schwere Zeit unter Antiochus IV. Epiphanes gespielt zu haben"[4]. Für die aufflammende Naherwartung unter einem fast dualistischen Vorzeichen soll danach der damalige Kampf um Sein oder Nichtsein der Jerusalemer Religion die schlüssige psychologische und soziologische Erklärung liefern.

Doch die Funde aus Qumran haben die so plausibel wirkende historische Theorie über den Haufen geworfen. Denn dort sind Fragmente von Handschriften des als Apokalypse eingestuften, bislang so genannten äthiopischen Henochbuchs aufgetaucht, die aus paläografischen Gründen in den Anfang des 2. Jahrh. v.Chr. gehören, also älter sind als die Zeit Antiochos IV. und der Makkabäer. So das Ergebnis der in Einzelheiten anfechtbaren, in der Gesamtsicht aber stimmigen Veröffentlichung *The Books of Enoch* durch J.T. Milik 1976. Da es sich bei den betreffenden Manuskripten wahrscheinlich nicht um Ersttexte (Autografen) der Henochverfasser handelt, reicht die Entstehung des durch sie belegten *Buches der Wächter* (1Hen 1-36) und *astronomischen Buches* (1Hen 72-82) mindestens in das 3. Jahrh. v.Chr. zurück. Dann aber stellt sich die Frage nach dem Ursprung der Apokalyptik unter den anderen Voraussetzungen dieses Zeitabschnitts in völlig neuer Weise. Eine akute Bedrohung von

---

4   RGG³ 1,464.

Kult und Religion scheidet als Erklärungsgrund aller Wahrscheinlichkeit nach aus. Wo anders könnte ein solcher zu finden sein?

2. Das astronomische Henochbuch als Apokalyptik?

Ausgerechnet das astronomische Buch hat sich bei den Funden von Qumran als das älteste in dem Korpus von Henochschriften erwiesen. Von Experten wird es in die Perserzeit, also mindestens in das 4. vorchristliche Jahrhundert, zurückdatiert[5]. In ihm werden die Sonnen- und Mondbahn am Himmel unter dem Blickwinkel einer von Gott gesetzten Jahreslänge von 364 Tagen weitschweifig beschrieben. 364 ist eine durch 7 teilbare Zahl; insofern entspricht das hier als das durch die Schöpfung bestimmte Jahr der Sabbatstruktur von Zeit[6] und Raum, was am Beispiel von 7 Weltbergen, 7 Hauptflüssen und 7 Inseln weiter verdeutlicht wird (Kap. 77). In einem zweiten Teil wird ausgeführt, daß die Sünder unter den Menschen, aber auch unter den Sternen, von der heilsamen Ordnung abgewichen sind. Über sie wird schweres Unheil hereinbrechen. Selig dagegen werden jene "Gerechte" gepriesen, die den wahren Kalender genau einhalten.

Der Text dieser Kapitel vermittelt zwar ein himmlisches Wissen und läßt seinen Inhalt vom Erzengel Uriel dem menschlichen Betrachter "zeigen". Aber er redet nicht in rätselhafter Symbolsprache wie hernach die Apokalypsen. Von Naherwartung läßt er nichts erkennen.

---

5   *G.W. Nickelsburg*, AncBD 2,509.

6   S. "Sabbatstruktur der Geschichte" u.S. 45-76. Die Bedeutung des 364-Tage-Kalenders nicht nur für die Priesterordnungen und Kult, sondern für die Einteilung der Weltzeit stellt *J. Maier*, Die Qumran-Essener: Die Texte vom Toten Meer. III (UTB 1916), 1996 eindrucksvoll heraus; s. auch *U. Gleßmer*, The Otot-Texts (4Q319) and the Problem of Intercalations in the Context of the 364-day Calendar, in: Qumranstudien: Vorträge und Beiträge der Teilnehmer des Qumranseminars auf dem internationalen Treffen der Society of Biblical Literature, Münster, 25-26. Juli 1993; *H.-P. Müller* zum 60. Geburtstag, Schriften des Institutum Judaicum Delitzschianum; Bd. 4 (Hrg: *H.J. Fabry / A. Lange / H. Lichtenberger*), Göttingen 1996, 125-164. - Unklar bleibt bislang das Alter dieses Kalenders mit Jahresbeginn im Frühjahr. Während Ex 34,22 den Zeitpunkt der "Jahreswende" (תקופת השנה) noch auf eine Herbstsituation bezieht, wird in 2Chr 24,23 diese Angabe für einen beginnenden Kriegszug verwendet, der im Frühjahr zu denken ist (vgl. *Rudolph*, Chronikbücher, z.St.) Die Esraerzählungen setzen wahrscheinlich eine Zeitordnung voraus, die wohl auch Jahres- und Monatsbeginn an den Frühjahrsvollmond (?) koppelt, jedoch möglicherweise die Festzeiten nicht wie im 364-Tage-Kalender auf schematische, sondern auf Mondmonate bezieht, s. den Abschnitt "Die Kultzeiten der Esradenkschrift" in: *P. Frei / K. Koch*, Reichsidee und Reichsorganisation im Perserreich (OBO 55) [2]1996, 278-283.

Zwar enthält er Unheilsausblicke, aber keine Eschatologie, nicht einmal eine einzige konkrete Weissagung. Was hat das mit Apokalyptik zu tun? Die Schrift ist zwar in Qumran gefunden worden, dürfte aber nicht in dieser Gemeinde entstanden, sondern von außerhalb erworben sein.

In einem provokativ gemeinten Vortrag hat 1979 *H. Stegemann* aus 1Hen 72-82 "die eigentlichen Beweggründe für die Entstehung apokalyptischer Literatur im Judentum" abgeleitet[7]. Von da aus "zeigt sich mit aller Deutlichkeit, daß die jüdische 'Apokalyptik' in ihren Anfängen mit Prophetie, aber auch mit Eschatologie überhaupt nichts zu tun hatte". Ausschlaggebend sei vielmehr ein übernatürlich ausgewiesenes Offenbarungswissen; in diesem Fall dient es der "Sicherung der kultischen Ordnung" nach einem Kalendersystem, daß dem Lunarkalender des Pentateuch widerspricht und deshalb einer autoritativen Rechtfertigung bedarf. Genau das aber sei Apokalyptik, für die hier wie sonst Henoch als Garant stehe.

Nun läßt sich allerdings daran erinnern, daß es legitimierendes Offenbarungswissen in vielen Literaturgattungen des Altertums gibt. Profeten wie Jesaja oder Jeremia begründen ihre politischen und kultbezogenen Stellungnahmen durch eine ihnen zu Teil gewordene göttliche Offenbarung. Die Berufung auf derartige geheime Erfahrungen reichen in Israels Umwelt weit über den mantischen Bereich hinaus. Babylonisch-assyrische Rituale werden häufig auf eine Gottesbotschaft bzw. ein von Berufenen vernommenes göttliches Zwiegespräch zurückgeführt[8]. Eine einfache Gleichsetzung solchen Geheimwissens mit Apokalyptik raubt diesem Begriff jegliche Präzision.

Anders als Stegemann sehen deshalb die meisten Ausleger 1Hen 72-82 als eine ursprünglich eigenständige vorapokalyptische und wohl weisheitliche Schrift an. Damit ist aber die von Stegemann aufgegriffene Fragestellung nicht aus der Welt geschafft, sondern nur verschoben. Jüngere, eindeutig als apokalyptisch klassifizierte Teile der Henochsammlung wie das Buch der Wächter und das der Träume (1Hen 1-36; 83-91) greifen vermutlich auf das astronomische Buch zurück; auf jeden Fall ist es (nachträglich) zwischen diesen eingeordnet worden. Damit ist dem astronomischen Komplex irgendwann apokalyptische Kompetenz zugelegt worden. Warum geschah das? Was bedeutet es für die Ausbildung der Apokalyptik in Israel?

---

7 Die Bedeutung der Qumranfunde für die Erforschung der Apokalyptik, in: *D. Hellholm* (Hg.), Apocalypticism in the Mediterranean World and the Near East, 1983=[2]1989, 495-530.
8 So besonders Rituale des Marduk-Ea Typs, vgl. z.B. TUAT 2,196-199.

Im Folgenden sollen nicht die astronomischen Beobachtungen und Theorien oder ihre wahrscheinliche babylonische Abkunft untersucht werden. Darüber hat M. Albani ausgiebig mit einer Sachkenntnis geschrieben, die mir abgeht[9]. Vielmehr soll den metaphysischen Erklärungen nachgegangen werden, die über den rein astronomischen Befund und die damit gekoppelte Zahlensymbolik hinausgehen, darüber hinaus aber auch dem überlieferungsgeschichtlichen Wachstum, in dem sich eine zunehmende Apokalyptisierung des Stoffes abzuzeichnen scheint.

3. Aramäische und äthiopische Fassung - Erstkomposition und Redaktion

Ehe auf die Anliegen des astronomischen Buchs und seine mögliche Beziehung zur Apokalyptik eingegangen wird, ist unumgänglich, die text- und literarkritische Verhältnisse zu erörtern.

In Qumran sind Fragmente von vier Handschriften des astronomischen Buchs entdeckt worden. Nach dem bisherigen Befund handelte es sich bei allen um Rollen, die keine weiteren Stücke der äthiopisch vorliegenden Henochsammlung enthalten hatten. Umgekehrt wiesen die Qumran-Handschriften von Wächter-, Traum- und paränetischem Buch (1Hen 1-36; 83-91; 91-107) keine Parallelen zu Kap. 72-82, also dem astronomischen Teil, auf. Demnach gab es einst eine selbständige astronomische Schrift. Der in Qumran zu Tage tretende Überlieferungsstrom hat also deren Thematik als andersartig gegenüber dem apokalptischen Material empfunden. Warum ist dann auf "nachqumranischer" Stufe beides miteinander verschmolzen worden?

Von Belang ist weiter, daß der Text der astronomischen Qumranhandschriften keineswegs der äthiopischen Wiedergabe genau entspricht. Beide Versionen weichen hier voneinander in einem Maß ab wie sonst nirgends im 1.Henoch. Von dem Manuskript 4QEnastr[a] sind nur Bruchstücke eines synchronistischen Kalenders zum Verhältnis von Sonnen- und Mondlauf erhalten, wozu es in Kap. 72-82[äth] kein Gegenstück gibt; dort bringen Kap. 73;74 eine Art Zusammenfassung, die in der aramäischen Vorstufe entweder jenem Kalender nachgefolgt war oder vom Übersetzer an dessen Stelle gesetzt worden ist. Bruchstücke dieses Kalenders finden sich weiter in 4QEnastr[b], wo Abschnitte von Kap. 76-79 folgen. 4QEnastr[c] bietet ebenfalls Reste dieser Kapitel. 4QEnastr[d] bringt eine mutmaßliche Fortsetzung zu Kap. 82, wo der Text im Äthiopischen abrupt abbricht. Daraus wird allgemein der Schluß gezogen, "daß es sich bei dem äthiopischen Text um eine verkürzte Version des sehr umfangreichen aramäi-

---

9 M. *Albani*, Astronomie und Schöpfungsglaube (WMANT 68) 1994; s. auch U. *Gleßmer*, Das astronomische Henochbuch als Studienobjekt, BN 36 (1987) 69-129.

schen Originals handelt"[10]. Umstritten ist das Verhältnis des synchronistischen Kalenders zu Kap. 72-75. Die Ansicht hat einiges für sich, daß
schon die aramäische Vorlage mit Kap. 72, der Beschreibung des Sonnenlaufs durch Himmelstore, eingesetzt und daran den synchronistischen
Kalender angeschlossen hatte[11]. Ist dieser dann "simply omitted by the
Greek translator", so daß Kap. 73 das Original fortgesetzt wird, oder hat
der Übersetzer "in 73:1 - 74:9 or only in 74:3-9" eine eigene Zusammenfassung eingefügt[12]? Kap. 76-82 entsprechen sich ungefähr in beiden
Versionen. Nur scheinen einige Umstellungen stattgefunden zu haben;
79,3-5 haben im aramäischen Text vor 78,17; 79,1 gestanden; die 82,9ff als
Anhang auftauchenden Sternennamen könnten einst vor Kap. 79[13] oder
danach[14] ihren Platz gehabt haben.

Die äthiopisch erhaltene kürzere Fassung wird durchweg auf das Konto
der Übersetzer[15] zurückgeführt, und zwar meist auf den als Zwischenstufe vorauszusetzenden griechischen Übersetzer (obwohl im Unterschied
zu andern Henochkapiteln hier keine nennenswerten griechischen Manuskripte erhalten sind). Denkbar wäre allerdings auch die Alternative, daß
die Kürzungen und Umstellungen, die jetzt der äthiopische Text aufweist,
einer vor den Übersetzungen liegenden aramäischen Redaktion zuzu-
weisen sind und einer Absicht entsprangen, den astronomischen Henoch
in den Rahmen des apokalyptischen Henoch einzustellen. Denn einige
Differenzen zwischen den vorliegenden aramäischen und äthiopischen
Fassungen lassen auf ein verändertes Anliegen und regelrechte Überarbeitung schließen. Ein Beispiel sei herausgegriffen.

Aufschlußreich erweist sich die Schnittstelle zwischen den beiden
Themenkreisen des astronomischen Buches. Es gliedert sich, formge-
schichtlich wie inhaltlich gesehen, deutlich in zwei verschiedene Teile. Der
erste umfaßt Kap. 72-79. In ihm "zeigt" (äth. *raʾja* / aram. חזה, im
Kausativ) Uriel dem Menschen die "Gesetze" (72,1; 73,1; 74,1 usw.) des
Gestirnslaufs im Blick auf die von Gott verfügte Ordnung der Zeiten, und
Henoch "sieht" (Grundstamm des gleichen Verbs) die einzelnen Berei-
che (74,1; 75,8; 76,14 usw.). Während dieser Eröffnungen bleiben auffäl-
ligerweise Engel wie Mensch stumm, die Information bedarf keiner
Worte.

Eine Zwischenüberlegung: Wie haben sich Verfasser und Primärlesung
eine solche Offenbarung, also das Zeigen und Sehen vorgestellt? Viel-

---

10 *Albani*, Astronomie 39 nach *Milik*, Enoch 7-22.
11 *Kvanvig*, Roots 59; *Albani*, Astronomie 40.
12 *Milik*, Enoch 275.
13 *VanderKam*, Growth 79.
14 *Kvanvig*, Roots 59.
15 *Albani*, Astronomie 39.

leicht wird kein direktes Betrachten der Phänomene in ihrem Lauf mit den Augen vorausgesetzt, auch nicht mit visionären Augen, sonst wäre Henoch bis zu acht Jahre lang (74,13) mit nichts anderem befaßt gewesen, was angesichts einer Lebenszeit von 365 Jahren allerdings nicht völlig auszuschließen ist. Eher jedoch haben hier die erwähnten Verben *ra'ja* / חזה eine weitere Bedeutung: "Wahrnehmen, aus Beobachtung erschließen", ähnlich hebräischem ראה[16]. War es womöglich die Meinung des Verfassers, daß Henoch eine Vielzahl von Berechnungen durchgeführt hat, deren auf Zahlen- und Zeitenharmonien hinauslaufendes Ergebnis ihm als plötzliche Erleuchtung und als Fingerzeig des Engelsfürsten bewußt geworden war[17]? Nach dem Wächterbuch Kap. 33 hat Henoch während einer ausgedehnten Himmelsreise sowohl die einzelnen Sterne aufgehen sehen wie die Tore gezählt, aus denen sie gekommen sind; das Ergebnis hat er schriftlich festgehalten, gleichzeitig hat es Uriel für ihn niedergeschrieben. Hat an dieser Stelle das wohl vom astronomischen Buch beeinflußte Wächterbuch einen narrativen Rahmen bewahrt, der bei den uns überkommenen Fassungen des AB verloren gegangen ist? Oder hat jenes eine Erklärung der Umstände der geheimnisvollen Erfahrungen Henochs nachträglich erfunden?

Zurück zur Zweiteilung des astronomischen Buches (hinfort AB abgekürzt). Mitteilungsart und Sprachstil ändern sich grundlegend mit Kap. 80. Von nun an wird nichts mehr "gezeigt". Stattdessen "spricht" plötzlich Uriel (80,1; 81,1) und Henoch tut ein gleiches gegenüber seinem Sohn. Mitgeteilt werden nicht mehr weitere astronomische Gesetzmäßigkeiten, sondern ihre Verderbnis durch die Werke der Sünder, die auf himmlischen Tafeln festgehalten werden, und die dadurch hervorgerufenen Plagen. Schließlich wird Henoch von sieben(?) Heiligen, von denen wir vorher nichts erfahren hatten, auf die Erde vor seine Haustür gebracht und erhält den Auftrag, alles Erfahrene an seinen Sohn Metusala weiterzugeben. Dies geschieht, wie vermerkt wird, auf mündliche und auf schriftliche Art.

Für das Verhältnis der aramäischen zur äthiopischen Version sind die Abweichungen von einer genau wörtlichen Entsprechung beim Übergang vom ersten zum zweiten Teil auf Grund der gefundenen Fragmente zu rekonstruieren und auszuwerten. Wie sich Satzfolge und Einzelaussagen von einander abheben, läßt sich durch eine Synopse veranschaulichen, die

---

16 HAL 1079-1083.
17 Nach 79,1[aram] (*Milik*, Enoch 294) wird Henoch ein חשבון, "eine Berechnung", gezeigt.

Aram. Version (Milik 294)	Äth. Version
	78,16 Und in der Zeit seiner (Halbjahrs-) Zunahme erscheint er 3 Monate lang je 30 Tage und 3 Monate lang erscheint er je '29' Tage.
	17 Bei Nacht erscheint er je '29' (Tage) wie ein Mann und bei Tage wie der Himmel; denn etwas anderes außer seinem (des Himmels?) Licht ist nicht in ihm.
	79,1 Und nun, mein Sohn, habe ich dir alles gezeigt, und das Gesetz aller Sterne des Himmels ist zu Ende.
	2 Und er zeigte mir das ganze Gesetz für diese für jeden Tag und für jede Zeit und seinen Ausgangsort nach dem Gesetz und für jeden Monat und jede Woche.
3 [Betreffs Abnahme des Mondes, sie geschieht] im 6. Tor, in ihm [wird sein Licht voll ...]	3 Und die (Halbjahrs-)Abnahme des Mondes, die sich im (oder: ab dem?) 6. Tor vollzieht; denn im 6. Tor wird sein Licht voll, und danach ist der Beginn der Abnahme,
	4 die sich im 1. Tor zu seiner Zeit vollzieht, bis 177 Tage um sind - in der Rechnung nach Wochen: 25, und 2 Tage.
[... 25 Wochen und] 2 Tage. 5 Und er bleibt zurück gegenüber(?) der Sonne '...' [... ist] wiederhergestellt in ihr/in ihm.	5 Er bleibt gegenüber der Sonne und nach der Ordnung der Sterne genau 5 Tage in einer (Halbjahrs-)Zeit zurück, wenn die Position, die du siehst, (von den Sternen) durchschritten ist.
6 Dem Abbild einer Vision gleicht er/es. Wenn das Licht in ihm zurückgehalten(?) wird [...]	6 So (ist) die Erscheinung und der Abriß jeden Lichtes, die mir der große Engel Uriel, der ihr Führer ist, zeigte.
78,17 [Bei Nacht] gleicht diese Erscheinung teilweise (?) dem Abbild eines Mannes und bei Tage [gleicht diese Erscheinung teilweise (?) dem Abbild der Sonne am Himmel ...] [außer seinem Licht] allein. 79,1 Und nun teile ich dir mit, mein Sohn [...] [...] eine andere(?) Berechnung/Gesetzmäßigkeit [...]	
	80,1 In jenen Tagen hob der Engel Uriel an und sprach zu mir:

Synopse zu 1Hen 78,10 - 80,1

durch die notwendige deutsche Übersetzung[18] dem Ursinn nicht völlig

---

18 Die Übersetzung des äthiopischen Textes in der Textbox erfolgt hier und im Folgenden im Anschluß an *Uhlig*, JSHRZ z.St. An einigen Stellen wird sie jedoch abgewandelt zu einer wörtlicheren Wiedergabe, um exegetische Tatbestände

adäquat sein mag, aber doch wichtige Schlußfolgerungen ermöglicht. Der Vergleich läßt erkennen, daß der äthiopische Text das "Gesetz" über die Zunahme und Abnahme des Monds, das er 78,10 durch eine entsprechende Überschrift eingeleitet hatte, durch die Weitergabe-Eröffnung an den Sohn unterbricht 79,1.2, ehe er das Thema Mondlicht mit 79,3-6 zu Ende führt. Der aramäische Text bringt hingegen die Nachricht über die Wendung an den Sohn erst nach Abschluß des Mondlicht - Abschnitts; damit steht sie an der Stelle, wo man sie eigentlich erwartet, nämlich am Eingang des zweiten Buchteils. Die nur bruchstückhaft erhaltene Fortsetzung von 79,1[aram] hatte vermutlich einst eine Zusammenfassung des vorher gezeigten "Gesetzes" analog 79,2[äth] aufgewiesen[19]. In jedem Fall ist die Umstellung in der jüngeren Version unverkennbar. Läßt sie sich erklären?

Die veränderte Anordnung im äthiopischen Text oder seiner Vorlage ergibt dann einen Sinn, wenn den in den Schlußversen hervorgehobenen Zahlen für das Mondhalbjahr von 177 Tagen oder 25 Wochen und 2 Tagen bzw. seinen 5 Tagen Rückstand gegenüber dem Sonnenlauf ein eigenes Gewicht beigelegt und deshalb diese Sätze bei der Weitergabe hervorgehoben werden sollten. Sie zielen auf den in diesen Kapiteln durchweg vorausgesetzten Unterschied zwischen einem Mondjahr von 354 und einem Sonnenjahr von 364 Tagen und geben einen Hinweis für den möglichen Ausgleich (durch Schaltung). Die für ein Halbjahr angesetzte Differenz von 5 Tagen ergibt 30 Tage in drei Jahren (vgl. 78,15; anders 74,11). Das begründet, nicht explizit, gewiß aber implizit die Notwendigkeit der Schaltung durch einen zusätzlichen Monat jedes dritte Jahr. Darauf soll der Ton gelegt werden.

Für die aramäische Grundlage scheint hingegen in der Folge von 78,10-17 + 79,3-6 der Wandel von Intensität und Gestalt des Mondlichts im Brennpunkt zu stehen. Deshalb wird auf den Mann im Mond verwiesen und der Mond überhaupt einem visionären Erscheinungsbild gleichgesetzt. Vielleicht wird darüber hinaus sein Licht von dem der Sonne als "Abbild" hergeleitet. Die Zahlen und Zeiten interessieren gewiß auch, sind aber nicht das alleinige Thema.

Den Qumrantexten steht also nicht einfach eine verkürzte Textfassung in der äthiopischen Version gegenüber. Vielmehr läßt sich bei genauerem Hinsehen, wie schon das eine Beispiel zeigt, eine tiefergreifende Umorientierung auf der zweiten Stufe erkennen. Ob sie auf Übersetzer zurückzuführen ist oder auf deren aramäische Vorlage, in jedem Fall tut

---

deutlicher zu markieren.

19 Was *Milik* (Enoch 294) אחרן "andere (Berechnung)" liest, ist nur in der Lesung des ersten Buchstaben sicher. Lautete der Text vielleicht אחוי, "zeigte er (Uriel)"?

sich die Differenz zwischen einer Erstkomposition und einer veritablen Redaktion auf.

Gehörte jedoch zu dem in Qumran umlaufenden Buch überhaupt schon ein ausgebauter zweiter Teil, in dem Uriel plötzlich das Wort ergriff und Weissagungen samt Mahnungen an den menschlichen Partner gerichtet hat? Die Kap. 80 und 81 hat Charles 1912 als literarisch sekundär ausgeschieden, weil sie im Unterschied zum Vorhergehenden "ethischer" und nicht "wissenschaftlicher" Art seien[20]. VanderKam hat sich 1984 diesem Urteil angeschlossen, für ihn folgte einst 82,1-8 auf Kap. 79 als "a credible conclusion"[21]. Dagegen eingewendet haben allerdings Kvanvig[22] wie Albani[23], daß der Kap. 72-79 vorgeführte 364-Tage-Kalender so sehr der Erfahrung des Vegetationsjahrs widerstreitet, daß für die Leser eine Erklärung der Abweichung unerläßlich gewesen ist. Sie wird Kap. 80 geliefert, wo die Unregelmäßigkeiten im Lauf des Monds und gewisser "Häupter der Sterne" (wohl der Planeten[24]) auf menschliche und astrale Sünder zurückgeführt werden. Infolgedessen nimmt Kap. 80 einen sinnvollen Platz ein.

Stärker noch wiegen die Bedenken gegen die Ursprünglichkeit von Kap. 81. Nach diesem Text wird Henoch aufgefordere, himmlische Tafeln zu lesen, offensichtlich über astrale Gesetzmäßigkeiten; aber die hatte er nach 72,1 bereits aus einem Buch, das Uriel zeigte, kennengelernt. Zudem soll er Notiz von einem Buch über die Taten der Menschen nehmen, ohne daß dafür ein Zweck angegeben wird. Schließlich wird in das AB der einzige erzählende Abschnitt eingefügt: drei/sieben[25] Heilige haben Henoch auf die Erde herabgebracht, vor seiner Haustür abgesetzt und ihm den Befehl zur Weitergabe seiner geheimen Erfahrungen an Metusala gegeben. Da Henoch nach 79,1 bereits zur Unterrichtung seines Sohns angesetzt hatte, kommt die Aufforderung *post festum*. Zudem wird im Kapitel auf den Kalender nicht Bezug genommen. Als jungen Einschub betrachten deshalb nicht nur Milik[26], sondern auch Kvanvig[27] dieses Kapitel.

Nun sind zwar rein literarkritische Urteile verdächtig, dem Sprach- und Seinsverständnis der Moderne bzw. dem subjektiven Geschmack von

20 *Charles*, Book of Enoch 147-149.
21 *VanderKam*, Growth 78f; 106ff.
22 *Kvanvig*, Roots 59.
23 *Albani*, Astronomie 129f.
24 *Albani*, Astronomie 115.
25 Zu den abweichenden Zahlen in den Handschriften s. *Uhlig*, JSHRZ 666[5a]. Vgl. 87,2; 90,21f.31.
26 *Milik*, Enoch 12f.
27 *Kvanvig*, Roots 59.

Gelehrten zu entspringen, die ihre Empfindungen unkritisch auf die Geistigkeit früherer Zeiten übertragen. In diesem Fall aber tritt der textkritische Befund hinzu, daß in den bislang veröffentlichten aramäischen Fragmenten die Kap. 80-82 keine Entsprechung finden. Überdies stimmt der vorliegende aramäische Text von 79,1 (s.o.) "Und nun teile ich dir hiermit mit, mein Sohn" mit der (nur äthiopisch erhaltenen) Einleitung zu 82,1 überein. Das könnte bedeuten, daß 82,2-8, die Schlußansprache Henochs an seinen Sohn, die einstige Fortsetzung von 79,1[aram] gewesen war, was zu der oben angeführten Theorie VanderKams passen würde. Hatte also die aramäische Erstkomposition hinter Kap. 79 gar keinen ausgeführten zweiten Teil, sondern nur einen abschließenden Abschnitt mit einem Hinweis auf die Weitergabe der Botschaft, zusammen mit Mahnungen zu ihrer Beachtung, aufgewiesen?

Sollten Kap. 80f tatsächlich in der Erstkomposition gefehlt haben, stellt sich die radikal klingende Frage, ob diese schon einen 364-Tage-Kalender und nicht eher ein $30 \times 12 = 360$ Tage-Jahr propagiert hatte. Denn von jenem ist in den aramäischen Fragmenten nicht ausdrücklich die Rede. Zwar erwähnt das Kap. 72 niedergelegte Erste Gesetz des Sonnenlaufs, das sicher schon im Grundbestand der Erstkomposition vorauszusetzen ist, in der jetzigen Endfassung, daß das Hauptgestirn das erste, vierte und beim Rücklauf das sechste und dritte Tor nicht nur wie sonst 30, sondern 31 Tage lang durchwandert (V. 13.19.25.31). Doch die Zahlenharmonie des Systems wird dadurch durchbrochen. Der als regelmäßig betonte Lauf der Sonne durch 12 Tore macht es nicht leicht zu begreifen, warum sie in vier Toren einen Tag mehr verbringen soll als in den übrigen. Zudem setzt 74,11a einen Überschuß des Sonnenjahrs gegenüber dem 354-Tage-Mondjahr von nur sechs Tagen voraus, was ein 360-Tage-Regeljahr ergibt, vgl. 74,17; 82,4[28]. Die Notiz über Geistwesen als Führer über vier Zusatztage zum Jahr 75,1-3, welche 364 Zählung hervorhebt, hinkt einerseits nach, weil die Tageszählung der Jahre bereits abgeschlossen war, nimmt andrerseits mit der Erwähnung von Sternenführer schon 82,9ff (ursprünglich vor oder hinter Kap. 79?) vorweg. Ist also die Theorie des um Epigonaltage verlängerten Jahres erst durch die Redaktion in den Text eingetragen worden? War es deshalb für sie nötig, den veränderten Kalender durch Erweiterung um Kap. 80 (und 81) als heilig und gottgewollt zu untermauern?

Sei dem, wie es wolle. Für die Exegese des urspünglichen Anliegens des astronomischen Buchs ergibt sich jedenfalls der Schluß, daß er nur dort mit Sicherheit festgestellt werden kann, wo die äthiopische Version direkt

---

28 *Albani*, Astronomie 50.58. Zu einem 360-Tage-Kalender als Vorstufe ebd. 86.160.187f sowie 255[367] zu einem syrischen Fragment zu 1Hen 6,7 = *Uhlig*, JSHRZ 518[7a].

oder indirekt durch einen aramäischen Zusammenhang bestätigt wird. Das ist glücklicherweise bei einigen zentralen Punkten möglich.

4. Zodiakos oder zwölf Tore zum Himmel am Horizont?

Das AB stellt seinen Lesern gleich eingangs als Erstes Gesetz das Prinzip seiner Himmelskunde vor Augen 72,2f[29]:

> Das Licht (die Sonne) (hat) seinen Anfang in den Toren des Himmels, die nach Osten zu liegen, und seinen Untergang in den westlichen Toren des Himmels.
> Und ich sah 6 Tore, in denen die Sonne hervorkommt, und 6 Tore, wo die Sonne untergeht.
> Auch der Mond geht in jenen Toren auf und unter und die Führer der Sterne mit denen, die sie führen.
> Sechs (sind) im Osten und sechs (sind) im Westen, und sie alle folgen einander, eins genau nach dem anderen,
> und viele Fenster sind südlich und nördlich (wörtlich: rechts und links) von jenen Toren.

Die Stelle ist zwar aramäisch nicht erhalten, wohl aber vorauszusetzen. Denn die Fragmente erwähnen häufig die Tore (תרע plur.) für Sonne und Mond und messen ihnen große Bedeutung bei, vgl. 4QEnastr[b] 7 II 8f III 6.8[30]. Für die Kosmologie bilden sie das entscheidende Scharnier zwischen Physik und Metaphysik. Grundlegend ist die jederman zugängliche Beobachtung, daß Aufgang wie Untergang von Sonne und Mond an jedem Tag des Jahres an einer leicht abweichenden Stelle des Horizonts im Vergleich zum vorangegangenen und zum folgenden Tag stattfinden. Nur zur Tag-und-Nachtgleiche im Frühjahr und Herbst taucht die Sonne genau im Ostpunkt auf und geht im Westpunkt unter. Vom Frühjahrsbeginn an wandern die beiden herausragenden Momente des Sonnenlaufs langsam Richtung Nordost bzw. Nordwest, um vom Tag der Sonnenwende an sich gegenläufig, also gleichsam rückwärts, zu bewegen. Während des Winterhalbjahrs neigen sich Anfangs- und Endpunkt der Sichtbarkeit der Sonne weiter und weiter nach Südost bzw. Südwest. Mit dem Wintersolstitium erfolgt erneut die Kehre.

Da Sonne und Mond mit ihren Bahnen die Zeiten der Lebenswelt hervorrufen und die Zeiten für das späte Israel zu den tragenden Strukturen der Schöpfung gehören, ist die Erkundung der Verursachung solcher Bewegungen von Belang für die Frage, wieweit das Geschick der Erde wie das jedes einzelnen Menschen determiniert sein könnte. Sonne und Mond

---

29 Vgl. die Darstellung im Anhang (unten S. 41ff) von *U. Gleßmer*: "Zur Funktion der Tore in 1Hen 72-82".
30 *Milik*, Enoch 279-281.

gelten deshalb vielen Völkern des Altertums als machtvolle Gottwesen. Davon ist das AB weit entfernt. Die mathematische Regelmäßigkeit im Lauf der Gestirne und bei der Zu- und Abnahme ihres Lichts, welche das AB auf genaue und gerade Zahlenrelationen festlegt - von denen wir heute freilich wissen, daß sie fehlerhaft berechnet sind -, lassen eine Art gesteuerte Mechanik für die beiden Hauptgestirne erschließen. Dann aber sind sie keine unabhängigen Gottwesen.

Um die den Bahnen von Sonne und Mond zugrundeliegenden Gesetzmäßigkeiten zu erklären, postuliert das AB, daß es sechs dem Menschen unsichtbare, aneinander anschließende und vermutlich gleich breite Tore zum Himmel auf der östlichen und entsprechend sechs auf der westlichen Horizontebene gebe. Durch je eines dieser Tore treten täglich Sonne, Mond, aber auch ein Teil der Sterne, zur jeweiligen Aufgangszeit aus dem weiten Himmelsraum heraus, um nach dem Lauf über das Himmelsrund wieder in ein Tor hineinzugehen. Gezählt werden die Tore von SO nach NO bzw. von SW nach NW; durch jedes Tor bewegt sich die Sonne jährlich zweimal je einen Monat von 30 Tage lang. Im Frühjahr beginnt sie am südlichen Rand des vierten Tors, wechselt dann durch dessen einzelne Abschnitte und das fünfte und sechste Tor hindurch, um ab dessen nördlichen Rand wieder umzukehren und zurückzuwandern[31]. Nur an vier Eckpunkten der Vierteljahre verweilt die Sonne je einen Tag länger im betreffenden Tor. Durch dieselben Tore zieht der Mond, hält sich jedoch nur bis zu 8 Tage in jedem auf. Während ihrer Unsichtbarkeit kreisen Sonne, Mond und die Gestirne durch einen nördlichen Himmelsraum (72,5; 78,5). Vielleicht werden ihre Bahnen je als eine Art Doppelspirale vorgestellt, wobei die zweite gegenläufig zur ersten sich entwickelt.

Der kosmologische Entwurf basiert auf alltäglichen Beobachtungen, systematisiert sie und retuschiert sie ein klein wenig zugunsten einer vollendeten Zahlenharmonie. Auch andere astronomisch - kosmologische Systeme der damaligen Zeit bedienen sich solcher leichter Verbesserungen[32]; sie verarbeiten jedoch eine Fülle von empirischen Beobachtungsdaten über die Bewegungen der Himmelskörper, auf die das AB völlig verzichtet. Mit der Theorie von Horizonttoren zum Himmel sondern sich die israelitischen Verfasser von aller zu ihrer Zeit aktuellen Gestirnskunde ab, welche die Bahnen der beiden Hauptgestirne durchweg auf Planetensfären und den Zodiakalgürtel (als äußerste Sfäre) bezieht. Es ist kaum vorstellbar, daß diese Lehre den Verfassern des AB nicht bekannt war. Warum wird sie gemieden und nicht zur Erklärung herangezogen? Um das Verhalten zu begreifen, ist ein Seitenblick auf das damals verbreitete astronomische Weltbild angebracht.

---

31 Vgl. Abb. 3 bei *Albani*, Astronomie 50.
32 *Albani*, Astronomie 189f.

Die Weichen waren im Zweistromland gestellt worden. Spätestens um die Mitte des 1. Jahrt. v.Chr. hatten babylonische Gestirnsbeobachtungen zu der Erkenntnis geführt, daß die Sonne alljährlich durch einen Gürtel von 12 Sternbildern wandert und in jedem von ihnen 30 Tage verweilt. Die Griechen haben den Gürtel, der mit einer bestimmten Neigung gegen den Himmelsäquator verläuft, Ekliptik genannt, oder auch Zodiakos, sofern an die Summe von 12 Konstellationen gedacht war (deutsch ungenau "Tierkreis" übersetzt, obwohl die "Lebewesen" [so die griechische Auffassung] keineswegs alle von tierischer Art sind[33]). Für die Babylonier war bedeutsam, daß die Bahnen des Mondes und der ihnen bekannten fünf Planeten ebenfalls innerhalb dieses Gürtels verlaufen und sich mathematisch formulierbaren Gesetzmäßigkeiten fügen. Daraus wird geschlossen, daß die seit jeher in Mesopotamien wichtige Wirkung dieser Gestirne auf das irdische Geschehen sich in Interaktion mit jenen zwölf Zodiakalzeichen abspiele.

Damit war die Geburtsstunde einer wissenschaftlichen, d.h mit mathematischen Formeln arbeitenden und auf Beobachtungsdaten ausgerichteten Astrologie gekommen. Sie breitet sich mit erstaunlicher Schnelle in der damaligen Ökumene aus. Bereits in der Perserzeit ist sie im Westen bis nach Ägypten und Griechenland, im Osten bis nach Indien gelangt.

In Israel haben entsprechende Anschauungen wohl schon in neuassyrischer Zeit Eingang gefunden und zur Verehrung eines "Heeres des Himmels" im Jerusalemer Tempel geführt, die dann durch die Reform Joschijas wieder beseitigt wurde[34]; möglicherweise verweist das Lexem מזלות in 2Kön 23,5 auf eine Verehrung der Zodiakalzeichen[35]. Aus späterer Zeit liegt ein in Qumran gefundenes Brontologion vor, das paläografisch jünger ist als die älteste Handschrift des AB, aber inhaltlich auf ältere mesopotamische Vorlagen zurückweist; es listet den Weg des Mondes durch den Tierkreis und weist dessen Bildern eine je eigene Wirkung zu[36]. Die Rabbinen setzen dann voraus, daß die Menschen allgemein diesen Gestirnen unterstellt sind, behaupten aber oft, daß Israel

---

33 Sieben Konstellationen lassen sich als tierisch gestalten deuten: Widder, Stier, Krebs, Löwe, Steinbock, Fische; vier sind menschenartig: Zwillinge, Jungfrau, Waage(halter), Wassermann; als Kentaur war der Schütze für die Griechen ein Mischwesen.

34 S. meinen Artikel: Gefüge und Herkunft des Berichts über die Kultreformen des Königs Josia, in: *J. Hausmann / H.J. Zobel*, Alttestamentlicher Glaube und biblische Theologie, FS H.D.Preuß 1992, 80-92.

35 HAL 536a.

36 4Q318; *R. Eisenman / M. Wise*, The Dead Sea Scrolls Uncovered 1992, 258-263; *Albani*, Astronomie 83-87; *Beyer*, ATTM.EB 128; *J.C. Greenfield / M. Sokoloff*, An astrological Text from Qumran (4Q318) and Reflections on Some Zodiacal Names, in: RdQ 16,64 (1995) 507-525.

von diesem Gesetz ausgenommen sei[37]. Insofern ist wohl auch für den Überlieferungskreis des AB vorauszusetzen, daß ihm die herrschende astrologische Doktrin bekannt war.

Für den heutigen Betrachter besteht zwischen Astronomie und Astrologie eine tiefe Kluft. Während des altorientalisch - hellenistischen Zeitalters war jedoch der Übergang von der einen zur andern fließend, ja logisch geboten (was nur einige skeptische Philosophen bezweifeln). Da der Einfluß von Sonne und Mond auf das Erdenleben evident erscheint, die Wiederkehr aber beispielsweise des gleichen Sonnenstands innerhalb desselben Jahres - etwa im August wie im April - keineswegs eine Gleichartigkeit von Klima und Vegetation auf Erden hervorruft, liegt nach der Entdeckung der Ekliptik der Schluß nahe, daß das Zodiakalzeichen, in dem sich Sonne oder Mond jeweils befinden, einen Faktor beisteuert, der mit der Kraft der beiden Hauptgestirne interferiert. Von dem für das Altertum selbstverständlichen geozentrischen Weltbild her drängt sich solche Folgerung geradezu auf. Es verwundert nicht, daß es von Babylonien bis Rom[38] zur Anbetung dieser Mächte kommt. Dann aber ist aufgegeben, die Eigenschaften der 12 als Lebewesen vorgestellten Segmente der Ekliptik möglichst eingehend zu erfassen. Dazu tragen empirische Daten bei, indem dem Krebs als Sommerzeichen ein Hitzepotenzial, dem Steinbock als winterliche Erscheinung ein Kältepotenzial beigelegt werden. Weit mehr steuert eine lebhafte Einbildungskraft bei. Indem die astralen Bilder analog zu irdischen Erscheinungen benannt werden, lassen sich deren Verhaltensweise an den Himmel projizieren, etwa die Aggressionsbereitschaft eines Stiers auf den Taurus oben. Hinzu treten mythische Assoziationen, die sich an die Bilder anheften. So wird bei den Griechen die himmlische Jungfrau mit der Zeustochter Dike als Garantin der Rechtsordnung gleichgesetzt. Die sich von Babylonien her ausbreitende Auffassung, daß alle irdische Erscheinungen ihre Urbilder am Himmel haben, ruft zudem eine auf himmlisch - irdische Entsprechungen erpichte Gelehrsamkeit hervor, welche die Eigenschaften der vier Elemente, der unterschiedlichen Lebensalter, Farben, Tiere, Pflanzen, Edelsteine u.a. auf je andere Zodiakalwesen oder die ebenso als machtvoll geglaubten Planeten zurückführt[39]. Die Anwendung auf das individuelle Menschenschicksal führt zur Horoskopastrologie, die ihre Anziehungskraft bis heute erhalten hat.

Indem in den letzten vorchristlichen Jahrhunderten fortlaufend neue astronomische Ergebnisse in das astrologische System eingebaut werden, scheinen die Bewegungen der Himmelskörper mehr und mehr einem

---

37   Bill. 2, 402-405.
38   *Cumont*, Orientalische Religionen 160.
39   *Boll / Bezold / Gundel*, Sternglaube 54.

mathematisch greifbaren, unwandelbaren Gesetz zu unterliegen. Die vorausgesetzten zwölf Zodiakalwesen wie auch die Planeten verlieren dadurch für die damaligen Betrachter nicht den Status von Lebewesen, wohl aber den Rang souveräner himmlischer Mächte. Das astrale System wird nun gern auf einen einzigen unsichtbaren Himmelsherrn zurückgeführt, der Bel heißen mag oder Baal Schamem oder Zeus Uranios/ Olympios. Schwerer noch wiegt, daß auf dieser Grundlage das durch die Gestirne bewirkte Menschenschicksal zunehmend deterministisch begriffen wird und die Möglichkeiten menschlicher Entscheidungsfreiheit mehr und mehr ausgeschlossen wird. "Am Ende der hellenistischen Zeit aber tragen die siegreichen Legionen Cäsars den Stier als das Tierkreisbild der Venus, der Stammutter des julischen Geschlechtes, in alle Lande; Augustus läßt sein Horoskop veröffentlichen und Münzen mit dem Gestirn seiner Geburt, dem Steinbock, prägen; und dem Maecenas muß Horaz astrologische Skrupel zerstreuen. Der Sieg der orientalischen Astrologie darf nun völlig entschieden heißen; in diesen drei Jahrhunderten von Alexander bis Augustus ist er gewonnen worden"[40]. Selbst ein Seneca hält nun Gebete gegenüber dem, was die Sterne verhängen, für nutzlos: "*Fata inrevocabiliter ius suum peragunt nec ulla commoventur prece*"[41].

Angesichts dieser breiten Front einer international verbreiteten und sich immer stärker aufdrängenden Kosmologie erscheint es ziemlich unwahrscheinlich, daß die Verfasser des AB, die ältere, einschlägige babylonische Werke (wie die Sammlung MUL.APIN) eingehend studiert haben[42], diese zeitgenössischen Theorien nicht gekannt haben. Ihr Schweigen über die Planeten und die Zodiakalzeichen und die umständlich vorgeführte Theorie über die Gestirnsbahnen durch 12 Horizonttore läßt wohl nur den Schluß zu,

> "daß man aus theologisch-antiastrologischen Gründen die für die heidnische Sterndeutung fundamentalen 12 Tierkreiszeichen durch die 2x6 Himmelstore ersetzt hat"[43].

Die Theorie von Himmelstoren für Gestirne ist freilich keine freie Erfindung. Im Hintergrund steht eine in früher altorientalischer Zeit verbreitete Auffassung von Aufgang und Untergang der Sonne. So war in akkadischen religiösen Texten gelegentlich von einer Tür für den Sonnengott Schamasch morgens am Himmel die Rede, oder von zwei, wenn

---

40 *Boll / Bezold / Gundel*, Sternglaube 21f.
41 *Cumont*, Orientalisache Religionen 299[65].
42 *Albani*, Astronomie 173ff.
43 *Albani*, Astronomie 86 (vgl. 158f: "horizontales Pendant" zum Zodiakos; auch 248-255) unter Berufung auf *Charles*, Enoch 1912, 152f.

zugleich an das Verschwinden am Abend gedacht wurde[44]. Im babylonischen "Weltschöpfungsepos" Enuma elisch wird ausgeführt, daß der Götterkönig Marduk im himmlischen Bereich von Enlil und Ea an beiden Seiten Tore angebracht hat, anscheinend für den Mondgott, der aus deren Leib hervortritt[45]. In Ägypten wird ähnlich auf ein Tor für den Sonnengott, bisweilen sogar auf drei oder vier Tore verwiesen[46]. Ein nicht ganz sicher deutbarer ugaritischer Text kennt vielleicht den Gott Raschap als "Torhüter" der Sonnengöttin[47]. Aus dem Alten Testament fehlen sichere Belege; immerhin erwähnt Gen 28,17 ein Tor (שׁעַר) des Himmels, das aber dient Engeln zum Auf- und Abstieg und befindet sich oberhalb der Erdoberfläche.

In den verfügbaren Beispielen wird fast nur in der Einzahl vom Tor der Sonne geredet, höchstens dann in der Zweizahl, wenn der Untergang mit berücksichtigt wird. Nirgends verbinden sich damit Kalenderberechnungen oder genauere Angaben. Zu den 2x6 Himmelstoren auf der östlichen und westlichen Horizontebene, für die die Zeiten von Auf- und Untergängen der Gestirne zahlenmäßig nach dem AB festliegen und zu errechnen sind, gibt es bislang keine Parallele. Demnach ist die Theorie aller Wahrscheinlichkeit nach von den Verfassern des AB ausgebildet worden. Das vage mythologischen Motiv vom Sonnentor wird zum Anstoß für den Aufbau eines alternativen kosmologischen Systems. Dazu tritt das Vorbild babylonischer Astrolabe, einer kreisrunden Scheibe, nach den 12 Monaten unterteilt, die für jeden drei Sterne nennt, welche über dem Osthorizont neu auftauchen[48]. In einem Zeitalter, in dem alle Welt an die Schicksalsgewalt der Zodiakalwesen und Planeten glaubt, wird ein völlig anderes astronomisches Modell präsentiert, das dem himmlischen Gürtel vom Widder bis zu den Fischen wie auch den Planeten jede Bedeutung für Zeit und Schicksal abspricht. Sonne und Mond behalten zwar ihre ausschlaggebende Rolle als Zeitgeber, doch ohne daß daraus Göttlichkeit und Schicksalsmacht abgeleitet werden könnte. Das nötigt zu der Frage, wo die ausschlaggebende Kräfte für regelmäßige wie unregelmäßige Phänomene der Lebenswelt liegen. Haben kosmische Faktoren darauf überhaupt keinen Einfluß? Ehe den Antworten des AB auf solche Fragen nachzugehen ist, empfiehlt sich eine Überlegung zum Wert des Entwurfes.

---

44 Gilgamesch-Epos IX,II 6 s. TUAT 3,716; zu weiteren, auch ikonografischen Beispielen *Albani*, Astronomie 156f.
45 Taf. V 8-12 s. TUAT 3,588.
46 *Assmann*, Lex. der Ägyptologie 3,4. Bildliche Darstellungen bei *O. Keel*, Die Welt der altorientalischen Bildsymbolik und das Alte Testament 1972, Abb. 10-13.
47 *M. Dietrich / O. Loretz*, Mantik in Ugarit (ALASP 3) 1990, 49.
48 *Albani*, Astronomie 205-208.

Gemeinhin werden die 1Hen 72-82 oder der aramäischen Vorstufe dargelegten Ideen als primitiv und kindlich abgetan. Doch das System ist zwar astronomisch falsch, aber existenzial richtig. Mit Recht wird der Eigenpersönlichkeit der Gestirne mißtraut, sie bloß als "Gefäße" für Licht oder Feuer eingereiht. Wenn den Zodiakalzeichen vielleicht schon die besondere Gestalt, jedenfalls aber jeder besondere Einfluß auf das irdische Geschick abgesprochen wird, so geschieht das zwar nicht von der heute maßgebenden Erkenntnis aus, daß die Drehung des Planeten Erde um die Sonne uns jene fiktive Bindung der Ekliptik an die Zodiakalbilder vorspiegelt, auf der alle Astrologie gründet. Es geschieht aber von einer durchaus respektablen Beobachtung über die Gleichförmigkeit des Fixsternhimmels aus[49]. Insofern war der dem AB zugrunde liegende Verdacht gegen das damalige Weltbild nicht so abwegig, wie es auf den ersten Blick scheint.

5. Ru^{a}ḥ als Motor des astralen Systems

Nach der Erkundung von Sonnen- und Mondlauf und ihrer zwölf Tore nimmt Henoch nach Kap. 76 weitere zwölf Tore am Himmel wahr, aus denen zwölf Winde mit je eigener Wirksamkeit über die Erde blasen. Der Text ist glücklicherweise auch durch 4QEnastr^a bezeugt[50], also auch für die Erstkomposition vorauszusetzen. Die Windtore sind mit je drei dem Osten, Westen, Süden und Norden zugeordnet (V. 2); die gleichmäßige Verteilung schließt aus, daß sie mit den Gestirnstoren identisch sind, die den äußersten Norden und Süden nicht erreichen. Da diese über der Horizontebene sich auftun, sind die Windtore wohl einem höherem Himmelsrund zuzuordnen.

Den modernen Leser überrascht, daß in einer astronomisch einsetzenden Abhandlung den Winden breiten Raum zugebilligt wird, mehr noch, daß einzig bei ihnen, nicht bei den Gestirnen, von weitreichenden Wirkungen für das Erdenleben gesprochen wird. Auch im Vergleich mit damaliger Kosmologie fällt der Inhalt aus dem Rahmen. In der zeitgenössischen Astronomie wie in deren mesopotamischen Vorstufen werden normalerweise metereologische Erscheinungen wie die Winde auf den Ursprung von Planeten und Zodiakalwesen zurückgeführt und nicht umgekehrt. So ist z.B. für den Griechen Kallipos (4. Jahrh. v.Chr.) das Sternbild Krebs ein Stürmebringer, das des Löwen erregt Hitze und

---

49 Wir wissen heute um die großen Unterschiede in der Entfernung der als Zodiakalbilder ausgegeben Sternhaufen zur Erde. Der Stern Regulus im Löwen ist z.B. 86 Lichtjahre, die Spica in der Jungfrau 230 Lichtjahre entfernt. Das macht einen herausragenden Einfluß gerade dieser Sternhaufen auf Grund der Gravitationsgesetze schwer vorstellbar.

50 *Milik*, Enoch 284-286.

Sturm, das des Widders führt Regen und Schneegestöber mit sich[51]. Hitze und Ernte ruft nach dem babylonischen MUL.APIN die Sonne beim Stand im sog. Enlilweg des Himmels hervor[52]. Nach 1Hen 76 hingegen kommen Regen von den drei Nordwinden, Schnee durch Nordwest- und Westwestwind, Hitze und Sturm werden aus dem Südosten hergeleitet (V. 10-12.7)[53]. Heilvoll sind jeweils die mittleren, genau auf den Eckpunkt der Himmelsrichtung ausgerichteten Winde:

> "[Durch (die jeweils in der Mitte befindlichen) vier Tore kommen Winde heraus, die] sich bemühen, die Erde zu heilen und am Leben zu erhalten. [Und durch die acht übrigen Tore kommen Winde heraus, die sich bemühen, zu verwüsten die Erde] und das Wasser und alles, was auf ihr und in ihm ist (und) was wächst, sproßt und kriecht"[54].

In der astrologisch interessierten Umwelt werden gutartige und bösartige Planeten und Zodiakalwesen unterschieden. Die Differenz wird im AB jedoch auf Windkräfte zurückgeführt.

Auch die Bahnen von Sonne und Mond waren nach Stellen, die zwar nur äthiopisch belegt, aber für die aramäische Erstkomposition wahrscheinlich vorauszusetzen sind, auf Antriebskraft durch Wind zurückgeführt. Gleich am Eingang des Gesetzes für die Sonne wird dem Hauptgestirn eine eigene Energie für seine Bewegung abgesprochen (72,5f):

> Die Wagen, in denen sie aufsteigt, bläst der Wind(geist) (*nafas*). Und die Sonne geht am Himmel unter, und sie kehrt um durch den Norden, um nach Osten zu kommen; und sie wird (so) geführt, daß sie zu jenem (bestimmten) Tor kommt und am Himmel leuchtet.

Wind also "führt" die Sonne. Ihr Kreisen, nicht nur tagsüber, sondern auch durch die Nacht, wird durch die Schubkraft einer Windenergie hervorgerufen. In gleicher Weise wird die Mondbahn erläutert (73,2):

> Sein Wagen, auf dem es (das kleinere Licht) fährt, bläst der Wind(geist), und nach einem (festen) Maß wird ihm das Licht gegeben.

Für den Lichtzufluß mag eine andere Instanz die Ursache sein, für die Fahrt des Mondes ist es der Wind. Was für beide Hauptgestirne gilt, ist vermutlich für die Sterne allgemein vorauszusetzen (vgl. 77,4). Wie verhält sich der für Sonne und Mond zuständige Wind zu den zwölf Repräsentanten der Windrose?

---

51 *Peuckert*, Astrologie 15.
52 *Albani*, Astronomie 232.
53 Vgl. die Übersichtsskizze bei *Uhlig*, JSHRZ 654.
54 So V. 4 aramäisch nach *Beyer*, ATTM 254. Die äthiopische Version verwischt den Unterschied.

Anscheinend besteht unter den Winden eine Hierarchie. Nach 77,1-3 sind die 12 Einzelwinde der Himmelstore den vier Wind(geistern) der Himmelsrichtungen (רוחי שמיא) unterstellt, welche beziehungsreiche Namen tragen. Der Osten heißt Qadim, weil er der "Erste" oder "Vorsteher" (קדימא) ist, der Süden Darom, weil dort Gott selbst wohnt (דאר), der Norden Ṣapon (hebr.) oder Ṣippun (aram.), weil in ihm alle Gefäße (=Sterne) des Himmels verborgen sind (צפן), für den Westen gilt:

Seinen[55] "großen Ruᵃḥ aber (nennen sie) Ruᵃḥ des Untergangs (מערבא), weil (dahin) kommen die Sterne des Himmels, die Hunderte/ die Gefäße untergehen und die Hunderte/ die Gefäße eintreten"[56].

Das westsemitisch für "Westen" gebräuchliche מערב, "Untergang", bezieht sich von Haus aus auf den Ort des Untergangs der Sonne. Hier wird er als die Stätte des Untergangs aller Himmelskörper nach ihrem Lauf über den sichtbaren Himmel gedeutet. Die aramäische Erstkomposition führt (anders der äthiopische Text) den Westwind als "große Ruᵃḥ" ein, vielleicht deshalb, weil er es vermag, sämtliche Gestirne während ihrer auf Erden nicht wahrnehmbaren Dunkelphase durch den Nordhimmel zum östlichen Aufgang zu treiben. Nichtsdestoweniger ist der Ost-Ruᵃḥ der erste vor den andern vier Hauptwinden; demnach dürfte er es sein, der die Sonne wie die andern Gestirne über das Firmament treibt. Zwar wird nicht ausdrücklich vermerkt, daß auch die vier Richtungswinde auf einen obersten Ruᵃḥ zurückgehen; der Lenker der kosmischen Kräfte heißt nicht Ruḥi-El, sondern Uri-El, wird also auf das Licht als ausschlaggebende Größe bezogen. Erklärt sich das aus einem aus anderer Tradition übernommenen Namen?

Das Bestreben, alle Bewegung der Himmelskörper auf eine geheimnisvolle, gewaltige Windenergie zurückzuführen, tritt unverkennbar in den Einzelausführungen hervor. Spielt hierbei die Erinnerung an den biblischen Schöpfungsbericht eine Rolle, der die göttliche Ruᵃḥ (feminin, weil hebräisch!) allen Schöpfungswerken voranstellt (Gen 1,2)?

Andrerseits ist die Zuordnung der Winde zu einem kosmischen System und ihre Verbindung mit Sonnenlauf und Himmelsrichtungen keine innerbiblische Angelegenheit, sondern eine im Altertum vielverbreitete Übung. Noch heute erlebt jeder, wie nicht nur die Natur, sondern er selber von wechselnden Winden abhängig ist. Eindeutig spürbar, dennoch unsichtbar und nicht greifbar, unvermutet die Richtung und Intensität

---

55 Im Unterschied zum Hebräischen wird im Aramäischen רוח als Maskulin aufgefaßt.

56 Die Handschriften variieren zwischen מאין und מנאין; *Milik*, Enoch 288f; *Beyer*, ATTM 255.

ändernd, in seiner Herkunft und seinem Ziel undurchschaubar, - ein solches Phänomen nötigt zu mythischen oder metaphysischen Überlegungen. Seit dem Aufkommen der altorientalischen Hochkulturen werden die Winde des Nordens, Ostens, Südens und Westens als eigene Entitäten empfunden und über ihren Charakter nachgedacht. Dafür gibt es zahlreiche Belege sowohl in Ägypten[57] wie im Zweistromland[58] wie dann bei den Griechen[59]. Sobald um die Mitte des 1. Jahrt. v.Chr. eine mit dem Zodiakos bekannte Astrologie sich ausbildet, wird sie bald von einer Astrometereologie begleitet, welche die vier Kardinalwinde je drei Tierkreiszeichen zuordnet und die spezifischen Wirkungen auf astrale Verursachung zurückführt; dabei berufen sich griechische Texte auf kaldäische, also babylonische, Lehren[60]. In der Tat hatte schon die Sammlung MUL.APIN die Ekliptiksterne an den Jahrespunkten des Sonnenlaufs zum Ursprung der vier Winde erklärt[61].

Eine Verteilung der Windrose auf 12 selbständige Winde als Dodekagonos wird dem ägyptisch-griechischen Flottenkommandanten Timosthenes (1. Hälfte des 3. Jahrh. v.Chr.) zugeschrieben[62], wo sie vermutlich mit der Zwölfteilung der Ekliptik zusammenhängt. Ebenfalls aus Ägypten stammt vielleicht eine astrologische Schrift "Über die zwölf Winde", die dem großen Astronomen Klaudios Ptolemaios zugeschrieben wird[63]. Eine solche Lehre entspringt freilich weit mehr dem logischen Zwang einer Theorie als möglicher Erfahrung. Während die ungefähr als Norden, Osten, Süden, Westen heranwehenden Winde mit ihrer je eigenen Wirkung in den meisten Landschaften der Erde jedermann spürbar werden, läßt sich eine Verteilung auf zwölf im genauen Winkel zueinander stehenden Windarten nirgends erleben. Sie entspringt kosmologischen Entwürfen, die aus der Einteilung der Ekliptik am Himmel entsprechende Schlüsse auf die metereologischen Erscheinungen ziehen. Was aber ist Ursache, was Wirkung? Die Quellen bieten alternative Lösungen. Während zumeist von der das Erdgeschehen dominierenden Macht der Gestirne auch Lauf und Stärke der Winde abgeleitet wird, legen andrerseits die mathematisch festgelegten astralen Bewegungen im Vergleich zu den ungebunden und souveräner erscheinenden Windmächten eine

---

57   *A. Gutbub*, Die vier Winde im Tempel von Kom Ombo, in: *O. Keel*, Jahwe - Visionen und Siegelkunst (SBS 84/85) 1977, 328-343.
58   *B. Meißner*, Babylonien und Assyrien 2 (1925) 382.
59   *R. Böker*, Art. Winde, PRE II 16 (1958) 2211-2387. Der umfangreiche Artikel nimmt leider auf mythologische und astrologische Zusammenhänge kaum Bezug.
60   *Boll / Bezold / Gundel*, Sternglaube 54.191.193.
61   *Albani*, Astronomie 227.231f.
62   PRE ebd. 2351f.
63   *Gundel*, Astrologumena 212.

Anschauung nahe, "wonach die Gestirne selbst und das ganze Himmelsgewölbe von den Winden in ihrer rotierenden Bewegung erhalten
werden"[64].

Vor diesem Hintergrund erscheint es wahrscheinlich, daß die Zwölf-
Winde-Theorie in 1Hen 76 auf einen nichtisraelitischen, astronomisch-
astrologischen Kontext zurückgeht. Dabei wird der Gesichtspunkt, daß die
Winde es sind, welche die Gestirne bewegen und nicht umgekehrt, so sehr
betont, daß die Namen und die genauen Bahnen der Sterne - abgesehen
von Sonne und Mond - belanglos werden. Dafür bedarf es der Hypothese
der Windtore in Analogie zu den Gestirnstoren. Das Himmelsgewölbe
selbst wird nach höchst altertümlicher Auffassung aus der Rotation
ausgenommen, erscheint nicht als eine sich bewegende Sfäre; die Sterne
wandeln nicht auf seiner Vorderseite, sondern in ihm und aus ihm. Doch
die zwölf Winde stehen nicht für sich, sie sind vier Kardinalwinden
untergeordnet, die wiederum im Ostwind ihren *primus* haben.

Wieso verfällt ein israelitischer Verfasser auf eine derartige Betonung
des Windes als kosmischer Energie? Handelt es sich überhaupt um die
Idee einer rein metereologischen Verursachung? Das zugrundeliegende
Lexem רוח weist hebräisch wie aramäisch eine verwirrende Bedeutungs-
breite auf; das Lexikon notiert im ersten Fall für die Wiedergabe "Atem,
Hauch, Wind, Lebensträger, geistige Verfassung" u.a.[65], im zweiten
"Wind, Himmelsrichtung, Hauch, Geist" u.ä.[66]. Lassen sich diese
Konnotationen isolieren? Bedeutet das Lexem jemals einfach "Wind" als
bloßes metereologisches Phänomen? Ist da, wo es "Geist" heißen soll, an
eine rein spirituelle Größe ohne materielle Grundlage gedacht? Oder ist
für Hebräer und Aramäer das eine ohne das andre nicht denkbar? An
dieser Stelle rächt sich einmal wieder die semantische Trägheit der
Exegeten, die wie selbstverständlich die Kategorienfelder moderner west-
licher Sprachen für menschlich universal halten und sich deshalb der
Mühe enthoben wähnen, um Eigentümlichkeiten des hebräischen, aramäischen oder altwestsemitischen Denkens sich Gedanken machen zu
müssen[67]; wo eine angesichts gewählter moderner Äquivalente ungewohnte Bedeutungserstreckung auftaucht, wählt man die lexikalische Finte
und konstatiert eine "weitere" Bedeutung. Vermutlich hat in unserm Fall
aber Martin Buber in "Die Schrift verdeutscht" mit gutem Grund durchweg die gleiche Wiedergabe "Geistbraus" benutzt.

---

64 *Boll / Bezold / Gundel*, Sternglaube 192 (leider ohne Quellenverweis).
65 HAL 1117-1121.
66 *Beyer*, ATTM 692f.
67 S. meinen Aufsatz: Gibt es ein hebräisches Denken?, in: *K. Koch*, Spuren
des hebräischen Denkens (Gesammelte Aufsätze I) 1991, 3-24.

Der Kontext des Henochbuches läßt jedenfalls annehmen, daß "Wind" und "Geist" für Verfasser und Primärleser untrennbar zusammengehören. Das wird schon erkennbar, wenn Henoch seine Inspiration auf ein "Anblasen" durch Uriel erklärt (82,7). Seinen Söhnen vermag er Zukünftiges zu offenbaren, weil über ihn der "Geistwind" (äth. *manfās*, 91,1) ausgegossen ist. Augenfällig wird die Bedeutungseinheit in den Bilderreden. Danach war Henoch im Wagen des Geistwinds zum Himmel gefahren (70,2; 71,5). Eine Vielzahl von Gottesdienern wird 60,16-21 geschildert, die Geister und Winde in einem sind, so der *manfās* des Meeres, Hagels, Schnees, Nebels, Taus; Uhlig übersetzt bezeichnenderweise 60,20 "Geist des Taus", die gleiche Wendung aber 75,2 "Wind des Taus", merkt aber die Zweideutigkeit an[68]. Wie sehr in solchen Erscheinungen sich Gottes eigenes Wesen der Schöpfung vermittelt, zeigt der vorherrschende Gottesname "Herr der Geister-Winde" (37,2.4; 38,2 usw.) und der Lobpreis des "Herrn der Geistwinde, der die Erde mit Geistwinden erfüllt" (39,12). Leider fehlt es an einer neueren Untersuchung zum spätisraelitischen רוח-Begriff. Immerhin sei wenigstens Jub 2,2 angeführt, wonach Gott gleich am ersten Schöpfungstag neben Himmel und Erde jeden Geistwind (*manfās*) für die einzelnen Schöpfungswerke im voraus erschaffen hat.

In der Umwelt Israels gab es in jener Zeit ähnliche Konzeptionen. Bei den Phönikern wird eine, bisweilen vergöttlichte, Windmacht neben einem materiellen Element zum Anfang aller Dinge[69]. In der Philosophie der Stoa gewinnt, vielleicht unter nahöstlichem Einfluß, die Pneuma-Idee eine vergleichbare Schlüsselstellung: "Der stoische πνεῦμα-Begriff bietet neben einem elementar-physikalischen einen psychologisch-anthropologischen u(nd) einen metaphysisch-theologischen Aspekt"; es wird erfaßt als ein "Kraftstoff, der die gesamte Wirklichkeit in allen ihren Teilen durchdringt ... aber auch der Grund für die individuell verschiedene Beschaffenheit der Einzeldinge" ist[70].

Über solche Analogien führt das Henochbuch hinaus, indem es den Geist- und Windstoff als eine Erstreckung eines personhaften Schöpferwillens sieht, der als "Herr der Weltzeit(en)" (עלם 82,10) auch die Zeiten strukturiert. Durch den Ru^{a}ḥ bleibt er als dynamische, kosmische Energie wie als Mächtigkeit der sich in der Geschichte verwirklichenden Offenbarungsworte seiner Schöpfung immanent. Vor solcher Einsicht in

---

68   *Uhlig*, JSHRZ 607[12a].609.
69   S. mein: Wind und Zeit als Konstituenten des Kosmos in phönikischer Mythologie und spätalttestamentlichen Texten, in: *M. Dietrich / O.Loretz*, Mesopotamica - Ugaritica - Biblica (AOAT 232) 1993, 59-91.
70   *H. Kleinknecht*, Art. πνευμα, ThWNT 6 (333ff) 352,10-24.

den Urgrund alles Wirklichen verblaßt der Zauber astrologischen Glaubens und die Rede vom unentrinnbaren Zwang des Schicksals.

6. Engelartige Sternzeitenführer

Obwohl von jeder Art von Schicksalbestimmung ausgeschlossen, wird den Gestirnen durch das AB ein göttlicher Auftrag zur Regierung (äth. *šᵉlṭan*, aram. שׁלטן) zugebilligt, und zwar über die Zeiten. Das betrifft nicht nur Sonne und Mond (4QEnastr^d 7 III 4[71]), sondern alle Lichter des Himmels (72,1; 75,3; 82,8.10 = 4QEnastr^b 28,2). Da die gesamte Schöpfung in Zeitrhythmen eingebettet ist, wird sie von Sternen regiert (75,1).

Doch dieses Amt verleiht den Himmelskörpern keine Autonomie. Über den in ihrer Weise "regierenden" sichtbaren Gestirnen stehen unsichtbare Wesen, die sie "führen" (äth. *marḥa*, aram. דבר). Den Oberbefehl nimmt Uriel, "der heilige Engel, ihr Führer", wahr (72,1; 74,2; 79,6). Untergeordnet sind ihm drei Rangstufen von Sternzeitenführer, zuerst eine Gruppe von vier für die Scheidung der Jahreszeiten und die vier Zusatztage am Ende jedes Vierteljahrs, dann zwölf für die Monatssterne (die Zodiakalzeichen?), schließlich 360 Häupter über die Tausend, die für jeden Tag bestimmt sind (75,1; 82,11). Für die Führergruppen hat Dillmann die griechischen Titel Toparchen, Taxiarchen und Chiliarchen eingeführt.

Die aramäischen Fragmente von 78,7; 79,5[72] (vgl. 74,12^{äth}) lassen Sonne und Mond als Subjekt bestimmte Zeiten "führen"; gelten hier die beiden Hauptgestirne, den auch eigene Würdenamen zugeeignet werden (78,1f) als nicht den Toparchen, sondern unmittelbar Uriel unterstellt?

Die drei Führergruppen werden von den Kommentatoren allgemein als "Engel" bezeichnet, obwohl der hebräisch/aramäisch מלאך entsprechende Titel in diesen Kapiteln Uriel vorbehalten bleibt. Allerdings werden die Namen der Toparchen und Taxiarchen, soweit sie 82,10ff. erhalten sind, durchweg mit dem Element *-el* gebildet, was in spätisraelitischer Zeit nicht mehr Gott selbst, sondern überirdische Mächtigkeit besonders bei Engel und Dämonen bedeutet (1Hen 6,7.20); bei den Sonnen- und Mondnamen in 78,1f fehlt es.

Aufschluß über die Rolle der Sternzeitenführer geben ihre Namen. Sie sind 82,10ff nur äthiopisch und weithin verstümmelt überliefert. Doch lassen sie sich zumindest für die Toparchen rekonstruieren. Der erste, für das Frühjahr zuständige hieß Malki-El[73], was gewiß nicht genitivisch gemeint war, "König des El", sondern attributiv "Königs-El". Damit

---

71   *Milik*, Enoch 279; *Beyer*, ATTM 253).
72   *Milik*, Enoch 292.294 (hier mit abweichender Übersetzung!); *Beyer*, ATTM 256f.
73   Zu andern Lesarten *Uhlig*, JSHRZ 670^{13a}.

sollte er doch wohl als Oberster unter allen El-Wesen eingestuft werden, ähnlich wie in der heidnischen Nachbarschaft (Ägypten!) oft der Sonnengott als König gefeiert wird. Sonnenart legt ihm tatsächlich V. 15 bei:

> Am Anfang des Jahres tritt 'Malkiel' auf und herrscht königlich (*jᵉmalk*), der mit dem Namen Tama'ayni -und- Sonne[74] benannt wird. Und alle Tage seiner Regierung herrscht er königlich 91 Tage.

Der erste Toparch übt also sein Königtum nur während seines Vierteljahres aus. Ihm wird zusätzlich ein Sonnennamen beigelegt. Falls die seit Dillmann (S. 250) übliche Ableitung des Attributs von hebr./aram. תימן zutrifft, ließe sich fragen, ob das Nomen dann nicht wie Ps 78,26; Hi 39,26; Cant 4,16; Sir 43,16[75] "Südwind" und nicht, wie meist übersetzt, "Süden" heißt; denn die Himmelsrichtung würde mehr zum Sommer-Vierteljahr und zum zweiten Toparchen passen; dagegen läßt sich durchaus vorstellen, daß ein Südwind schon im Frühling "Schweiß, Hitze und Beschwernis", aber auch das Wachstum der Pflanzen hervorrufen kann, wie es nach V. 16 Malkiel zugeschrieben wird.

Der Namen des Toparchen des Sommers lautet äthiopisch Hel'emmelek/ Heläemmelek o.ä. Das läßt sich auf Eli-Mäläk oder - weniger wahrscheinlich - auf חיל מלך, "Heer (des) - König(s)" zurückführen[76]. In jedem Fall wird auch ihm eine königliche Stellung beigelegt, wenngleich sie nicht in der Beschreibung seiner Wirksamkeit V. 19 durch das entsprechende Verb noch einmal aufgenommen wird. Da während seines Zeitabschnitts die Sonne besonders hoch steht, begreift es sich, daß ihm außerdem das Prädikat "Sonne - Strahlender" zukommt.

Vom dritten Führer ist im Äthiopischen nur der Name erhalten : Miläy'ul o.ä.[77]. Das könnte auf "Fülle-El" weisen (nach hebr./aram. מלא), ein für den Herbst passender Titel[78]. Der vierte wird einhellig Narel überliefert, was sich als "Leuchte-El" erklären läßt; womöglich wird dadurch das geringere Licht der Wintersonne gegenüber dem "Strahlenden" im Sommer gekennzeichnet.

Die Wirkungen der beiden letzten über Sterne und Zeiten auf die Erde scheinen in 4QEnastr^d als Fortsetzung von Kap. 82 enfaltet zu sein[79]. Der eine ruft danach Regen und Kräutersprossen hervor, der andere das Verdorren der Bäume. Auch für die ersten beiden werden V. 16.19 entsprechende Angaben gemacht. Damit wird den Sternzeitenführer eine

---

74   Zur möglichen Streichung der Kopula s. *Uhlig*, JSHRZ 671^15d.
75   Ebenso im Syrischen und im LXX-Äquivalent, HAL 1589b.
76   *Uhlig*, JSHRZ 670^13b.
77   *Uhlig*, JSHRZ 670^13c.
78   *Knibb*, Enoch 2,189.
79   *Milik*, Enoch 296f; *Beyer*, ATTM 257f.

ähnliche Funktion beigelegt wie den 12 Winden, die nach Kap. 76 hinter den Gestirnsbahnen wirken. Allerdings lassen sich die Ergebnisse kaum auf einen gemeinsamen Nenner bringen. Wenn das Regiment des ersten Führers mit Südwind und Hitze und Beschwernis verbunden wird, widerspricht das 76,8, wonach der direkt aus Süden kommende Wind Tau, Regen, Glück und Leben bringt; nur der Südostsüdwind ruft nach 76,7 Glutwind hervor. Anscheinend sind schon in der aramäischen Erstkomposition, wo sich sowohl Parallelen zu Kap. 76 wie Kap. 82 finden, zwei unterschiedliche Traditionsstränge kombiniert worden.

Daraus ließe sich auch erklären, warum einerseits die Gestirnsbewegungen und ihre Zwecksetzung auf Windgeister, andrerseits auf engelartige Sternzeitenführer zurückgeführt werden. Auch Engel gelten in jener Zeit als Ruᵃḥ-Wesen; aber diese Verbindung wird im AB nie ausgesprochen. Das der Henochliteratur nahestehende Jubiläenbuch setzt über den metereologischen und kosmischen Windgeistern jeweils einen befehlenden Engel voraus, spricht also (Jub 2,2ff) von den "Engeln des Windgeistes (*malā ᵉkta manfās*) des Feuers" usw. Wird im AB die gleiche Hierarchie vorausgesetzt?

Die Überzeugung, daß hinter den die Zeiten markierenden Gestirnen überirdische unsichtbare Wesen stehen, welche die Bewegungen steuern, ist besonders bei Ägyptern und Griechen nachzuweisen[80]. Unter solche Chronokratoren gehören schon für Platon die Monats- und die 365 Tagesgötter (Phaidros 246e-247c; Nomoi 828b). Die zugrundeliegende Theorie, "welchen von den Göttern jeder Monat und welcher Tag gehört", hatte Herodot (II 82) mit gutem Grund den Ägyptern zugeschrieben. In der Tat werden die Gottheiten dieser Zeitrhythmen im Niltal ab dem Neuen Reich häufig genannt und abgebildet[81]. Wichtiger noch sind allerdings in Ägypten[82] und im Hellenismus die Stundengötter. Bemerkenswerterweise ordnen die ägyptischen Texte die über die 360 Tage des Jahres überschießenden fünf Epagomenen höheren Gottheiten als denen der normalen Tage zu[83]; das erinnert an die Anbindung der 4 Zusatztage des AB an die höheren Taxiarchen, nicht die für die gewöhnlichen Tage zuständigen Chiliarchen.

An die Chronokraten-Theorie der Zeit knüpft also das AB offensichtlich an. Doch die in Frage kommenden Wesen werden depotenziert und zu aus-

---

80 *Albani*, Astronomie 218-226, leitet die Sternenengel von der babylonischen Relation jedes Stern(bilds) zu einer Gottheit ab. Allerdings wird in akkadischen Texten nicht gesagt, daß diese Gottheiten die *Bewegung* der Gestirne hervorrufen.

81 Lexikon der Ägyptologie 4,191f; 6,1367.

82 Ebd. 6,101-103.

83 S. meine Geschichte der ägyptischen Religion, 1993 Kap. 24.

führenden Organen in einer Art militärischem System, das dem Lichtengel Uriel gehorcht. Wahrscheinlich steht dafür das alttestamentliche Motiv vom Heer des Himmels Pate. Neu aufgenommen wird vermutlich die Kommando-ebene von Jahrszeitenfunktionären[84]; soll dadurch betont werden, daß der Vegetationskreislauf auf einem besonderen Willen des Schöpfers basiert? Was überrascht - bei einem auf die Siebener-Struktur der Zeit versessenen Verfasser - ist die Beobachtung, daß zwar für die einzelnen Tage Sternzeitenführer mit großem Gefolge ("tausend") eingesetzt werden, nicht aber für die Wochen, die doch um der Sabbatordnung willen besonders wichtig sein müßten. Wird davon geschwiegen, weil dafür damals überall die Planeten als Wochentagsgöttergruppe und deshalb als entscheidend angesehen werden?

7. Von der astronomischen Weisheitslehre
zum apokalyptischen Buch der Universalgeschichte

Worauf lief das Anliegen der aramäischen Endkomposition hinaus, die 1Hen 72-82 zugrundeliegt? Noch der äthiopische Text läßt in diesem Komplex nichts von einem eschatologischen Interesse erkennen; selbst was Kap. 81 an Plagen und Entartung der Naturordnung voraussagt, weist in unbestimmte Zukunft und läßt keine endzeitliche Begrenzung erken-nen[85]. Aus der unverkennbaren Tendenz zur Einschärfung eines 364-(ursprünglich 360?-) Tage-Jahres wird heute gern auf ein priesterliche Absicht geschlossen, Sabbate und Jahresfeste in einer unabwandelbaren Kultordnung zu verankern, wie sie später in kalendarischen Texten aus Qumran zum Vorschein kommt[86]. Da im AB jedoch weder Sabbat noch irgendein Fest erwähnt werden, ständig zwar von Jahren, Monaten und Tagen, nie aber von den für den Sabbat konstitutiven Wochen die Rede ist, bleibt ein solcher Schluß problematisch. Auch um ein bloß aus Neugierde geborenes Interesse an einer astronomischen Theorie dürfte es sich kaum handeln, der Verweis auf angelologischen Ursprung der Erkenntnis wäre dann überflüssig.

---

84   *Albani*, Astronomie 218-226 verweist auf vier planetarische Welteckenherr-scher in Babylonien; da erscheinen jedoch die Planeten als die Handelnden und nicht die mit ihnen zusammenhängenden Götter. Die lateinischen Übersetzungen der Planetennamen täuschen eine falsche Identität vor: Dilbat *ist* nicht = Ischtar (Venus) sondern repräsentiert sie, Ni/ebiru *ist* nicht Marduk (Jupiter) usw.
85   Anders *VanderKam*, Growth 106: "The heavenly eschatological message of 80:2-8".
86   Vgl. dazu *U. Gleßmer*, Der 364-Tage-Kalender und die Sabbatstruktur seiner Schaltungen in ihrer Bedeutung für den Kult, in: *D.R. Daniels / U. Gleßmer / M. Rösel*, Ernten, was man sät, FS *K. Koch*, 1991, 379-398.

Am ehesten erschließen die (vielleicht redaktionell zugesetzten) Aussagen von Kap. 80 den Zweck der Abfassung schon der Erstkomposition. Danach soll aufgewiesen werden, wie sehr diejenigen, welche die Sterne für Götter halten, in einem verhängnisvollen Irrtum befangen sind (V. 7). Das kann sich nur auf die (in hellenistischer Zeit rasch um sich greifende) Astralisierung von Mythologie, Kult und Mantik in allen Kulturen des Nahen Ostens und des Mittelmeers und den daraus zwingend zu folgernden Determinismus beziehen. In diesem Zusammenhang wird eine falsche Berechnung der Zeitrhythmen und damit der einschlägigen Gestirnsbewegungen kritisiert (so auch 82,4). Anscheinend wird vom AB vorausgesetzt, daß die empirische[n] Beobachtungen und Berechnungen unharmonische Zahlenverhältnisse ergeben haben, z.B. für den Umlauf des Monds (80,4.6), so daß den Menschen die allein heilsame Eingliederung in die trotz Abirrungen letztlich allein gültigen, ursprünglichen Schöpfungsgesetze versperrt wird.

Falls diese Auslegung zutrifft, hätte freilich das AB mit dem apodiktischen Widerspruch gegen die zeitgenössische Gestirnskunde seinem Anliegen, der menschlichen Freiheit gegenüber einem astral begründeten Determinismus den Raum freizuhalten, mehr geschadet als genützt. Denn den Nachgeborenen mußten die Ergebnisse genauer Himmelsbeobachtung so evident erscheinen - und das bis zum heutigen Tag -, daß sie nicht einfach durch eine emanzipatorisch klingende metaphysische Theorie für irrelevant erklärt werden konnten[87].

Was das AB beinhaltet, war wohl schon in der (nicht mehr erhaltenen) aramäischen Erstkomposition als "Weisheit" zusammengefaßt worden (82,2f). Was mit diesem Begriff Henoch zugesprochen wird, entspricht in vieler Hinsicht dem, was im Zweistromland ebenso Vertretern der siebten Generation nach der Schöpfung zugeschrieben worden war, entweder dem König Enmeduranki, dem die "Geheimnisse des Himmels" und "himmlische Tafeln" offenbart worden waren, oder seinem ähnlich ausgezeichneten Weisen Utuabzu[88].

Warum ist dann diese kosmologische Weisheitslehre für die Apokalyptik belangreich und in den Kontext ihrer Literatur aufgenommen worden? Eine gewisse Brücke boten schon akkadische Enmeduranki-Nachrichten an, die diesen Offenbarungsempfänger zum Stifter der Gilde der Omenpriester und ihrer mantischen Techniken erklärten[89]. Aufschluß gewährt

---

87 Vielleicht liegt hier einer der Gründe, warum das damals in vielen Kreisen hochgeschätzte Henochbuch es letztlich nicht zu einem allgemein anerkannten kanonischen Rang gebracht hat.

88 *VanderKam*, Growth 33-51; *Kvanvig*, Roots 160-342.

89 *VanderKam*, Growth 41; *Kvanvig*, Roots 185.

darüber hinaus, wie mir scheinen will, der jetzige Aufbau des ersten Henochbuchs.

Ausweislich der Qumranfunde bildeten einst das AB und die apokalyptische Henochkomposition je eigene Schriften. Die drei Manuskripte En[cde] weisen nach Abschnitten aus dem Buch der Wächter (und der Giganten?) solche aus dem Traumbuch Kap. 83ff auf, haben also kein Äquivalent zu den Bilderreden Kap. 37-71 wie zu den Kap. 72-82 enthalten[90]. Dagegen setzen griechische Übersetzer[91] wie der äthiopische die Eingliederung des astronomischen Buchs in den Komplex des 1.Henochbuchs voraus. Warum geschieht das in der Buchmitte? Warum werden die Gesetze für die Kräfte des Himmels und die für die Erde gültigen Zeiten nicht als Schöpfungskapitel an den Anfang gestellt und vor dem Wächterbuch eingeordnet, das jene Gesetze voraussetzt?

Ein genauer Vergleich ergibt, daß die aramäische Erstkomposition des Traumbuchs (im Folgenden TB abgekürzt) ausweislich der Fundstücke erheblich kürzer gewesen war als die äthiopisch erhaltene[92]. Lassen sich bei den Erweiterungen möglicherweise redaktionelle Motive aufspüren, die auf einen bewußten Anschluß an das AB zu beziehen sind?

Aufschluß scheint schon der jetzige Beginn des TB zu geben. Wie er in der aramäischen Vorstufe ausgesehen hat, bleibt wegen großer Textlücken zwischen Wächterbuch und TB in den Qumranbelegen unbekannt. Die einzig äthiopisch erhaltene Einleitung setzt 83,1 an:

Und nun, mein Sohn Metusala, will ich dir alle meine Visionen zeigen.

Da weder die Identität des Ich gelüftet noch der Sohn vorher erwähnt war, klingt der Satz nicht nach einem Buchanfang. Wie ein solcher damals in entsprechenden Buchgattungen gestaltet war, läßt die Überschrift zur Epistel Henochs 92,1 erkennen, äthiopisch: "Das Buch, von Henoch geschrieben ... für alle meine Kinder, die auf Erden wohnen werden"; aramäisch: "Das Schriftstück der Hand Henochs, des Schreibers, der deuten kann, das er schrieb und [seinem Sohn] Metusala gab"[93]. Vergleichbare Bucheingänge finden sich 1,1 und 37,1 wie auch 72,1 als entsprechende Neueinsätze. Was moderne Kommentatoren hingegen als TB für sich nehmen, stellt einen Weitergabeentschluß als Fortsetzungsformel voran. Sie wird sonst als Übergang zu einem neuen, aber nicht selbständigen Abschnitt benutzt, und das sowohl im AB 79,1: "Und nun teile ich dir mit, mein Sohn..."[94] wie im Traumbuch 85,1: "Und danach

---

90   *Milik*, Enoch 6.
91   Zu Pap. Oxy. 2069 *Milik*, Enoch 19.75.
92   *Milik*, Enoch 41f.
93   *Beyer*, ATTM 246f; vgl. *Milik*, Enoch 260 - 263.
94   S.o. S. 14.

sah ich einen andern Traum, und ich werde dir alles zeigen, mein Sohn"; ähnlich 91,1: "Und nun, mein Sohn Metusala, rufe mir alle deine Brüder ... daß ich euch alles zeige." Schon Dillmann, der 1853 wohl als erster das TB als eigenes Buch ausgegliedert hat, gestand ein, der Teil habe "zwar keine besondere Überschrift", solle aber auf Grund seiner anderen Thematik "füglich das Buch der Traumgesichte" genannt werden[95]. Der Wortlaut erweckt aber den Eindruck eines absichtlichen Anschlusses an das Vorhergehende. Stammt er von einem Redaktor, der hier keine völlig andere Thematik vorausgesetzt hat, sondern eine sinnvolle Weiterführung des Inhalts von Kap. 72-82?

Einen Fingerzeig für die redaktionelle Verkopplung beider Henochstoffe bietet möglicherweise schon der jetzigen Eingang das AB in 72,1. Die allein erhaltene äthiopische Fassung verspricht mehr, als Kap. 72-82 gehalten wird, nämlich eine Überschau über alle Jahre der gegenwärtigen Weltzeit:

> 1a Das Buch vom Umlauf/der Bewegung der Lichter des Himmels, wie es sich mit jedem einzelnen verhält nach ihren Rängen, ihrer Herrschaft(szeit), ihrer Zeit, ihren Namen, ihrer Herkunft/Verwandtschaft, ihren Monaten.
> 1b Diese hat mir Uriel, der heilige Engel bei mir, der ihr Führer ist, gezeigt.
> 1c Und er zeigte mir ihr Buch, wie es ist, und wie alle Jahre der Weltzeit (*'ālam*) sind und bis in Ewigkeit (*le'ālam*), bis die neue Schöpfung, die bis in Ewigkeit (*le'ālam*) währt, geschaffen sein wird.

So ausführlich wird kein andrer Teil der Henochsammlung eingeführt. Zu Grunde liegt gewiß der Anfang eines einst selbständigen Buches, wie es die aramäischen Fragmente bestätigen. Doch schon die beiden ersten Sätze schießen über den Inhalt von Kap. 72-82 hinaus, wo keineswegs alle Himmelslichter beschrieben werden, sondern nur Sonne und Mond. Das mag jedoch in der aramäischen Erstkomposition anders gewesen sein, obgleich uns davon nichts erhalten geblieben ist.

Nach der inhaltlichen Bestimmung wirkt der Hinweis auf den vermittelnden Engel wie ein logischer Abschluß. Die Wiederaufnahme der Themaangaben in V. 1c hinkt also nach; sie eröffnet einen noch viel weiteren Horizont, läßt "die gesamte Heilsgeschichte mit all ihren Perioden"[96] zur Verhandlung anstehen. Darüber verlautet in Kap. 72-82 kein Wort. Zwar wird von den Auslegern gelegentlich auf Kap. 81 verwiesen, doch dort wird keine Abfolge der Jahre behandelt und erst recht nicht eine neue Schöpfung wie hier angekündigt. Der Schlußsatz wird aber ohne weiteres einsichtig, wenn man analog zur Überleitung 82,1

---

95 *Dillmann*, Henoch iv.
96 *Uhlig*, JSHRZ 638[9.]

das Traumbuch in den durch den Neueinsatz markierten Buchteil ein-
bezieht; da wird tatsächlich eine Übersicht über die gesamte Weltzeit vom
ersten Adam bis zum zweiten Adam einer neuen Schöpfung, in dessen
Bild alle übriggebliebenen Menschen verwandelt werden (90,37f)[97], vorgeführt[98]!

Es ist nicht der Ort, daß AB und das TB unter Vergleich der aramäischen und der äthiopischen Version auf redaktionelle Zusätze mit
übergreifender Tendenz im einzelnen zu untersuchen. Nur zwei ins Auge
fallenden Beobachtungen seien angeführt, die eine durchgängige Analyse
als lohnend erscheinen lassen. Die erste bezieht sich auf die relativ
selten erzählenden Zwischenbemerkungen. Nach dem AB in 81,5-10
wird Henoch nach seinem Offenbarungsempfang von drei oder sieben[99]
Heiligen vom Himmel auf die Erde zurückgebracht. Nach 87,2 im TB
erscheinen drei plus vier Heilige und entführen Henoch von der Erde an
einen hohen Ort (vgl. auch 91,21.31). Es ist kaum denkbar, daß die
(aramäisch nicht bezeugten) Stellen unabhängig voneinander formuliert
worden sind. Sprechender noch erscheint ein mutmaßlicher Einschub in
der ersten Traumvision, nämlich 83,11. Zuvor war mitgeteilt worden, daß
Henoch in einem Nachtgesicht das Weltgebäude zusammenstürzen
gesehen hatte[100]; der bei ihm weilende Großvater hatte ihn daraufhin
zur Fürbitte für einen Rest der Menschheit aufgefordert. Dazu hat
Henoch nach 83,10 unverzüglich angesetzt: "Danach erhob ich mich und
betete ... für die Generationen der Welt". Der Wortlaut der Fürbitte wird
erst 84,1-6 wiedergegeben. Die erzählenden Bemerkung und die
dazugehörige direkte Rede wird in 83,11 durch eine Abschweifung unter-
brochen:

> Und als ich unten hinausgetreten war und den Himmel sah und die Sonne
> im Osten hervorkommen und den Mond im Westen untergehen und einige
> Sterne und die ganze Erde und alles, was er im Anfang (geschaffen) hat-
> te[101], da pries ich den Herrn des Gerichts und gab ihm die Ehre, daß er
> die Sonne aus den Fenstern des Ostens hervorgehen läßt, so daß sie

---

97   S. mein: Messias und Menschensohn, JBTh 8 (1993) 73-102, speziell 84-87
= unten S. 235-266.
98   Auch Jub 4, 17f bindet ein Astronomisches Buch und ein Traumbuch
Henochs als Offenbarungen vor seiner Hochzeit eng zusammen und hebt beide
von späteren Henochschriften ab V. 21f. Vgl. *K. Berger*, JSHRZ II 3 (1981) 343-
345.
99   Zu unterschiedlichen Angaben in den Handschriften s. *Uhlig*, JSHRZ 666[5a.]
100   Die Vision wird von den Kommentatoren als Weissagung auf die Sintflut
gedeutet, obwohl weder von Wasser noch von Flut ein Wort verlautet.
101   Zum Text s. *Uhlig*, JSHRZ 676[11c].

aufsteigt und aufgeht am Firmament des Himmels und aufbricht und die Bahn läuft, die ihr gezeigt ist.

Eingereiht zwischen die Schauung vom Weltuntergang und der Bitte um Errettung der Menschheit kann diese zweite, äußere Schau wohl nur bedeuten, daß die Bahnen von Sonne und Mond durch die Schöpfung so endgültig verordnet sind, daß sie den für die Menschheit verhängnisvollen und durch die Menschheit heraufbeschworenen Weltzusammenbruch überstehen. Von da aus begreift sich der für sich stehende Lobpreis hinsichtlich dieser Geschöpfe. Der Blick auf die Gestirnsbahnen erinnert so sehr an das Thema des AB, daß der unterbrechende Einschub wahrscheinlich auf eine redaktionelle Verklammerung beider Textkomplexe zurückgeht, die freilich den Sinn der Vorlage des TB relativiert.

So läßt sich zusammenfassend die Behauptung wagen, daß das astronomische und das Traumbuch Henochs, die ausweislich der Qumranhandschriften noch je eigenen Schriftwerken zugehören, durch eine jüngere Redaktion unter dem Blickwinkel einer durchlaufenden Thematik bearbeitet worden sind. War diese Redaktion im Zusammenhang mit der griechischen oder gar erst der äthiopischen Übersetzung von 1Hen 72-82 und 83-91 erfolgt? Der durchweg semitische Stil spricht eher dafür, eine aramäische Überarbeitung vorauszusetzen.

Indem die astronomische Lehre vorangestellt wird, erscheint die besonders in der Tiervision geschilderte Menschheitsgeschichte mit ihrem Auf und Ab den Gesetzen der Zeitrhythmen unterworfen, die das von Gott an allem Anfang geschaffene astrale System verursacht. Jene Lehre weist nach, daß die sichtbaren Gestirne sich nicht selbstregulierend bewegen, sondern hinter ihnen leitende unsichtbare Geister walten, die dem einen Geist Gottes zugeordnet sind. Dem entspricht, daß auch die Geschichtsvision die sichtbare Menschheit nicht als autonomes Subjekt der Geschichte gelten läßt. Nach ihr greifen bildhaft verstandene "Sterne" und unsichtbare menschenähnliche überirdische Wesen immer wieder maßgeblich in das Weltgeschehen ein (86-88; 89,1 usw.). Dazu gehören auch die 70 überirdischen Leiter (modern "Hirten" übersetzt), die als "Volksgeist" jedem großen Volk zugeordnet sind. Ihnen sind 70 Zeiten zubemessen (89,68.72 usw.), über die sie anscheinend ähnlich verfügen wie die Sternzeitenführer in Kap. 72-82[102]. Die eschatologische Kehre

---

102 Die Zeiten der Hirten verteilen sich auf vier Weltreiche analog dem Danielschema (hier 23 + 12 + 23 + 12 = 70 Zeiten); *Beer*, APAT II 294[c].295[m]. Die vier Monarchien-Sukzession wird in Babylonien ab Nabonassar (747 v.Chr.) datiert und astrologisch verankert. Vgl. *U. Gleßmer*, Antike und moderne Auslegungen des Sintflutberichtes Gen 6-8 und der Qumran-Pescher 4Q252, in: Theol. Fak. Leipzig, Forschungsstelle Judentum, Mitteilungen und Beiträge 6 (1993) 3-79, S. 18[42]; zum babylonischen Befund *W.W. Hallo*, The Nabonassar

* Dh: Traumbuch ursprünglich nicht periodisch

wird dadurch hervorgerufen, daß über alle Mittelinstanzen hinaus Gott selbst eingreift und erst ein siegreiches mythisches Schwert für Israel (90,19), dann einen neuartigen (nicht von Menschen verfertigten) Tempel vom Himmel für Israel und den Völkerrest herabkommen läßt (90,29). Durch die Redaktion entsteht also ein von Kap. 72-91 durchlaufendes *Buch der Universalgeschichte*. Was ab Kap. 85 als Geschichte der Menschen beschrieben wird, bildet die logische Fortsetzung der Schöpfung, füllt die durch sie gegebenen (und bis zum neuen *'ālam* geregelten) Zeitrahmen aus. Was schließlich als Eschatologie angeschlossen wird, schildert zwar keine kontinuierlich weiterlaufende Fortschrittstheorie, sondern kündet bislang unerhörte, kontingente Eingriffe von oben an. Sie betreffen aber nicht das Weltall als solches (Sonne und Mond), sondern revolutionieren die menschlichen Verhältnisse von Grund auf. Eschatologie handelt nicht von der Abschaffung der Schöpfung, sondern von ihrer Vollendung. Die sich auf diese Weise zu Wort meldende Apokalyptik entspringt nicht einer naiven Endzeithysterie, sondern dem Bemühen um einen "theologischen" Gesamtentwurf über das Verhältnis der Menschheit zu einem dynamischen, universalen Gott.

Welche Rolle spielt das astronomische Buch für die Anfänge der Apokalyptik in Israel? Treffen die bislang erreichten, wenn auch notwendig hypothetischen, Ergebnisse zu, war das AB längst im Umlauf, als sich eine Apokalyptik auszubilden begann, spielte aber für diesen Prozeß keine maßgebliche Rolle. In die apokalyptische Theorienbildung wird es durch eine Redaktion einbezogen, die es mit dem Traumbuch zu einem Abriß der Universalgeschichte verschmilzt. Diese Überarbeitung ist jüngeren Datums als die Abfassung der in Qumran erhaltenen Henochmanuskripte. Darf man sie um die Zeitenwende, womöglich noch in aramäischer Sprache, ansetzen? Doch das bleibt reine Vermutung.

Die Einbeziehung des astronomischen Buches hat jedoch nicht bedeutet, daß eine völlig neue Thematik in die Apokalyptik eingetragen worden ist. Die Weichen für eine solche Ergänzung waren schon lange gestellt. Denn schon das Traumbuch auf seiner vorredaktionellen Stufe hatte Menschheitsgeschichte (ab Adam) und Eschatologie als unlösliche Einheit vorgeführt, ebenso war es in der Zehn-Epochen-Lehre (1Hen 93; 91,11-17) geschehen und auf seine Weise im Danielbuch, wo die Epoche der Sukzession von vier Weltreichen als Vorgeschichte für den Einbruch des Reiches Gottes erscheint (Dan 2; 7). Indem die astronomische Lehrschrift in diese Thematik einbezogen wird, weitet sich freilich der ontologische Horizont, und der Zusammenhang von Schöpfung, Zeit und Eschatologie wird logisch und deutlicher als je zuvor.

Era, in: A Scientific Humanist, Studies in Memory of *A. Sachs*, Philadelphia 1988, 186-190.

Wenn also der postulierte redaktionsgeschichtliche Prozeß auch in eine jüngere Zeit weist, so ist das darin sichtbare Bemühen, unter Berufung auf Henoch die letzten Offenbarungen über Gott und Welt innerhalb eines universalen Zeitrahmens zu gewinnen, schon für die apokalyptischen Anfänge bezeichnend. Von vornherein scheint dabei die Henochmythologie eine wesentliche Rolle gespielt zu haben. Apokalyptik in Israel beginnt nicht unter dem Namen eines Profeten, auch nicht im Namen Moses oder Salomos als des Prototyps der Weisheit, sondern im Namen einer bis dahin in der Überlieferung des Volkes eher unbedeutenden Gestalt aus grauer Vorzeit. Zu einer geistigen Führerfigur wird sie in den entsprechenden Kreisen vermutlich deshalb, weil sie in der Liste der Urahnen die siebte Generation nach der Erschaffung der Menschen einnimmt; sie kommt danach der Generation und der Stellung des babylonischen Enmeduranki und seines Weisen Utuabzu in vergleichbaren Listen gleich; auf die Analogie zu diesen Gestalten wird offensichtlich Wert gelegt. Dem Zweistromland galt Enmeduranki als Vertrauter des Sonnengotts, deshalb als Kenner der astralen Mächte und Erfinder der Vorzeichenkunde, auch der Astralomina der Serie Enuma Anu Enlil. Utuabzu sollte zum Himmel hinauf- und wieder herabgestiegen sein[103].

Von da aus erscheint begreiflich, daß Henoch schon in der Priesterschrift (Gen 5,23f, vgl. Sir 44,16) zu Kalender und Sonnenlauf in Beziehung gesetzt worden war; denn die ihm zugeschriebenen 365 Lebensjahre lassen sich kaum anders denn als Analogie zum von Gott gesetzten Jahreslauf begreifen[104]. Dann aber legen die akkadischen Vorlagen nahe, ihm eine Himmelsreise zur Information über angelologische und kosmologische Geheimnisse zuzuschreiben, wie es dann im Buch der Wächter und dem der Giganten geschieht. Von den mesopotamischen Überlieferungen her lag weniger nahe, den Siebten nach der Generationenfolge der Menschheit mit unmittelbaren göttlichen Inspirationen, also intuitiver Mantik, in Beziehung zu setzen. Zwar war Omenliteratur auf Enmeduranki zurückgeführt worden, doch sie enthielt Omina, die auf dem Weg induktiver Mantik, durch Beobachtung von natürlichen oder technischen Zeichen, gewonnen worden waren; eine solche Zukunftserkundung war jedoch für Israel seit dem Deuteronomium verboten. Insofern verwundert es nicht, daß apokalyptische Literatur im engeren Sinn, auf göttlicher Eingebung an begnadete Menschen durch Wort und Bilder beruhend, erst auf relativ junger Stufe in Henochs Namen produziert wurde (im Traumbuch und der Zehn-Epochen-Lehre[105]), so daß ihre Fassung mit der der apokalyptischen Danielliteratur ungefähr in die

103 *Kvanvig*, Roots 203.
104 *Kvanvig*, Roots 52.227.
105 Siehe dazu in diesem Band S. 45-76.

gleiche Zeit fällt. Doch die Kreise, die dann auch solche Apokalyptik hervorbringen, sind keineswegs nur auf Eschatologie spezialisiert. "The scholars who produced the earliest Jewish apocalypses raided more sources than just divinatory ones"[106].

---

106   *VanderKam*, Growth 190.

Literatur

Albani, M., Astronomie und Schöpfungsglaube (WMANT 68) 1994.

Beer, G., Das Buch Henoch (APAT II) 1900, 217ff.

Beyer, K., Die aramäischen Texte vom Toten Meer, 1984 (Ergänzungsband 1994).

Black, M., The Book of Enoch or I Enoch (SVTP 7) 1985.

Boll, F. / Bezold, C. / Gundel, W., Sternglaube und Sterndeutung, [4]1931=1966.

Charles, R.H., The Book of Enoch or 1 Enoch, 1912.

Cumont, F., Die orientalischen Religionen im römischen Heidentum, dt. 1931=1959.

Dillmann, A., Das Buch Henoch, 1853.

Flemming, J., Das Buch Henoch. Äthiopischer Text, 1902.

Gleßmer, U., Das astronomische Henochbuch als Studienobjekt, BN 36 (1987) 69-129.

Gleßmer, U., The Otot-Texts (4Q319) and the Problem of Intercalations in the Context of the 364-day Calendar, in: Qumranstudien: Vorträge und Beiträge der Teilnehmer des Qumranseminars auf dem internationalen Treffen der Society of Biblical Literature, Münster, 25-26. Juli 1993; *H.-P. Müller* zum 60. Geburtstag, Schriften des Institutum Judaicum Delitzschianum; Bd. 4 (Hrg: *H.J. Fabry / A. Lange / H. Lichtenberger*), Göttingen 1996, 125-164.

Gundel, W. / Gundel, H.G., Astrologumena (Sudhoffs Archiv, Beih. 6) 1966.

Gundel, H.G., Zodiakos. Tierkreisbilder im Altertum, kosmologische Bezüge und Jenseitsvorstellungen im antiken Alltagsleben (Kulturgeschichte der Antiken Welt 54) 1992

Hunger, H. / Pingree, D., MUL.APIN. An Astronomical Compendium in Cuneiform (Archiv für Orientforschung 24) 1989

Knibb, M.A., The Ethiopic Book of Enoch 1.2, 1978.

Koch, K., Sabbatstruktur der Geschichte, ZAW 95 (1983) 403-430 [in diesem Band S. 45-76].

Koch, K., Weltordnung und Reichsidee im alten Iran und ihre Auswirkungen auf die Provinz Juda, in: *P. Frei / K. Koch*, Reichsidee und Reichsorganisation im Perserreich (OBO 55) [2]1996, 133-337.

Kvanvig, H., Roots of Apocalyptic (WMANT 61) 1988.

Maier, J., Die Qumran-Essener: Die Texte vom Toten Meer. III (UTB 1916) 1996

Milik, J.T., The Books of Enoch, 1976.

Neugebauer, O., The 'Astronomical' Chapters of the Ethiopic Book of Enoch (72-82) (Det Kongelige Danske Videnskarbernes Selskab Matematisk-fysiske Meddelelser 40,10) 1981.

Nickelsburg, G.W., Enoch, First Book of, AncBD 2, 508-516.

Peukert, W.E., Astrologie, 1960.

Rau, E., Kosmologie, Eschatologie und Lehrautorität Henochs. Theol. Diss. (maschinenschr.) Hamburg 1974.

Sacchi, P., Henochgestalt / Henochliteratur, TRE 15, 42-54.

Uhlig, S., Das Äthiopische Henochbuch (JSHRZ V 6) 1984.

VanderKam, J.C., Enoch and the Growth of Apocalyptic Tradition (CBQ.MS 16) 1984.

Waerden, B.L. van der, Erwachende Wissenschaft 2, Die Anfänge der Astronomie, 1968.

Anhang: Zur Funktion der Tore in 1Hen 72-82

Uwe Gleßmer

In 1Hen 72,8-32 wird der Weg der Sonne im Jahreslauf beschrieben, indem für jeden der 12 schematischen Monate angegeben wird, in welchem "Tor" sie auf- und untergeht sowie durch welche Tag-Nacht-Verhältnisse die Monate voneinander unterschieden sind. Diese Angaben sind in die folgende Abbildung übertragen: rechts (im Osten bei den sechs Aufgangstoren des Horizontkreises) sind die Monate und zugehörigen Quartale angegeben, links (im Westen bei den sechs Untergangstoren) sind dagegen die (die Monate jeweils unterscheidenden Verhältniszahlen) notiert:

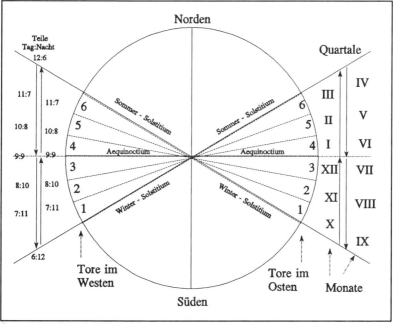

Sonnenlauf nach 1Hen 72

Diese Abbildung enthält bereits ein zusätzliches Deutungselement insofern, als die Winkel für jeden der 2 x 6 als "Tor" benannten Horizontabschnitte mit 10° bemessen sind. Das ist jedoch nicht willkürlich, sondern aus zweierlei Perspektiven sinnvoll. Zum einen beträgt die

Differenz zwischen dem nördlichsten und südlichsten Aufgangspunkt der Sonne in Nordpalästina ähnlich wie in Babylon fast genau 60°. Bei gleichmäßiger Unterteilung ergibt sich die gewählte Größenordnung. Zum anderen entspricht diese Wahl von je 10° Torweite auch den Angaben zu den Tag-Nacht-Verhältnissen, wenn diese nicht als direkte Zeitangaben gedeutet werden[1]. Werden sie vielmehr als Information über die Relation von Horizont-Maßen verstanden, was auch durch das Verständnis der "Tore" naheliegt, so ergibt sich ein sehr guter Sinn. Denn die Taganteile mit den verbleibenden Restanteilen ergeben immer zusammen den Wert 18. Wird also der Bruchteil 1/18 auf den vollständigen Horizontkreis (360°) bezogen, so entspricht das 20° pro Teil. Wird in der Abbildung für jedes Tor also jeweils 10° gewählt[2], beträgt die Summe für das Tor im Osten mit dem zugehörigen Tor im Westen zusammen 20°. Dann aber steht die Tore-Anordnung mit entsprechenden Horizontabschnitten in einer Wechselbeziehung: die vom Sonnenlicht von Aufgang bis Untergang "überstrichene" Horizontlänge steht der "nicht erleuchteten" in regelmäßiger Beziehung gegenüber. Die folgende Übersicht zeigt die sich um 20° verändernden Verhältnisse, die jeweils das Anfangskriterium einer neuen Zeiteinheit bilden:

		Teile	Horizont-Verhältnis
		"Tag:Nacht"	"Lichttag:Dunkelheit"
Frühlings-Aequinox	(9:9)		
I		9:9	180° : 180°
II		10:8	200° : 160°
III		11:7	220° : 140°
Sommer-Solstitium	(12:6)		
IV		12:6	240° : 120°
V		11:7	220° : 140°
VI		10:8	200° : 160°
Herbst-Aequinox	(9:9)		
VII		9:9	180° : 180°
VIII		8:10	160° : 200°
IX		7:11	140° : 220°
Winter-Solstitium	(6:12)		
X		6:12	120° : 240°
XI		7:11	140° : 220°
XII		8:10	160° : 200°

Die Aufgangsposition der Sonne am Horizont bildet so eine Basisgröße, die sich nicht nur durch "Tore" ausdrücken läßt, sondern die auch in

---

1   Ein zeitliche Deutung im Sinne des Tag-Nacht-Verhältnisses 12:6 bzw. 2:1 muß auf Verständnisschwierigkeiten stoßen. *Albani*, Astronomie 49 Anm. 22 gibt (unter Bezug auf *Neugebauer*) an, dieses würde "eine geographische Breite von etwa 48°" voraussetzen (etwa Wien).

2   Vgl. *Albani*, Astronomie 76.

Wechselbeziehung zu den meßbaren Horizontanteilen des Lichttages steht. Quartals- bzw. Monatsgrenzen können so mit einem Schattenstab anhand des Sonnenschattens verfolgt werden.

Dabei sind die 2 x 6 "Tore" von 1Hen 72 den schematischen Monaten I bis XII mit ihren vier Quartalen so zugeordnet, daß jeweils ein 91. Tag mit einem der Kardinalpunkte der Sonnenbahn (Solstitien und Aequinoctien) zusammenfällt. Für das nächtliche Gestirngeschehens ist wichtig, daß dieser Anordnung der Sonnenbahn die Beschreibung entspricht, die in 1Hen 82,11f für die Gestirnsführer und ihre Hierarchie gegeben wird:

> Ihre vier Führer, die die vier Teile des Jahres scheiden, treten zuerst auf, und nach ihnen die zwölf Führer der Ordnungen, die die Monate scheiden; und für die dreihundertundsechzig (Tage) (sind es) Häupter über tausend, die die Tage scheiden, und für die vier (Tage), die, die hinzugefügt werden (= die Epagonaltage), sind die die Führer, die die vier Jahresteile (=Jahreszeiten) scheiden.[3]

Die Hierarchie dieser Engel mit ihrer jeweiligen Funktion, Zeiten zu scheiden, entspricht der Struktur des Jahreskreises in 1Hen 72:

Q_1 - Q_4 4 Quartals-Führer   für die Jahreszeiten
O_1 - O_{12} 12 Ordnungs-Führer   für die Monate
T_1 - T_{360} 360 Tages-Führer   für die Tausende eines Tages

Zusammen ergibt sich aus 1Hen 72 und 1Hen 82,11f die Beschreibung für einen Jahreslauf, der durch die Aufgangs- und Untergangspositionen der Sonne tagsüber und durch ein regelmäßiges Sterngeschehen nachts bestimmt ist. Die beiden Phänomene ergänzen sich gegenseitig in ihrer Zeitbestimmungsfunktion:

Monate	Teile	Horizont	Tore Osten	Quar.-führer	Ordnungs- / führer	Tages-führer
I Frühlings-Ae.	9:9	180:180	4	Q_1	O_1	T_1 -T_{30}
II	10:8	200:160	5		O_2	T_{31}-T_{60}
III	11:7	220:140	6		O_3	T_{61}-T_{90}
IV Sommer-S.	12:6	240:120	6	Q_2	O_4	T_{91}-T_{120}
V	11:7	220:140	5		O_5	T_{121}-T_{150}
VI	10:8	200:160	4		O_6	T_{151}-T_{180}
VII Hebrst-Ae.	9:9	180:180	3	Q_3	O_7	T_{181}-T_{210}
VIII	8:10	160:200	2		O_8	T_{211}-T_{240}
IX	7:11	140:220	1		O_9	T_{241}-T_{270}
X Winter-S.	6:12	120:240	1	Q_4	O_{10}	T_{271}-T_{300}
XI	7:11	140:220	2		O_{11}	T_{301}-T_{330}
XII	8:10	160:200	3		O_{12}	T_{331}-T_{360}

---

3 *Uhlig*, JSHRZ, 670.

Indem die Engel als Führer der Sterne fungieren, so daß durch sie ein "Scheiden" der Zeiteinheiten erfolgt, wie es Gen 1,14ff als Funktion der Gestirne vorsieht[4], besteht keine Gefahr einer astrologischen Infragestellung der monotheistischen Gottesvorstellung. Andererseits ist deutlich, daß mit den "12 Ordnungsführern" und den von ihnen geführten Tausenden (des Sternenheeres) eine Entsprechung zu denjenigen Größen besteht, die im heidnischen Umfeld mit den "Tierkreiszeichen" benannt werden. Die 2 x 6 Tore ebenso wie die zugehörigen 12 Ordnungsführer erlauben zudem leicht eine Erweiterung des auf 360° basierten Systems auf die Zahl 364, indem den Kardinalpunkten jeweils ein zusätzlicher Tag bzw. ein "Quartalsführer" zugeordnet wird. Damit kann sowohl eine an der Siebenzahl orientierte Denkweise zum Zug kommen, als auch das beobachtete Geschehen leichter auf eine kalendarische Annäherung an den jahreszeitlichen Sonnenlauf mittels ganzer Tage bezogen werden. - Ob diese Rechenweise eine spezifisch jüdische Adaption darstellt oder ob eine andere Vorgeschichte vorausgesetzt werden muß, ist z.Z. nicht sicher auszumachen[5]. - Auf jeden Fall, kann in einer Zeit, in der für theologisches Denken ein Abgrenzungsbedarf gegenüber heidnischer Tierkreis-Astrologie besteht, die durch die "Tore" gebotene Ausdrucksmöglichkeit (die modern als "Azimuth" benannt wird[6]) auf entsprechende astronomische Phänomene und deren zyklische Ordnung in Siebenerstrukturen verweisen, ohne die durch die Tierkreisnamen oder die Planeten vorausgesetzten Deutungen auf Fremdgötter übernehmen zu müssen.

---

4   Zur Einbeziehung des Mondgeschehens bietet 1Hen in den aramäischen Fragmenten zum sog. "synchronistischen Kalender" ausführliche Texte, die ebenfalls an den Toren orientiert sind.

5   Vgl. zu Hinweisen auf bereits in der keilschriftlichen Liste AO 6478 implizierte Bezugnahmen auf "364 of these units in a circle rather than 360°" bei *H. Hunger / D. Pingree*, MUL.APIN, 143f sowie zur Epakte von nur 10 Tagen zu den 12 synodischen Mondmonaten mit 354 Tagen ebd. 153. Zu einer nichtjüdischen Verwendung eines dem "henochitischen" sehr ähnlichen Kalenderschemas vgl. *J. Tubach*, Der Kalender von *Ba'albek*-Heliopolis, ZDPV 110 (1994) 181-189.

6   Vgl. zum babylonischen Hintergrund der vorliegenden Deutung der "Tore" in 1Hen *R.W. Bremnner*, The Shadow Length Table in Mul.Apin, in: Die Rolle der Astronomie in den Kulturen Mesopotamiens (Beiträge zum 3. Grazer Morgenländischen Symposion) 1993, 367-382, 372: "... not only was the ratio of the azimuth of sunrise at the solsices 2 : 1, but also the true ratio of the longest to the shortest day close to 1,5 : 1, which was the later norm in Babylonian astronomy. Measured in azimuth, the longest and shortest days would contain 240° and 120° or 8 and 4 *bēru* respectively".

Sabbatstruktur der Geschichte

Die sogenannte Zehn-Wochen-Apokalypse (1Hen 93,1-10; 91,11-17) und das Ringen um die alttestamentlichen Chronologien im späten Israelitentum[1]

0. Das Problem

Seitdem J.T. Milik 1976 die Qumran-Fragmente des 1. Henochbuches zusammen mit einer eindringlichen und genialen Bearbeitung des gesamten Henochstoffes vorgelegt hat, wird die Bibelwissenschaft genötigt, ihre bisherigen Meinungen über das Henochbuch und die Apokalyptik überhaupt gründlich zu revidieren. Sicherlich hat Milik an zahlreichen Stellen über das Ziel hinausgeschossen, dafür hat er harsche Kritik erfahren[2]. Doch seine Thesen erweisen sich auch dort als anregend, wo sie daneben greifen. Der herrschenden Überzeugung, daß die Apokalyptik mit dem Danielbuch beginne und demnach aus den Bedrängnissen der seleukidischen Religionsverfolgung und des makkabäischen Aufstandes herrühre, ist jedenfalls der Boden entzogen. Denn gewichtige Teile des Henochbuches erweisen sich aus paläografischen Gründen älter als 168/7 v.Chr., gehören in den Anfang des 2. Jahrhunderts oder schon ans Ende des 3. Jahrhunderts v.Chr. Nicht Daniel also, Henoch scheint der Born zu sein, aus dem die israelitische Apokalyptik sich speist. (Dabei bleibt offen, wieweit der älteste Teil, das astronomische Buch 1Hen 72-82 "apokalyptisch" genannt werden kann; spezifische Kennzeichen einer Gattung Apokalypse fehlen. Die Erhebung Henochs zum Heroen der Vorzeit bahnt sich schon bei P Gen 5,24 an, und das gewiß nicht in einem "apokalyptischen" Kapitel.)

Doch nicht nur die Fragen um die Entstehung der Apokalyptik sind in Fluß geraten. Die Henochtexte werfen Licht auf Abschnitte des Alten Testamentes, bei denen ein Bezug zu apokalyptischer Literatur völlig fern zu liegen schien. Das gilt nicht nur für das Verhältnis von 1Hen 6-19 zu Gen 6,1-4, wo die Neuinterpretation der Texte Milik (30-32) zu der spektakulären Behauptung gereizt hat, dieser meist als jahwistisch eingestufte Abschnitt sei von Henoch abhängig und nicht umgekehrt. Es gilt ebenso und m.E. noch vielmehr von der sogenannten Zehn-Wochen-Apokalypse. Was hier zum Ausdruck kommt, bietet ein angestrengtes Ringen um die Erkenntnis einer durch die Schöpfung gesetzten Siebenerstruktur der Welt|geschichte, das in charakteristischer Weise sowohl

---

1 Überarbeitete Fassung eines Vortrages vor der Fachuntergruppe Apokalyptik der Wissenschaftlichen Gesellschaft für Theologie am 18. 3. 1981 in Bethel.
2 Am schärfsten: *E. Ullendorf - M. Knibb*, BSOAS 40 (1977) 601f.

von dem masoretischen wie von dem Septuaginta-System der Chronologie in der Genesis und den anderen geschichtlichen Büchern abweicht. Aber gerade dadurch erweist sich, mit welcher Leidenschaft das Thema Schöpfung und Zeiten, verheißene und erfüllte Fristen, in den letzten vorchristlichen Jahrhunderten das israelitische Denken aufregte. Textkritische Probleme der Genesis erscheinen von daher in neuer Beleuchtung und erweisen sich als ideologische Alternativen, nicht bloß als zufällige Varianten.

Über Streitigkeiten um zahlenmäßig festgelegte Epochen der Heils- und Unheilsgeschichte, also um vorgeblich providentiell determinierte Zeitepochen, rümpft der aufgeklärte Betrachter heute die Nase. Wann die Zeit erfüllt war (Gal 4,4), interessiert auch die Frommen nicht mehr; und der Eingang des Matthäusevangeliums mit seiner Sieben-Generationen-Folge bereitet so ziemlich allen Neutestamentlern Verlegenheit. So verwundert nicht, daß das chronologische Gerüst der Genesis, von *M*, *Sam* und *G* höchst abweichend überliefert - in den Kommentaren der Jahrhundertwende noch ausführlich diskutiert -, in neueren Kommentaren nicht einmal mehr textkritisch untersucht und bei der Interpretation von Gen 5 als belanglos beiseite gelassen wird.[3] Andere Zeiten haben darüber anders gedacht. Noch einen Martin Luther hat es tief beunruhigt, daß sein Freund Melanchton bei der Berechnung der Jahre seit der Weltschöpfung um zwei Jahre von ihm abgewichen war.[4] Vor allem aber muß die Suche nach den gottgesetzten Zeitstrukturen das Israel der letzten vorchristlichen Jahrhunderte umgetrieben haben. Das ging so weit, daß die unterschiedlichen Lösungen zur Abspaltung von Religionsparteien führten, und einer dem anderen seine Seligkeit absprach (1Hen 82,4-8), weil er Gottes Zeit anders bestimmte. Vorausgesetzt wird offenbar von allen, daß Gott bei der Schöpfung die Zeit ebenso geschaffen und geordnet habe wie den Raum, also ein frommer Israelit die sakrale Zeit ebenso zu achten habe wie den heiligen Ort oder den Kontakt mit der Welt der reinen Geschöpfe. Auf diesem Hintergrund wird 1Hen 93. 91 begreiflich, aber ebenso die voneinander abweichenden Chronologien der Genesis.

Der Henochtext wird herkömmlich als Zehn-Wochen-Apokalypse klassifiziert. Ob von einer Apokalypse gesprochen werden kann, mag man bezweifeln. Visionäre Züge tauchten nicht auf, ein irdisch-himmlisches Zwiegespräch fehlt ebenso wie eine Himmelsreise; es fällt also fast alles

---

3 Vgl. *C. Westermann*, Gensis 1-11, BK I 1, 1974, S. 478.
4 *K. Scholder*: Ursprünge und Probleme der Bibelkritik im 17. Jahrhundert, 1966, S. 93.

aus, was sich als Kennzeichen einer solchen Gattung[5] anführen ließe. Der | Ausdruck "Woche" ist angesichts des aramäischen *šābûᵃ'*, wie sich zeigen wird, nicht weniger ungenau. Also sollte man vorsichtiger von einer Zehn-Epochen-Lehre reden.

1. Der Henochtext

Das von Milik veröffentlichte Fragment En[g] bietet von der uns interessierenden Lehre 93,1-4a und dann, nach einer Lücke von ungefähr 10 Zeilen, 91,11-17; ohne daß freilich ein einziger Vers vollständig erhalten ist. Mit der Einreihung von 91,11ff hinter 93,1ff bestätigt der Fund eine alte literarkritische Hypothese, die in gängigen Apokryphenausgaben bereits vorausgesetzt war (allerdings gehört gegen APAT und APOT 91,18f, 92 vor 93,1ff, sowie 91,11 zwischen 93,10 und 91,12, hingegen 93,11-14 vor Kap. 94). Die Handschrift stammt aus der Mitte des 1. Jahrhunderts v.Chr., benutzt aber eine altertümliche Orthografie mit vielen defektiven Schreibungen, so daß sie auf eine erheblich ältere Vorlage zurückgehen dürfte (Milik 48. 246). Da auch die aus der Wende vom 2. zum 1. vorchristlichen Jahrhundert herrührende Handschrift En[c] den Schluß des Henochbuches geboten hat, wenngleich Kap. 93. 91 zerstört sind, stellt 100 v.Chr. den terminus ad quem für die Epistel Henochs, das paränetische Buch (91) 92 - 107, dar. Sollte die Zehn-Epochen-Lehre vor der Aufnahme in diesen Zusammenhang selbständig umgelaufen sein[6], müßte man ihre Entstehung einige Jahrzehnte früher ansetzen. Leider existiert zum Abschnitt kein nennenswertes griechisches Fragment; einzig ein koptisches läßt sich zur Textkritik von 93,4-8 heranziehen (Milik 81f).

Die Textlücken im Aramäischen hat Milik in 93,1-4.9f; 91,11-17 ebenso kundig wie kühn nach der äthiopischen oder koptischen Übersetzung, bisweilen jedoch nur auf Grund eigenen Spürsinns aufgefüllt. Da die Zehn-Epochen-Lehre einen verhältnismäßig stereotypen Aufbau unter häufiger Wiederholung einiger weniger Grundbegriffe bietet, ist Miliks Rekonstruktionen hier annehmbarer als anderswo. Über Milik hinaus scheint jedoch auch die Wiederherstellung von 93,4b-9a möglich, weil in *Ä* nur selten eine Vokabel auftaucht, für die nicht an anderen Henochstellen ein griechisches oder aramäisches Äquivalent erhalten ist[7]. Die

---

5   Dazu *K. Koch*: Vom profetischen zum apokalyptischen Visionsbericht, in: Apocalypticism in the Mediterranean World and the Near East, Proceedings of the International Coloquium on Apocalypticism Uppsala 1979, ed. *D. Hellholm*, 1983 = [2]1989, 413-446 [[= siehe in diesem Band S. 143-178]].

[[6   So *Black* 1985, 288 mit vielen andern, anders *Milik* 255f]].

7   Grundsätzlich hat *J. Barr* mit der Behauptung recht: "The process of retroversion cannot work without some preliminary decision about the character

Rückübersetzung füllt ungefähr den Platz aus, der ausweislich der Lakune in En^g (11 Zeilen mit Raum für je 40 Buchstaben) verderbt ist. Über den hypothetischen Cha|rakter des Versuchs ist sich der Verfasser im klaren. Doch erscheint ihm eine solche Rückübertragung ins Aramäische weniger hypothetisch als die "Vorwärtsübertragung" in eine moderne Sprache wie Deutsch oder Englisch. Soll der Sinn des vor der Zeitenwende verfaßten Henochtextes ermittelt werden, sind die Übertragungen in APAT, APOT oder jüngst bei Knibb keineswegs zuverlässiger als Miliks Rekonstruktionen, im Gegenteil. Dies sei am Gebrauch der beiden häufigsten Zeitbegriffe belegt.

Das ist zunächst die Gliederung der Weltgeschichte durch den Text in 10 *šābû'în*, wie es aramäisch heißt. Die gängigen Ausgaben bieten dafür wie selbstverständlich und ohne jede Erörterung "Wochen/weeks" und suggerieren dem Leser, hier werde metaforisch-verschlüsselter Ausdruck verwendet. Dies mag noch angehen, so lange allein äth. *sanbat* (vgl. hebr. *šabbat*) die Grundlage bot, obwohl das Lexem auch hier nicht nur den 7. Tag der Woche und die Woche insgesamt, sondern z.B. Lev 25,8 auch das Sabbatjahr bedeutet (LLAe 370). Auf jeden Fall meint aber *šābû'* hebräisch oder aramäisch, wie man schon bei Levy (WBTM IV 499) und bei KBL 940 nachlesen mag, die siebengeteilte Zeit, ein festes Zeitsiebent, sei es nun eine Woche oder ein Sabbatjahr[8] oder vielleicht auch eine höhere Einheit. Da zudem 1Hen 93,3 wie 91,15 die 7. Teilzeit einer *šābû'* besonders hervorgehoben wird (und die Siebenzahl überhaupt 93,10; 91,16) ist einzig "Siebent" als deutsche Übersetzung angemessen; wem der Ausdruck zu sonderbar klingt, sollte es bei dem Fremdwort *šābû'* belassen (auch Dan 9,24!). "Woche" oder "week" einzutragen, verwässert dagegen den strikt an der Zahl orientierten Sinn. Die Folgen bleiben denn, wie sich zeigen wird, bei der Interpretation nicht aus.

Nicht besser steht es mit dem zweiten Zeitbegriff, äth. wie aram. *'ālam*, was äth. durchweg in dieser Grundform, aram. jedoch gegliedert als *'ālam* 91,14(?).17(?) oder *'ālmā* 93,2.10; 91,14f oder *'ālʿmîn* 91,13-16 erscheint (93,5 bleibt unklar). Von einer guten Übersetzung wäre zu erwarten, daß sie die Nuancen im Aramäischen zumindest bei Singular und Plural beachtet. Doch nicht einmal der äthiopische Text erfährt eine adäquate Wiedergabe. Knibb z.B. gibt *'ālam* mit "world" wieder, wo es als nomen rectum hinter "Auserwählten" oder der Menschheit steht 93,1; 91,14;

---

of the translation" (JSS 23, 1978, 184). Da die Eigenart der *Ä*-Übersetzung noch nicht systematisch untersucht ist, kann nur ein Versuch vorgelegt werden, welcher der Verbesserung bedarf. Dennoch erscheint mir eine vorläufige Rückübersetzung und ein ungefährer Einblick in das, was "Henoch" wollte, wegen des stereotypen Charakters der Zehn-Epochen-Lehre schon jetzt möglich.

[[8   So im Jubiläenbuch; *Wacholder*, HUCA 46, 1975, 203]].

dagegen als "eternal" hinter "Wurzel der Gerechtigkeit" 93,10 oder "Gericht" 91,15; als "for ever" hinter der Präposition *la* 93,5.7; 91,13-17, während er es als nomen rectum zu "Untergang" 91,14 kommentarlos ausläßt, obwohl es die von ihm abgedruckte Handschrift (I 345 Z. 35) bietet. Einen entsprechenden Wirrwarr bei der Wiedergabe bieten APAT und APOT[9]. |

Nun ist keineswegs auszuschließen, daß ein Lexem der Vorlage je nach der syntagmatischen Verbindung in einer modernen Sprache unterschiedlich wiedergegeben werden muß. So ist durchaus zu erwägen, ob *'ālam* in präpositionaler Verbindung mit *la/l^e* nicht andere Konnotationen beinhaltet als bei selbständigem Gebrauch. Ist es jedoch unbillig, in solchen Fällen eine semantische Begründung für das benutzte moderne Äquivalent zu fordern? Bei dem infrage stehenden Fall trägt die unausgewiesene Wiedergabe mit "für immer" bei der Verwendung mit Präposition bisweilen in den Text einen Widerspruch ein, von dem zu bezweifeln ist, ob er der aramäischen oder der äthiopischen Vorlage eigen war. So liest man in den modernen Übersetzungen, daß ein "für immer" errichteter Tempel 93,7 (so auch APAT und APOT) nach dem nächsten Vers 93,8, vgl. 91,13, kurz danach mit Feuer verbrannt wird, also keineswegs bestehen bleibt. War das wirklich vom Verfasser beabsichtigt? Nicht weniger widersinnig wirkt es, das Gericht zu Beginn der zehnten Woche "ewig" (auch APAT und APOT) zu nennen 91,15, wo es doch gleich danach heißt, daß daraufhin die Sünde vollständig verschwindet. Wozu kann dann ein ewiges Gericht noch nützen? Sollte man nicht einen Gedanken als Übersetzer darauf verschwenden, ob *'ālam* hier nichts anderes meinen kann als "Ewigkeit", zumal man das Lexem an anderer Stelle ja auch anders übersetzt? (Auch bei anderen äthiopischen Vokabeln, insbesondere sittlichen Begriffen, befleißigen sich die modernen Übersetzer u.U. verschiedenartiger Wiedergaben beim gleichen Lexem, ohne das zu begründen). Das dem Äthiopischen entsprechende (griechische und) aramäische Lexem steht außer Zweifel; zu fragen bleibt höchstens, ob im Urtext die singularische oder pluralische, die determinierte oder die indeterminierte Form gebraucht war. Daher lautet das Fazit: Henoch in eine moderne Sprache zu übersetzen erscheint in vielen Fällen riskanter als eine Rückübersetzung ins Aramäische. Auf keinen Fall können die bisher vorliegenden modernen Übersetzungen als Grundlage für eine Excgese des Urtextes dienen. Zwar wird auch der Verfasser nicht umhin können, unten neben dem rekonstruierten aramäischen einen deutschen Text zu bieten; es sei aber ausdrücklich vermerkt, daß er kaum mehr als einen Rohentwurf darstellt und nicht den Anspruch

---

9 Zum Problem von *'ālam* siehe schon *G. Dalman*: Die Worte Jesu [2]1930 = 1965, 133-135.

erfüllt, die Vorlage in all ihren Nuancen zu spiegeln. Für *'ā/'alam* selbst wird dabei vorsichtshalber durchweg "Weltzeit" gesetzt, um keine falschen Schattierungen aufkommen zu lassen. Die sittlichen Leitbegriffe wie *qušṭa*, was schon äthiopisch nicht einhellig wiedergegeben wird, und *dîn*[10] werden aus dem gleichen Grunde lediglich transkribiert.

Die nachfolgende Interpretation konzentriert sich auf den Gesichtspunkt der Chronologie, der offenbar ein zentrales Thema für den Verfasser des Henoch darstellt, wenngleich sich sein Anliegen darin nicht erschöpft. Überlieferungsgeschichtliche Fragen wie etwa die, ob der Zehn-Epochen-Lehre ein älteres Siebener-Schema vorausging, und redaktionsge|schichtliche nach der Funktion der Lehre im Buchzusammenhang, bleiben an dieser Stelle unberücksichtigt. Der Verfasser gedenkt, auf diese Probleme in anderem Zusammenhang zurückzukommen.

---

10 Vgl. dazu *Dexinger* 150-164.

Die Erläuterungen zu Urtext und Übersetzung beschränken sich auf das Wichtigste. So werden nur Stellen erklärt, an denen die hier vorgelegte Textfassung von der Miliks abweicht. Die Belegstellen für ein vermutetes aramäisches Äquivalent zu einer äthiopischen Vokabel werden durch einfaches Gleichheitszeichen (=) in der Anmerkung notiert. Die griechische Zwischenstufe wird überschlagen, da sie sowieso fraglich erscheint (Knibb, I. 37-56); ist sie vorauszusetzen, müßte sie dem aramäischen Original gegenüber relativ wörtlich gewesen sein.[11]

[[11   In die auf den folgenden drei Doppelseiten gebotene synoptische Fassung von Text und Übersetzung sind in den Anmerkungen Differenzen gegenüber *Beyer*, 1984 und *Black*, 1985 neu aufgenommen. Die Nummerierung der Anmerkungen erfolgt auf diesen Doppelblättern aus Gründen der Übersichtlichkeit separat]]

1Hen 93,1-10 + 91,11-17

[ומן בתרה הוה[^1] ונסיב ח]נֹוך מתלה[^2] אמר   93,1

[על חשבון בני קשטא ועל בחירי עלמא]   2

[די סלקן]וֹ[^3] מן נצבת יצבתא [וקשטא]

[אל]נֹ[^4] אמלל ואודע לכון ב]נֹי

אנה הוא חנוך אחזי]ֹת אנה כלא[^5] בחזית[^6] שמין]

[ומן] ממר עירין וקדישין אנה כלא ידעת

[ובלוחת[^7] שמיא אנה כל]א קר]ית]

[ואתבוננ]ת[^8]

וֹאֹ[נכ] נסב חנוך מתלה[^9] ואמר   3

אנ]ה הוא חנוך] שביע א[נתילדת בשבוע]י[^10] קדמי

ועד עלי קשטא כבֹ]ר[^11] הוה מתקים]

[ומן בתרה[^12] יקום שבוע] תנין די בה שקרא וחמסא יצמֹחֹ[^13]   4

] ודי בה קצא[^15] קדמיא תקום ואנוש יתר[^16]   [[^14]

] ובתר שלֹם[^17] ורבת[^18] רשעה[^19]

] וקימא[^20] יתקום עם חטין

] ומן בתרה יקום שבוע תליתי   5

] ועם סופה[^21] יתבחר אנוש לנצבת קשטא[^22]

] ומנה[^23] תפק נצבת קשט עלמא/לעלם[^24]

---

[^1]: Lesart *kon* (*Knibb* II, 223 "impossible to explain") in *Ä*1 dürfte auf aramäisch הוה weisen. Zur Konstruktion mit pf. vgl. 76,10 (285) und zur kopulativen Anreihung eines 2. pf. 2Sam 15,1. Daß ein Eingang mit "danach" (so *Ä* wie 91,15.19) nicht passe (*Milik*), ist nicht einzusehen, sein Vorschlag: "als er seine Epistel übergab, nahm Henoch seine Rede auf" weicht zu sehr von der Vorlage ab.

[^2]: מלתה (schon 1Hen 1,2) bedeutet nicht unbedingt "Bilderrede"! Vgl. *D.W. Suter*, JBL 100 (1981), 193-212. - Bemerkenswert ist, daß *Ä* daraus einen Vortrag aus Büchern macht.

[^3]: [[*Beyer* 247 וינמק]ו.]]

[^4]: *Milik* (265 zu L. 20) liest "siehe" (הא) statt "diese" (*Ä*); unnötig.

[^5]: *Ä* läßt V. 2 dreimal כלא aus.

[^6]: So hebraisierend *Milik*.

[^7]: Wahrscheinlicher ist חווי zu lesen; vgl. Sokoloff, 222 Anm. 107.

[^7b]: [[*Beyer* 247 ובלוחי.]]

[^8]: [[*Beyer* 247 ואלמ]ת.]]

[^9]: *Ä* "aus den Büchern" wie V. 1 statt מלתה. Nach dem Aramäischen liest Henoch die Tafeln des Himmels V. 2, nach *Ä* regelrechte Bücher.

[^10]: [[*Beyer* 247 אנ]ה חנוך ילידת] בשיעי. [בשבוע].]]

[^11]: *Milik* nimmt כבר als Adverb "still (= dt. noch)". Kann das Lexem aber einschränkenden Sinn haben? Läßt sich an eine adverbiale Ableitung vom Verb "dick, stark sein" (*Jastrow* s.v.) - vgl. *K compositum* (*Milik* 82). - denken? [[*Dillmann* und *Black* setzen nach äth. 'agaša III 2 entgegengesetzten Sinn voraus: "*qušṭa* verzog/delayed" vgl. *Uhlig* 711 Anm. 3e.]]

[Danach geschah es, daß] Henoch seine bedeutungsvolle Rede[2] [aufnahm,] sagend:

[Betreffs der Kinder des *qušṭa* und der Erwählten der Weltzeit,

die hervorgeh]en aus der Pflanze der Festigkeit [und *qušṭa*].

Dieses will ich reden und es Euch zu erkennen geben, meine(n) Söhne(n):

$\frac{\text{Ich bin Henoch}}{\text{Mir, Henoch}}$, mir wurde alles ge[zeigt in einem Gesicht des Himmels.]

Und [durch] ein Wort der Wächter und Heiligen erkannte ich alles.

[Und auf den Tafeln des Himmels (?) habe ich alles gele[sen

und bin verständig geword]en.

$\frac{\text{Darauf}}{\text{Wieder}}$ nahm Henoch seine bedeutungsvolle Rede auf[9] und sagte:

Ic[h bin Henoch,] als siebenter ge[boren] im **ersten [Siebent]**,

Und bis zu mir (solange ich lebe?) war *qušṭa* [$\frac{\text{schon längst}^{11}}{\text{dauerhaft}}$ erstehend.]

[Danach[12] wird] ein **zweites [Siebent** erstehen,] in dem Lüge und Gewalttat sprossen.

[In ihm wird das erste Ende erstehen, und ein Mann wird gerettet.   [14]]

[Nachdem es vollendet, wird Bosheit wachsen,   ]

[$\frac{\text{und der Bund}}{\text{und das Gesetz}}$ wird gesetzt $\frac{\text{mit den}}{\text{für die}}$ Sünder (n).   ]

[Danach wird ein **drittes Siebent** erstehen.   ]

[An seinem Ende wird ein Mann erwählt zur Pflanze des *qušṭa*.   ]

[Aus(?) ihm wird hervorgehen die Pflanze des *qušṭa* $\frac{\text{der Weltzeit}}{\text{für die Weltzeit.}}$]

---

12 *Milik* 264 L. 24 wohl irrtümlich
    בתרי. nach *Ä* *tafᵉṣāmetā*, anders 266 L.
    15. 19. 22. [[*Black* 1985, 289.]]
13 [[*Beyer* 247 [צמ]חון.]]
14 V. 4b-8 fehlen bei *Milik*. Meine eigene
    Ergänzung mache ich durch eckige
    Klammern rechts und links außen
    kenntlich.
15 Äth. *fᵉṣāme* (wie 10,2) ist von *tafᵉṣāmetā*
    = סומה "chronologisches Ende" 91,13
    zu unterscheiden; als Vorlage für
    "absolutes Ende" vermute ich קצא vgl.
    91,15; 10,14; 22,4; MPAT 31:7.1.
16 = 89,16 (*Milik* 241 L. 20).
17 = 76,14 (*Milik* 288 L. 13).

18 = Dan 4,30
19 = 107,1 (*Milik* 220 L. 28).
20 = Gen 17,20 Jes 42,6. Zur
    Bedeutungsbreite von *šᵉrʿata* jetzt
    Münchow S. 39f.
21 = 91,13.
22 *kuᵉnane ṣᵉdᵉq* gibt einfaches
    aramäisches *qušṭa* wieder 93,3; 10,16
    (*Milik* 191 zu L. 4).
23 *Ä* "und nach ihm wird die ewige
    Pflanze ... herausgehen" (*jᵉwaṣᵉᵉ* ist
    ältere und schwieriger Lesart) dürfte
    aram. ומנה nach dem im Text stereo-
    typen ומן בתרה mißverstanden haben.
24 Varianten nach *Ä*.

[　　　　ומן בתרה יקום שבוע רביעי　　]　6

[　　ועם סופה אתחזיו חזון[25] דקדישין וקשיטין/ועירין[26]　]

[　　　　　　וקימא לכל דרי דריא[27]　]

[　　　　　　ודיראי[28] יתעבד להון　]

[　　　　ומן בתרה יקום שבוע חמישי[29]　]　7

[　　　ועם סופה אתבנה היכל רבותא　]

[　　　　　　ומלכותא[30] לעלם　]

[　　　　ומן בתרה יקום שבוע שתיתי　]　8

[　　　די כל חויא בגוה להוון סמן[31]　]

[　　ולבא דכולהון מחכמתא יתנשי[32]　]

[　　ודי בה גברא למרומא[33] יסק　]

[　　ועם סופה אתיקד היכל מלכותא[34] בנורא　]

[|　ודי בה כל תולדת[35] שרשא[36] בחירא[37] תתבדר[38]　]

[　　　　ומן בתרה יקום שבוע שביעי　]　93,9

[　　　　　ודר טעא[39] יקום[40]　]

[וישגון עבדוהי וכל עבד]וֹהִֹי בטֹנ]עותא]

[ועם סופה י]תבחרון ב]נ]חירין[ל]שהדי[41][ן קשט[42]　10

מן נ]צבת] קשט על]מֹ]א

די שבעה פ]עמין[43]] חכמה ומדע תתיהֹנב להון[[44]

ולהון עקרין אשי חמסא[45] ועבד[46] שקרא בה　91,11

למעבד [דין[47] [

---

[25] = 13,8 vgl. *Sokoloff* 200.

[26] Steht חזון mit Gen subj. oder Gen obj.? Für das zweite spricht 93,2 "das Wort der Wächter und Heiligen". Dann aber fragt es sich, ob äth. ṣadᵉq wie sonst für aram. קשט (91,12; 10,3.17) steht. Ist wie 93,2 עירין vom Äthiopen durch einen andersartigen Ausdruck ersetzt worden? Oder stand im Urtext צדיקין für "vollendete Gerechte" wie MPAT 30,1(?); A 16:4 und im Jesajatargum (siehe *K. Koch*: Die drei Gerechtigkeiten ..., FS E. Käsemann 1976: 245-268)?

[27] = 89,35 (*Milik* 205 L. 8).

[28] [[*Black* 1985, 290 liest דרתה "Vorhof" und erwägt, ob nach Ex 27,9 Targum "der heiligen Wohnung" (משכנא) zu ergänzen ist.]]

[29] [[*Beyer* 247 יב]וא השבוע חמישי. Ist aber ein Artikel möglich?]]

[30] Vgl. 91,13, siehe *Dexinger* S. 114.

[31] Als Äquivalent zu "blind" dürfte nur √סמה in Frage kommen, wobei die Rekonstruktion der Reflexivform durch *Milik* 204 L. 3.5 gegen sich hat, daß die durchgängige Metathese des Sibilanten vor *t* unterbleibt, s. *Sokoloff* 200.

[32] נשא מן Job 28,4 Qoh 9,5 im Targum, zum Verb in 1Hen *Milik* 313 und *Sokoloff* 206f. Oder entspricht tarasᵉ'a wie 99,8 griech. πλανάω pass. = aram. טעה? Vgl. aber 93,9 und Anm. 39 unten. [[*Black* 1985, 290 vermutet: ולבהון כולהון ירשע מן חכמה.]]

[33] ergänzt nach K (*Milik* 82).

[34] K om.

[35] = Gen 10,32; 11,6; 12,1 u.ö..

[36] = 91,5.8.11 Dan 4,12.

[Danach wird ein **viertes Siebent** erstehen.   ]

[An seinem Ende werden Gesichte der Heiligen und der $\frac{\text{Gerechten}}{\text{Wächter}}$ geschaut.   ]

[$\frac{\text{Ein Bund}}{\text{Ein Gesetz}}$ für alle kommenden Geschlechter   ]

[und eine Wohnung[28] werden ihnen gemacht.   ]

[Danach wird ein **fünftes Siebent** erstehen.   ]

[An seinem Ende wird gebaut der Tempel der Größe   ]

[und Königsherrschaft für eine Weltzeit.   ]

[Danach wird ein **sechstes Siebent** erstehen.   ]

[Alle in ihm Lebenden erblinden.   ]

[Und das Herz von allen wird vergeßlich weg von der Weisheit.   ]

[Und in ihm wird ein Mann auffahren (in die Höhe?).   ]

[Und an seinem Ende wird der Tempel des Königtums mit Feuer verbrannt.   ]

[Und in ihm wird zerstreut das ganze Geschlecht der auserwählten Wurzel. |]

[Danach wird ein **siebentes Siebent** erstehen.   ]

[Und ein abtrünniges Geschlecht wird erstehen.   ]

[Zahlreich werden seine Werke, und alle seine Wer]ke geschehen in Ab[trünnigkeit.]

[An seinem Ende] werden erwählt [Erwählte] zu Zeugen[42] von $q^e\check{s}ot$

aus der W[urzel] des *qušṭa* der Weltz[eit],

Welchen sie[benfach] Weisheit und Erkenntnis gegeb[en wird.[44]]

$\frac{\text{Für sie rottet man aus}}{\text{An ihnen ist's, auszurotten}}$ die Grundlagen der Gewalttat[45] und das Werk der Lüge darin,

um [dîn] zu vollziehen.[47]

---

37    $\ddot{A}^{\text{Mss}}$ 1 $h^e ruj$ (mit APAT und *Knibb*).
38   = Dan 4,11.
39   Äth. $^e lut$ ist part. der gleichen Wurzel wie das folgende Substantiv $^e lwat$, das *Milik* zu טעותא ergänzt; vgl. 89,35: טעה für das gleichbedeutende *šḥt*. [[*Black* 1985, 291 benutzt דדמכנין nach Dtn 32,20.]]
40   = 22,13; 91,10 (*Milik* 218 L. 1; 260 L. 11) Dan 7,24.
41   [[*Beyer* 247 מ[ן הכו]ל שהדי]]
42   "Eth has nothing corresponding to Aram שהדי קשט" (*Knibb* II 225) trifft nicht zu, da ältere Handschriften hier $ṣ^e d^e q$ durchaus bieten (App zu 93,10 *Knibb* I 351), so daß nur die Zeugenfunktion ausfällt, weil $\ddot{A}$ Erwählung anscheinend eschatologisch und nicht als Beauftragung innerhalb der Zeitlichkeit begreifen kann.
43   [[*Beyer* 247 כ[פל]י[ן.]]

44    $\ddot{A}$ add "über seine ganze Schöpfung". Nach der Fortsetzung war aber ursprünglich an Kenntnisse für das eschatologische Richteramt gedacht.
45   Im Zuge der Abtrennung von 91,11ff aus dem Zusammenhang der Epochenlehre hat $\ddot{A}$ 91,11 erweitert (*Knibb* II 318 Anm.), um die drohenden und kriegerischen Züge des Weltendes herauszustreichen. Deshalb folgt an unserer Stelle: "und die Sünder werden durchs Schwert getötet, den Lästerern werden sie (die Wurzel = Grundlagen) abgeschnitten allerorten."
46   Von $\ddot{A}$ gegen den Parallelismus als part. verstanden.
47   Statt der beiden letzten Worte bringt $\ddot{A}$ nochmals: "Sie werden getötet durchs Schwert."

ומן בתרה יקום שבוע תמיני [ד]קָשׁוט[48]   12
דבה תתיהֹןב חרבֹן לכול קשׁיטין
למעבד דין קשׁוט מן כול רשׁיעין
ויתיהבון בידהון

ועם סופה יקנון נכסין בקשׁוט[49]   13
ויתבנא היכל [מֹ]לֹ[כ]וֹת[50] רבא
ברבות זוה[51] לכול דרי עלמין[52]

ומן בתרה שבוע תשׁעי   14
וקֹ[שׁוט ו]ֹ[ד]ֹין קשׁוט בהֹ[54] יתגלא
לכול בני ארעא כלהֹ[55]
וכול עבֹ[ד]י רשׁעיא[56] יעברון מן כול ארעא כולה
וירמון[57] לבורֹ[58] [עלם]
[ויחזון אנושא] כלהון לארח קשׁט עלמא

ומן [בתרה שבוע עשׂרי]   15
[דבשׁבי]עֹ̇הֹ[59] דין עלמא וקץ
דינא רבא [ויתנקם במצׁיע קדישׁיא][60]

ושׁמין קדמין בה יעברון   16
ושׁמ[ין חדתין יתחוון]
[וכול שׁלטני][61] שׁמיא צֹ[הר]ֹין[62]
ודנחין לכול עלמין שׁבעה פעמין]

[ומן בתרה][63] שׁ[בֹעין שׂג]וֹ[64]   17
[די לא] איתי סוף לכול מֹ[נינהון לעלמין][65]
[דבהון טבא וקשׁ]טא[66] יעבדון

---

48 [[*Beyer* 248: קשׁיט <ו>.]]
49 *Ä* "durch ihre Gerechtigkeit".
50 [[*Beyer* 248 משׁר[ית "Aufenthalt".]]
51 [[*Beyer* 248] ידה "seiner Macht".]]
52 *Ä* kürzt die Rühmung des Tempels.
53 *Ä* om.
54 [[וק[שׁיט] דבֹ[ה קשׁטא].]]
55 *Ä* "für den ganzen *'âlam*" mag auf eine alte (aram. ?) Variante zurückgehen.

56 [[*Beyer* 248 [חמסא].]]
57 *Ä* "aufgeschrieben wird der *'âlam* für ...", dazu *Milik* 269 zu L. 21.
58 [[*Beyer* 248 [א]לביר.]]
59 [[*Beyer* 248 דֹ[בֹה].]]
60 *Ä* fügt einen interpretierenden Satz hinzu.
61 [[*Beyer* 248f [ומאני] "(Himmels)körper".]]

Danach wird ein **achtes Siebent** [des] $q^e\check{s}o\d{t}$ erstehen,

in ihm wird [ein Schwert ge]geben allen Rechtschaffenen,

um *dîn* des $q^e\check{s}o\d{t}$ zu vollziehen unter Abtun (= weg von) $\frac{\text{allem Frevel,}}{\text{aller Frevler,}}$

und sie werden in ihre Hände gegeben.

An seinem Ende erwerben sie Besitz durch $q^e\check{s}o\d{t}$.[49]

Und gebaut wird der Tempel des [Rei]ches, $\frac{\text{des Großen,}}{\text{der große,}}$

in Größe seines Glanzes für alle Geschlechter der Weltzeiten.[52]

Danach ein **neuntes Siebent**.

[$q^e\check{s}o\d{t}$ [53]und] *dîn* [des $q^e\check{s}o\d{t}$] werden offenbart an ihm

für alle Kinder der ganzen Erde.[55]

Und alle $\frac{\text{Tät[er}}{\text{Tat[en}}$ des Frevels verschwinden] von der ganzen Erde gänzlich

und werden geworfen[57] in die Grube der [Weltzeit].

Und alle Menschen werden sich ersehen den Weg des $q^e\check{s}o\d{t}$ der Weltzeit.

Da[nach ein **zehntes Siebent**.]

[In dessen sieben]tem Teil (entsteht) *dîn* der $\frac{\text{Weltzeit.}}{\text{Ewigkeit.}}$ Und ein $\frac{\text{Ende}}{\text{Zeitpunkt}}$

des großen *dîn* wird [rächend vollzogen inmitten der Heiligen][60].

Der erste Himmel wird in ihm vergehen.

Und ein [neuer] Him[mel wird erscheinen.]

Und [alle Gewalten] des Himmels leuch[ten auf[62]]

und strahlen für alle Weltzeit[en siebenfach.]

Danach werden **Siebente zahlreich** sein,

[welche nicht] haben ein Ende [ihrer Anzahl für $\frac{\text{Weltzeiten}}{\text{ewig.}}$].

[In ihnen werden sie Gutes und *quš*]*ṭa* vollbringen.[67]

---

[62] [[*Beyer* 248f ח[שכ]ין "verdunkeln sich".]]

[63] [[*Beyer* 248 ins [יקומ]ן].]]

[64] Nach *Sokoloff* 200.

[65] An dieser Stelle wäre der sing. von עלם unangemessen (so *Milik* nach *Ä*, wo aber der sing. durchgängig gebraucht wird!) Vgl. V. 16b. [[*Beyer* 248 liest

stattdessen [לכול מ[נינהון "für deren ganze Anzahl".]]

[66] [[*Beyer* 248f כלא בקש[טא] "alles gemäß der Wahrheit".]]

[67] *Ä* add: "Die Sünde wird von da an nicht mehr erwähnt." [[Danach *Black* 1985, 294 חטיתה לא עד תתחזי.]]

2. Die henochischen Weltepochen

2.1. Bisherige Deutungen. Bei der Lektüre des Textes fällt die Absicht des Autors auf, die Geschichte Gottes mit der Menschheit in scharf voneinander abgehobenen Epochen zu gliedern. Seine Absicht kann kaum eine andere sein als die, für sich und den Leser den eigenen Ort innerhalb der unaufhaltsam ablaufenden Zeit der Welt erklärbar, d.h. in gewisser Hinsicht berechenbar zu machen, um Leben und Handeln auf die Zeichen der Zeit hin auszurichten. Soll aber die eigene Gegenwart im Fluß des Geschehens durch den Aufweis solcher mit der Schöpfung gesetzter fester Epochen geortet und dadurch ihr Verhältnis zum sicheren Weltende bestimmt werden, so ist wenig wahrscheinlich, daß "Henoch" zehn Epo|chen von beliebig wechselnder Länge meint, wie es manche Ausleger voraussetzen (Charles 228; APOT 263; Dexinger 120). Die eigene Situation bliebe dem Leser dann gerade unklar, wozu also der Aufwand einer so umfassenden und strikten Gliederung? Setzen wir jedoch voraus, daß mit *šābû'* eine feste Zahl von Jahren verbunden ist, bleibt zu klären, welche Zeitspanne gemeint sein könnte.

a) Äthiopische Kommentatoren (und Laurence mit ihnen) haben als grundlegende Einheit *700 Jahre* angesetzt (Milik 258). Dafür gibt es in der Chronologie von Genesis und Exodus einigen Anhalt. Henoch, dem letzten Siebtel der 1. Periode zugehörig (93,3), wird 622 nach Erschaffung der Welt geboren (Gen 5), Abraham zwischen 2000 und 2100 berufen, was hier dem Ende der 3. Woche entspricht, und das Geschehen am Sinai läßt sich bei "Hochrechnung" der Genesis- und Exodusdaten auf 2700 bis 2800 anno mundi datieren. Für alle Zeitalter nach Mose ergeben sich jedoch viele zu hohe Zahlen, die der biblischen Überlieferung entschieden widersprechen, so daß diese Lösung mit Recht zurückgewiesen worden ist.

b) Entsprechend der durch die Siebenzahl geprägten Gliederung der Geschichte Israels in den Geschlechtsregistern Jesu Mt 1,1ff Luk 3,23ff nehmen Ewald und Dillmann für jede *šābû'* je *sieben Generationen* an, wie denn schon Henoch selbst sich betont als der Siebte des ersten Siebent 93,3 einführt. Die zweite Epoche umfaßte dann Nummer 8 - 14 der Erstgeborenen in Genesis 5 - 10, nämlichMetuschelach (Henochs Sohn) bis Eber (der freilich erst geraume Zeit nach der Sintflut gezeugt wird), die dritte Nummer 15 - 21 Peleg bis Isaak, die vierte Nummer 22 - 28 Jakob bis Nachschon (der allerdings schon längere Zeit vor dem Sinaigeschehen geboren wird), die fünfte Nummer 29 - 35 Salma bis Rehabeam. Von dem 6. Siebent an freilich, d.h. ab dem salomonischen Tempelbau, setzen die biblischen Berichte im Vergleich zu den bei Henoch abgegrenzten Perioden eine weit über sieben hinausgehende Anzahl von Generationen voraus. Dillmann (299f) versucht, von da ab mit 14 Generationen zu rechnen, was ihm aber nur unbefriedigend gelingt. So wird auch diese Deutung heute nicht mehr diskutiert.

c) Mit sieben Epochen von nur *sieben Jahren*, die sich auf die entscheidenden Wendepunkte der Geschichte der Qumrangemeinde beziehen sollen, will Thorndike auskommen. Doch der henochische Entwurf ist zu deutlich weltgeschichtlich ausgerichtet, als daß er sich auf einen Sektenrahmen reduzieren ließe.

Keine der bisherigen Lösungen will also überzeugen. Begreiflich, daß die meisten Darstellungen der apokalyptischen Literatur gegenwärtig vor der Aufgabe kapitulieren, das Geheimnis der Zeitsiebent in 1Hen 93. 91 zu ergründen und jede Näherbestimmung übergehen. Trotz allem scheint ein neuer Versuch der Mühe Wert.

2.2. *490 Jahre?* Bedeutet *šābûa'* nicht Woche, sondern Zeitsiebent, ist zudem der Begriff nicht unbedingt metaforisch zu verstehen, sondern eigentlich gemeint, dann liegt es nahe, nach einer durch sieben "teilbaren" Zeitgröße zu suchen, die zu den Epochen des Geschichtsentwurfs bei Henoch paßt. Für die Zehn-Epochen-Lehre empfiehlt sich eine solche Untersuchung schon deshalb, weil sowohl bei dem ersten die bei dem letzten Siebent das jeweilig letzte Siebtel als besondere Zeitspanne eigens herausgehoben wird 93,3; 91,15, wie denn auch sonst die Siebenzahl eine gewichtige Rolle spielt 93,10; 91,15b. Nun redet das Henoch in vieler Hinsicht | verwandte Danielbuch 9,24 *von 70 šābû'îm* im Sinne von Sabbatjahren, die über Israel nach dem Exil als Zeit der Not und Fremdherrschaft verhängt sind, und meint damit unstreitig insgesamt 490 Jahre. Sollte auch Henoch die gleiche Zahl als Epochengröße voraussetzen, aber die gesamte Summe mit dem Begriff *šābûa'* bezeichnen, also mit 490 als Zeitsiebent höherer Ordnung rechnen? Es verwundert, daß die dem Henochbuch zeitlich wie sachlich nahe stehende Danielstelle bisher zur Erläuterung noch nicht herangezogen worden ist. Um eine solche Spur zu verfolgen, ist genauere Untersuchung der biblischen Chronologie unumgänglich - so unbehaglich es auch modernen Theologen zu werden pflegt, wenn jemand im Blick auf biblische Theorien der Geschichte und der Eschatologie ernsthaft mit festen Jahreszahlen operiert!

Es sei mit der Untersuchung der dritten Siebent (93,5) eingesetzt: Es beginnt mit der Sintflut und endet mit Abraham. Wieso eine solche Abgrenzung? Der Einsatz mit dem Ende der Sintflut ergibt sich zwar bei der Lektüre der Genesis zwanglos, ein Ende aber *nach* Abrahams Lebenszeit fällt auf. Henoch stellt Abraham betonte an das Ende einer Epoche; wieso gilt ihm Abraham nicht als Anfänger eines neuen Zeitalters, wie es von Gen 12 und vielen anderen biblischen Stellen her zu erwarten wäre? Was ergeben die Geschlechtsregister der Genesis? Für ihr chronologisches Gerüst bieten jeweils die Jahre, in denen ein Urvater seinen ersten Sohn zeugt, also die Erstzeugungsjahre, den roten Faden. Nun sind es vom 2. Jahr nach der Flut, in dem Sem seinen Erstgeborenen zeugt, Gen 10,10, bis zu dem Jahr, in dem Abraham in seinem 99. Jahr

Isaak zeugt, genau 490 Jahre (nach *M*)! Ist es Zufall, daß der Periodenpä-schär von Qumran 4Q181 genauso abgrenzt: "Von ... *m* (Milik 251 ergänzt 'Abraham', ich bevorzuge 'Sem'[12]) bis zur Zeugung Isaaks sind es 10 *šābû'îm*"? *šābû*ᵃ' wird im Päschär wieder als Sabbatjahr verstanden, deshalb wird Multiplikation mit zehn erforderlich. Gilt aber hier wie dort die Zahl 490 als Schlüssel, dann erklärt sich, warum für den Henochverfasser Abraham in das Ende der Sem-Periode hinein gehört und nicht zum Haupt eines neuen Zeitalters werden konnte, wie es der Bibelleser eigentlich erwartet. Für das 3. Siebent erweist sich also 490 unstreitig als passende Zahl.

Nun zum vierten *šābû*ᵃ' (93,6). Es reicht von Isaak bis Mose. Wiederum überrascht, daß mit Mose und dem Sinai eine Epoche beschlossen wird und nicht eine neue beginnt, wie es sonst Darstellungen der biblischen Geschichte tun. Leider verlassen uns für diesen Fall die Geschlechts-register. Dafür finden sich Angaben über den Aufenthalt in Ägypten mit dem Exodus als Ziel. Da der Bundesschluß am Sinai dem Auszug ein Jahr später folgt, fällt der Schlußpunkt des vierten *šābû*ᵃ' mit dem Auszugsda-|tum ungefähr zusammen. Nach Gen 15,13 waren die Erzväter 400 Jahre lang im Lande, das ihnen nicht gehörte, und wurden von den Oberherrn unterdrückt. Ex 12,40 redet *M* von einem Aufenthalt von 430 Jahren in Ägypten, während *Sam* (+ *G*), die Zeit in Kanaan einbegreifend, schreibt:

môšab *bᵉnê* *jiśrā'el* *ᵃšär* *jāšᵉbû* *bᵉ'äräṣ* *kᵉna'an* *û-bᵉ'äräṣ* *miṣrājim.*

Die zweite Lesart ist vorzuziehen[13]. *M* kann nicht richtig sein, da P, dem die Notiz ursprünglich zuzuschreiben ist, anderwärts nur vier Generatio-nen vermeldet, die in Ägypten weilten Ex 6,16ff vgl. Gen 15,16[14]. Auch die frühe rabbinische Überlieferung verteilt die Zahl 430 auf die Zahl der

---

12   4Q180,4f + 181,2 in Abänderung von *Milik*, 249-251: [שבעים]ה עשרה את ישחק הוליד ד[ע] [ם]ש[מ...].

[[13   Anders *S. Kreuzer*, ZAW 98 (1986) 207-209 und ZAW 103 (1991) 252-258, der die vier Generationen Gen 15,16 einer anderen Hand zuschreibt als die 400 Jahre und die Differenz zu Ex 12 dadurch erklärt, daß die Josefzeit bedrückungs-frei gewesen sei. Richtiger *D. Lührmann*, ZAW 100 (1988) 420-423]].

14   P hatte anscheinend für Ägypten die Hälfte von 430 Jahren angesetzt entsprechend den 215 Jahren, die er für die vier Generationen Abraham + Isaak + Jakob + die 12 Söhne im Lande Kanaan angibt (Gen 21,5 vgl. mit 12,4; 25,26; 46,9.18). Die Zahl 215 für Ägypten ergibt sich, wenn man voraussetzt, daß der als kleines Kind nach Ägypten gelangte Kehat (46,11) dort wie sein Sohn Amran um die Mitte der Lebenszeit jeweils den Erstgeborenen zeugte (133 + 137 = 270, 1/2 = 135, Ex 6,18-20) und die 80 Jahre addiert, die Mose in Ägypten verbracht hat Dtn 34,7: Lebenszeit 120 Jahre, abzüglich 40 Wüstenwanderung = 80; vgl. *Johnson* 33f) [[*Lührmann*, ZAW 100 (1988) 422 verweist auf 215 Jahre bei Demetrios]].

Erzväter in Kanaan und diejenige ihrer Nachkommen in Ägypten (Bill II 668f). Während Paulus Gal 3,17 Abrahams Leben ab dem Bundesschluß von Gen 15 und die Zeit Isaaks in diese 430 Jahre der Kinder Israels mit einbegreift, obwohl Abraham als "Vater von Völkern" Gen 17,11 nicht in den Kindern Israels aufgeht, ist Henoch genauer[15], indem er nur die 60 Jahre Isaaks (vor der Zeugung Jakobs = Israels Gen 25,26) hinzuzählt. Jedenfalls ergibt die Zusammenschau von Gen 25,26 und Ex 12,40 *Sam* eindeutig 490 Jahre[16].

Klar liegen die Dinge bei den nächsten beiden Siebenten (93,7f). Hier gibt 1Kön 6,1 den festen Anhalt: Vom Auszug bis zum Beginn - wohlgemerkt dem Beginn! - des Tempelbaus sind es 480 Jahre. Von da an umfassen die Regierungsjahre der judäischen Könige bis zum Untergang des ersten Tempels ausweislich der Chronologie des Königsbuches 430 Jahre; zählt man die 70 Jahre bis zur Neuweihe des zweiten Tempels und also bis zum Ende des Exil hinzu, ergeben sich für den fünften und sechsten *šābūaʿ* insgesamt 480 + 430 + 70 = 980 Jahre, d.h. 490 für jedes Siebent[17]. Wiederum mußte um der vorausgesetzten Zeitspanne und der aus der Heiligen Schrift errechneten Zahlen willen der salomonische Tempelbau an das Ende einer Epoche verlegt werden und konnte nicht eine neue einläuten, wie es nicht nur uns heute, sondern schon dem Deuteronomisten in 1Kön sinnvoller erschien. |

Ehe wir uns dem heiklen Gebiet des 7. Siebent zuwenden, der mit dem Exil einsetzenden Epoche, und zur Erörterung der Datierung des Autors genötigt werden, seien die beiden ersten *šābūʿín*, welche die Zeit von der Schöpfung bis zum Noahbund nach der Sintflut (93,3f) umfassen, in die Untersuchung einbezogen, um zu sehen, ob sich die Zahl 490 als Schlüssel für die Epoche Nummer 3-6 auch hier nachweisen läßt. Hier scheint die These auf den ersten Blick zu versagen; denn *M* datiert die Sintflut in das Jahr 1656, *G* gar in das Jahr 2242, statt eines zu fordernden Termins +/- 980 nach der Schöpfung. Doch lohnt sich genaueres Hinsehen. Ein statistischer Überblick für die ersten sieben Generationen der Menschheit, jeweils die Zahlen für die Zeugung des Erstgeborenen gewählt, sieht Gen 5 so aus[18]:

[[15 *Lührmann*, ZAW 100 (1988) 423 weist die Disqualifikation des Paulus ab: Natürlich hat Paulus Recht, falls er Abraham = Israel setzt]].

16 Die 400 Jahre von Gen 15 lassen sich mit der Angabe in Exodus 12 vereinen, falls man die von Jakob in Aram verbrachte Zeit, während der er kein Schutzbürger war (גור), in Abzug bringt. Anders die Erklärung Ex 12,40 TJ 1 sowie bei den Rabbinen (Bill II 670).

17 *Koch* 1978.

18 Ein Gleichheitszeichen (=) weist auf Übereinstimmung der betreffenden Summe mit der jeweils links daneben stehenden Zahl.

	G	M	Sam	Jub
Adam	230	130	=	=
Set	205	105	=	=
Enosch	190	90	=	=
Kenan	170	70	=	=
Mahaled	165	65	65	66
Jared	262	162	62	61

	(G~) M		Sam	Jub
Metuschelach	187	67	65	
Lamech	182	54	55	
Noah	500	=	=	
+ bis Flut	100	+	+	
Gesamtsumme	969	720	720	

Zeugung				
Henochs	1222	622	522	522
+Henoch	165	65	=	=

	1387	687	587	587

Für das erste Siebent, von der Schöpfung bis zu Henoch, weisen *Sam* und *Jub*[19] schon 100 Jahre weniger auf als M. Die Differenz der Texte entsteht durch Addition oder Subtraktion von jeweils 100 Jahren, während die letzten zwei Stellen jeder Zahlenangabe konstant sind. Ist es erlaubt, über *Sam* und Jub hinaus nochmals 100 abzuziehen? Dann wären wir in der Relation zur Epochenzahl, die sich bisher ergeben hatte, nämlich bei 487 als Summe nach dem Erstzeugungsjahr und bei 422 als Geburtsjahr für Henoch. Dann würde mit ihm tatsächlich das letzte Siebtel des ersten Siebents von 490 Jahren ausgefüllt, eine Unschärfe von 2 bis 3 Jahren vorausgesetzt. Angesichts des Schwankens der Zahlen in Genesis 5 wird man das Recht zu einem solchen Abzug zumindest zu erwägen haben.

Wenn überhaupt, dann ist die Reduktion bei Adam vorzunehmen. Ein klares Indiz, daß hier das Erstzeugungsdatum nicht unumstritten ist, liefert das Jubiläenbuch. Dort berichtet 3,34, daß Adam und sein Weib am Ende des ersten Jubiläums, also im 49. Jahr, aus dem Garten Eden vertrieben | wurden: "Danach erkannte er sie." Doch Kain wird nach 4,1 erst im zweiten Jubiläum in dessen dritter Jahrwoche, also zwischen 112-119 nach Erschaffung der Welt, geboren. Sollte die Stammutter des Menschengeschlechts rund 55 Jahre mit ihrem ersten Sohn schwanger gegangen sein? So setzt es jetzt das Jubiläenbuch wohl aus dem Zwang seiner speziellen chronologischen Theorie voraus. Doch schimmert eine Fassung durch, nach der Adam erheblich frühere zu seinen Söhnen gekommen ist, als es die jetzige Überlieferung von Jub wie von Genesis

---

[[19 Zur Bedeutung von Jub s. *B.Z. Wacholder*: Chronomessianismus, HUCA 46 (1975) 201-218]].

5 voraussetzt. Daher darf postuliert werden, daß Henoch das Jahr 30 oder 33 als Erstzeugungsjahr Adams voraussetzt.

Für das zweite Siebent bietet *M* 600 Jahre für das Leben Noahs bis zur Sintflut. Das ist eine unverhältnismäßig hohe Zahl, vor allem angesichts der sonst herrschenden Theorie von einer Abnahme der Lebenszeit in der Urgeschichte. Noah wird dadurch einsam herausgehoben, daß er nach der jetzigen Rechnung erst mit 500 Jahren seine Söhne zu zeugen beginnt 5,32; er erscheint als ausgesprochener "Spätentwickler" verglichen mit seinen Vorfahren. Hinter *M* schimmert vielleicht die Tendenz durch, eine Teilzahl von 3600 für Noah zu erhalten (Jepsen 1929: 251f). Doch sie muß nicht ursprünglich gewesen sein. Ein Anhalt für eine andere Datierung, nämlich 300 als Erstzeugungsjahr für Noah findet sich in den pseudo-philonischen Antiquitates Biblicae (1,22), dort aber in ein Zahlensystem eingereiht, das weder mit *M* noch mit *G* oder *Sam* parallel läuft. Würde man für die Henochüberlieferung die 300 Jahre mit den weiteren Zahlen der zweiten šābûᵃ' bei *Sam* und Jub verbinden, käme man auf das Jahr 420 als das Jahr, in dem Noah erstmals gezeugt hat (und die Flut begann). Dies würde hervorragend zum Henoch-Schema passen. Auch die Sintflut wird in den Antiquitates in gottgesetzte Jahrwochen eingereiht, ohne daß leider eine Zahl genannt wird (13,8); sind für sie etwa 70 Jahre vorausgesetzt? Eine Überlieferungsvariante zu 1Hen 5, die 2 x 490 Jahre bis zum Ende der Flut behauptete, liegt also im Bereich des Möglichen.

Doch nun zum siebten šābûᵃ'. Es hebt mit dem Exil an, übergeht auffälligerweise den Neubeginn, sowohl den zweiten Tempel wie die Zeit Esras, und reiht alles, was seither in Israel geschah, unter der Überschrift "Abirrung" ein. Das trifft offenkundig die gesamte Geschichte der nachexilischen Kultgemeinde und ihre Organisation. Ein Umschlag wird erst für das Ende vorausgesetzt. Da werden dann Leute auserwählt, welche die Grundlagen von Gewalttätigkeit und Trug ausrotten. Es besteht relative Einigkeit darüber, daß der Verfasser der Zehn-Epochen-Lehre seinen eigenen historischen Standort am Ende dieser Periode ansetzt. Setzt er auch für sie 490 Jahre voraus? Dafür spricht einiges. Zunächst die Parallele Dan 9,24, wonach 490 Jahre Unheil über Gottesvolk und Gottesstadt verhängt werden. M.E. lassen sich weitere Zeugen heranziehen. Nach TestLev 16 wird Israel 70 Wochen in die Irre gehen, das Priestertum schänden, Opfer beflecken, das Gesetz entstellen und andere schändliche | Dinge treiben. Kann sich das auf die gesamte Geschichte Israels beziehen, also etwa die Ära Mose und David einbegreifen, um nur zwei Beispiele zu nennen? Das erscheint ausgeschlossen. Andererseits wird gemäß der Geschichtstheorie der Zwölfer-Testamente kaum eine in ihrem Anfang unbestimmt bleibende eschatologische Abfallzeit gemeint sein. Am einfachsten erweist sich, TestLev 16 auf die nachexilische Geschichte Israels zu beziehen, sie 70 Siebente umfaßt, d.h. 490 Jahre. Eine gewisse Parallelität bietet vielleicht die 70-Hirtenvision in Henoch. Setzt man dort hypothetisch 7 Jahre für jeden Hirten als Regierungszeit, so würden ebenfalls 490 Jahre Exil Israels vorausgesetzt, allerdings - handelt es sich um nordisraelitische Tradition? - schon ab Untergang des Nordreichs, also ab 722/1. Qumran hat weitere einschlägige Texte geliefert. Zu nennen ist die Melchisedeq-Schrift 11QMelch, wonach am Ende des "10. Jubiläums", also nach 490 Jahren, die Kinder des Lichts gesühnt werden, dies aber zugleich das Ende der Tage für die "Verbannten" (*š^ebujîm*) bedeutet. Milik 249-253 führt weiteres Material an. So den Päschär zu einem älteren, vielleicht aramäischen Periodenbuch 4Q180.181, wo nach Aufzählung der Jahrwochen ab Adam für die Spätzeit eine Epoche vorausgesagt wird, in der *Asasel Israel 70 šābû^{a'} irreführt*. Dies heißt gewiß nicht, wie Milik hier irrtümlich interpretiert, das die gesamte "sacred history is divided into seventy ages"; vielmehr beginnen die 70 Epochen mit dem Ende der eigentlichen Heilszeit, will sagen, nach Zerstörung des ersten Tempels. In diesen Dokumenten wird durchweg der zweite Tempel nicht als echte Heilsanstalt anerkannt. Hierher gehören wohl auch die (pseudoezechielische ?) Zehn-Jubiläen-Apokalypse, wo von der Zerstörung des Landes ab zehn Jubiläen 4Q384-389.390 vorausgesagt werden. Zusammenfassend läßt sich also ein beträchtliches Material anführen, das in spätisraelitischer Zeit eine Unheilszeit von *490 Jahren zwischen Exil und Eschaton* voraussetzt. Weder Dan 9 noch auch Henoch 93 fördern also für ihre Zeitgenossen in dieser Hinsicht neue Erkenntnis zutage.

Wann aber enden die 490 Jahre der erweiterten Exilszeit für die Zehn-Epochen-Lehre? An welchem historischen Ort ist der Verfasser zu suchen? Die meisten Ausleger beziehen die Aussage über das Geschehen am Ende des siebten *šābû^{a'}* auf den Aufstand der Makkabäer[20] und setzen deshalb die Entstehung der Apokalypse in jenes Zeitalter. Doch befremdet, daß weder vom brutalen Druck der Fremdherrschaft noch auch von der Neuweihe des Tempels irgend etwas verlautet. Und daß die makkabäischen Aufstand die "Grundlagen aller Gewalttaten und allen Trugs" - so muß der Satz 91,11 doch wohl verstanden werden - beseitigt haben, wäre eine erhebliche Übertreibung. Auch sind die Anführer nicht, soweit wir wissen, mit dem Anspruch außergewöhnlicher Offenbarung aufgetreten. Vor allem aber ist es schwierig, 490 Jahre ab Exilsanfang so zu berechnen, daß sie in den Jahren 168ff enden. Dies setzt eine derartige Unkenntnis über die Chronologie oder eine mangelnde Fähigkeit zur Berechnung | voraus, daß sie einem Apokalyptiker schwerlich zuzutrauen ist (auch wohl Daniel nicht!).

Sollte nicht doch Dillmanns Deutung auf die Zeit Johannes Hyrkans einer Erwägung wert sein? Mit seinem Auftreten taucht ein Programm

---

[[20 Das den Rechtschaffenen gegebene Schwert wird gern auf Judas Makkabaios gedeutet; *Black* 1985, 293]].

auf, alles Gottwidrige im Lande Israel auszurotten, bei ihm wird auf
Weisheit und Offenbarung gepocht (vgl. den bekannten rühmenden Satz
des Pharisäers Josefus über den antipharisäischen Hasmonäer). Für
Dillmann spricht, daß dann auch ein Zeitabstand von 420 Jahren ab Exil
(bis zum letzten Siebtel des siebenten Siebent) durchaus denkbar ist, mit
Abweichung von einigen Jahren, die man der damaligen Chronologie
zugute halten muß.

Doch selbst, wenn wir für Henoch (wie für Daniel) lieber bei der
Makkabäerzeit als einer uns vertrauten Epoche bleiben, die Wahrscheinlichkeit, daß auch hier für das siebte Siebent die Zahl 490 gültig ist, bleibt
bestehen. Der Verfasser hat anderswo vermutet (1978, 433ff[21]), daß
Daniel sich die Zahl nicht aus den Fingern gesogen hat. Da die Zehn-
Epochen-Lehre keine Spuren einer Abhängigkeit von Daniel aufweist,
lassen beide Texte wohl eine verbreitete mündliche Überlieferung
hindurchscheinen. Chronologische Spekulationen um die Weltepochen
und den Ort Israels in ihnen sind also nicht erst durch die Religionsverfolgung entstanden. Vielleicht hängen sie sogar mit einem Einfluß
nichtisraelitischer Herkunft zusammen (siehe unten unter 4).

3. Apokalyptische Eschatologie?

1. Die drei letzten Siebente (91,12-17) liegen für den Verfasser in der
Zukunft, wenn wir seinen Ort richtig bestimmt haben. Deshalb sind sie
nicht unter dem Blickwinkel der Chronologie, wohl aber der Eschatologie
von Belang. Wie verhält sich die Geschichte zur Endzeit?

Verstehen wir unter Eschatologie eine ausgebaute Lehre über eine
künftige grundsätzliche unumkehrbare Wende des Weltenlaufs hin zu
einer nie dagewesenen Katastrofe oder zu bislang unerhörten Seligkeiten,
so enthält die Zehn-Epochen-Lehre unstreitig Eschatologie. Aber eine
Eschatologie eigener Art, die nichts von der fiebrigen Naherwartung an
sich hat, welche man sonst den Apokalyptikern nachsagt. Was am Text
auffällt, ist das Rechnen mit einer ungemein langen Entwicklung. Die
endgültige Durchsetzung des Heils wird, übertragen wir es in unseren
Kulturraum, etwa für die Zeit eines Joachim von Fiore oder Johannes
Hus erwartet! Eine derartige, mit langen Fristen rechnende Eschatologie
ist bisher für die vorchristliche Zeit noch nicht nachgewiesen worden. Sie
läßt das vielverhandelte Problem der Parusieverzögerung für das Urchristentum nicht mehr so einmalig erscheinen, wie bisher vorausgesetzt
wurde, und bietet eine spätisraelitische Entsprechung. Denn hier meldet
sich eine Fernerwartung, die mit weiteren 1500 Jahren rechnet, ehe die
Königsherrschaft Gottes sich auf Erden die im Himmel durchsetzt.
Gewiß,| es sollte nicht übersehen werden, daß dabei eine Zahlenmeta-

[[21   Siehe in diesem Band S. 135-142]].

physik im Hintergrund steht, nach der die Zahlen 7 und 10 der Geschichte inhärente Strukturen kennzeichnen. Von der Prämisse der Siebenzahl als Grundstruktur der Geschichte her wäre das gegebene Ende nach dem 7. Siebent zu erwarten, also etwa in der Zeit, in der wir den Verfasser ansetzen. Doch die Zeichen der Zeit belehren ihn, daß das Ende so unmittelbar nicht bevorstehen kann. Wird die Vollendung mit dem achten Weltalter eintreten (so vielleicht Daniel)? Dazu reicht nach Meinung Henochs die Kraft der Zahl 8 nicht aus. Da eine wirkungsmächtige Zahl vorauszusetzen ist, liegt das 10. Weltalter für die endgültige Vollendung am nächsten (vgl. Sib IV 20)[22].

Neben der Fernerwartung überrascht ein zweites. Von einer einmaligen eschatologischen Kehre, wie sie bei den Profeten angekündigt und in Apokalypsen ausgemalt wird, also von einem jähen Weltende und einer nachfolgenden Neuschöpfung *quasi ex nihilo* läßt die Zehn-Epochen-Lehre nichts entdecken. Die Unsicherheit der Ausleger über den Ort, an den der Autor sich selbst versetzt, ob mitten in das oder an das Ende des 7. oder an den Anfang des 8. Siebent oder irgendwo sonst hin, resultiert aus der durchgängigen Tendenz des Textes, den Übergang von der Weltgeschichte zum Eschaton als einen gleitenden herauszustellen. Milik (255) feiert also den Verfasser nicht ohne Grund:

> A great theological innovation made by our Enochic author, in line with the thinking of the writer of the book of Dreams, and one which was to be exploited later by Christian thinkers, is the idea of progressive development to the eschatological era; it is subdivided into three weeks.

Eine derartige Fernerwartung für die Vollendung der Geschichte ist sonst im vorchristlichen Israel nicht gelegt.

2. Ein weiterer Punkt, welcher der Erwähnung wert ist, tritt die zugrundeliegende Metahistorie[23]. Es fällt auf, daß in diesem Aufriß der Universalgeschichte keine politische Größe genannt oder auch nur symbolisiert wird, kein König, kein Staat, keine Kriege. Doch dieser Mangel an Realistik ist nur die eine Seite. Die andere zeigt sich darin, daß jede unmittelbar göttliche Verursachung ebenso verschwiegen und höchstens vage angedeutet wird. Der Name Gott fällt nicht ein einziges Mal, jeder Hinweis auf eine Mitwirkung von guten wie bösen Engeln am Lauf der Geschichte bleibt aus (außer 91,15); kein Wunder geschieht. Die

---

22 Zur "sibyllischen Tradition" der Zehnzahl von Weltepochen s. RECA Suppl. XV, 820.

23 Zum Begriff Metahistorie für alttestamentliche, insbesondere profetische Theorien über eine hintergründige, letztlich entscheidende Begleitgeschichte zum äußeren politisch-militärischen Ablauf der Dinge siehe mein Die Profeten I, 1978, 84f u.ö. [[³1995, 286 s.v.]].

geschichtliche Bühne wird entzaubert, um nicht zu sagen, entmythisiert. Jeder Zustand entwickelt sich folgerichtig aus dem vorhergehenden. Noch nicht | einmal ein göttliches Wort wird zitiert. Und als Endziel winkt keine Auferstehung, kein Paradies, sondern nur universale Gerechtigkeit. Zwar wird gelegentlich ein *passivum* verwendet, daß man als *passivum divinum* einordnen kann. Aber handelt es sich, wenn Menschen auserwählt werden (91,5.10), wirklich um einen Akt Gottes oder nur um ein verborgenes wirken des *qušṭa*? Ebenso, wenn der Tempel verbrannt wird, greift dann ein Gott ahndend ein oder geschieht eine Aktion des *šiqra*? Der Text läßt also als Raum der Metahistorie nur jene verborgenen Grundkräfte sichtbar werden, die dem Geschichtslauf als sittlichen Mächtigkeiten oder als Kraft überpersönlicher Weisheit (Sir 24) zugrunde liegen. Die das Geschehen steuernde Metahistorie wird auf einige wenige Faktoren reduziert, auf *qušṭa*, *šiqra*, auf Weisheit und Bosheit, Königsherrschaft und Herrlichkeit. Auch in dieser Hinsicht erweist sich der Text als ein bemerkenswertes Dokument. Um es zugespitzt zu sagen: in der Zehn-Epochen-Lehre meldet sich der Georg Friedrich Wilhelm Hegel des Altertums! Wollen wir eine solche Schau von Geschichte und Eschaton noch apokalyptisch nennen?

4. Der Kampf um die gottgesetzten Zeitepochen im Spätisraelitentum

In den letzten zwei vorchristlichen Jahrhunderten muß das Problem der Chronologie das späte Israel erheblich erregt haben. Die Zehn-Epochen-Lehre steht mit ihrem Bemühen, die Schöpfung entsprungenen Zeiträume zu ergründen und danach den heilsgeschichtlichen Ort der Gegenwart abzumessen, innerhalb eines breiten Stromes gleichgerichteter Unternehmungen.

1. Das Axiom Henochs, das dem 'ālam und also der Geschichte der Welt eine Sabbatstruktur eingepflanzt ist, und dies nicht nur durch die Sieben-Tage-Woche, sondern darüber hinaus durch (Sabbat- und) Jobeljahr und das jeweils Zehnfache davon, teilt er mit dem Daniel- und dem Jubiläenbuch. Doch vertritt Henoch eine daraus resultierende *kurze Chronologie* so strikt, wie sie sonst nirgends belegt ist. Während für Henoch die Tempelweihe mit dem Jahr 2450 a.m. vollendet ist, am Ende des 5. Siebent und damit genau in der Mitte der 10 Siebente der Weltzeit, läßt Jub 50,4 das 50. Jubiläum, also das Jahr 2450 bzw. 2451[24] mit dem Einzug der Israeliten in das Gelobte Land zusammen fallen, sieht also in diesem heilsgeschichtlichen Ereignis die Mitte der von Gott strukturierten Geschichte. Das gleiche Einteilungsprinzip nach 7er-Einheiten führt bei

---

24 *Wiesenberg* 15.

einer vom Targum Pseudo-Jonathan[25] und Josefus erhaltenen Überlieferung (JosAnt 10,8,4-5) auf die Zahl 2451 schon für den Auszug aus
Ägypten.

Die jüngere Apokalyptik findet das Geheimnis der von Gott geschaffenen Epochenfristen nicht allein im Siebener-Schlüssel. 4Esr 10,45f setzt
die Weihe des salomonischen Tempels in das Jahr 3000 a.m. Dahinter |
verbirgt sich eine Rechnung mit 500er-Einheiten. Denn das Datum verweist durch "Rückwärtsrechnung" den Exodus auf das Jahr 2500 (Abzug
von 480 plus 20 Jahren 1Kön 6,1.8; 7,1; 8,1 vgl. JosAnt 8,3,1) und durch
"Vorwärtsrechnung" die Weihe des zweiten Tempels auf 3500 (ab
salomonischem Tempel 430 Königsjahre plus 70 Exil). Dem entspricht mit
geringer Verschiebung AssMos 1,1, wo Mose 2500 a.m. stirbt.[26] Der
Unterschied zur älteren Apokalyptik entsteht wahrscheinlich durch
Erhöhung des Jobeljahres von 49 auf 50 Jahre (Lev 25,10), entsprechend
verschiebt sich das Zehnfache. Doch das Grundprinzip einer kurzen
Chronologie bleibt gewahrt.

2. Eine *mittlere Chronologie* mit 3146 a.m. als Jahr des salomonischen
Tempelbaus verfolgen anscheinend offizielle Kreise im Mutterland. Sie
schlägt sich in den im masoretischen Text überlieferten Zahlen nieder.
Seit langem ist erkannt, daß die in *M* als Jahr des Auszugs überlieferte
Jahreszahl 2666 (2669) als der Schlüssel zum Gesamtsystem der hier
vertretenen Chronologie anzusehen ist, da sie kaum zufällig zwei Drittel
von 4000 ausmacht. - Unter den Exegeten war gegen Ende des letzten
Jahrhunderts in Nachfolge von Buttmann, v. Gutschmid, Nöldeke und
Wellhausen die Erklärung populär (s. Holzinger, KHC I 62), *M* setze eine
Weltzeit von 4000 Jahren voraus, sein System sei also insgeheim eschatologisch ausgerichtet. Doch eine Hoffnung auf ein Weltende 4000 nach
Erschaffung der Welt ist nirgends belegt. Hingegen läßt sich die Zahl
4000 a.m. ohne Schwierigkeiten auf die makkabäische Tempelweihe und
den Beginn des Chanukka-Festes 164 v.Chr. beziehen, wie Murtonen
(133-137) und Johnson (32) mit Recht herausgestellt haben. Denn bis
zum Kyrosedikt 538 v.u.Ztr. sind nach *M* 3626 Jahre verflossen (2666 +
480 bis Tempelbau + 430 bis Exil + 50). Zählt man 374 Jahre hinzu, so
ergibt sich genau 164 als Enddatum! Sollte das zufällig sein? Der Zeitpunkt der Neuweihe des Tempels unter Judas Makkabäus wird hier als
providentieller Einschnitt der Weltzeit aufgefaßt, aber keineswegs als die
eschatologische Kehre schlechthin, die vermutlich in einer noch ferneren
Zukunft erwartet wird. Vielleicht darf man mit diesem chronologischen
Zählsystem das bSanh. 97a/b und bAb.zara 9a überlieferte Apokryphon

---

25 *Wiesenberg* 22ff.
26 *Wiesenberg* 17; nach ihm setzen in das Jahr 2500 Talmudstellen den Sinai-
bund.

Eliae verbinden (das später in der Reformationszeit eine ungeheure Bedeutung erlangen sollte; Scholder 85): Der *'ôlām* währt nach Gottes Bestimmung 6000 Jahre, davon 2000 vor der Tora, 2000 unter der Tora (mit Abrahams Bekehrung beginnend, die vor seinem Auszug nach Kanaan 2021 a.m. gelegen hat; Johnson 262) und 2000 Jahre messianische Zeit. Danach wird allererst im 7.Jt. der große Weltsabbat eintreten. Hier wird nicht mehr die Siebenzahl, die nur noch den Gesamtrahmen bildet, auch nicht mehr das Zehnfache des Jobeljahres, sondern das Jahrtausend zum Grundgerüst der nach Fristen geordneten Weltzeit. |

Die masoretischen Zahlen erweisen sich als nachträgliche Manipulation[27]. Das ergibt sich schon daraus, daß sie die jetzige verkürzte Fassung von Ex 12,40 voraussetzen (s.o. Seite 60) und Israel gegen alle sonstigen Angaben 430 Jahre in Ägypten weilen lassen. Aber auch die M-Zahlen im Gen 5 sind mit großer Wahrscheinlichkeit sekundär (Holzinger, KHZ 61f). Dann aber hat nicht schon P mit einer unwahrscheinlichen Treffsicherheit auf die Neuweihe des Tempels profetisch vorausgeblickt, sondern die hasmonäische Priesterschaft hat die für sie grundlegende Bedeutung der Neugewinnung des Tempels in das Zahlensystem der Tora eingetragen. Vielleicht sind es sogar die hasmonäischen Fürsten selbst, die ihr Regiment als Anbruch einer messianischen Zeit für Israel dadurch aus der Heiligen Schrift legitimieren?

Bei den Rabbinen und später von den Reformatoren werden diese Berechnungen aufgegriffen und zum Grundgerüst einer Weltära. Doch setzen sie sich im Israel der Zeitenwende noch nicht durch. Die Diaspora folgt, wie sich unten zeigen wird, andern Wegen. Eine mittlere Chronologie bieten hingegen auch die Samaritaner. Dabei liegt, folgt man Jepsen (253f), eine Siebengliederung besonderer Art dem samaritanischen Pentateuch zugrunde. Dort fällt das Ende der Wüstenzeit und der Einzug ins Gelobte Land auf das Jahr 2792 a.m. Das nähert sich auffällig der runden Zahl 2800; das könnte das chronologische Ziel gewesen sein, wenn acht Jahre nach der Einwanderung das Heiligtum auf dem Garizim nach dieser Überlieferung geweiht wurde.[28]

Es ist schwerlich denkbar, daß der Verfasser der Zehn-Epochen-Lehre nicht die mittlere Chronologie der Hasmonäer kannte. Da er aber den zweiten Tempelbau, den makkabäischen Aufstand wie das Chanukka des Tempels völlig verschweigt, hegt er - wie immer er zu Johannes Hyrkan stehen mag - für die makkabäischen Anfänge sicherlich keine Sympathie. Wie im astronomischen Buch für schwere Sünde gilt, in der genauen

---

27 Vgl. *N. Lohfink*, VT.S 29, 1977, 211.
28 *Jepsen* möchte die Zahl 2800 sogar als ein in P ursprünglich anvisiertes Datum, nämlich für die Weihe des ersten Tempels, erweisen; doch das hängt von einer Anzahl textkritischer Korrekturen ab, die hier nicht zu diskutieren sind.

Berechnung der Jahre abzuirren 82,4-7, so wird der Verfasser von 1Hen
93,1-10 + 91,11f in der Chronologie der Jerusalemer Priesterschaft einen
schweren Verstoß gegen das sehen, was in den Tafeln des Himmels seit
Anfang der Schöpfung eingegraben ist. Die Zehn-Epochen-Lehre will also
im Zeitpunkt ihrer Entstehung als Streitschrift gelesen werden.

3. Abschließend ein Blick auf die *lange Chronologie*, wie sie die
hellenistische Diaspora vertritt. Nach *G* fällt der Exodus auf 3839 und der
salomonische Tempel auf 4257 a.m. (Johnson 264).[29] Schon um 220
v.Chr. synchronisiert Demetrios, wer erste Diasporaschriftsteller griechischer Sprache, die ptolemäische Jahreszählung mit diesen System (Walter
292).| Welche Zahlensymmetrie zugrunde liegt, ist leider nicht mehr
erkennbar; doch erinnert an Henoch der Grundsatz Aristobuls frgm. 5,12f
(Walter 277) von der "über uns waltende Siebenergesetzmäßigkeit ... In
Siebenerperioden bewegt sich ja auch die ganze Welt aller Lebewesen
und Pflanzen". Die alttestamentlichen Zahlen für die Menschheitsgeschichte stoßen in der hellenistischen Welt auf die Konkurrenz der weit
höheren Zahlen des Babyloniers Berossos[30]. Die Griechen, in ihrem
Stolz getroffen, weil ihre Geschichtsüberlieferung einer nennenswerten
Chronologie ermangelte, "constructed hastily genealogical tables" so wie
die Olympiadenrechnung (Wacholder 118), ohne jedoch auf Synchronis-
men mit den orientalischen Systemen verzichten zu können. Dabei
scheinen sich für die Epoche nach der Flut schon in vorchristlicher Zeit
die *G*-Zahlen gegenüber der Berossos-Überlieferung durchgesetzt zu
haben; vielleicht deshalb, weil sie realistischer wirkten als die ungeheuren
babylonischen Summen, vielleicht aber auch nur, weil zu den biblischen
Zahlen eine analoge griechische Ära ab dem Fall Trojas erfunden werden
konnte, während ein Gleichziehen mit den Babyloniern selbst die lebhafte
Phantasie der Hellenen überforderte. Jedenfalls greifen Alexander
Polyhistor, Varro, Ptolemaios von Mendes, Apion u.a. auf die G-Zahlen
zurück (Wacholder 118). Durch Sextus Julius Africanus, durch Euseb und
Hieronymus wird dann dieses System zur normativen christlichen Welt-
chronik bis in die Tage der Reformation. Doch dem ist hier nicht nachzugehen.

[[29   Zur *G*-Chronologie siehe jetzt *M. Rösel*, Übersetzung als Vollendung der
Auslegung. Studien zur Genesis-Septuaginta, BZAW 223, 1994, 129-144]].
30   Auch bei Berossos finden sich gegenüber keilschriftlichen Listen Differenzen von 100 bei der Jahressumme für eine Dynastie (z.B. den Gutäern =
Medern, *F. Cornelius*, Berossos und die altorientalische Chronologie, Klio 35,
1942, 1-6), ähnlich wie zwischen *G* und *M* in Gen 5.

5. Die Evidenz der Siebenerzeiten

Wo liegt der letzte Antrieb zu so umständlichen und gewiß zeitraubenden Berechnungen? Zugrunde liegt offensichtlich eine tief eingewurzelte Überzeugung, daß die Wirklichkeit des Lebens und der Schöpfung durch bedeutsame Zahlen strukturiert ist, unter denen die Sieben allen anderen voransteht. Wie aber kommen Menschen auf die Idee, daß Zahlen nicht nur abstrakte Ordnungsprinzipien, sondern Realitäten sind? Die Siebenerzeiten einzuhalten, gilt dem nachexilischen Israel als göttliches Gebot (Ex 20,8-11 Dtn 5,14 Lev 25). Doch die Heiligung der Zeiten hebt sich so sehr aus dem Umkreis anderer Toravorschriften heraus, daß das Sabbatgebot zum "Herzstück des ganzen Gesetzes" (ThWNT VII 8₁₇) wird; und das läßt sich nicht nur aus der allgemeinen Pflicht zur Observanz gegenüber dem schriftlich fixierten Gotteswillen begreifen, sondern muß durch irgendwelche Erfahrungen bestätigt worden sein, wonach die Siebenerzeiten sich im Leben als heilsam erweisen. Wäre es anders begreif|lich, daß die Sabbatinstitution zum Zentrum der Religion geworden ist? Zudem wird die Siebentageswoche bald auch von Heiden übernommen, die keineswegs zu konvertieren gesonnen sind, so daß Josefus jubeln kann: "Es gibt keine Stadt, weder bei Griechen noch bei den Barbaren noch sonst irgendwo noch sonst irgendein Volk, wohin nicht die Sitte des siebten Tages, den wir feiern, gedrungen wäre" (Contra Apion. 2,282). Was zieht nichtisraelitische Menschen der Zeitenwende an der Arbeitsruhe und Feier des siebten Tages an? Vermutlich entspricht ein Wechsel von sechs Tagen Arbeiten und einem Tage Ruhe sowohl dem Biorhythmus des gewöhnlichen Menschen als auch normalerweise den ökonomischen Arbeitsbedingungen. Wie anders sollte es sich erklären, daß auf dem Weg über das Christentum die israelitische Sieben-Tages-Woche in unserem Jahrhundert sich weltweit durchgesetzt hat? In hellenistisch-römischer Zeit spielt dabei zweifellos ein "wissenschaftlicher" Beweis durch die Astrologie eine Rolle, welche die sieben Planeten als Wochentagsgötter erklärt, was sich bekanntlich in den Tagesnamen bis in die Gegenwart hinein erhalten hat[31]. Der Rhythmus von sechs plus einem Tage entspricht demnach der Physis, und zwar, wie das Altertum kühn folgert, nicht nur der Natur des Menschen, sondern der des Universums.

Auch höhere Siebenereinheiten erscheinen im palästinensischen Mutterland als selbstverständlich und naturgegeben. Eine Folge von 7 x 7 Tagen ab dem Jahresbeginn im Nisan umgreift die Zeit von der Gersten- bis zur Weizenernte, die demnach sinngemäß mit einem siebentägigen *šābu'ōt*-Fest schließt (Dtn 16,9f vgl. Lev 17,15f). Im Agrarjahr nicht minder

---

31   Dazu *M.P. Nilsson*, Geschichte der griechischen Religion II, ²1961, 487.

bedeutsam ist der Einschnitt durch den siebten Monat, der für P und H vor anderen zum Feiermonat wird mit dem 1., 15. und 21. Tag als *šabbātôn* und dem 10. als *šabbat šabbātôn* Lev 23,23-44 vgl. 16,31. Auch hier richtet sich das natürliche Jahr mit Weinlese und Beginn der Regenzeit nach dem kultischen - oder umgekehrt. Zählt nicht das von Gott gleichmäßig geschaffene Jahr 364 Tage und entspricht wieder einer Siebenerzahl[32]?

An empirischen Bestätigungen scheint es hingegen für die Feier des siebten Jahres mit sakraler Brache und allgemeinem Schuldenerlaß als *šabbat šabbātôn* Lev 25,1-7 zu mangeln. Doch auch in diesem Falle wird es sich dem Landwirt ausgezahlt haben, daß er den Boden eine Zeitlang sich selbst überlassen hat; die Ernte im Jahr danach wird reichlicher ausgefallen sein und so die Institution bestätigt haben. Für die Diaspora erschien | gewiß nicht unwichtig, daß griechische Weise wie Solon die Lehre von einem Sieben-Jahres-Rhythmus des menschlichen Lebens aufgestellt hatten, die vielleicht schon Aristobul mit dem alttestamentlichen Siebener-Rhythmus verbunden hatte (Walter 279). Für Israel treten geschichtliche Ereignisse hinzu, die das siebte Jahr als die von Gott gewählte Zeit für Wendepunkte der Volksgeschichte erscheinen lassen. So wird der Tempel in der Makkabäerzeit im Sabbatjahr 164/163 nach 1Makk 6 neu geweiht; vermutlich war schon Esras Mission im Jahre 458 bewußt in ein solches gefallen.[33]

Geschichtliche, nicht mehr natürliche Ereignisse mag der Israelit für die Wahrheit der Zeitsiebente angeführt haben, die den Rahmen einer Generation überschreiten. An geschichtlichen "Eckwerten" für höhere Siebenerpotenzen fehlt es nicht. So erscheint es Dan 9,25 bedeutungsvoll, daß nach 49 Jahren nach Zerstörung des Tempels wieder ein Gesalbter aufgetreten ist, also nach einem Jobeljahr, einem *dᵉrôr* wie es Jeremia 34 vorausgesagt hatte (Koch 1980, 83). In denselben Zusammenhang gehört auch die Epoche von 70 Jahren, die als Zahl für die Länge des Exils Jer

---

32 Den "364-day sabbatarian calendar", wie ihn 1Hen, Jub und einige Qumranschriften propagieren, hat zuletzt behandelt *J.C. VanderKam*, 2 Maccabees 6,7A and Calendar Change in Jerusalem, JSJ 12, 1980, 52-74. Ihm ist zuzustimmen, daß das 2. Jh. v.Chr. Von einem "calendrical conflict" gezeichnet ist. Doch die Zahl der Jahrestage ist nur ein Problem unter vielen. Eine einfache "Zwei-Parteien"-Lösung (hier seleukidischer lunisolarer Kalender - dort altisraelitischer 364-Tage-Kalender) reicht nicht zu. [[Vgl. *U. Gleßmer*, Der 364-Tage-Kalender und die Sabbatstruktur seiner Schaltungen in ihrer Bedeutung für den Kult, in: *D.R. Daniels / U. Gleßmer / M. Rösel* (Hrg.), Ernten, was man sät, FS *K. Koch*, 1991, 379-398]].

33 *K. Koch*, Ezra and the Origins of Judaism, JSS 19 (1974), 186 A. 2. [[Ders., in: *P. Frei / K. Koch*: Reichsidee und Reichsorganisation im Perserreich, OBO 55, ²1996, 245-248]].

25,11f; 29,10 auftaucht. Wenn die Weihe des zweiten Tempels 515 fast auf das Jahr genau 70 Jahre nach seiner Zerstörung gefeiert wird, welcher Israelit sollte angesichts dieses entscheidenden Umbruchs in der Geschichte des Volkes nicht die geheimnisvolle Mächtigkeit von Siebent-Perioden bewundert haben (Sach 1,12 2Chr 36,20-23 Lev 26,34ff)?

Natur- wie Geschichtserfahrung bekräftigen also den alten Israeliten, daß die Zahl sieben nicht nur eine beliebige Nummer der Zahlenreihe darstellt, sondern ein ἕβδομος λόγος (Aristobul) der Schöpfung einge-stiftet ist. Die Siebente erscheinen weit mehr noch evident als Ein-teilungen nach der Vier- oder Zwölfzahl, auf die das frühe Israel seine Zeitrechnung aufgebaut hatte. Die Sabbatstruktur ist also nicht nur eine Sache des Glaubens, sondern des Wissens. Deshalb auch Leitlinie beson-nenen Verhaltens. Von dieser Basis aus argumentiert die Zehn-Epochen-Lehre Henochs, von hier aus verficht sie die Gültigkeit auch der höheren Potenz, der 7 x 70 Jahre und meint, auch dafür in der heiligen Geschichte hinreichenden Anhalt zu besitzen.

Von da aus soll noch ein Blick auf den Begriff *'ālam* geworfen werden, der bei der Übersetzung oben mit "Weltzeit" wiedergegeben worden war. Das läßt sich nunmehr begründen. Die Gesamtheit aller Zeitsiebente bildet nach der Zehn-Epochen-Lehre den *'ālam*. Die Apokalyptiker kennen kein Wort für Schöpfung, sondern gebrauchen durchweg *'ālam*, um die aus dem Willen des Schöpfers entsprungene Einheit von Raum und Zeit auszudrücken, in der sich menschliches Leben abspielt. Falls die Rekonstruktion oben richtig ist, taucht das Lexem achtmal im aramäischen | Urtext auf. Gleich der Eingang läßt als Thema das Geschick der Erwählten des *'ālam* 93,1 erkennbar werden. Die einzelnen Siebente erhalten ihr Gewicht durch das, was in ihnen an diesen und für diese Erwählten geschieht. Im dritten Siebent entsteht innerhalb der Schöpfung erstmals die Pflanzung des *qušṭa*, im fünften dann der Tempel als Haus der Größe für diese Weltzeit, im siebten Siebent werden aus der vorgenannten Pflanze besondere Weise mit neuem Auftrag auserwählt. Vom achten Siebent an - wo nach der obigen Interpretation der Text von Geschichte zur Eschatologie übergeht - entstehen Größen, die nicht nur für die gegenwärtige Weltzeit und erste Schöpfung, sondern für viele *'ālᵉmîn* Dauer gewinnen: das endzeitliche Heiligtum 91,13 und die neu erstrahlenden Himmelslichter 91,16. Aber auch die künftigen Weltzeiten bleiben in Siebente geteilt. Die erste Weltzeit vergeht, doch die Sabbatstruktur vergeht nicht.

Mit dem einseitigen Hervorkehren der Siebenerrhythmen haben sich Henoch und seine Gesinnungsgenossen nicht durchgesetzt. Herrschend geworden sind vielmehr teils die "mittlere" *M*-, teils die "lange" *G*-Chronologie, welche das Siebenersystem auf eine noch nicht durchsichtige Weise mit andern bedeutungsvollen Zahlenrelationen mischen. Dadurch haben sie vermutlich stärker den chronologischen Systemen der hellenistischen Umwelt gleichgezogen. Doch wie ihre Gegner so gibt auch die Zehn-Epochen-Lehre Zeugnis von einer erstaunlichen geistigen Leistung, mit der damals das späte Israel nicht nur die Geschichte des eigenen Volkes, sondern diejenige der Menschheit in ein nach damaligen geschichtlichen Kenntnissen wohl fundiertes Ordnungsschema eingezeichnet hat.

"Die Chronologie schien nur eine bescheidene Disziplin zu sein, sicherlich nützlich, den Schülern das Gedächtnis auszustaffieren und sie vor dummen Konfusionen zu bewahren, aber trocken und spröde, einem ausgemergelten Körper gleich, an dem man nur noch die Nervenstränge und die Knochen sieht. Aber je mehr sich der Eindruck verstärkte, daß in den Archiven der Menschen heillose Unordnung herrsche, nahm sie an Bedeutung, an Würde zu. Man nannte sie die Grundregel aller Zeiten und Epochen, 'wie der Steuermann aufgrund der Regeln der Navigation weite Reisen über die Meere machen kann, ohne sich zu verirren, so gibt uns die Chronologie Regeln, um danach sicher in dem weiten und dunklen Lande des Altertums zu reisen'. Weite Reisen fürwahr durch die verflossenen Jahrhunderte und die verschwundenen Völker! Wenn die Chronologie sich dabei ihrer eigenen Gesetze auch nicht ganz bewußt ist, so wendet sie sie doch an: Sie beurteilt die Glaubwürdigkeit jedweden Textes nicht nach der dahinterstehenden Autorität, sondern nach der Arithmetik; sie kümmert die Sprache nicht, in welcher ein Text geschrieben ist, sei es ... Griechisch oder Hebräisch; ... sie weiß nur eines: daß sie genau addieren muß. Tief vergraben in ihre Bibliotheken, über ihre Bücher gebeugt, sitzen diese Spezialisten als Inspektoren und Kontrolleure der Rechnungsführung der Geschichte und geben sich einer undankbaren und scheinbar harmlosen | Beschäftigung in: ihr Vergnügen, ihre Leidenschaft ist, irgendein Datum festzulegen, Arithmetik mit den Jahren zu treiben. Sie zetern gegeneinander, und wenn die Weltleute zufällig den Lärm ihrer Streitereien hören, so lachen sie nur darüber: Zeitvertreib für Pedanten! Wenn aber diese Gelehrten fertig sein, oder vielmehr, wenn sie ihre Forschungen weiter vorgetrieben haben werden (denn ... fertig sein werden sie nie), so werden sie mehr als die Gottlosen und Rebellen zur Erschütterung der Seelen ... beigetragen haben."

Diese Beschreibung zielt nicht auf Israel im 2. Jahrhundert v.Chr. Sie stammt von Paul Hazard (67f) und bezieht sich auf die Anstrengung der europäischen Gelehrten um 1700 n.Chr., die letztendlich darauf zielen, das einst von Israel erstellte chronologische System zu kritisieren und zu widerlegen. Wenn aber jenes System sich fast 2000 Jahre lang behauptet hat, und wenn seine Widerlegung so viel Mühe erforderte, welcher Ernst und welches religiöse und intellektuelle Engagement muß die Kontroversen bei seiner Aufstellung begleitet haben!

Zusammenfassung

Die Zehn-Wochen-Apokalypse oder besser Zehn-Epochen-Lehre (1Hen 93,1-10; 91,11-17) gliedert analog Dan 9,24-27 die Geschichte der Menschheit bzw. den von Gott geschaffenen *'ālam* in zehn *šābû'în* zu je 490 Jahren. Das Anliegen ist, dem Leser eine Anleitung zur Erkenntnis seiner geschichtlichen Stunde und damit zur Einsicht in den Willen Gottes zu vermitteln. Ein Vergleich der von "Henoch" gebotenen "kurzen" Chronologie mit der "mittleren" von *M* und der "langen" von *G* läßt erkennen, in welchem Maße die vorchristlichen Jahrhunderte um die Erkenntnis gottgesetzter Fristen der Geschichte gerungen haben.

"Henoch" erweist sich als derjenige, der die Sabbatstruktur aller Geschichte am konsequentesten zu Ende verficht. Siebener-Epochen sind vermutlich für ihn wie für seine Zeitgenossen nicht spekulative Postulate, sondern durch die geschichtliche Erfahrung vielfach bestätigt und deshalb evident.

Literatur

[[*Beyer, K.*: Die aramäischen Texte vom Toten Meer samt den Inschriften aus Palästina, dem Testament Levis aus der Kairoer Genisa, der Fastenrolle und den alten talmudischen Zitaten. Aramaistische Einleitung. Text. Übersetzung. Deutung. Grammatik/Wörterbuch. Deutsch-aramäische Wortliste. Register. 1984 (Ergänzungsband 1994)]]

[[*Black, M.*: The Apocalypse of Weeks in the Light of 4QEnᵍ, in: VT 28 (1978) 464-469]]

[[*Black, M.*: The Book of Enoch or I Enoch. SVTP 7, 1985]]

Charles, R.H.: The Book of Enoch or 1 Enoch Translated from the Editor's Ethiopic Text and Edited with the Introduction Notes and Indixes of the First Edition wholly Recast enlarged and rewritten together with a reprint from the editor's text of the greek fragments, [2]1912

Dexinger, F.: Henochs Zehnwochenapokalypse und offene Fragen der Apokalyptikforschung. StPB 29, 1977

Dillmann, C.F.A.: Das Buch Henoch, 1853

Dillmann, C.F.A.: Lexicon linguae aethiopicae cum indice latino, Osnabrück 1865 (=1970) = LLAe

[[*Gleßmer, U.*: Der 364-Tage-Kalender und die Sabbatstruktur seiner Schaltungen in ihrer Bedeutung für den Kult, in: *D.R. Daniels / U. Gleßmer / M. Rösel* (Hrg.), Ernten, was man sät, FS *K. Koch*, 1991, 379-398]]

Hazard, P.: Die Krise des europäischen Geistes (= La crise de la conscience Européenne), 1939

[[*Hultgård, A.*: L'eschatologie des Testament des Douze Patriarches, 1977]]

Jepsen, A.: Zur Chronologie des Priesterkodex, in: ZAW 6 (1929) 251-255

Johnson, M.: The Purpose of Biblical Genealogies, 1969

Knibb, M.A.: The Ethiopic Book of Enoch. Bd. 1 und 2, 1978

Koch, K.: Die mysteriösen Zahlen der judäischen Könige und die apokalyptischen Jahrwochen, in: VT 28 (1978) 433-441 [[= in diesem Band S. 135-142]]

Koch, K.: Profeten II. Babylonisch-persische Zeit. (Urban-Taschenbücher 281), 1980

[[*Kreuzer, S.*: 430 Jahre, 400 Jahre oder 4 Generationen - Zu den Zeitangaben über den Ägyptenaufenthalt der »Israeliten«, in: ZAW 98 (1986) 199-210]]

[[*Kreuzer, S.*: Zur Priorität und Auslegungsgeschichte von Ex 12,40 MT. Die chronologische Interpretation des Ägyptenaufenthaltes in der judäischen, samaritanischen und alexandrinischen Exegese, in: ZAW 103 (1991) 252-258]]

[[*Lührmann, D.*: Die 430 Jahre zwischen den Verheißungen und dem Gesetz (Gal 3,17).- in: ZAW 100 (1988) 420-423]]

Milik, J.T.: The Books of Enoch. Aramaic Fragments of Qumran Cave 4, 1976

Münchow, C.: Ethik und Eschatologie, 1982

Murtonen, A.: On the Chronology of the Old Testament, in: StTh 8 (1954) 137-141

[[*Reid, S.B.*: Enoch and Daniel : a form critcal and sociological study of the historical apocalypses. BIBAL monogr. series 2, 1988]]

[[*Rösel, M.*: Übersetzung als Vollendung der Auslegung : Studien zur Genesis-Septuaginta. BZAW 223.- 1994]]

Scholder, K.: Ursprünge und Probleme der Bibelkritik im 17. Jahrhundert, 1966

Sokoloff, M.: Notes in the Aramaic Fragments of Enoch from Qumran Cave 4, in: MAARAV 1 (1978f) 197-224

Thorndike, J.P.: The Apocalypse of Weeks and the Qumran Sect, in: RdQ 3 (1961f) 164-184

[[*Uhlig, S.*: Das äthiopische Henochbuch. JSHRZ V,6, 1984]]

[[*VanderKam, J.C.*: 2 Maccabees 6,7a and Calendrical Change in Jerusalem, in: JSJ 12 (1981) 52-74]]

[[*VanderKam, J.C.*: Enoch and the Growth of an Apocalyptic Tradition. CBQ.MS 16, 1984]]

Wacholder, B.Z.: Essays on Jewish Chronology and Chronography, New York [KTAV] 1976

Walter, N.: Fragmente jüdisch-hellenistischer Historiker, in: JSHRZ I,2, 1976, 90-161

Wiesenberg, E.: The Jubilee of Jubilees, in: RdQ 3 (1961) 3-39

Esras erste Vision.
Weltzeiten und Weg des Höchsten[*]

1. Methodisches

Die 2-Aionen-Lehre bildet nach allgemeiner Überzeugung ein, wenn nicht das wesentliche Thema des 4. Esrabuches. In kaum einer anderen Apokalypse wird "dieser" gegenwärtigen Weltzeit eine "künftige" so häufig entgegengesetzt. Der Satz 7,50 "der Höchste hat nicht einen Aion geschaffen, sondern zwei" gilt weithin als der "Grundsatz", mit dem die Argumentationen des Verfassers stehen und fallen[1]. Da der Verfasser jedoch die 2-Aionen-Ordnung als bekannte Theorie voraussetzt und nicht thematisch entfaltet, diese Idee zudem nicht aus israelitisch-hebräischem Sprachgrund erwachsen zu sein scheint, und der 4Esr nur in Übersetzung erhalten ist, bleibt nach wie vor umstritten, was hier unter Aion oder genauer unter aramäischem 'Alam bzw. hebräischem 'Olam - wie immer die Ursprache zu bestimmen ist - verstanden war. Wieweit können Völker und Individuen nach der Meinung des Buches beiden Aionen zugehören? Wie steht Gott - vorsehend, waltend, erschaffend, richtend - mit beiden in Verbindung? Gibt es im Neben- und Nacheinander der Weltzeiten nur Kontrast oder auch Übereinstimmung, womöglich Kontinuität? Gibt es schließlich Raum- oder Zeit- oder Schöpfungsgegebenheiten, die beide Aionen umgreifen? Was versteht Esra unter Gott oder dem "Höchsten", wie wir zu übersetzen pflegen, wenn ihm die eine, die gegenwärtige Weltzeit mehr oder minder entglitten sein sollte? Wie paßt das zu seiner Allmacht?

Die Behandlung derartiger Probleme in den Apokalypsen wird noch immer auf die Weise durchgeführt, daß einzelne Sätze oder Abschnitte eines Buches herausgegriffen und isoliert gedeutet werden, dann aber die Einzelergebnisse mosaikartig zusammengestückt werden. Da ich diese Interpretationsweise der mangel|haften Durchführung historisch-kritischer Methoden bezichtigt und sie deshalb als unzureichend für allgemeingültige Ergebnisse bezeichnet habe[2], liegt mir ob, eine andere Weise vorzuführen. Gemäß den in der

---

* Überarbeitete Fassung eines Referats auf der Tagung der Fachuntergruppe Apokalyptik der Wissenschaftlichen Gesellschaft für Theologie in Bethel am 26. 9. 1975.
1 So jüngst wieder *Harnisch*, S. 94 - bibliografische Nachweise finden sich am Ende dieses Aufsatzes.
2 *K. Koch*, Ratlos vor der Apokalyptik, 9 u.ö.

dritten Auflage meines Buches "Was ist Formgeschichte"? dargelegten Grundsätzen versuche ich, von formgeschichtlich-textlinguistischer Basis aus zu semantischen Untersuchungen vorzudringen, um ausgewiesenere und nachprüfbare Ergebnisse zu erreichen. Deshalb setzte ich mit einer Erhebung über das Textgefüge ein, bestimme die Gattung und spüre dann Leitworten und Leitsätzen nach. Wieweit bei solcher am sprachlichen Ausdruck orientierten Analyse sich die 2-Aionen-Lehre als beherrschendes Zentrum im 4Esr herausstellt, bleibt abzuwarten. Das Verfahren ist umständlicher als die herkömmlichen Rekonstruktionen apokalyptischer Anschauungen, doch es verspricht objektivere Ergebnisse.

Die erforderliche Gründlichkeit zwingt mich, aus Zeit- und Raumgründen auf einen Teil des 4Esrs mich zu beschränken. Nun gliedert sich der Text dieses Buches, wie seit Volkmar anerkannt, in sieben sogenannte Visionen. Jede von ihnen ist durch kleine Erzählstücke über die Befindlichkeit des Sehers Esra vor und nach seinen "Offenbarungs"erlebnissen im Textgefüge klar ausgegrenzt. So beginnt die 1. Vision mit Salathiel-Esra, der in Babel auf seinem Bett liegt und von bestürzenden Gedanken überfallen wird (3,1-3a), sie endet mit einem Besuch des Fürsten Phaltiel bei Esra 5,14-19. Auf diese 1. Vision beschränke ich mich. Wie allgemein zugestanden, entwirft sie die Problemstellung des ganzen Buches. Weniger als nachfolgende Buchteile - etwa die Adler- oder Menschensohnvision (Kap. 11.13) - arbeitet sie mit geprägt übernommenen Gattungen. Vermutlich hat der Seher die Eingangsvision ohne formulierte Vorlage konzipiert (so sehr auch der 3,4-27 vorgelegte Geschichtsabriß den Anschauungen seines Herkunftskreises entspricht). Für dieses Mal können deshalb überlieferungsgeschichtliche und literarkritische Überlieferungen ausgeblendet werden. Das Gewicht der 1. Vision im Buchganzen erlaubt es, von hier aus vorläufige Schlüsse auf das Anliegen des Schriftstellers zu ziehen. Sie bleiben natürlich relativ und sollten anhand einer Untersuchung der nachfolgenden Visionen in Zukunft einmal überprüft werden.

Eingangs eine Bemerkung zum *Begriff Vision*. Er ist hier nicht im strikt psychologischen Sinn gemeint, sondern als Bezeichnung einer hebräisch/aramäischen Gattung, deren ursprünglicher Name| - wenn es einen solchen gab - uns verloren ist, die aber als wesentlichen Bestandteil einen dem gewöhnlichen Menschen nicht zugänglichen "übersinnlichen" Verkehr zwischen begabten Sehern und übermenschlichen Personen nach festem sprachlichen Muster schildert. Die drei ersten Teile des Esrabuches (3,1 - 5,19; 5,20 - 6,34; 6,35 - 9,25) bringen ausgedehnte zukunftserschließende Rede und Gegenrede zwischen dem menschlichen Seher und seinem himmlischen Gegenüber, aber nur spurenweise - so mit der Schauung des glühenden Ofens und der Regenwolke 4,47-49 - wirkliche Gesichte. Wieweit ist für diese Buchteile "Vision" die angemessene Bezeichnung? Für eine Gattungsbenennung ist zu bedenken, daß das, was anderwärts in der atl. Sekundärliteratur Vision genannt zu werden pflegt, etwa Jesaja 6 oder selbst Ezechiel 1-3, sich nicht mit inneren Gesichten begnügt, auch nicht in einer geheimnisvollen Worterschließung zum Ziel gelangt. Profetische "Visions-"schilderungen enthalten also nicht Visionen im modernen Sinn, sondern zielen auf *Wortschau*, auf einen zukunftsträchtigen *dabar*, auf דָּבָר נִגְלָה, wie Daniel 10,1 es später ausdrückt. Einer psychologischen Unterscheidung zwischen Vision und Audition legen israelitische "Mantiker" keine grundsätzliche Bedeutung bei, weshalb ein Auditionskapitel wie Daniel 9 innerhalb einer Apokalypse gleichrangig zwischen Darstellungen von Gesichten auftauchen kann (Dan 7-12). Im Bewußtsein dieser Unschärfe und in Ermangelung eines angemessenen indogermanischen Begriffs für Darstellungen derartiger Wortschau mag der Begriff Vision weiter für atl und apokalyptische Gattungen angewandt werden, wie ich es der Einfachheit halber in der Folge tue[3].

2. Die sieben Gesprächsgänge der 1. Vision

Wie bei den anderen sechs Visionen, wird auch die erste durch einen Erzählrahmen ausgegrenzt, auf den ich oben verwiesen habe. Was dazwischensteht, sind Zwiegespräche zwischen Esra und dem Engel Uriel [[siehe zum Aufbau der 1. Vision den Überblick auf den folgenden Doppelseite S. 80f sowie die Hinweise dazu S. 82]]. Nur der Gesprächseingang bildet eine gewisse Ausnahme, weil der Seher sich hier an seinen Gott direkt | wendet und vom späteren Gesprächspartner Uriel noch nichts ahnt. Hier in 3,4-34 haben wir, wie dann am Beginn der 2. und 3. Vision, ein Gebet vor uns, das, wie Harnisch gezeigt hat, jeweils "eine den alttestamentlichen Volksklageliedern verwandte Form" (S. 20) aufweist. Was aber nach dem Anfangsgebet des Sehers innerhalb der Visionen folgt, ist bisher, soweit ich sehe, formgeschichtlich nicht untersucht. Ob die Vieldeutigkeit, der gerade die 1. Vision bei den Exegeten ausgesetzt ist, nicht mit diesem Mangel zusammenhängt? Wie sollte ein Aussagegehalt eindeutig werden, so lange das zugehörige Textmuster undeutlich bleibt?

Das erwähnte Anfangsgebet eingeschlossen, finden sich in der 1. Vision eingebettet in die Erzählnotizen 3,1-3 und 5,14-19, klar abgesetzt 12 Reden oder Gesprächseinwürfe des Sehers und 13 Gegenreden des Engels.

---

3 Ein solches Vorgehen ist insofern charakteristisch, als sämtliche Gattungsbezeichnungen, die wir einer abendländischen Sprache für das AT entnehmen, selbst Begriffe wie Sage oder Hymnus oder Klagelied, einer Bedeutungsverschiebung bedürfen, um für semitische Sprachen des Altertums anwendbar zu werden. Bei so weit auseinanderliegenden Sprachsystemen wie altsemitischen einerseits und modern-indogermanischen andererseits gilt für Gattungsbegriffe der gleiche Vorbehalt wie für grammatische Bezeichnungen: sie drücken nur analoge, keine identischen Sprachformen aus.

Aufbau der 1. Vision in 4Esr (ohne Erzählrahmen)

*	Klage und Aufnahme 3_{3b}-4_4 (5_{23-33})	Gespräch 2 4_{5-11a} (5_{34-36})	Gespräch 3 4_{11b-21} (5_{28-42})
I	E: 3b begann zu reden *w'mrt ... mrj 'lh'* 4-27 Geschichte Gottes, Rolle des *lb' biš* (20_{ff}-26) 28 *w'njt 'mrt ... blbj* Vergleich Babel-Zion 31 Gott hat niemandem kundgetan (*jd'*), wie dieser *'rh'* zu "begreifen" sei 34 Bitte *wk'n*	E: 5a [*w'njt*] *'amrt* Rede, Herr	E: 11b Niederfallen *w'mrt lh* kein *jd'* über den Grund des Leids, besser Nichtsein
II	U: *w'nh ... w'mr lj* 4_1 entsetzt sich *lbk?* einsehen willst Du *'rhh*	U: 5b [*w'nh*] *w'mr lj* drei beispielhafte Aufgaben	U: 13 *w'nh w'mr lj* Wald-Meer: Plan (*mḥšbt'*) zur Grenzüberschreitung
III	E: 3a *w'mrt* Bestätigung	E: 6 *w'mrt* unmöglich zu bestimmen	E: 19 *w'njt w'mrt* eitel sind solche Pläne (*mḥšbt'*)
IV	U: 3b *w'nh w'mr lj* drei *'rht* / drei Gleichnisse, wenn erklärt, künde ich *'rh'*	U: 7 *w'nh lj ... w'mr lj* 10 was mit Dir zusammenhängt, kein *jd'*. Unbegreiflich ist *'rh'* des Höchsten.	U: 20 *w'nh w'mr lj* Erdbewohner *jd'* nur Irdisches

* *I:*   *Problemstellung*   *II:*   *Vorläufige Antwort*
  III: *Überleitende Reaktion*   *IV:*   *Folgerung*

Gespräch 4 $4_{22\text{-}37}$ ($5_{43\text{-}49}$)	Gespräch 5 $4_{38\text{-}43}$ ($5_{50\text{-}55}$)	Gespräch 6 $4_{14\text{-}50}$ (5_{56}-6_{10})	Gespräch 7 4_{51}-5_{13} ($6_{11\text{-}28}$)
E: 22 *w'njt w'mrt* ich bitte Dich, Herr warum <u>*mnd' l'thšb'*</u>? Geht nicht um obere *'rh'*, sondern uns betreffende	E: 38 *w'njt w'mrt* *mrj 'lh'*. Durch unsere Sünden Tenne der Ge- rechten auf- gehalten?	E: 44 *w'njt w'mrt* Habe ich Gnade gefunden ...? Das Vergangene <u>*jd'jt*</u>, aber: Zukunft aus- gedehnter als Vergangenheit?	E: 51 *wb't* [*mnh*] *w'mrt* Erlebe ich jene Tage?
			U: 52 *w'nh w'mr lj* Über Zeichen kann ich reden, nicht über Dein Leben.
U: 26 *w'nh w'mr lj* erst Ernte des Bösen, dessen Same in Adams <u>*lb'*</u>. Dann Acker des Guten rei- fend.	U: 40 *w'nh w'mr lj* Schwangere, kann Termin nicht aufhalten	U: 47 [*w'nh*] *w'mr lj* Gleichnis angekündigt	5_1 *'l 'tj' h' jwmj' 'tn* 14 Zeichen für Beginn der Endzeit, darunter:
E: 33 *w'jt w'mrt* wie lange noch?	E: 41 *w'jt w'mrt* Bestätigung des Nichtvermögens	Esra steht auf, schaut Rauch-Ofen Regen-Wolke	- Verborgenheit des *'rh' qšt'* - Vernichtung der Fremdmacht
U: 34 *w'nh w'mr lj* Seelen der Ge- rechten warten auf die Tenne; aber angesagtes Maß muß erfüllt sein.	U: 41b *w'nh w'mr lj* "Geburtszeit" für die Erde liegt fest	U: 50 [*w'nh*] *w'mr lj* <u>*tnd'*</u> und sieh! Maß der Ver- gangenheit größer	Diese Zeichen sind mir be- fohlen, Dir zu sagen

Die in Klammern aufgeführten Versangaben beziehen sich auf die zweite Vision. Innerhalb der Spalten werden Bezüge zur 2. Vision nicht berücksichtigt.

Nur einmal ergreift der Seher nicht das Wort, nachdem sein Gesprächspartner geendet hat, sondern steht auf, um eine Schauung wahrzunehmen
(4,47-49); dieser Abschnitt gilt offenbar als vollgültiger Ersatz für eine
menschliche Rede. Das Zwiegespräch verläuft also außerordentlich leb-
haft. Rede und Gegenrede sind meist knapp gehalten, so knapp, daß es
mit Passagen in modernen Kolportage-Romanen vergleichbar erscheint.
Die beigefügte schematische Übersicht läßt den Aufbau erkennen. Sie ist
mit einigen Stichwörtern versehen, welche die Gliederungssignale und
grobe inhaltliche Hinweise enthalten. Läßt sich von daher ein Textmuster
erheben?

Hinweise zum beigefügten Überblick (S. 80f)

Die sieben Gesprächsgänge sind fortlaufend von links nach rechts notiert,
wobei jeder Redegang in den Wechsel Esra (E) - Uriel (U) - E-U (I, II,
III, IV außen links, entsprechend der Gliederung auf S. 85) zerfällt.
Konstitutiv für unsere Darstellung ist nicht allein der Aufweis, daß sich
die Unterteilung der ersten Vision in sieben Gesprächsgänge mit jeweils
doppelter Aktantenabwechslung nachweisen läßt. Wichtiger noch scheinen
uns die stereotypen Redeeingänge (E: ואמרת [וענית]; U: ואמר לי), die
im Überblick jeweils besonders hervorgehoben sind und deutlich gliedern-
de Funktion haben. Im weiteren sind - neben kurzen Angaben zum Inhalt
- *Leit-* und *Bezugswörter* gesondert vermerkt; Leitwörter haben wir unter-
strichen _____, Bezugswörter sind durch Unterpunkten .... markiert |.
   Als erstes hebt sich der quantitative Übergang von Anfangsrede Esras
und Schlußrede Uriels gegenüber sämtlichen anderen Redeteilen hervor.
Das *Gebet am Eingang* ist mit 33 Versen ungefähr so umfangreich wie alle
weiteren Reden Esras zusammen. An das Volksklagelied sich anlehnend,
wird die dem menschlichen Betrachter nicht erklärliche geschichtsgestaltende Kraft des bösen Herzens neben und gegen die Früchte der Ge-
setzesbefolgung in der Menschheit von der Schöpfung bis in die (fiktive)
Gegenwart hinein verfolgt, um dann die Übermacht Babels und die
Unterdrückung Israels als selbst von diesen beiden Kräften her unbe-
greiflich und also doppelt unerklärlich herauszustellen. Ein eigens
abgesetzter zusammenfassender Schlußabschnitt wird mit einem erneuten
"ich sagte" (3,28 vgl. V. 4) markiert. Er spitzt die drängende Frage des
Gebetes zu: warum herrscht (das mehrfach ungerechte) Babel über das
(wenigstens teilweise gerechte) Zion?
   Dem Gewicht des Esragebets am Anfang entspricht die *Schlußrede Uriels*
am Ausgang 4,52 - 5,13 der 1. Vision. Sie ist länger als Uriels übrige 12
Äußerungen und zieht die zukünftige Entwicklung ins Einzelne hinein
aus, während sonst darüber nur programmatische Aussagen fallen. Das
quälende Problem des Eingangsgebets: warum ergeht es Babel soviel
besser als Zion? wird erst jetzt einer Antwort gewürdigt: das Land, das du

jetzt herrschen siehst, wird zur Wüste werden (5,3). Die weitere Antwort relativiert freilich jene Eingangsfrage; denn das Verschwinden Babels wird keineswegs schon die Dinge ins Lot und Zion das Glück bringen! Deshalb müssen weitere Visionen folgen. Doch die Anfangsrede des Sehers und die Schlußrede des Engels in der 1. Vision sind offensichtlich aufeinander angelegt. Der Anfang reiht Daten der vergangenen Geschichte aneinander, er sieht in deren Verlauf ein beunruhigendes religiöses Problem, der Schluß bringt Daten einer zukünftigen "Geschichte" und gewährt eine vorläufige Problemlösung.

Weiter läßt sich ins übrige Textgefüge eindringen, sobald man die *Gesprächseinleitungsnotizen* näher betrachtet. Sie bilden unverkennbar die Gliederungssignale des Textes. Was Esra vorbringt, enthält im Berichtsstil stets das Element "ich sagte" וָאֹמַר[4]. Durch die mögliche weitere Aus-

---

[4] Seit 100 Jahren gehen die Meinungen auseinander, ob die Vorlage des 4Esr hebräisch oder aramäisch abgefaßt war (Überblick bei *Harnisch*, S. 15-18). Das Argument der "Hebraisten", daß die Abweichung der Lesarten in 8,23 nur aus einer Verwechslung von hebräisch *'ed* "Zeuge" und *'ad* "Ewigkeit" zu erklären sei, hat den Nachteil, daß die richtige Lesung dann nur in den apostolischen Konstitutionen, nicht aber in den Textüberlieferungen des Esrabuches selbst belegt ist (*Gunkel* 333. 380). Andererseits haben die seitenlangen Belege bei *Gry*, die eine Unzahl von Übersetzungsdifferenzen aus einem aramäischen Urtext erklären, den Nachteil, daß sie den Übersetzern unterstellten, sie hätten in jedem Falle möglichst wörtliche Wiedergabe angestrebt und deshalb z.B. nicht von sich aus ein Nomen statt eines Infinitivs einsetzen können oder umgekehrt. Dennoch bleiben eine Reihe berechtigter Beobachtungen bei *Gry* übrig. Sie lassen sich durch formgeschichtliche Befunde stützen, etwa durch die Gesprächseinleitung mit Doppelverb, die deutsch übersetzt wird: "Ich/Er antwortete und sagte", eine Wendung, die nur in aramäischer Literatur beheimatet ist; darüber werde ich an anderer Stelle handeln. Vgl. weiter *J. Bloch*, JQR, 1957/58, 279-294.

Gewiß läßt sich überlegen, ob die Suche nach der Ursprache den Aufwand lohnt. Stehen um die Zeitenwende Hebräisch und Aramäisch sich nicht so nahe, daß es gleichgültig wird, ob der Apokalyptiker aus der einen oder der anderen Sprache herkommt? Doch der geringe morphologische Abstand zwischen beiden Sprachsystemen muß keineswegs notwendig auch einen geringen semantischen Abstand in sich schließen. Hebräisch ist in jener Zeit eine auf engsten Bezirk beschränkte Sondersprache mit geringen Erweiterungsmöglichkeiten im Blick auf den semantischen Horizont; Aramäisch dagegen eine Weltsprache, die von Indien bis nach Kleinasien verstanden wird, ganz andere Einflußmöglichkeiten mit sich bringt für jeden, der in ihr schreibt und denkt. So hat m.E. das aramäische *'alam* andere Konnotationen bei sich als Hebräisches *'olam*, obwohl es sich um die gleiche Sprachform handelt. Ebenso sind Begriffe für "Gerechtigkeit", selbst wenn sie die gleiche Wurzel *ṣdq* benutzen, in ihrer Bedeutung keineswegs deckungsgleich, wie ich im Aufsatz über Die drei Gerechtigkeiten in der Festschrift *Käsemann* [[siehe unten Anm. 15]] zu zeigen versucht habe.

gestaltung der Einleitung sondern sich zwei Gruppen von Esrareden von-
einander: |

1) Bei den *ausgeführten Einleitungen* steht vor וַאֹמַרת a) ein weiterer
   Redehinweis, entweder וָעֲנִית "ich erwiderte" 4,5.22.38.44 oder ein
   Hinweis auf Redebeginn 3,4, Niederfallen 4,11b, Bitten 4,51. Hernach
   folgt b) eine Zuwendungsnotiz, entweder ausdrückliche Anrede des
   "Herrn" 3,4; 4,5.22.38 oder der Zusatz "zu ihm" (לֵה) 4,11b; statt
   dessen kann ein "von ihm" (מִנֵּה) 4,51 (S) vorausgehen bzw. die
   altüberlieferte Wendung "wenn ich Gnade vor deinen Augen gefunden habe" 4,44.

2) An anderen Stellen steht וַאֹמַרת für sich (4,41) und 4,3a.6 (nach
   L/S), oder es tritt einzig וֲעֲנִית davor, weitere Ausgestaltung fehlt
   4,19.33. Diese 2. Gruppe ist *knapp gefaßt*, kennt keine Anrufung und
   trägt keinen Bittcharakter. Vielmehr beschränkt sich Esra in diesen
   Stücken auf Bestätigung vorangehender Uriel-Aussagen (4,3a.41)
   oder auf selbstverständlich erwartete Reaktionen (4,6.19). Einzig 4,33
   schiebt er ein drängendes "wie lange noch?" zwischen die beiden
   Reden des Engels.

Dagegen stellt Esra in der 1. Gruppe zentrale Fragen, die einen neuen
Gesichtspunkt in die Debatte werfen und implizit oder explizit mangel-
haftes יָדַע beklagen 4,12.22.45. Die Abfolge mit | erst einer Esrarede der
ausgeführten, bittenden Art (Gruppe 1), dann eine der zweiten knappen,
einwerfenden Art wird in der 1. Vision konsequent durchgehalten. Ein
solcher Wechsel scheint nicht zufällig zu sein. Wie sind dann aber die
dazwischenstehenden Urielreden gestaltet?

Wo *Uriel* das Wort ergreift, wird es fast durchgängig mit וענה ואמר לי
angezeigt. Einzige Ausnahme bildet 4,7.10, wo statt dessen ein zweimali-
ger Anlauf zur Erwiderung berichtet wird (doppeltes ואמר לי). Was
gegenüber der Einleitung zu Reden Esras auffällt, ist der Mangel an
Variationen. Hinter der Stereotypie der Redeeinleitungen für den Engel
und der Abwechslung bei Einleitungen für menschliche Äußerungen steht
vermutlich Absicht. Der Seher als Mensch reagiert unterschiedlich, ist
mehr oder weniger aufgeregt, wo er zu Wort kommt, was sich bis in die
Formeln der Erzählung hinein niederschlägt. Der Engel behält dagegen
scinc gelassene Haltung bei. Deshalb bleibt die Sprache an dieser Stelle
völlig gleichartig. Dennoch wird bei den Äußerungen Uriels stets eine
direkte Zuwendung zu Esra (לי) vermerkt, während der Seher in seinen
Reden um sich selbst kreist und die Zuwendung zum Partner bei ihm nur

---

(Forts.) Wo ich deshalb auf den Urtext eingehe, setze ich aramäische Vokabeln
voraus. Der Einfachheit halber verwende ich dafür (anachronistisch) die masoretische Punktation, ohne auf eine genaue Bestimmung des ursprünglich benutzten aramäischen Dialekts einzugehen.

dann berichtet wird, wenn er ein neues Problem bittend vorträgt (לֵהּ ist in der oben charakterisierten zweiten Gruppe von S in 4,6 nachträglich hinzugesetzt). Schon hinter dem Vorkommen oder Fehlen eines Wörtleins wie der Präposition לֵ steht also System, ein Fingerzeig, mit welcher Akribie der Text des Buches aufgebaut ist.

Dennoch sondern sich auch die Urielreden in zwei Gruppen. Trotz gleichartiger Einleitungsnotizen hat es jeweils die erste Äußerung mit Gleichnissen und hinführenden Paradigmen, die jeweils zweite dagegen mit dezidierten Schlußfolgerungen zu tun. Aus dieser Verteilung fallen nur der erste und letzte Gesprächsgang in der 1. Vision heraus. 4,1 beschränkt Uriel sich darauf, das Klagegebet des Sehers zusammenzufassen und dessen zentrales Anliegen zu unterstreichen; in 4,3b.4 vertagt er im Anschluß daran eine Problemlösung für den ersten Gesprächsgang auf drei nachfolgend anzuzeigende Beispiele und Gleichnisse und umreißt damit die Aufgabe für die weiteren Gesprächsrunden. Auch der letzte Gesprächsgang 4,5 - 5,13 bringt statt Gleichnishinweis einerseits und Schlußfolgerung andererseits eine zusammenfassende Auflistung von Zeichen der kommenden Endzeit, wobei für die Enthüllung gewichtiger Tatbestände auf die nachfolgende 2. Vision verwiesen wird 5,13. |

Gruppe 1 der Esrareden, die bittenden Einsätze und Frageformulierungen, und Gruppe 1 der Urielreden, Gleichnis- und Beispielshinweise, fügen sich nahtlos aneinander. Gleiches gilt für die Gruppe 2 der Gesprächsbeiträge beider Partner, aber auch für die jeweilige enge Weiterführung der ersten Gruppe durch die zweite (den Nachweis im einzelnen gebe ich unten). Daraus schließe ich, daß jeweils *zwei Reden und zwei Gegenreden zusammengehören* und einen relativ geschlossenen *Gesprächsgang* ausmachen. Es ergibt sich eine Abfolge - Siehe die oben beigegebene Übersicht -

I   Bitte Esras um Aufschluß über ein (Teil)problem
II   Vorläufige Antwort Uriels durch Beispiele oder Gleichnis
III Überleitende Reaktion Esras
IV Folgerung Uriels.

Das wiederholt sich 7 mal (mit gewissem, oben erklärten Verschiebungen beim 6. und 7. Gesprächsgang). Wie das gesamte Buch, so ist demnach auch die 1. Vision in sich nach einem siebenteiligen Schema angeordnet. Gleiches gilt m.E. von der 2. Vision, wo einzig 5,41f einen einfachen statt einen doppelten ''Schlagabtausch`` zwischen Seher und Engel vorführen[5].

---

5 In der 2. Vision zeigen sich - s. die Übersicht - ebenfalls 7 Gesprächsgänge, die i.d.R. viergliedrig gefaßt sind. Nur der 5. Gesprächsgang ist sechsgliedrig 5,43-49, der sechste (gleichsam zum Ausgleich) bloß zweigliedrig 5,50-55.

Von dieser Gliederung her, die sich von Ausdruck und Aussagegehalt her in gleicher Weise ergibt, wollen die in der deutsch-sprachigen Forschung vorgenommenen Versuche wenig einleuchten, zwischen der menschlichen Stimme im Buch, dem Seher, und dem eigentlichen Verfasser einen theologischen Positionsunterschied durchgängig in der Weise zu statuieren, daß der apokalyptische Verfasser sich mit der Engelstimme identifiziere und die Position Esras abweise, ja als gegnerische Position zu widerlegen trachte (Mundle, Brandenburger, Harnisch)[6]. Nicht nur Anfangs- und Schlußrede der 1. Vision müßten dann einander entgegenstehen, sondern auch innerhalb jedes einzelnen Gesprächsganges | müßten durchgängig zwei verschiedene Positionen aufweisbar sein. Das Gespräch schreitet aber, wie sich unten näher zeigen wird, sinnvoll fort, und das nicht in Form ständiger Kollisionen. Esra läßt sich fortlaufend eines Besseren belehren und greift die Antworten des Engels in seinen Erwiderungen auf.

3. Der Lehrdialog und das Gattungsproblem

Nachdem in einem ersten synchronischen Durchgang das Textgefüge geklärt ist, erscheint ein diachronischer Längsschnitt nötig. Wie ist in der sprachlichen Umwelt des 4Esrs ein solcher 7facher Gesprächsgang, eingeklammert von Erzählnotizen, welche seelische Erschütterungen des menschlichen Partners vermelden, aufgefaßt worden? Steht hinter dem *irdisch-himmlischen Lehrdialog* über das Geschick Israels insgesamt und das der gottestreuen Israeliten im besonderen eine überkommene *Gattung*, die der ins Auge gefaßte Leser kraft seiner Sprachkompetenz mit bestimmten Sinnerwartungen aufgenommen hat?

Da das Buch im hellenistisch-römischen Zeitalter entstanden ist, denkt der moderne Exeget zunächst an den griechischen philosophischen Dialog, der ja auch drängende Lebensprobleme klären will (s.den Überblick in Der Kleine Pauly II, 1575-1577). Doch mit der Gattung etwa des platoni-

---

6 "Was der Verfasser von IV Esra sagen will, läßt sich nicht aus einzelnen, aus dem Zusammenhang gerissenen Stellen belegen, vielmehr ist zur Ermittlung stets die bewegte und spannungsreiche Gedankenführung zu beachten." Dieser Satz *Brandenburgers* (S.30) kann nicht dick genug unterstrichen werden. Führt er aber wirklich zu einer durchgängigen Opposition zwischen dem Seher und dem apokalyptischen Verfasser, wobei der letzte sich mit den Engeläußerungen identifiziert, wie B. meint? *Harnisch* jedenfalls schwächt in einer Anzahl von Anmerkungen die Entgegensetzung von Seher und Engelstimme wieder ab, die er im Text oben allzu uneingeschränkt vertreten hatte (so S. 38 und A. 3; S. 64 und A. 4 u.ö.). Die englischsprachige Forschung hat deshalb an diesem Punkt Reserve gezeigt und berechtigter Einwände erwogen, s. *E. Breech* und *A.P. Hayman*.

schen Dialogs lassen sich beim 4Esr keine weitergehenden Gemeinsamkeiten entdecken. Und Dialoggattungen gibt es längst vor dem Griechen-
tum; es genügt, an das babylonische Zwiegespräch zwischen Herr und
Knecht (AOT 284-287) oder das ägyptische Gedicht vom Lebensmüden
und seiner Ba-Seele (AOT 25-28) zu erinnern. Der Alttestamentler
besinnt sich auf den Job-Dialog und mag von da aus weisheitlichen
Hintergrund vermuten[7]. Weder aus dem Akkadischen noch aus der
ägyptischen oder griechischen Literatur, selbst nicht aus der atl Weisheit
sind jedoch ausgeführte Dialoge zwischen einem Menschen und einem
göttlichen oder himmlischen Gegenüber bekannt. Die Gottesreden am
Ende des Jobbuches springen merklich aus der Dialogform heraus und
stellen keinen fortführenden Gesprächsbeitrag dar wie hier die Uriel-
Äußerungen. Ein einschlägiges Beispiel für menschlich-göttliche Lehrdia-
logsituation bilden im außerbiblischen Raum vornehmlich die Gathas
Zarathustras. Bei einer apokalyptischen Schrift wie dem 4Esr mag man
überlegen, ob nicht eine iranische Beeinflussung vorauszusetzen ist. Man
könnte auch an bestimmte Partien im ntl Jo|hannesevangelium und die
Gespräche dort zwischen Jesus und seinen Jüngern denken. Doch bei
diesen Bereichen fehlen Darstellungen von Visionsvoraussetzungen und
- folgen in der Einführung und Ausleitung solcher Zwiegespräche.

Die Annahme einer Beeinflussung von einer außerisraelitischen Überlieferung ist jedoch m.E. überflüssig. Schon Daniel, das älteste apokalyptische Buch, bringt einschlägige Analogien; und diese lassen sich
gattungsgeschichtlich wiederum auf älteren hebräischen Sprachgebrauch
zurückführen. Insbesondere Dan 9 ist aufschlußreich, weil hier innerhalb
eines Erzählrahmens über seelische Begleitumstände (wie bei Visionsschilderungen) ein Klagelied über ein durch das Geschick des Volkes
aufgeworfenes religiöses Problem wie 4Esr 3 vorgetragen wird. Darauf
erfährt der Beter die lösende Antwort durch einen Engel. Zwar beschränkt sich in diesem Kapitel das irdisch-himmlische Zwiegespräch auf
eine je einmalige Äußerung beider Partner. Doch gibt es innerhalb
anderer Danielvisionen 7,16.17; 12,8.9 (an letzter Stelle mit nachfolgender
Anrufung אדני entsprechend 4Esr) ein mehrfaches Hin und Her im
Lehrdialog. Ähnliche Lehrdialoge, zwischen visionäre Begleiterschei-
nungen eingestreut, finden sich im 1. Henochbuch (z.B. Kap. 21-36).

Doch irdisch-himmlische Zwiegespräche innerhalb von Visionsschilderungen beginnen nicht erst mit der Apokalyptik. Schon die ältesten
Visionsberichte, die das Alte Testament enthält, nämlich - von 1 Kön 22
einmal abgesehen - die des Amos, enthalten in der Mehrzahl ein Zwiegespräch. Nach erlebter Schauung beginnt Amos 7,3.6 - wie später Esra -
mit einer Anrufung "ach, Allherr Jahwä" und nachfolgender Bitte,

---

7 *V. Rad*, Theologie[4] II 326, *Harnisch* 65 A. 2.

daraufhin erhält er eine göttliche Antwort. In zwei der Amosvisionen ist Gott es, der Amos fragt und vom Profeten eine Antwort bekommt, worauf er, nämlich Gott, das abschließende Fazit verkündet. Auf einer späteren Stufe profetischer Visionsschilderungen, die bei Ezechiel greifbar wird, gehört meistens ein Erzählrahmen über seelische Erschütterungen zu der breit ausgeführten Darstellung profetischer und göttlicher Äußerung. Die Gattung, die beim 4Esr aufgenommen wird, stammt also aus der Profetie[8]. Jedenfalls sehe ich kein Hindernis, die 1. Vision des Esrabuches auf die apokalyptische Ausweitung eines altüberlieferten profetischen Visionsberichtsschemas zurückzuführen. Dann aber hat die menschliche Stimme hier wie dort nicht die Funktion einer Gegenpartei zum kundgetanen Willen | Gottes, sondern die eines schlecht informierten, *ad melius informandus* Gesprächspartners.

Für den Lehrdialog ist nicht ohne Belang, wer die beiden Sprecher sind. Hier wären die Sprecher in anderen apokalyptischen Lehrdialogen zum Vergleich heranzuziehen. Vorläufig sollen Andeutungen genügen. Der vom Himmel gesandte Gesprächspartner ist *Uriel*, nach dem Henochbuch der Anführer der sieben Erzengel (20,1) und derjenige, der im astronomischen Buch Kap. 72ff die führende Rolle übernimmt, weil er über Himmelslichter und Zeiten gesetzt ist (Kautzsch, AP II 229). Nicht der für Israel zuständig Michael noch der - bei Daniel wie im Neuen Testament - mit speziellen Verheißungen beauftragte Gabriel, sondern der universale, Zeit und Raum steuernde Uriel bildet den einen Pol im Lehrdialog.

Der menschliche Schüler ist nach dem Rang, den er beim damaligen Leser einnimmt, nicht leicht zu bestimmen. Der Sealtiel-Esra des Buchanfangs entspricht bekanntlich nicht genau dem Priester Esra und dessen Abstammung im kanonischen Esrabuch (7,1); vielleicht soll Esra königlichen Geblüts sein. Jedenfalls ist er derjenige, dem das Volk Israel im Exil "anvertraut" ist, er wirkt als dessen "Hirt" - welches Amt auch immer darunter verstanden wird - (5,17-19). Dem Verfasser gilt Esra wohl nicht als Privatmann und bloßer Charismatiker, nicht nur als Sprecher einer Partei von Jahwätreuen oder gar von Sektierern, sondern als offizieller Repräsentant des Volksganzen. Was dies für die Geltung der Apokalypse beim vorausgesetzten Leser austrägt, wäre weiterer Überlegung wert.

Was bedeutet es, daß der Apokalyptiker in Lehrdialogen seine Wortschau weiter übermittelt? Was hat die Ausdrucksform mit dem Anliegen des Buches zu tun? Handelt es sich hier um bloße Konvention? Vermutlich nicht. Denn diese Ausweitung von "Offenbarungs"mitteilungen zu Gesprächsgängen zwischen Engel und Menschen über mehrere Runden, bei denen der menschliche Partner keineswegs sich auf zu-

---

8 *S. Reimers*: Formgeschichte der profetischen Visionsberichte (Theol. Diss. Maschinenschrift), Hamburg 1976.

stimmende oder einwerfende Bemerkungen beschränkt, gibt es vor der
Apokalyptik nicht, und mit der Apokalyptik verschwindet sie auch wieder.
Der Seher nimmt dadurch eine Stellung vor Gott ein, die alles andere als
die eines Befehlsempfängers ist. Als selbstdenkender Mensch soll er ernst
genommen werden. Die Enthüllungen über die Endzeit sind gerade nicht
schlechthin irrationale Kunstgaben, die mit *sacrificium intellectus* gläubig
entgegenzunehmen sind, sondern sie gelten als logische Entfaltungen, so
sehr ihr Inhalt den Augenblickskonstellationen widerspricht und kontin-
gentes Geschehen ankündigt. Dies | als vorläufige Bemerkung. Um zu
weiteren Urteilen zu gelangen, wären apokalyptische Lehrdialoge in
größerer Breite zu untersuchen. Wie aber läßt sich eine logische Entfal-
tung im Gedankengang der 1. Vision aufweisen?

4. Gedankenfortschritt: Begreifen des Weges des Höchsten

Die 1. Vision ist in sieben Gesprächsgänge eingeteilt. Was ist der Zweck
solcher Unterteilung? Läßt sich ein übergreifendes Thema erkennen, das
in jedem der Gesprächsgänge mit besonderem Aspekt beleuchtet wird?
Antwort suche ich nicht von einem vorgeblichen "Inhalt" her, der sich
bei der Lektüre moderner Übersetzungen aufdrängen mag, sondern von
Leitwörtern her, die sich ausdrucksmäßig nachweisen lassen und in der
Textstruktur eine zentrale Stellung besitzen, sowie von *Bezugswörtern* her,
die semantisch damit verbunden sind und sich in den einzelnen Gesprächsgängen nachweisen lassen[9]. Um das Ergebnis vorwegzunehmen:
Leitwort in der gesamten 1. Vision ist *Erkennen des Weges des Höchsten*
als zusammenfassender Ausdruck für die göttliche Zuwendung zur
Menschheit und für göttliches Walten in der Welt. Dieser Weg sondert
sich in mehrere naturhafte und geschichtliche Wege, die allesamt von Zeit
und Maß und Zahl geprägt sind und um deren besondere Erkenntnisse
in den einzelnen Gesprächsgängen gerungen wird. So die These; und nun
der Nachweis, zu dem die beigegebene Übersicht zur Textstruktur
verglichen werden mag.

4. 1. Im ersten Gesprächsgang 3,3b - 4,4 wird Uriel zum Seher gesandt
und begnügt sich in seiner ersten Äußerung mit einer Zusammenfassung
des Klagegebets Esras in der Frage 4,1f:

> Erregt dein Herz sich so sehr in diesem 'Alam / und begehrst du, den *Weg
> des Höchsten zu begreifen*?

---

9   Zur Definition von Leit- und Bezugswörtern s. *K. Koch* und Mitarbeiter:
Amos, AOAT 30, 1976, 84f.

Esra antwortet mit einem schlichten "So ist es, Herr". Demnach geht es um nichts anderes, als jenen göttlichen Weg zu erkennen, der sich durch diese Weltzeit hindurchziehen muß, wie der Seher aufgrund seiner israelitischen Erziehung annimmt, und der doch in der Gegenwart so unbegreiflich wird, daß darüber das "Herz"- im 4Esr die zentrale anthropologische Größe - zerstört zu werden droht. Es verliert dadurch die Richtung des Glaubens und Handelns, wie wir deutend hinzufügen. Uriel greift sofort den Gedanken wieder auf, wenn der fortfährt 4,3f: |

> 3 Wege dir aufzuweisen bin ich gesandt / um 3 Gleichnisse dir vorzulegen.
> Kannst du nur einen davon erklären,
> Dann will ich dir auch den *Weg weisen*, den du zu schauen begehrst, und dich lehren, weshalb es das böse Herz gibt.

Noch einmal wird Esras Anliegen auf ein Erschauen des "Weges" zugespitzt[10]. Das Begreifen der anzukündigenden drei besonderen Wege, über die der zweite Gesprächsgang handeln wird und die naturhafter Art sind, hängt mit dem einen, umfassenden Weg des Höchsten zusammen. Was Esra in seiner Klage skizziert hat, war demnach nur ein einzelner Aspekt, der heilsgeschichtlich-israelitische, eines umfassenden Weges des Höchsten. Um sich verstehend auf ihn einzulassen, bedarf der Mensch anscheinend eines weiteren Horizonts als den seiner Volksgeschichte. Erst von der Vielfalt der Wege des Höchsten her wird auch jener Teil des Weges durchschaubar, der die Ermöglichung vom bösen Herzen[11] in der

---

10 Leider führt die Gunkelübersetzung in Kautzsch an diesen Stellen in die Irre, weil sie beim zweiten Vorkommen willkürlich den Plural "Wege" gegen die Versionen gebraucht und so den Unterschied zwischen dem Weg und den vielen Wegen verwischt.

11 Was ist das böse Herz? *Brandenburger* (27-36) und *Harnisch* (44-51) haben dankenswerterweise nachgewiesen, daß *cor malignum*, wie es lateinisch, oder *libbā bîšā*, wie es syrisch und wohl im aramäischen Urtext lautet, nicht einfach mit dem "bösen Trieb" rabbinischer Schullehre gleichgesetzt werden dürfen. Denn der böse Trieb befindet sich nach der rabbinischen Theorie neben einem mindestens ebenso starken guten Trieb anerschaffen im Herzen jedes Menschen, während Esra voraussetzt, daß das Herz böse ist und von keiner gleichrangigen anerschaffenen Gegenkraft etwas zu wissen scheint. Doch bleiben Brandenburger wie Harnisch insoweit der traditionellen Ansicht verhaftet, als sie das böse Herz für ein Resultat der Herrschaft des bösen Triebes erklären (*Brandenburger* 34; *Harnisch* 48). Zu dieser Kausalverknüpfung besteht jedoch kein Anlaß, für einen bösen Trieb ist in der Anthropologie des Esra kaum Raum.
1. Schon die *Schriftgrundlage* beider Begriffe ist unterschiedlich. Der rabbinische *jeṣär hara'* geht auf Gen 6,5 zurück, der *libbā bîšā* Esras auf Ez 36,26. In der Auslegungsgeschichte werden, soweit ich sehe, beide Stellen kaum je verbunden.
2. Für *libbā bîšā* gibt es ausweislich des *Prophetentargums* eine aramäische Sprachtradition. Als gegenwärtiges Übel wird die Verstocktheit des bösen Herzens

gegenüber göttlichen Bundesworten schon im hebräischen Jeremia 7,24; 11,8 beklagt. Dort benützt der Targumist das aramäische Äquivalent und trägt dies auch Jer 3,17 ein, wo im Hebräischen ein Adjektiv fehlt, also liegt ihm an dieser Wendung. Der Ezechieltargumist übersetzt das Bildwort von dem eschatologischen Entfernen des "steinernen Herzens" in eine Sachaussage: entfernt wird der *libbā d^eraši'ā* 11,19; 36,26, wie hier noch mit Anleihe beim Hebraismus gesagt wird. Esra redet an späterer Stelle von der eschatologischen Verwandlung des bösen Herzens, läßt also deutlich den Anschluß an die Profetenstellen erkennen (6,26 vgl. ApokMos. 13). Vom bösen Trieb ist m.E. im Profetentargum nicht die Rede.

3. Esra 3 kommt beim Sinaigeschehen und bei der Gesetzeseinführung erstmals auf das böse Herz zu sprechen. Wenn hier Bezug zur pharisäisch-rabbinischen Bösen-Trieb-Lehre vorliegen sollte, dann in polemischer Weise. Denn gerade am Sinai war nach rabbinischer Meinung der böse Trieb zeitweilig außer Kraft gesetzt (Bill IV 482 vgl. 466-483 insgesamt). Das Gesetz trägt nach bSuk 52b die Sünde hinweg wie Wasser die Steine (*Box* z.St.).

4. Für eine (von Esra vertretene) Anthropologie von zwei gegensätzlichen, anerschaffenen Grundtrieben führt *Harnisch* zwei Stellen an. a) 4,30 redet von einem Körnchen des Samens der Bosheit, das ausgesät war in Adams Herz von Anfang an. Wer anders, so fragt er deutsche Leser, kann ausgesät haben außer dem Schöpfer? Also handelt es sich um einen anerschaffenen bösen Trieb? Doch der Kontext widerlegt solche Deutung; denn über diesem bösen Samenkorn wird ausgerufen: "welche Frucht (so S) der Sünde hat das bis jetzt getragen und wird es weiter tragen!" Demnach hätte Gott die gesamte Last der Sünde in der Menschheitsgeschichte verursacht und zu verantworten, denn wer den Samen aussät, ist für seine Frucht verantwortlich... Dies kann nicht im Ernst die Meinung des Apokalyptikers sein! Bedenkt man, daß Saat der übliche Ausdruck für eine sittlich qualifizierte Tat ist, die gemäß dem Tun-Ergehen-Zusammenhang zur Frucht heranreift, kann nur Adam als derjenige gemeint sein, der in sein eigenes Herz gesät hat. - b) 3,22 wird bei der Sinaigeneration bejammert, daß Gott das Gesetz in ihr Herz gelegt, aber "die Schlechtigkeit der Wurzel" darin belassen habe. Auch hier spricht der Zusammenhang dafür, die "Wurzel" aus dem vertrauten Umkreis der Wurzel-Frucht-Terminologie menschlichen Tuns und Ergehens zu verstehen. Denn vorweg war gesagt V. 21, daß Adam das böse Herz "angezogen" (*lbš*, so S zutreffend, vgl. V. 26) hatte. Was der Urvater aber als Gewandung sich gleichsam "angekettet" hat, bleibt bei den Nachfahren hangen, wird zur Voraussetzung auch ihres Tuns und Ergehens. Diese "Wurzel" wird nach 8,53 eschatologischen versiegelt - womit Gott eine "Antischöpfung" des Menschen unschädlich macht (wie die Versiegelung Dan 9,24?), gewiß aber nicht sein eigenes Anfangswerk auslöscht. - c) Am schwierigsten ist 7,92 *cum eis plasmatum cogitamentum malum* zu deuten. Übersetzt man den lateinischen Text "den ihnen mitanerschaffenen bösen Sinn" (Gunkel, Violet), legt es sich nahe, Anspielung an Gen 6,5 vorauszusetzen. Nur das man dann zugeben sollte, daß das für die Rabbinen entscheidende Stichwort *jeṣär* aus der Stelle nicht aufgenommen wurde, sondern allein רע ... מחשבות! Im Gegensatz zur rabbinischen "Fehl"-Interpretation von Gen 6, die "böse" gegen die Meinung des Jahwisten

Menschheitsgeschichte und der Geschichte Israels heraufgeführt hat. |
Doch nicht nur Uriel bringt das Esra bedrängende Problem auf den
Begriff, der lateinisch *via altissimi*, syrisch *'orḥeh d-mraimā* | übersetzt
wird und vermutlich auf ein aramäisches *'ōrḥā dᵉ'ila'ā* (Gry 21) zurückweist. Esra selbst faßt unter dem Leitwort sein Anliegen zusammen. Nach
dem Geschichtsabriß wendet sich nämlich sein Gebet 3,28 mit markiertem
Übergang "Deshalb sagte ich in meinem Herzen" zur Reflexion über das
Ergebnis dieser Geschichte, Esras leitvolle Gegenwart:

> Haben die Einwohner Babels besser getan? Warum beherrschen sie Zion?

Die gleiche Frage wird einige Zeilen später wiederholt, ein Zeichen, daß
in diesen Sätzen der Kernpunkt der Verzweiflung liegt. Das zweite Mal
wird jedoch die unbegreifliche Widersprüchlichkeit der Gegenwarts-
erfahrung mit dem Walten Gottes durch das Leitwort "Weg" in Beziehung gesetzt:

---

auf *jeṣär* bezieht, hält 4Esr an der historische zutreffenderen Beziehung von *ra'*
zu *maḥšᵉbot (leb)* fest, schließt sich also der rabbinischen Interpretation gerade
nicht an. Steckt hinter *plasmatum* wirklich die Bedeutung "anerschaffenen"? S
verwendet dafür das Etpaal eines Verbes *gᵉbal*, das von Haus aus "kneten" heißt
(Jastrow I 207), hier passivisch gebraucht wird "die böse Gesinnung, die mit
ihnen zusammengeknetet ist" oder freier "die mit ihnen ausgebildet ist" (Violet
I 180). Ausgebildet worden ist dieser Hang, Böses zu erdenken, gewiß nicht vom
Schöpfer, sondern vom menschlichen "Kollektiv" in seiner Geschichte, in die
jeder Mensch durch seine Sozialisation zwangsläufig eingebunden wird. Daraus
entstehen ständig aufs neue sündige Taten verantwortlicher Subjekte, deren
Produkt (Frucht) die Täter kraft schicksalwirkender Tatsfäre wie die gesamte
menschliche Gemeinschaft eines Tages einheimsen müssen. - Keine der dafür
angeführten Stellen ist also beweiskräftig für die Behauptung, die Theorie vom
bösen Herzen in Esra hänge mit der rabbinischen Lehre von den zwei Trieben
im Menschen ab. Das böse Herz stellt keine Schöpfungsgegebenheit dar, sondern
ist von Adam nachträglich "angezogen worden", dies aber so, daß es als eine
Art magischer Gewandung nicht mehr abgestreift werden kann. Woher die
Möglichkeit eines bösen Herzens kommt, interessiert den mit seiner Gegenwart
und Zukunft, nicht aber mit metaphysischen Spekulationen befaßten
Apokalyptiker nicht. Wenn die im Geschichtsabriß 3,4ff implizit gestellte Frage
von Uriel 4,4 auf den Nenner gebracht wird *quare cor malignum*, so zielt das
nicht auf das metaphysische Problem nach dem Ursprung des Bösen; die
Übersetzung "woher das böse Herz kommt" (Gunkel) ist irreführend. Im Zusammenhang mit dem Thema des gegenwärtigen und zukünftigen Weges des
Höchsten kann nur gemeint sein "weshalb das böse Herz da ist" (Violet II), d.h.
wirksam ist.

Du hast es gar niemand kund getan, wie dieser *dein Weg zu begreifen* sei.
Hat etwa Babel besser getan als Zion?[12]

Zum göttlichen Weg, dessen Verstehen dem Menschen not tut, damit
er sich selbst verstehe, gehören also so "äußerliche" Vorgänge wie die
Entwicklung internationaler Machtverhältnisse, in diesem Fall die Herrschaft Babels über Israel. Als Axiom setzt Esra (mit dem Sprachkreis, aus
dem er stammt) voraus, daß "besseres Tun" unabdingbare Voraussetzung
für die Herrschaft einer Nation über die andere sei. Der Tun-Ergehens-
Zusammenhang in der Entsprechung von Guttat und Heil ist nach atl
Überzeugung Vorbedingung für die Durchsetzung politischer Macht.
Eben deshalb steht die Weltpolitik mit Weg und Walten Gottes in
untrennbarem Zusammenhang. Zu Gottes Weg, wenn er sinnvoll bleiben
soll, gehört das Erscheinenlassen von Frucht und "Lohn" menschlichen
Verhaltens[13], auch auf der politischen Bühne. Die nachweislich größere
Frevelhaftigkeit Babels im Vergleich mit Israel bedingte demnach eine
genau umgekehrte Weltlage, als sie die gegenwärtige Erfahrung aufweist.

Nun ist nicht zu verkennen, daß der Schlußabschnitt über die Gegenwart
Esras auf dem Hintergrund eines langen Geschichts|abrisses formuliert
ist und der Weg des Höchsten als eine gewaltige Bewegung durch die
Vergangenheit hindurch sich auf die Gegenwart zu bewegt hat. Wie aber
hängt der "Weg" mit vergangener Geschichte zusammen? Eine Brücke
wird bei Uriel ausdrücklich benannt: zum Weg des Höchsten gehört die
Ermöglichung des bösen Herzens als geschichtsgestaltende Kraft (4,4 vgl.
3,22-26). Eine andere Brücke deutet Esra im Schlußabschnitt an, wenn er
die Geschichtsmächtigkeit jener "Frucht" menschlichen Verhaltens
fordert, welches nichts anderes will, als göttliche Gebote (*mandatum /
puqdanā* 3,33.35.36) zu verwirklichen. Letztes weist zurück auf die Rolle
des Gesetzes in der Geschichte Israels (3,7.19-22). Auch sie gehört
zweifellos zu jenem Weg, um den sich das Gespräch dreht.

Vielleicht darf man noch einen Schritt weitergehen, um das Verhältnis
zwischen *'ōrḥā deʿilaʾā* und kanonischer Geschichte zu ermitteln. Der
Geschichtsabriß im Klagelied ist nach Epochen gegliedert:

---

12 Der Begriff des göttlichen Weges in dieser Zuspitzung hat den Übersetzern
zu schaffen gemacht. Jede Version gibt das Verb anders wieder. Mit *Violet*
entscheide ich mich für die Lesart von S und setze ein aramäisches (oder
hebräisches) *bîn* "einsehen" als Urtext voraus. Doch selbst wenn man mit
Gunkel (ebenso *Charles-Box*) sich dem Lateiner anschließt "wie dieser Weg
verlassen, d.h. geändert werden soll" bleibt die zugrunde liegende Vorstellung
die gleiche.
13 Zum "Lohn" innerhalb des Tat-Ergehens-Zusammenhangs s. meinen
Aufsatz "Der Schatz im Himmel", in: Leben angesichts des Todes, FS H.
Thielicke 1968, 46-60 [[= in diesem Band S. 267-279]].

A. Urgeschichte: vom Gotteswort über Adam "am Anfang" bis zur Vermehrung der Völker, die frevlerisch handeln (4-8),

B. Noachiten: von der Sintflut, die "in der Zeit" eintritt, bis zur Vermehrung von Völkern, die noch frevlerischer handeln (9-12),

C. Erwählung Israels: von Abraham über den Sinai bis zum nachsinaitischen Volk, bei dem verschwindet, was gut ist (13-22, Doppelabschnitt?),

D. Erweckung Davids, nachdem "die Jahre vollendet", der Bau der *civitas* Jerusalem, deren Versagen und Übergabe an Gegner (23-27).

Jeder Abschnitt beginnt mit einer neuen göttlichen Zuwendung zum Menschen, jeder endet mit dessen kläglichem Versagen. Dabei spielt der Zeitfaktor eine wichtige Rolle, wie die entsprechenden Ausdrücke jeweils zu Beginn verdeutlichen (4. 9. 23, nur bei Abraham ausgelassen). Wichtig ist darüber hinaus anscheinend eine Zahlenrelation zwischen dem Einen und den unzählbar Vielen. Gottes Handeln hebt in jeder Epoche an Einem an (11. 13 vgl. Adam und David), der sich dann ausbreitet bis zur Nachkommenschaft in Vielzahl (12. 16) oder "ohne Zahl" (7). Von da aus erhebt sich die Frage, ob Zeit und Zahl nur zufällig erwähnt werden, oder ob es sich hier um konstitutive Kennzeichen jenes Weges des Höchsten handelt, die für menschliches Begreifen so belangvoll sind. Wie weit eine solche Annahme berechtigt ist, wird später zu entscheiden sein. |

4. 2. Der zweite Gesprächsgang 4,5-11a nennt nunmehr jene drei Wege im einzelnen, auf die Uriel schon gegen Ende des ersten Gesprächsgangs allgemein verwiesen hatte. Esra hat sie in ihrer Quantität zu bestimmen, um jenen Grad geistiger Reife nachzuweisen, der es Uriel gestattet, seinerseits den einen umfassenden göttlichen Weg zu erklären. Als Aufgabe wird gestellt, das *Gewicht* des Feuers und das *Maß* des Windes zu bestimmen sowie eine Korrektur der *Zeitgrenzen* vorzunehmen, nämlich den gestrigen Tag zurückzurufen. Bei solchen Wegen handelt es sich um wirksame Mächtigkeiten, mit denen er Mensch verwachsen ist, die mit ihm zusammen aufwachsen, wie es Vers 11a formuliert. Individuelle Lebensgeschichte und Naturgeschichte bilden von diesem Wegbegriff her eine Einheit, weil dieselben Elemente Feuer, Wind und inhaltlich gefüllte Zeit als Wege in fester zahlenmäßiger Begrenzung und fristgerechtem Ablauf das individuelle wie kosmische Geschehen bedingen. Erkenntnis dieser Wege - wir würden sagen, der Natur-und Zeitgesetze - wäre ein erster Schritt zur Einsicht in den allumfassenden einen göttlichen Weg und zur Orientierung des menschlichen Verhaltens an dieser Größe. Sie ist jedoch selbst dem frommen Israeliten trotz Gesetz und Weisheit[14] nicht mög-

---

14   Dazu *U. Luck*: Das Weltverständnis in der jüdischen Apokalyptik, ZThK 73, 1976, 283-305.

lich. An dieser Stelle entfernt Esra sich merklich von dem, was man als gemeinisraelitisches Gesetzes-und Weisheitsverständnis der Spätzeit annehmen kann. Für ihn gehören zum Weg Gottes darüber hinaus Größen, mit denen die Irdischen keinerlei Kontakt haben und die für sie deshalb vom Begreifen noch weiter entfernt sind; so das, was im Abgrund sich abspielt und das, was über dem Firmament geschieht.

Der zweite Gesprächsgang gipfelt deshalb in pointierten Sätzen über die *Nichterkennbarkeit des göttlichen Weges* 4,10f, die allerdings in der lateinischen Übersetzung durch *homoioteleuton* zur Hälfte ausgefallen sind:

> Kannst du das, was mit dir zusammengewachsen ist, nicht erkennen / wie soll dein Gefäß den *Weg des Höchsten* erfassen können?
> Denn in einem Bereich, der nicht erfaßt werden kann, ist der *Weg des Höchsten* geschaffen worden.
> Wer vergänglich ist im Vergänglichen 'Alam / kann den Weg des *Unvergänglichen* nicht *erkennen*.

Gunkel, der wieder unzutreffend den Plural "Wege" an dieser Stelle einführt, hat die grundlegende Rolle erkannt, welche der | Wegbegriff für den Verfasser spielt: "Die ewigen Wege Gottes sind seine Ratschlüsse, die, wie die Weisheit, als selbständige Hypostasen gedacht werden." In der Tat erscheint hier *'orḥā dᵉʿilaʾā* als seine erste Schöpfung, die wie die Weisheit in anderen spätisraelitischen Überlieferungen den Grundplan der Weltgeschichte enthält, der naturhaften und geschichtlichen Einzelprozesse, mithin die Wege im Plural einschließt, diesen vergänglichen 'Alam also im ganzen durchwaltet. Doch führt dieser Weg über den Bereich des vergänglichen 'Alam weit hinaus. Ihm eignet Unvergänglichkeit - wie seinem Schöpfer selbst - und Unbegreiflichkeit für menschliches Gehirn.

4. 3. Im *dritten Gesprächsgang* 4,11b-21 taucht das Leitwort *Begreifen des Weges* nicht auf. Dennoch ist der Gedankengang von der entsprechenden Vorstellung bestimmt. Esra stellt nicht mehr die Unverträglichkeit der politischen Lage mit den Grundsätzen göttlichen Waltens heraus, sondern bejammert deshalb sein Schicksal, weil er bei dem Leid, das ihn trifft, keine Ahnung hat, warum er leidet. Schlimmer als das Leid selbst ist also das mangelnde Begreifen seiner Ursachen. Nach dem Gesprächsstand ist *individuelles Leid* integrierender Bestandteil des göttlichen Weges, außerhalb dessen kein Geschehen denkbar ist. Weil dieser Weg vom Menschen aus, der nur ein Stück Erde ist, in seinen wesentlichen Zügen nicht faßbar ist, kann Uriel am Ende dieses Gesprächsgangs darauf bestehen, daß Erdbewohner nur Irdisches zu erkennen vermögen. Zuvor war im Gleichnis dargelegt, daß, wie das Meer seine Grenze hat und wie der Wald die seine, alle *cogitationes* irdischer Größen eitel wären, die auf

grundsätzliche Grenzüberschreitung zielten. Damit aber ist für den Menschen die Frage nach den letzten metaphysischen Zusammenhängen seines Leidens und nach dem Vorrang des Seins vor dem Nichtsein (4,12) letztlich nicht beantwortbar.

Der dritte Gesprächsgang bildet eine retardierende Stufe im himmlisch-irdischen Zwiegespräch. Er wendet die grundsätzliche Schranke, die schon der zweite Gesprächsgang für menschliches Begreifen aufgerichtet hat, auf den Spezialfall des Leides an.

4. 4. Daß der Weggedanke auch dort vorauszusetzen war, wo er nicht ausdrücklich wurde, ergibt der *vierte Gesprächsgang*, wo das Leitwort "Weg" wiederkehrt. Belehrt durch Uriel, korrigiert sich der Seher soweit, als er auf Erkenntnis höherer Welten, sprich Erkenntnis der oberen Wege, hinfort verzichten will, dafür aber auf Erkenntnis der existentiellen (oder existentialen) Verflochten|heit mit den *unteren Wegen*, d.h. dem Weltgeschehen, der Geschichte, beharrt. Wenn auch hier Erkenntnis verwehrt würde, erscheint die Gabe des Erkennungsvermögens, des Manda', überhaupt überflüssig:

> Wozu ist mir denn Vernunft ... gegeben worden?
> Will ich doch nicht nach den oberen Wegen fragen / sondern nach denen, die täglich durch uns hindurchgehen (so L, S: über uns hinziehen).
> Weshalb ist Israel den Heiden übergeben ...
> Die Gesetze unserer Väter zunichte gemacht?
> Und die dokumentierten Bünde existieren nicht mehr? ...
> Wir ziehen dahin aus dem 'Alam wie Heuschrecken / und unser Leben ist wie ein Hauch.

Blickt man auf den ersten Gesprächsgang zurück, wo der Weg (im Singular) die Dominanz einer ungerechten heidnischen Macht gegenüber der sittlich relativ besseren israelitischen Nation in sich barg, so können die unteren Wege (im Plural), die hier ebenso in Übermacht der Heiden, aber auch im Schicksal von Gottesgesetzen wie in der Nichtigkeit individuellen Daseins bestehen, nur Ausfluß des einen großen Weges des Höchsten sein. Diese partiellen Wege laufen nicht neben dem menschlichen Leben einher, steuern es nicht bloß von außen, sondern gehen durch es hindurch, so daß also der Mensch sich immer in solchen Wegen vorfindet und von diesen Wegen bewegt wird.

An dieser Stelle, im vierten Gesprächsgang, zweifellos mit Absicht in der Mitte der sieben Gesprächsgänge, erhält Esra zum ersten Mal einen *positiven Bescheid*. Dieser 'Alam eilt schnell dahin, er vermag auf die Dauer die Last dessen nicht zu ertragen, was dem Gerechten verheißen ist 4,26f. Den Gerechten verheißen ist, daß ihre Taten irgendwann einmal sich in einem entsprechenden Geschick realisieren, also Frucht bringen. Zu den unteren Wegen, über welche Esra Aufschluß sucht, gehört der

Tatbestand eines *zweifachen Saatfeldes* auf dieser Erde. Einmal durchwaltet diesen 'Alam eine Saat, die mit Adams Übertretung als böser Tun-Ergehens-Zusammenhang für seine Nachkommen begonnen hat, diesen 'Alam vielleicht erst hat vergänglich werden lassen, auf jeden Fall sein Vorübergehen beschleunigt. Denn das aus Sünde entsprungene Unheil füllt den 'Alam nunmehr so sehr, daß er die Verheißungen für die Gerechten nicht mehr in sich aufnehmen, sondern an einen kommenden 'Alam weitergeben muß. Zum anderen existiert verborgen ein Saatfeld, wenn vielleicht auch nicht *in*, so wenigstens *auf* diesem 'Alam, das aus den guten Taten | der Gerechten besteht, bzw. aus dem Lohn, der ihnen verheißen ist. Das Gesetz eines doppelten Ackers und einer heranreifenden doppelten Ernte ist also einer oder sind zwei der unteren Wege Gottes. Die Menschen können sie durchaus begreifen.

In der abschließenden Folgerung Uriels tritt ein Moment solcher Wege klar hervor, nämlich Gebundenheit an Maß und Zahl:

Wägend gewogen hat er den 'Alam / messend gemessen die Zeiten.
Er wird sie nicht verändern und wird sie auch nicht aufrichten / bis erfüllt ist das vorausgesagte Maß.

Mit dem Maß der Wege wird auf eine Zielvorstellung verwiesen; denn nicht die Breite, sondern die Länge der Wege ist durch Maß bestimmt. So sehr der eine umfassende Weg des Höchsten unendlich ist, so endlich sind doch die daraus hervorgegangenen unteren Wege. Und deren Endlichkeit ist tröstlich für den endlichen Menschen.

4. 5. Der *fünfte Gesprächsgang* 4,38-43 wirkt wieder retardierend. Der Seher blendet wie im dritten Gesprächsgang zu seinem persönlichen Geschick zurück. Auf der eben enthüllten Einsicht aufbauend, daß dieser 'Alam mit den unteren Wegen Gottes gekoppelt ist, die sich tatsächlich erkennen lassen, mit der Macht einer vorwärtstreibenden Entwicklung des Bösen nämlich und der einer parallel laufenden langsameren Entwicklung des Guten, fragt er nach seinen und anderer Erdbewohner *Anteil an einer möglichen Hemmung* der Entwicklung zum Guten. Halten wir mit der Sünde, die wir ständig produzieren, nicht die Ernte der Gerechten auf? Der Engel beruhigt ihn. Das Gesetz der Zahl für die Ernte ist der Erde selbst auferlegt und von individueller Mitwirkung unabhängig.

4. 6. Auch der *sechste Gesprächsgang* 4,44-50 dreht sich um das *Maß* der Zeiten und also eines der unteren Wege. Für den Seher, der sich selbst sowohl als Sünder wie - wenn auch mit Zagen - als Gerechter fühlt, den gegenwärtigen Weltzustand aber und sein gegenwärtiges Dasein als unbefriedigend empfindet, geht es um den eigenen geschichtlichen Ort und ein entsprechendes Verhalten. Ist das Ausmaß der zukünftig zu erwartenden Geschichte größer als der vergangenen, so daß ein Umsturz

der Verhältnisse vorerst nicht zu erwarten ist und der Seher und seine Gesinnungsgenossen sich noch lange auf ungute Zeiten einrichten müssen? Durch zwei Gleichnisse, die diesmal ihm anschaulich vor Augen demonstriert werden, beruhigt ihn Uriel. Die Uhr dieses | 'Alam ist weithin abgelaufen, das Maß weltgeschichtlicher Wege fast erfüllt, das Eschaton nahe herbeigekommen.

4. 7. Der letzte *siebte Gesprächsgang* 4,51 - 6,13 entfaltet Einzelstationen der künftigen Weltentwicklung, die als Zeichen eingeführt werden. Er beschränkt sich aber auf die Zeit vor der Wende zum eschatologischen Heil, was danach kommt, haben spätere Visionen zu entfalten. Da es um Details geht, ist Reflexion auf den Gesamtweg des Höchsten im siebten Gesprächsgang nicht zu erwarten. Doch verdient Beachtung, daß partielle Wege am Anfang wie am Ende der 2 x 7 Zeichen heraustreten. Erstes Anzeichen der kommenden Tage, an denen die Erdbewohner sich maßlos entsetzen werden, ist nämlich (5,1ff):

> Verborgen wird werden der *Wahrheit Weg* / unfruchtbar werden das Land des Glaubens (oder die Erde von Glauben, so L).

Weg der Wahrheit und Land des Glaubens können nichts anderes meinen als das Saatfeld zum Guten, das als unterer Weg im vierten Gesprächsgang ihm begreiflich gemacht worden war. In Vergangenheit und Gegenwart war den Menschen der Zugang zu diesem positiven Strang geschichtlicher Bewegung zwar schwierig, aber nicht unmöglich. Während der bevorstehenden letzten Zeiten aber wird die Gelegenheit, wahr zu handeln im Sinn von *quštā*[15] und gläubig zu leben genommen werden. Dann wird der Frevel übermächtig.

Die Schlußrede Uriels schließt Vers 12 damit, daß die Menschen jener Zeiten sich zwar abmühen werden, dennoch aber ihren Weg nicht aufrichten können. Ihr Tun wird nicht mehr mit Sicherheit zu einem entsprechenden Geschick führen. Selbst der Tat-Ergehens-Zusammenhang, für Israeliten eine Grundlage der Lebensordnung schlechthin, wird dann gelockert sein. Der Weg des Höchsten läuft dann nicht mehr, so wird man interpretieren dürfen, durch positive menschliche Wege von der sittlich guten Tat zum entsprechenden heilvollen Ergehen mit Notwendigkeit hindurch, wie das Esra für seine Gegenwart immerhin noch voraussetzt.

4. 8. *Zusammenfassung.* Es scheint also, als ob das Ringen um das *Begreifen des Weges des Höchsten*, zumindest jener Aspekte dieses Weges,

---

15 Zu *quštā* als Heilsordnung s. meinen Beitrag: Die drei Gerechtigkeiten, in: Rechtfertigung, FS E. Käsemann 1976, 245-267.

die dem Menschen zugänglich sind und für ihn handlungsleitend werden sollen, im Mittelpunkt der Zwiegespräche in der 1. Vision steht. An den durch die Textstruktur hervor|gehobenen Stellen taucht fast stets der Ausdruck Weg oder der Plural Wege oder ein entsprechendes Bezugswort auf.

In seinem Eingangsgebet will Esra wissen, warum hier und jetzt Babel stärker ist als Israel, trotz gegensätzlichen Befundes bei der Qualität der Taten. Die Ordnung des Verhältnisses beider Nationen gehört zum Weg des Höchsten. Esra spannt darüber hinaus einen zweiten Bogen mit dem Hinweis auf die unzureichende Wirkung des Gesetzes und die allzu zureichende Wirkung des bösen Herzens in der Geschichte. Beides betrifft aber Maß und Zeit der göttlichen Zuteilung, also des göttlichen Weges. - Ein zweiter Gesprächsgang führt das Verlangen nach menschlicher Einsicht in den umfassenden göttlichen Weg infolge der Endlichkeit menschlicher Erkenntnis ad absurdum. - Als Esra im dritten Gesprächsgang völliges Nichtbegreifen als menschenunwürdig beklagt, wird er zunächst mit der Richtung seines Fragens und Denkens auf die Erde und ihre Zusammenhänge zurückverwiesen. - Für die irdisch-geschichtlichen Segmente des göttlichen Weges eröffnet aber der vierte Gesprächsgang durchaus Einsichtsmöglichkeiten. Zwei Aionen laufen auf der Erde nebeneinander her und reifen mit verschiedener Beschleunigung zur Ernte heran. Die Doppellinie von Gesetzesfrucht und Wirkung des bösen Herzens als geschichtlichen Mächten wird aus dem Eingangsgebet wieder aufgenommen und auf einen einheitlichen Nenner von strikt bemessenen 'Alamin gebracht, ohne daß jedoch das genaue Maß und die datierbare Erfüllung des Maßes kundgegeben werden können. - So wird im fünften Gesprächsgang nach einem möglichen Anteil des Einzelnen am Lauf, d.h. an der Beschleunigung bzw. Hemmung der Zeiten gefragt und dieser Anteil für die Erdgeschichte insgesamt als irrelevant abgetan. - Der sechste Gesprächsgang zielt wieder auf Maßverhältnisse im Weg des Höchsten, diesmal beim ersten 'Alam. Wie weit ist dessen Uhr abgelaufen? Sie ist es zum weitaus größten Teil. Soviel wenigstens ist als "Grobansprache" dem Menschen erkennbar, daß der größte Teil der Weltzeit vorüber ist und Hoffnung auf eine bessere Zukunft jetzt berechtigter ist denn je. - Der siebte Gesprächsgang weist den Wunsch nach Einsicht in das individuelle Maß des Lebens als unzumutbar zurück, gibt aber für den Weg des Höchsten am Ende dieser Weltzeit 14 erkennbare Zeichen kund. Zeit und Stunde des individuellen wie des kosmischen Endes zu wissen, gebührt dem Menschen nicht; doch Zeichen dieses Endes sind durchaus mitteilbar und erkennbar. - Erkenntnis der Wege des Höchsten bleibt also beherrschendes Thema in allen sieben Gesprächsgängen. Dieser | Weg teilt sich in eine Mehrzahl von naturhaften wie geschichtlichen Entwicklungslinien, eine Vielzahl von Wegen, die allesamt mit Zeit und Maß verbunden sind. Achtet man auf Textstruktur und Semantik, so beherrscht

nicht eine antithetisch ausgerichtete Lehre von "den" zwei Aionen die
1. Vision, sondern die Überzeugung von dem einen allumfassenden Weg
des Höchsten. Auch die beiden 'Alamin sind Wege des Höchsten, so sehr
auch der erste als Saatfeld für das böse Herz freigegeben worden und deshalb entartet und dem Untergang geweiht ist. Doch bleibt auch solcher
Untergang noch Gottes Tat und Weg[16].

Weg des Höchsten ist für den 4Esr offenkundig mehr als göttlicher
Wille oder Vorsehung. Der Weg wird vermutlich wie im hebräischen
däräk dreidimensional verstanden[17]. Er drückt das Handeln Gottes insgesamt aus, das durch die Räume und Zeiten, die er geschaffen, zielstrebig hindurchläuft, um einen endgültigen Heilszustand für Menschheit
und Erde Stufe um Stufe vorzubereiten und schließlich - nach Beseitigung
der durch das böse menschliche Herz geschaffenen Hemmnisse - herauf-
zuführen.

Was ich über die Ideen des 4Esr ausführe, beschränkt sich auf die 1.
Vision. Es ist zu prüfen, wie weit dieser weit gespannte Horizont eines
dialogischen Ringens um den großen göttlichen Weg auch die späteren
Teile des Buches bestimmt. Dazu wäre deren Textstruktur zu
untersuchen, was jetzt nicht geleistet werden kann. Immerhin sollen einige
Hinweise auf das, was im nachfolgenden Buch zu lesen ist, die hier über
das Anliegen des Buches aufgrund seines Eingangs aufgestellte These
unterstreichen.

5. Die zweite Vision

Die *Zweite Vision* ist nach dem Muster der ersten aufgebaut. Zwischen
dem Erzählrahmen stehen bei sieben Gesprächsgängen (s. die beigegebe-
ne Übersicht) wieder ein *Klagegebet* des Sehers 5,23-30 voran und eine
Rede über Zeichen des Endes am Schluß 6,17-28, wobei diese nicht mehr
Uriel hält, sondern eine geheimnisvolle Stimme von oben. Auch hier also
wird die Schlußrede betont | herausgestellt und von den vorhergehenden
Äußerungen des Engels abgesetzt. Wie in der ersten faßt Esra auch in der

---

16 Wenn *Harnisch* zu dem Ergebnis kommt "der 'Gott' der Apokalyptik ist
der der Geschichte ferne 'Gott'" (142), so liegt das an der von ihm eingangs
formulierten Prämisse, daß apokalyptische Bücher sich "einer präzisen formge-
schichtlichen Bestimmung entziehen" (9). Meine Ausführungen gehen dagegen
von der Voraussetzung aus, daß allererst an den Texten untersucht werden muß,
ob sie nicht doch formgeschichtlich zu begreifende Einheiten darstellen. Für
Esra ist das Ergebnis positiv. Dann aber sollte über die Zwei-Aionen-Vor-
stellung nicht mehr von isolierten Einzelabschnitten, sondern von einer Textse-
mantik her geurteilt werden. Dies wird hier versucht.
17 Zum "dreidimensionalen" *däräk* s. ThWAT II 295.

zweiten sein Anliegen in einem Satz zusammen, und das zu Beginn des
zweiten Gesprächsgangs 5,34:

> Mein Innerstes peinigt mich stündlich, da ich suche zu begreifen den Pfad
> des Höchsten / und zu erforschen einen Teil seines *dînā.*

dînā (latein. *iudicium,* syr. *dînā*) und dessen Erfassen scheint das Leitwort
dieser Vision zu werden. Der Engel greift es im betonten Abschluß des
zweiten Gesprächsgangs (nach beispielhaften Aufgaben, die der
menschliche Partner nicht zu lösen imstande ist) auf mit dem Satz:

> So wenig vermagst du meinen *dînā* zu erfassen.

Das entspricht dem gleichen abschlägigen Bescheid über das Erfassen des
Weges des Höchsten in der 1. Vision 4,11, dort ebenfalls nach unlösbar
gebliebenen Aufgaben! So wird denn *dînā* weiter zum Stichwort bei Uriel
5,42 wie Esra 5,43. Oder es steht ein mit *dînā* verwandtes Bezugswort wie
"heimsuchen" 5,56. *dînā* aber ist ein Aspekt des Weges des Höchsten
(wie das Wechselglied "Pfad" in 5,34 erweist, vgl. 5,50). Damit ist gewiß
mehr und anderes gemeint als bloßer "Urteil(s)spruch" (Violet zu
5,34.40). Mit "Gericht" übersetzt Gunkel die Stellen schon ange-
messener. Nur bleibt zu bedenken, daß aramäisches *dînā* schon bei Dan
4,34 Inhalt der Wege Gottes bildet, demnach vermutlich ein wirkliches,
sich länger erstreckendes Prozeßgeschehen meint, das keineswegs bloß im
forensischen Sinn eines "jüngsten Tages" aufzufassen ist. Dem aramäischen Nomen eignet ein weiterer Bedeutungsumfang als dem hebräischen
Äquivalent *dîn.* Bezeichnend ist, daß in den Targumen *dînā* öfter für
hebräisches *mišpaṭ* verwendet wird (Jes 1,21; 3,14; 4,4 usw.), das neben
Urteil und Prozeß auch Rechtsordnung und -durchsetzung, Existenz-
behauptung umfaßt und oft darin zentriert, daß ein aufgrund seiner Taten
Gerechter durch entsprechende Maßnahmen auch in den äußeren Reali-
täten durch positives Ergehen als *ṣaddîq* erkennbar wird (z.B. Dtn
25,1)[18]. Für den 4Esr ist *dînā* ein Heilsgut, das vor der Weltschöpfung
schon bereitet wurde, 7,70 (Entsprechendes vom Weg des Höchsten 4,11).
Es zielt für ihn auf Durchsetzung der Frucht der Wahrheit (*quštā* 6,28)
in der größeren Wirklichkeit. Mit allem Vorbehalt schlage ich deshalb vor,
dînā als jenen gottgelenkten | Prozeß ("Weg") zu verstehen, der dazu
führt, daß einst im Eschaton Glaube und gute Taten der Gerechten in
einem entsprechenden heilvollen Geschick sich endgültig durchsetzen. Die
Auffassung schicksalwirkender Tatsfäre in ihrer spätisraelitisch-eschatolo-

---

18 S. Anm. 13. Zum Tun-Ergehens-Zusammenhang allgemein: Um das Prinzip
der Vergeltung in Religion und Recht des Alten Testaments, hg. *K. Koch* 1972,
dort insbesondere mein Aufsatz: Gibt es ein Vergeltungsdogma im AT? S. 130ff.
[[= Spuren des hebräischen Denkens. Gesammelte Aufsätze I, 1991, 65-103]].

gischen Wendung scheint das Axiom zu sein, von dem her Esras Argumentation über *dînā* logisch und einsichtig wird. Die 2. Vision erhält von da aus innere Geschlossenheit. Sie behandelt demnach einen Spezialfall der Wege Gottes, der die Menschen in besonderer Weise angeht, weil er ihre Zukunft in sich birgt.

Auch die *3. Vision* weist innerhalb des Erzählrahmens am Anfang ein *Klagegebet* 6,38-59 und am Ende einen *Gesprächsgang über Zeichen* 8,63 - 9,22 auf. Diese Vision ist aber ausgedehnter als die beiden ersten und scheint mehr als sieben Gesprächsgänge zwischen Seher und Engel zu enthalten. Eine formgeschichtliche Analyse steht noch aus, Bemerkungen über die thematische Abzweckung können deshalb nur hypothetischen Charakter tragen.

Am Schlußabschnitt seines Gebets, der mit "nun aber" abgesetzt ist, 6,57-59 formuliert Esra sein Anliegen für diese Vision:

> Warum haben wir (die Israeliten) diesen unseren 'Alam (noch) nicht als Erbe im Besitz?

Danach taucht im Zwiegespräch wieder eine Wegterminologie auf. Verbunden ist sie nunmehr mit dem Erbteil der Gerechten (auch 7,17) und dem verborgenen Land der Zukunft 7,26. Uriel argumentiert, wie auch sonst zu Anfang der Vision, mit Gleichnissen. Sie verweisen diesmal auf den engen Durchgang, den dieser 'Alam allein als Pfad zum Erbteil den Gerechten offen läßt, bis die zu den großen Durchgängen des künftigen 'Alam gelangt. Das aramäische *ma῾lanajjā* (S) wird vom (? Griechen mit eishodos und vom) Lateiner mit *introitus* wiedergegeben. Diese Übersetzung führt irre, da nach dem Zusammenhang nicht an einen kurzen Eingang, sondern an einen langwährenden "Durchgang zum Erbe" gedacht ist. Mit diesem Stichwort "Durchgang" taucht wieder das Wortfeld des Weges auf. Nur daß diesmal weniger die hohen Wege, die Gott selbst einschlägt, im Mittelpunkt stehen, als vielmehr Wege, die der Mensch begeht, um zu Gott, damit aber auch zu seinem Selbst, zu gelangen[19]. |

Die folgenden Gesprächsgänge unterstellen, daß das Halten des göttlichen Gesetzes unter den Bedingungen dieses 'Alam allein es ermöglicht, den Durchgang zu passieren 7,17.45. Dies geschieht gegen den Widerstand des bösen Herzens im Menschen, das ihn auf den Todesweg verweisen will (7,48 S). Das Gesetz aber gehört zu den Wegen des Höchsten 7,23. In den Gesprächsgängen der 3. Vision werden Gottes Wege und

---

19 Dies rechtfertigt jedoch nicht, mit Gunkel "Weg" als ursprüngliche Lesung zu postulieren. *Harnisch* 108 folgt dieser Korrektur, beruft sich zu Unrecht auf S (Anm. 5) und gelangt auf diese Weise zur Folgerung: "Als Folge der unseligen Tat Adams entstand die 'Geschichte', dieser unheilvolle, im Zeichen des Leides, der Drangsal und Gefahren stehende Äon".

Menschenweg miteinander verschränkt. Es ist bezeichnend, daß das dem Menschen zum heilvollen Leben notwendige Gesetz nicht einfach mit *dem* Weg des Höchsten identisch ist. Wo das Gesetz genannt wird, wird es vielmehr stets unter die Vielzahl göttlicher Wege eingereiht 7,79(S).88. 129; 8,56; 9,9; 14,31[20]. Dies hängt anscheinend damit zusammen, daß solcher Art Wege - nicht aber den einen umfassenden göttlichen Weg - der Mensch sich zu eigen machen kann.

Die Verschränkung gesetzlicher Gotteswege mit den eigenen gegenwärtigen und zukünftigen Wegen für den Menschen wird in der Rede Uriels über den Tod 7,78-99 dargelegt. Leider hat der Wegbegriff den lateinischen (und griechischen?) Übersetzern solche Schwierigkeiten bereitet, daß nur in der syrischen Fassung die *'orḥā*-Grundlage erkennbar wird. Danach verhält es sich so, daß die Seele dessen, welcher die Wege des Höchsten und also sein Gesetz nicht bewahrt hat, nach seinem Tode auf sieben Wege der Pein gerät, die im einzelnen aufgeführt werden V. 78-87. Diejenigen aber, die des Höchsten Wege bewahren, werden hernach sieben Wege der Freude erleben V. 88-89.

> Das sind die Wege der Seelen der Gerechten, die von jetzt an verkündet werden.
> Das sind die Wege der Marter, die von jeher genannt waren (V. 99 = 7b, 58f S).

Aus bestimmten Wegen des Höchsten entspringen also die einzig möglichen positiven Wege für den Menschen im Eschaton, aus der Abweisung der göttlich-gesetzlichen Wege aber die Un-Wege, welche zum gestaffelten Untergang für die Frevler führen.

An dieser Stelle breche ich ab. Die weiteren Visionen des Esrabuches nennen zwar gelegentlich noch den Weg des Höchsten (12,4) wie den Weg einer menschlichen Gemeinschaft (10,39), ohne jedoch das thematisch zu entfalten. Wie sich die späteren Visionen zu den drei ersten verhalten, ist hier nicht zu erörtern. Auch sprach- und religionsgeschichtlichen Bezügen wird hier | nicht nachgegangen. Wenn im Eingang des 4Esr der Weg des Höchsten als umfassende Kategorie göttlichen Handelns mit Welt und Menschheit eingeführt wird, erinnert das an die Wegterminologie anderer Apokalypsen, die z.B. bei Daniel und im 2. Baruch ebenfalls eine wichtige Rolle spielt, aber auch an das Qumranschrifttum; während andererseits im späteren rabbinischen Sprachgebrauch das Wortfeld verschwindet (ThWAT I,310-312). Hier bietet sich vermutlich ein erfolgversprechendes Feld für weitere Untersuchung.

---

20   Esra lehnt sich an geprägten Sprachgebrauch an; zur Relation *däräk-miṣwa* im Deuteronomium s. ThWAT I 130, zum Verhältnis von Weg und Gesetz im Qumranschrifttum ebd. 312.

Mir lag allein daran, die Themastellung des 4Esr aufgrund der Textstruktur deutlicher herauszustellen, als das bisher geschehen ist. Danach reißt die 1. Vision des Buches mit ihren irdisch-himmlischen Zwiegesprächen einen umfassenden Horizont göttlichen Waltens auf. Mit dem Weg des Höchsten, der weit über diese dem Menschen erkennbare Welt und diesseitige Schöpfung hinausreicht und von dem höchstens Teilwege dem Menschen begreiflich werden, auch diese ohne Feststellbarkeit von Zeit und Zahl, wird dem Apokalyptiker ein Orientierungsrahmen für Glauben und Handeln geboten.

Gewöhnlich werden nur die Aionenbelege des Esrabuches als interessante Zitate herausgenommen. Dadurch entsteht leicht das Bild einer dualistischen Religion[21]. Doch von der Textstruktur der Anfangsvisionen her, ist 'Alam kein eigenständiges Thema. Nach der 1. Vision sind die Verhältnisse dieser Weltzeit und die bewegenden Kräfte nur begreiflich, wenn man den 'Alam zum Weg des Höchsten in sinnvolle Beziehung setzt, den 'Alam vom Weg des Höchsten durchlaufen sieht. Von diesen Voraussetzungen geht schon der erste Gesprächsbeitrag aus, schon Esras Klagegebet in 3,4ff. Der eine Weg des Höchsten ist unendlich und unbegreiflich letztlich für den Menschen, aber in seiner Gabelung in untere Wege den Menschen vielfach betreffend und dann auch ihm erkennbar; er läuft nicht nur durch diesen 'Alam, sondern umspannt und steuert alle 'Alamin. Auch der Weg eines gerechten Menschen verläuft ebenfalls in zwei 'Alamin, wie aus der 3. Vision ersichtlich wird. Wer hier in dieser Weltzeit den engen Durch|gang wählt, d.h. in die durch das Gesetz bekannten Wege des Höchsten eintritt, dessen Weg setzt sich durch das Ausreifen seiner Werke zu einer ewigen Seligkeit im künftigen 'Alam fort.

Will man deshalb nach einem Äquivalent für unseren Begriff Geschichte in der Apokalyptik suchen, dann sollte man nicht die Geschichtsauffassung der Apokalyptiker so reduzieren und disqualifizieren, daß man allein diesen 'Alam und bei diesem nur seine Unheilszüge mit Geschichte überhaupt gleichsetzt. "Geschichte" ist für diese Seher vielmehr der gesamte, umfassende Weg des Höchsten, der zielstrebig und zahlenmäßig geordnet auf einen ewigen kommenden 'Alam nach diesen Leidenszeiten zuläuft.

(Abgeschlossen am 30. April 1977)

---

21 *Harnisch* hat eine ausgesprochen geschlossene, aber "kerygma-theologisch" bestimmte Deutung des Esrabuches vorgelegt und dadurch die Aporie der Verheißung als Grundproblem des Buches (von der Apokalyptik überhaupt) ausfindig zu machen gemeint (58 u.ö.). Danach setzt der Vf. diesen 'Alam mit Geschichte schlechthin gleich und klassifiziert beides als unheilvoll, "von vornherein und insgesamt unter dem Vorzeichen des Heilsentzugs" (324), ja er erklärt "diesen Äon selber als das unheilvolle Produkt der Sünde Adams" (119 vgl. 134). Nur insofern soll eine Dialektik bestehen, als in diesem Äon dem Menschen Zeit zur Entscheidung geboten bleibt. - Dies alles sind Folgerungen, die nicht explizit (und m.E. auch nirgends implizit) im Text stehen.

Nachtrag:

Die gründliche Untersuchung von *A.L. Thompson* (1977) sieht in der Siebener-Einteilung den Schlüssel zum Verständnis der Apokalypse, verfolgt sie aber nicht näher bei der Unterteilung der einzelnen Visionen. Stärker geht darauf ein *W. Harnisch* (1973); vgl. auch *J. Schreiner* (1981) bes. S. 301f.

Literatur

[[*Berger, K.*: Synopse des Vierten Esra und der Syrischen Baruch-Apokalypse (TANZ 8), 1992]]

Bloch, J.: The Esra Apocalypse. Was it written in Hebrew, Greek or Aramaic?, JQR 48 (1957f) 279-294

Box, G.H.: 4 Ezra, in: *R.H. Charles* (hrg.): The Apocrypha and Pseudepigrapha of the OT in English II, 1913, 542-624

Brandenburger, E.: Adam und Christus. Exegetisch-Religionsgeschichtliche Untersuchung zu Röm 5 12-21 (1. Kor. 15) (WMANT 7), 1962

[[*Brandenburger, E.*: Die Verborgenheit Gottes im Weltgeschehen. Das literarische und theologische Problem des 4. Esrabuches (AThANT 68), 1981]]

Breech, E.: These fragments I have shored against the ruins. The form and function of 4. Esra, in: JBL 92 (1973) 267-274

[[*García Martínez, F.*: Traditions communes dans le IVᵉ Esdras et dans les MSS de Qumrân, RdQ 15 (1991) 287-302]]

Gry, L.: Les Dires Prophétiques d'Esdras I.II.- 1938

Gunkel, H.: Das 4. Buch Esra.- in: *E. Kautzsch* (hrg.): Die Apokryphen und Pseudepigraphen des Alten Testaments II, 1900, 331-401 [[= APAT]]

[[*Hallbäck, G.*: The Fall of Zion and the Revelation of the Law. An Interpretation of 4Ezra, SJOT 6 (1992) 263-292]]

Harnisch, W.: Verhängnis und Verheißung der Geschichte. Untersuchungen zum Zeit- und Geschichtsverständnis im 4. Buch Esra und in der syrischen Baruchapokalypse (FRLANT 97), 1969

[[*Harnisch, W.*: Der Prophet als Widerpart und Zeuge der Offenbarung. Erwägungen zur Interdependenz von Form und Sache im IV. Buch Esra, in: *D. Hellholm* (Hrg.): Apocalypticism in the Mediterranean World and the Near East [Proceedings of the International Colloquium on Apocalypticism, Uppsala, August 12-17, 1979], Tübingen 1983 (= ²1989), 461-493]]

Hayman, A.P.: The Problem of Pseudonymity in the Esra Apocalypse, JSJ 6 (1975) 47-56

Jastrow, M.: Dictionary of Talmud Babli. Yerushalmi. Midrashic Literatur and Targum.I.II, 1903 (= 1950)

[[*Klijn, F.J. (ed)*: Die Esra-Apokalypse (IV. Esra) nach dem lateinischen Text unter Benutzung der anderen Versionen übersetzt und hrg. (GCS), 1992]]

[[*Knowles, M.P.*: Moses, the Law, and the Unity of 4 Ezra, NT 31 (1989) 257-274]]

Koch, K.: Der Schatz im Himmel, in: FS H. *Thielicke*: Leben angesichts des Todes, 1968, 47-60 [[in diesem Band S. 267-279]]

Koch, K.: Ratlos vor der Apokalyptik, 1970

Koch, K.: Gibt es ein Vergeltungsdogma im AT?, in: *K. Koch* (ed): Um das Prinzip der Vergeltung in Religion und Recht des Alten Testaments, 1972, 130ff [[= GA I, 65-103]]

Koch, K.: Was ist Formgeschichte?, ^{3}1974 [[^{5}1989]]

Koch, K.: Die drei Gerechtigkeiten. Die Umformung einer hebräischen Idee im aramäischen Denken nach dem Jesajatargum, in: Rechtfertigung, FS *Käsemann*: Rechtfertigung, 1976, 245-267

Koch, K. / und Mitarbeiter: Amos (AOAT 30), 1976

Luck, U.: Das Weltverständnis in der jüdischen Apokalyptik, ZThK 73 (1976) 283-305

Mundle, W.: Das religiöse Problem des 4. Esrabuches, ZAW NF 6 (1929) 222-249

[[*Schäfer, P.*: Die Lehre von den zwei Welten im 4. Buch Esra und in der Tannaitischen Literatur, in: ders.: Studien zur Geschichte und Theologie des rabbinischen Judentums, 1978, 244-291]]

[[*Schreiner, J.*: Das 4. Buch Esra (JSHRZ V/4), 1981]]

[[*Stone, M.E.*: Coherence and Inconsistency in the Apocalypses: The Case of 'the End' in 4 Ezra, JBL 102 (1983) 229-243]]

Strack, H.L. / Billerbeck, P.: Kommentar zum Neuen Testament aus Talmud und Midrasch. Vol. I-IV, 1926ff (=^{5}1969)

[[*Thompson, A.L.*: Responsibility for Evil in the Theodocy of IV Esra : A Study Illustrating the Significance of Form and Structure for the Meaning of the Book (SBL.DS 29), 1977]]

Violet, B.: Die Esra-Apokalypse. Die Überlieferung (GCS 18), 1910

Violet, B.: Die Apokalypse des Esra und des Baruch in deutscher Gestalt (GCS 32), 1924

Volkmar, G.: Handbuch der Einleitung in die Apokryphen. 2. Abt. Das 4. Buch Esra, 1863

[[*Willet, T.W.*: Eschatology in the Theodices of 2 Baruch and 4 Ezra (JSOT Pseude.Series 4), 1989]]

II

Zur Vorgeschichte der Apokalyptik

Einleitung zur Apokalyptik*

I. Quellen und Herkunft

1. Gemeinsamkeit von Johannesapokalypse und Danielbuch

Der Begriff Apokalyptik ist vor 150 Jahren von der historischen Forschung geprägt worden als Sammelbezeichnung für eine geistige Strömung
im spätisraelitisch-urchristlichen Milieu der Zeitenwende. Er geht aus von
der in jener Epoche nachweisbaren Literaturgattung der Apokalypsen, das
heißt Schriften, welche der Apokalypse Johannes ähnlich sind. Das letzte
Buch des Neuen Testamentes, die (geheime) Offenbarung des Johannes,
wird im Urtext als *apokalypsis* Jesu Christi eingeführt. Von Haus aus
wollte der Eingang nicht eine besondere Gattung, sondern den theonymen
Ursprung einer in Verzückung wahrgenommenen Selbstmitteilung des
himmlischen Erlösers herausstellen. Doch schon in den ältesten erhaltenen Bibelhandschriften wird daraus eine Überschrift *apokalypsis* "des
Johannes" abgeleitet, was die besondere Art der Schrift von allen
anderen neutestamentlichen Büchern abhebt. Um 200 n.Chr. weiß der
Kanon Muratori außerdem von einer Apokalypse des Petrus, deren Name
in Anlehnung an das neutestamentliche Buch entstanden sein wird.
Zahlreiche gleichartige Schriften legen sich dann bis in das Mittelalter
hinein denselben Titel zu und beanspruchen damit den gleichen Rang
besonderer Offenbarung über Endgericht und -vollendung.

Das Buch des Sehers auf Patmos nimmt innerhalb des Neuen Testaments eine Sonderstellung ein, weil es, abgesehen von drei einleitenden
Kapiteln mit Sendschreiben an sieben kleinasiatische Gemeinden, in einer
symbolreichen, mythologischen und dem modernen Leser kaum verständlichen Sprache die Schrecken der bevorstehenden Endzeit dieser
Erde und die Herrlichkeit der Wiederkunft Christi, die Auferstehung der
Toten, Weltgericht und Herabkunft des himmlischen Jerusalem, mit rasch
wechselnden Bildern ausmalt. |

[[* Im ursprünglichen Text wird auf die im Sammelband "Apokalyptik"
(herausgegeben von *K. Koch / J.M. Schmidt*, WdF 365, 1982) zusammengestellten
Beiträge z.T. nur mit Seitenzahlen verwiesen. Diese Bezüge sind in der vorliegenden Textfassung durch hochgestellte Buchstaben von [a] bis [z] ersetzt, die
sich hier auf die Liste der Beiträge beziehen, die als Anhang S. 134 beigefügt
ist.]]

Die christliche Kirche hat deshalb die Schrift als einziges *profetisches* Buch innerhalb ihres neutestamentlichen Kanons deklariert und es damit den vergleichbaren Büchern im Alten Testament an die Seite gerückt, die ebenfalls als Weissagung des Weltendes interpretiert wurden. Hinsichtlich der alttestamentlichen Profetenbücher aber ist historisch-kritische Exegese seit dem Ausgang des 18. Jahrhunderts zur Einsicht gelangt, daß hier keineswegs von Weltende und -erneuerung gekündet wird, sondern die Profeten sich ihrer geschichtlichen Stunde verpflichtet wissen und die bevorstehende (nationale) Zukunft vornehmlich im Negativen, aber auch im Positiven charismatisch deuten[1]. Daran gemessen fällt die Apk aus einem profetischen Kontext mehr und mehr heraus.

Etwa gleichzeitig hat sich in der alttestamentlichen Exegese ergeben, daß das Danielbuch, unter Christen seit je als profetisches Buch eingestuft, es an Stil und Inhalt an Gemeinsamkeiten mit den übrigen profetischen Schriften mangeln läßt, dafür aber um so betonter vom Ende redet. Nicht von ungefähr hat die masoretische Bibel dieses Buch nicht in den Profetenkanon eingestellt. Um so enger aber erweist es sich durch seine visionäre Symbolsprache und das vehemente Endinteresse der Apokalypse Johannes verwandt. Schon im 18. Jahrhundert wird deshalb das Danielbuch als Apokalypse eingestuft. Damit stellt sich das Problem, woher die Verwandtschaft zweier Bücher rührt, deren Entstehung fast drei Jahrhunderte auseinanderliegt[2].

2. Einbeziehung von Pseudepigrafen und die Konzeption von Apokalyptik als Epochenerscheinung

Zu den beiden im Kanon der Großkirche verloren wirkenden Schriften gesellen sich bald andere, die aus dem spätisraelitisch-urchristlichen Umkreis stammen, vordem aber als pseudepigraf, häretisch oder minderwertig disqualifiziert worden waren. Das gilt zuerst vom 4.*Esra*buch, das in himmlisch-irdischen Zwiegesprächen das "Esra" bedrängende Pro|blem, warum es Israel so schlecht und den Heiden so wohl ergeht, durch endzeitliche Visionen löst. In der Vulgata immerhin unter den Apokryfen geführt, hatte Luthers Verwerfung[3] es aus protestantischem Gesichtskreis entrückt. Die aufkommende Apokalyptikdebatte weckt neues Interesse. Nicht aus dem lateinischen, aber aus dem byzantinischen

---

1　Das Prophetenverständnis in der deutschsprachigen Forschung seit Heinrich Ewald, hrsg. von *P.H.A. Neumann*, WdF 307 (1979), bes. 4ff. Zum gegenwärtigen Profetenverständnis s. *K. Koch*: Die Profeten I (1978) [[³1995]]; II (1980).
2　Zu den besonderen Problemen des Danielbuches s. *K. Koch u.a.*: Das Buch Daniel, EdF 144 (1980).
3　Werke. Kritische Gesamtausgabe. Weimar (1883ff) Tk III 2998: "Tertium Esdrae wirff ich in die Elben. Quartus habet somnia".

Gesichtskreis bieten sich außerdem die *Sibyllinischen Bücher* als weitere Beispiele an; in Hexametern statt prosaischen Visionsberichten abgefaßt, weisen sie zwar eine andere Diktion auf, sind aber ebenso von einer Untergangsstimmung geprägt. Aus Äthiopien brachte ein englischer Reisender um 1800 das umfangreiche erste "äthiopische" *Henochbuch*, das im Neuen Testament als heilige Schrift zitiert (Judas 14), aber für die Großkirche verschollen war. Einem urzeitlichen Weisen, dem siebten nach Adam (Gen 5,24), werden hier Visionsschilderungen über Himmel und Hölle, über Lauf und Ende der Weltgeschichte sowie die zukünftige Herrschaft des Menschensohns in den Mund gelegt.

Auf der Basis dieser fünf Schriften haben F. Lücke 1832[4], E. Reuss 1843 (s. [ᵃ]) und A. Hilgenfeld 1857[5] auf eine einflußreiche geistige Strömung in Palästina etwa zwischen 150 v.Chr. und 150 n.Chr. geschlossen, diese als Apokalyptik bezeichnet und in ihr eine wichtige Station der Vorgeschichte des Christentums und eine Brücke zwischen den Testamenten gesehen.

3. Funde des 19. Jahrhunderts und die religionsgeschichtliche Schule

Während das Apokalyptikproblem zwischen 1830 und 1860 eingehend diskutiert wird, tritt es in der zweiten Hälfte des 19. Jahrhunderts auffällig in den Hintergrund. Doch die Materialbasis wird durch aufsehenerregende Textfunde erheblich verbreitet. Kurz die wichtigsten:

1861   veröffentlicht A.M. Ceriani aus dem Altlateinischen die *Himmelfahrt des Mose* und |

1866   den syrischen *2. Baruch*, beides nach Handschriften einer Mailänder Bibliothek[6],

---

4   Commentar über die Schriften des Evangelisten Johannes IV. 1. Versuch einer vollständigen Einleitung in die Offenbarung Johannis und in die gesamte apokalyptische Literatur (1832, [2]1852).

5   Die jüdische Apokalyptik in ihrer geschichtlichen Entwicklung (1857 = 1966) [ᵇ].

6   *A.M. Ceriani*: Assumptio Mosis. Monumenta sacra et profana I, 1 (Mailand 1861) 9-13; Ders.: Apocalypsis Baruch, ebd. V, 2 (1871) 113-180. - Deutsche Übersetzung bei *E. Kautzsch* (Hrsg.): Die Apokryphen und Pseudepigraphen des A.T. (1900 = 1921 = 1975), II 311-330 bzw. 404-445 (fortan als "Kautzsch" zitiert) sowie *P. Rießler*: Altjüdisches Schrifttum außerhalb der Bibel (1928 = 1966) 485-495 bzw. 85-113 (fortan "Rießler") und *W.G. Kümmel* (Hrsg.): Jüdische Schriften aus hellenistisch-römischer Zeit (fortan JSHRZ) V, 2 (1976) 57-84 bzw. 103-184.

1877   gibt A. Dillmann die *Himmelfahrt Jesajas* aufgrund äthiopischer Handschriften heraus[7],

1886   wird der slawonische, 1896 der griechische Text des (griechischen) *3. Baruch* entdeckt und von M.R. James publiziert[8],

1896   veröffentlicht N. Bonwetsch den slawischen (2.) *Henoch* und

1897   nach einer slawonischen Handschrift die *Apokalypse Abrahams*[9],

1899   gibt G. Steindorff die Fragmente einer koptischen *Elias-Apokalypse* heraus, die vermutlich mit dem Pauluszitat 1Kor 2,9 zusammenhängt[10],

1910   wird durch M.R. James aus dem Äthiopischen die *Petrusapokalypse* bekanntgemacht[11].

Der Zuwachs an Texten verschiebt das Gesamtbild. Denn es zeigt sich, daß neben einfachen Visionen und himmlisch-irdischen Lehrgesprächen auch Himmel- und Höllenreisen auserwählter Gottesmänner unter dem Titel *apokalypsis* vorgetragen werden. Diese Unterart der Gattung zeigt sich schon in Teilen des 1. Henoch. Sie repräsentiert einen zweiten Typus, der aber anscheinend einem ähnlichen geistigen Hintergrund entspringt. |

Dem weiteren Umfeld apokalyptischer Reden gehören die *Testamente* biblischer Gestalten an, die ebenfalls im 19. Jahrhundert entweder neu auftauchen oder in textkritisch zuverlässiger Weise erstmals ediert werden. Das gilt vor allem für die Testamente der zwölf Patriarchen, von R.H. Charles 1908 herausgegeben[12], Abschiedsreden der zwölf Ahnherren der israelitischen Stämme, bei denen zwar moralische Ermahnungen im Vordergrund stehen, aber insbesondere TestLev 14-18, TestJuda 24f und TestJos 19 mit eschatologischen Ausblicken schließen, die an Apokalypsen gemahnen. Weniger mit dem Schicksal des Volkes oder der Menschheit als mit dem Schicksal des einzelnen nach dem Tod beschäftigen sich das Testament Abrahams[13] und das Testament Hiobs[14]. In diesen Bereich

---

7   Ascensio Isaiae Aethiopice et Latine (1877). Den vollständigen Text bringt *R.H. Charles*: The Ascension of Isaiah ... (1900). - Kautzsch II, 119-127; Rießler 481-484.

8   Apocrypha Anecdota II, Studies, contrib. To biblical and patristic Literature (1897) 84-102. - Kautzsch II 446-457; Rießler 40-54.

9   Das slawische Henochbuch, AGWG. PH. NF. 1,3, 1896. Die Apokalypse Abrahams (1897). - Rießler 452-473 bzw. 13-39. [[*W. Böttrich*: Das slawische Henochbuch. JSHRZ V/7, 1996]].

10   Die Apokalypse des Elia. Texte und Untersuchungen NF. 2 (1899). - Rießler 114-125.

11   JThS 12 (1910/11). Deutsch bei *E. Hennecke - W. Schneemelcher*: Neutestamentliche Apokryphen in deutscher Übersetzung ([4]1971) 468-483.

12   The Greek Versions of the Testaments of the Twelve Patriarchs (1908 = 1960). - Kautzsch II 458-506; Rießler 1149-1250; JSHRZ III 1 (1974).

13   Rießler 1091-1103; JSHRZ III 2 (1975) 193-356.

gehört weiter das Buch der *Jubiläen*, auch Apokalypse Moses oder Kleine Genesis genannt, das die Geschichte seit Anfang der Schöpfung durch Jubiläen, d.h. Zeit-Einheiten von 7 x 7 Jahren, strukturiert sieht, was mit der Epochengliederung in Daniel und Henoch parallel läuft[15]. Doch nicht nur neue Funde erweitern das Material. Die sogenannte *literarkritische Schule*, in der zweiten Hälfte des 19. Jahrhunderts in der Bibelwissenschaft vorherrschend, hat einige Stücke aus alt - und neutestamentlichen Schriften als spätere Einfügungen ausgeschieden und für apokalyptisch erklärt. Unter den Neutestamentlern wird es üblich, Markus 13 (parr.) als *synoptische Apokalypse* auszuklammern und auf eine eigenständige Überlieferung zurückzuführen; in der alttestamentlichen Wissenschaft geschieht das mit der *Jesaja-Apokalypse* Jes 24-27. Andere gehen weiter, gliedern Jes 34f als *kleine Jesaja-Apokalypse* aus[16], sehen Sach 9-14 als apokalyptische Schrift an[17] oder sehen schon in Protosacharja (Kap. 1-6) "die Geburtsstunde der Apokalyptik"[18]. Diese literarkritischen | Ausscheidungen haben wenig eigenes Interesse an der apokalyptischen Gedankenwelt, gebrauchen meist den Begriff abwertend und sehen die entsprechenden Texte als religiös ziemlich belanglos an.

Doch angesichts einer derart angewachsenen Quellenlage, nach der sich gegen Ende des 19. Jahrhunderts die apokalyptischen Texte wie ein großes Trümmerfeld ohne Beziehung zu den sonst wohlgeordneten Fluren der Geschichte von Israelitentum und Urchristentum ausnehmen, mußte eine neue Bearbeitung fast notwendig einsetzen. Das geschieht durch die *religionsgeschichtliche Schule*. Sie vertritt das allgemeine Programm einer Einbettung von Altem und Neuem Testament in die vorderorientalisch-hellenistische Religionsgeschichte. Die Apokalyptik erweist sich hierfür als ein hervorragendes Probierfeld, weil die mythologischen Motive hier ungleich zahlreicher auftauchten als in anderen biblischen Schriften und zudem die Verwandtschaft mit ägyptischen oder zweistromländischen Parallelen, wie sie die inzwischen ausgebildete Ägyptologie und Assyriologie mehr und mehr zutage fördern, auf der Hand zu liegen scheint. Das Signal zur Neubelebung apokalyptischer Studien gibt H. Gunkel 1896 mit "Schöpfung und Chaos in Urzeit und Endzeit", einer religionsgeschichtlichen Studie über Gen 1 und Apk 12, wo die babylonische Kosmogonie

---

14 Rießler 1104-1134; JSHRZ III 3 (1979).
15 Kautzsch II 31-119; Rießler 539-606. [[*K. Berger*: Das Buch der Jubiläen. JSHRZ II/3, 1981, 270-575]].
16 S. dazu zuletzt *H. Wildberger*: Jesaja, BK X 16 (1972ff) 1324ff.
17 *B. Stade*, ZAW (1888), 1-96.
18 So *E. Sellin*: Studien zur Entstehungsgeschichte der jüdischen Gemeinde nach dem babylonischen Exil, II (1901). Die These wurde wieder aufgenommen durch *H. Gese*: Anfang und Ende der Apokalyptik, dargestellt am Sacharjabuch, ZThK 70 (1973) 20-49 = Vom Sinai zum Zion (1974) 202-230.

als Grundlage eines zentralen apokalyptischen Kapitels aufgewiesen wird. Stärker noch hat sein neutestamentlicher Mitstreiter W. Bousset die Apokalyptik als eine synkretistische, das "Judentum" der Zeit Christi weitgehend bestimmende Strömung herausgestellt (s. [i][19]). Zur religionsgeschichtlichen Schule gehört anfangs auch mit manchen anderen P. Volz, dessen zusammenfassende Darstellung "Jüdische Eschatologie von Daniel bis Akiba" (1903)[20] sich mit Vorliebe auf apokalyptische Quellen beruft. Dieser Richtung stand der ältere O. Pfleiderer nahe (s. [h]). Solche Versuche, der Apokalyptik eine maßgebliche historische Bedeutung beizulegen und sie zugleich mit dem altorientalisch-hellenistischen Synkretismus zu verzahnen, mußte nicht nur konservative, sogenannte bibelgläubige Theologen hart treffen, sondern | ebenso die damaligen liberale Theologie. Mit der Hochschätzung der Apokalyptik wird erstmals eine anonyme Literatur zu einem Meilenstein der Religions-geschichte erklärt. Das widerspricht dem der deutschsprachigen Forschung tief eingewurzelten Gefühl von der ausschlaggebenden Rolle des Individu-ums gerade für die Geschichte der Religion. Bezeichnend ist B. Duhms Diktum: "Daß es kritischer und historischer sei, weltumwandelnde Gedanken aus einer halb unbewußt erfolgten Ansammlung von Ansichten und Reflexionen zu erklären, das Große nicht durch große Männer getan, sondern durch die namenlose Masse oder durch die Gährung der Stoffe selber ausgebrütet zu denken, das ist ein Satz, der aus dem Neid des geistigen Proletariers entsprungen ist."[21] Bedenklicher noch erschien die Auswirkung für die Jesusforschung. Sobald nämlich die Apokalyptik als gestaltende Kraft für das Palästina der Zeitenwende vorausgesetzt wird, erscheinen zentrale Gehalte der Verkündung Jesu, wie seine Erwartung des hereinbrechenden Reiches Gottes (s.u. [[jetzt]] S. 131f), in Gefahr, als apokalyptisch eingestuft zu werden. Dann aber konnte Jesus nicht der schlichte Menschenfreund sein, der allen verständlich und völlig undogma-tisch die Vatergüte Gottes predigte und zur Nächstenliebe aufmunterte, sondern war mit seiner Lehre "dogmatisch" überaus befrachtet (s.a. Schweitzers konsequent-eschatologische Auslegung Jesu s. [g]). Davor aber schreckten die Liberalen nicht weniger zurück als die Positiven unter den Theologen. Beispielhaft ist die Auseinandersetzung des Altmeisters

---

19   Vgl. die zusammenfassende Darstellung bei *W. Bousset*: Die Religion des Judentums im neutestamentlichen Zeitalter (1903); 3. Aufl., hrsg. mit *H. Gressmann* unter dem Titel: Die Religion des Judentums im späthellenistischen Zeitalter (1926 = 1966).
20   2. Aufl. 1934 unter dem Titel "Die Eschatologie der jüdischen Gemeinde im neutestamentlichen Zeitalter"[q].
21   Jesaja, Handkommentar zum A.T. III, 1 (1892) zu 14,26 (in der 3. Auflage 1922, S. 96 abgemildert).

literarkritischer Forschung, Wellhausen, mit Gunkel (s. [^d] und s. [^e]), bei der Wellhausen die Prämissen der "Apokalyptik-Gegner" bezeichnend herausstellt: "*Woher* jedoch dieser Stoff ursprünglich stammt, ist methodisch ganz gleichgiltig" (s. in [^d] S. 65f). - Die Auseinandersetzung endete ohne klares Ergebnis. Mit dem Ersten Weltkrieg, erst recht mit der aufkommenden Theologie der Krise nach 1918 verhallten die Stimmen der Religionsgeschichtler. In gleichem Maße schwand die Beschäftigung mit apokalyptischer Literatur. |

4. Neue Funde und Wiedererwachen der Apokalyptikforschung

Nach dem Zweiten Weltkrieg hat sich noch einmal das für die apokalyptische Frage relevante Textmaterial entscheidend ausgeweitet. 1945 wurde in *Nag-Hammadi* in Oberägypten, dem antiken Chenoboskion, die Bibliothek einer christlichen Randgruppe ausgegraben, die vom Gnostizismus bestimmt war. Die Schriften liegen allesamt seit 1977 in einer von J. Robinson herausgegebenen englischen Übersetzung vor: "The Nag-Hammadi Library". Unter den ungefähr 60 Büchern befinden sich einige mit dem Titel Apokalypse. Davon bringt die *Adam-Apokalypse* eine Geschichtsbetrachtung ohne typische apokalyptische Kennzeichen (ebd. 256-264). Noch ferner stehen der bislang bekannten Gattung die beiden *Jakobus-Apokalypsen* (ebd. 242-255), die gnostische Belehrungen Jesu an seinen Jünger Jakobus vortragen. Die *Paulus-Apokalypse* (ebd. 239-241) berichtet von einer Himmelsreise. Näher kommt noch dem sonst bekannten Typos die *Petrus-Apokalypse* (ebd. 339-345), wo der Apostel das Geschick Jesu in Visionen vorausschaut, die zugleich die Geschichte der (gnostischen) Kirche abbilden. Ein Auszug aus dem auch andererwärts bezeugten hermetischen Buch *Asklepios* (ebd. 300-307) sagt in apokalyptischer Weise in Untergang Ägyptens voraus und beschreibt den Weg der Einzelseele nach dem Tod. Die Bedeutung dieser Funde liegt darin, daß in ihnen eine gewisse Verschmelzung von Apokalyptik und Gnostizismus zutage tritt. Die beiden Bewegungen waren bislang weit auseinandergehalten worden. Zwar ist der Gnostizismus vermutlich eine ähnliche Randerscheinung des spätisraelitischen Synkretismus wie die Apokalyptik, doch mit vorherrschendem hellenistischen Einschlag und einem ontologischen Dualismus von Materie und Pneuma, wie er der Apokalyptik fremd ist. Auch die Zeitvorstellung ist grundsätzlich anders. Der Gnostiker lebt schon im neuen pneumatischen Sein, während der Apokalyptiker sich noch im bösen Äon vorfindet[22]. Doch in einigen Nag-Hammadi-Schriften verwischen sich die Grenzen. So beschreibt der Traktat "Über den Ursprung der Welt" (ebd. 178f.) Den Weltuntergang in apokalyptischen

---

22 Siehe: Gnosis und Gnostizismus, hrsg. von *K. Rudolph*, WdF CLXII (1975).

Farben. Allerdings folgt darauf keine Welterneuerung, sondern ein letztes Aufgehen aller Seelen in Gott. Da die gnostischen Texte in der Regel einige Jahrhunderte später entstanden sind als die apokalyptischen, wird ernsthaft zu erwägen sein, ob | nicht der spätantike Gnostizismus von der spätisraelitischen Apokalyptik seinen Ausgang genommen hat. W. Schmithals meint sogar, in beiden Strömungen das gleiche Daseinsverständnis feststellen zu können[23].

Berühmter noch sind die seit 1947 bei *Qumran* am Toten Meer entdeckten Handschriften geworden. Dort hatte sich um die Zeitenwende eine von der Jerusalemer Kultgemeinde abgespaltete "Sekte" angesiedelt, die dank ihrer Schreib- und Archivfreudigkeit eine Vielzahl von Schriften erstellt und in Höhlen verborgen hatte, wo sie das trockene Wüstenklima erstaunlich gut erhalten hat. Die meist den Essenern zugerechneten Qumraniten fühlen sich zwar als eschatologische Gemeinde und erwarten das demnächst hereinbrechende Weltende, teilen auch mit den Apokalyptikern den Glauben an Engel und Dämonen, bemühen sich aber nicht um visionäre Meditation und lassen von apokalyptischer Systematik des Weltlaufs und -endes wie von Hoffnung auf Auferstehung, Kommen des Menschensohns oder Reich Gottes kaum etwas erkennen. Selbst die eingehende Darstellung des endzeitlichen Krieges der Söhne des Lichts gegen die Söhne der Finsternis (1QM) läßt sich nicht als apokalyptisch bezeichnen. Unter den Überresten von rund hundert bisher nicht bekannten außerbiblischen Schriften sind es keine zehn, die - vorwiegend aramäischsprachig - apokalyptische Partien enthalten, wenn auch der fragmentarische Zustand es bei keiner einzigen erlaubt, auf eine ausgeführte Apokalypse zu schließen[24]. Anzuführen sind:

> *Das Gebet des Nabonid* (4QOrNab) und pseudodanielische Fragmente einer Weltgeschichte (4QPsDan)[25]
> *Das Buch der Geheimnisse* (1QMyst)[26] |

---

23 *W. Schmithals*: Die Apokalyptik (1973).

24 *J. Carmignac*: Qu´est-ce que l´Apocalyptique? Son emploi à Qumran, in: RdQ 10,37 (1979) 3-34.

25 Von *J.T. Milik*, RB 63 (1956) 407-415, erstveröffentlicht. Weiteres: *R. Meyer*: Das Gebet des Nabonid, SSAW 107/3 (1962); *W. Dommershausen*: Nabonid im Buche Daniel, 1964; *A. Mertens*: Das Buch Daniel im Lichte der Texte vom Toten Meer, SBM 12 (1971); *B. Jongeling - C.J. Labuschagne - A.S. van der Woude*: Aramaic Texts from Qumran, Sem. Stud. Series IV (1976) 123-131; *A.S. van der Woude* (1978). - *J.A. Fitzmyer - D.J. Harrington*: A Manual of Palestinian Aramaic Texts, Biblica et Orientalia 34 (1978) Nr. 2 und 3. [[= MPAT]].

26 *Barthélemy - Milik*: Discoveries in the Judean Desert (DJD I) (1955) 102-107, jüngste deutsche Übersetzung *J. Maier - K. Schubert*: Die Qumran-Essener, UTB 224 (1973) 293f [[Vollkommen neu ist 1Q27 mit den Entsprechungen in 4Q299-4Q300 bei *J. Maier*: Die Qumran-Essener: Die Texte vom Toten Meer

Melchisedeq (11QMelch)[27]
Amram-Visionen (4QAmram)[28]
Engelsliturgie oder Ordnung der Gesänge des Brandopfers des Sabbats (4QSl 39.40 und 3 unedierte Handschriften), vielleicht aus dem 3. Jahrhundert v.Chr.[29]
Beschreibung des neuen Jerusalems (1Q32; 2Q24; 5Q15 und 2 unedierte Handschriften)[30].
Päschär der Perioden (4Q180.181) und pseudo-ezechielische Texte (4Q384-390)[31].
Bei diesen Schriften bleibt offen, ob sie von den Qumraniten selbst verfaßt oder anderwärts entstanden sind. Sie bezeugen jedenfalls die Verbreitung apokalyptischer Ideen im späten Israelitentum, denen aber keineswegs die Mehrheit des Volkes angehangen haben dürfte.

Die bei weitem aufregendste Entdeckung in Qumran für die Apokalyptikforscher aber war die Auffindung von ungefähr zwanzig aramäischen Fragmenten des *1. Henochbuches*. Sie beweisen nicht nur, daß die umfangreichste der uns bekannten Apokalypsen im vorchristlichen Palästina in Umlauf war, sondern sie lassen aus paläografischen Gründen erschließen, daß von den fünf Hauptteilen des 1Hen zwei in das 3. Jahrhundert, wenn nicht in das 4. Jahrhundert v.Chr. hinaufreichen, nämlich das angelologische Buch Kap. 1-36 und das astronomische Kap. 72-82, während das Geschichtsbuch oder Buch der Träume Kap. 83-90 kurz vor dem Danielbuch abgefaßt worden ist; noch ins 2. Jahrhundert gehört wohl auch das Buch der Giganten, das anstelle der Bilderreden (Kap. 37-71) in einigen Handschriften auftaucht und bisher nur als ein Teil des späteren manichäischen Kanons bekannt war[32]. Für die Apokalyptikforschung bedeutet das nicht weniger als einen Umsturz. Bis jetzt war man fast durchweg von der Annahme ausgegangen, daß das Danielbuch (168-164 v.Chr. in | der jetzigen Fassung entstanden) nicht nur der Typos einer Apokalypse schlechthin, sondern auch das älteste Dokument einer selbständigen apokalyptischen Schrift sei, die maßgebliche Anstöße zur

---

Bd. I, UTB 1862 (1995) 238ff übersetzt]].

27   Erstveröffentlichung mit deutscher Übersetzung *A.S. v.d. Woude*: OTS 14 (1965) 354-373.

28   Veröffentlicht durch *Milik*, RB 79 (1972) 77-97; *Fitzmyer - Harrington* (MPAT, s. Anm. 25) Nr. 22-26.

29   Bekanntgemacht durch *J. Strugnell*, Congress Volume, Oxford 1979, VT.S 7 (1960) 318ff.

30   DJD I, 134; III, 84ff; 184ff. *Fitzmyer - Harrington* (MPAT, s. Anm. 25) Nr. 6-9.

31   Dazu *J.T. Milik*: The Books of Enoch (1976) 248-255.

32   *J.T. Milik* (Enoch, s. Anm. 31); *Fitzmyer - Harrington* (MPAT, s. Anm. 25) Nr. 10-19.

Ausbildung der Apokalyptik überhaupt gegeben hätte; so noch nahezu alle der in diesem Sammelband vorliegenden Beiträge. Überaus beliebt ist es noch, die Apokalyptik als religiöse Antwort auf die Bedrängnis der makkabäischen Aufstandszeit zu erklären. Die Entdeckung, daß Henoch generell älter ist und also spezifische Apokalypsen schon im 3. Jahrhundert längst vor jeder Verfolgung entstanden sind, macht eine Neuorientierung notwendig, deren Folgen sich noch nicht absehen lassen.

Im Schatten der Qumranentdeckungen, aber gewiß nicht nur dadurch bestimmt, beginnt um 1960 das Interesse der Bibelwissenschaft an der Apokalyptik wieder zu erwachen, zuerst in Deutschland (s. die Beiträge von Wilckens [⁸], Bultmann [ʷ], Vielhauer [ʸ] und Koch [ˡ]). Seit 1970 regt es sich auch in den Vereinigten Staaten, ja der Schwerpunkt der Apokalyptikforschung verlagert sich mehr und mehr dorthin. Ein sprechendes Beispiel dafür ist das 14. Heft der Zeitschrift Semeia: "Apocalypse: The Morphology of a Genre" (1979), das die Ergebnisse einer Arbeitsgruppe der Society of Biblical Literature zusammenstellt. Aufschlußreich für die internationale Diskussion wird die Veröffentlichung der Akten des International Colloquium on Apocalypticism sein, das im August 1979 in Uppsala stattgefunden hat. In diesen Band konnte nur noch ein provokativer Beitrag[ᶻ] von P. Hanson aufgenommen werden[33], der nicht unbedingt den common sense der amerikanischen Forscher abbildet, wohl aber die dort spürbare Tendenz, die Apokalyptik auf alttestamentlich-profetische Ursprünge zurückzuführen.

Wer auf die Forschung der letzten 50 Jahre zurückblickt, stellt fest, daß Beschäftigung mit apokalyptischen Problemen wellenartig jeweils für ein oder zwei Jahrzehnte auftaucht, um dann wieder zu verschwinden. Den Gründen für den Wechsel ist hier nicht nachzugehen (dazu sei auf die Darstellung der Forschungsgeschichte bis 1945 bei J.M. Schmidt: Die jüdische Apokalyptik, ²1976, und K. Koch: Ratlos vor der Apokalyptik, 1970, verwiesen). Festgehalten zu werden verdient nur, daß es überraschenderweise nicht Zeiten politischer oder ökonomischer Krisen sind, in denen die Gelehrten sich diesen Texten zuwenden, sondern im Gegenteil die Zeiten äußerer Ruhe. |

---

33 Zu Hansons weiteren Beiträgen siehe die Bibliografie [[im Band "Apokalyptik"]].

II. *Gestalt und Leitideen*[34]

1. Literarische Gattung

Obwohl die Gattungsforschung auf diesem Gebiet noch in den Anfängen steckt, zeichnen sich schon einige Gemeinsamkeiten der Apokalypse im engeren Sinne ab. Im Mittelpunkt stehen

- entweder umfängliche *visionäre Schauungen*, bei denen nicht wie bei Profeten (Amos 7,1-9 z.B.) ein Einzelgeschehen, sondern eine Kette von Geschehnissen in meist überirdischen Räumen wahrgenommenen wird, welche auf das Ende der Menschheitsgeschichte zuläuft, das betont als "das Ende" oder "das Letzte der Tage" herausgestellt wird.
- Oder sie geben auditiv vernommene *himmlisch-irdische Lehrgespräche* über das gleiche Thema wieder. Beides kann miteinander verknüpft oder ersetzt bzw. ergänzt werden durch
- die Schilderungen von einer *Himmel-(und Höllen-) Reise.* Dann werden dem Seher die bereitstehenden jenseitigen Orte, Güter, Werkzeuge für das zukünftige Geschick der Gerechten und der Frevler, aber auch der Dämonen und der Völkerherrscher enthüllt.

Was der Apokalyptiker wahrnimmt, gilt oft als auf himmlischen Tafeln seit je festgelegt, stellt in jedem Falle aber ein bislang gehütetes Geheimnis dar (hebräisch-aramäisch *rāz*, griechisch *mysterion*). Es wird erstmals einem Irdischen kundgegeben. Eine eröffnende Schau bringt in der Regel noch nicht die volle Einsicht, sondern läßt symbolisch durch Bewegungen von seltsamen Tieren, außerordentlichen Bäumen, bedrohlich einherflutenden Wassern u.ä. den künftigen Lauf der Dinge erahnen. Eine nachfolgende zweite Szene bringt dann die Deutung, die meist ein Dolmetschengel, *angelus interpres*, vorträgt. Bisweilen bleibt trotzdem ein unverständlicher Rest (z.B. Dan 7,27), der erst in der Endzeit den Betroffenen einsichtig werden wird.

Anders als profetische Visionäre (Jes 6; Ez 1-3 u.ö.) erschaut der Apokalyptiker sich nicht selbst innerhalb der Vision, es sei denn, daß er redend in den Ablauf eingreift. Dennoch wird die Betroffenheit des menschlichen Empfängers ungleich stärker geschildert. Der Seher fällt nach der Schau häufig ohnmächtig zu Boden, seine Gebeine schlottern, | das Angesicht verfärbt sich, der Geist ist höchst beunruhigt und von unheimlicher Angst erfüllt. Wendet er sich dann zu seinen Lesern und zieht die Folgerung aus dem Widerfahrnis, so werden daraus eindringliche Paränesen mit dem Ruf zur Umkehr, die jetzt noch kurz vor dem Ende möglich ist, für die es aber in Bälde zu spät sein wird.

---

34 Dazu *K. Koch*: Ratlos vor der Apokalyptik (1970) 15-31.

Soweit in groben Umrissen das textliche Gefüge. Wer sind die Apoka-lyptiker, wer die vorausgesetzten Leser? Über die Leser erfahren wir leider nichts (es sei denn in der Apk, wo sieben kleinasiatische Gemeinden in den vorangestellten Sendschreiben aufgeführt werden). Abgesehen von dem wahren Namen des Autors in der Apk tragen sämtliche spätisraelitischen und christlichen Apokalypsen das Pseudonym eines biblischen Gottesmannes der Vergangenheit, von Adam angefangen, über Henoch, Abraham, Mose und die Profeten bis hin zu Baruch, Esra und neutestamentlichen Aposteln. *Pseudonymität* ist zwar in Israel nicht neu; schon derjenige, der das Deuteronomium als Moserede abgefaßt hat, stellt sich unter eine solche Autorität. Aber sie greift um die Zeitenwende nicht nur in Israel, sondern auch in der hellenistischen Umwelt beträchtlich um sich[35].

2. *Apokalyptik als religiöse Strömung der Zeitenwende*

Die strukturellen Gemeinsamkeiten der als Apokalypsen klassifizierten Schriften fallen deshalb besonders auf, weil derartige Bücher plötzlich mit dem 3. Jahrhundert v.Chr. auftauchen und dann zahlreich erscheinen, vergleichbares Schrifttum aber mit der Mitte des 3. Jahrhunderts n.Chr. fast ebenso schnell wieder verschwindet, wie es einst aufgetaucht war. Die sich von diesem späten Zeitpunkt an bildende rabbinische Literatur läßt nur noch in Spuren einen Nachhall solcher Textmuster erkennen (s. Ginzberg [ⁿ])[36]. Nicht anders steht es mit dem Schrifttum der Großkirche. Kein einziger der großen lateinischen oder griechischen Kirchenväter läßt ein Interesse an solchen visionären Einsichten und entsprechenden Themen erkennen; christliche Apokalypsen entstehen nur noch bei Außensei|tern, die der Sektiererei verdächtig sind[37]. Insofern scheint die Blüte dieses Schrifttums innerhalb eines halben Jahrtausends um die Zeitenwende vorzuliegen und mit den besonderen Verhältnissen dieser Epoche zusammenzuhängen; m.a.W.: es gab damals nicht nur Apokalypsen, sondern aller Wahrscheinlichkeit nach eine Apokalyptik als geistig-religiöse Strömung. Über ihre Träger existieren leider keine direkten historischen Nachrichten. Also ist sie aus den sprachlichen Merkmalen und tragenden Ideen der entsprechenden Schriften zu rekonstruieren, ehe man nach einem möglichen historischen oder sozialen Ort suchen kann.

Hinter der ähnlichen literarischen Gestalt verbergen sich in der Tat vergleichbare Motivkomplexe und Leitideen. Sie lassen sich hier nur grob

---

35 *N. Brox* (Hrsg): Pseudepigraphie in der heidnischen und jüdisch-christlichen Antike, WdF 184 (1977).

36 *J. Saldarini*: The Use of Apocaliptic in the Mishna and Tosephta, CBQ 39 (1977) 396-409.

37 *A. Yarbo Collins*: Early Christian Apocalypsis, Semeia 14 (1979) 61-122.

umreißen, unter dem Vorbehalt, daß in der einen oder anderen Schrift diese oder jener Zug zurücktritt oder ganz ausfällt.

a) Gegenwart als letzte Zeit. Der apokalyptische Verfasser bzw. der ◁ Engel, der ihn inspiriert, will dem Leser eine undurchsichtig gewordene, als überaus ungerecht und gottfern empfundene Zeitlage begreiflich machen, indem der auf bevorstehende Entwicklungen und Lösungen verweist, auf eine Zukunft, von der aus die religiösen Ideen sich als sinnhaft herausstellen und in der Gott der Menschheit wieder nahekommt. Die Zukunft birgt Geschehnisse und Bewegungen in sich, die im Guten wie im Bösen über alles je Dagewesene weit hinausführen. Die letzten Tage der Menschheit stehen bevor. Eine brutale Großmacht schickt sich an, die gesamte bewohnte Erde mit Schwert und Blut zu unterjochen. Aus ihr entsteht ein letzter Herrscher, der an Schändlichkeit nicht zu überbieten sein wird, der Antichrist nach christlichem Sprachgebrauch. Durch einen geheimnisvollen Eingriff von oben wird er jäh gestürzt, zu einem Zeitpunkt, da es niemand erwartet. Es folgen kosmische Katastrofen, bei denen sich die Sonne verfinstert und Sterne vom Himmel fallen, Sintflut und Sintbrand über die Erde oben. 4Esr 7 erwartet danach wieder das große Schweigen wie am Anfang der Schöpfung.

b) Auferstehung, Weltgericht und neuer Aion. Ein universales Gericht wird ◁ durchgeführt. Durch Engelmächte werden die Toten - in repräsentativer Auswahl oder insgesamt - aus den Gräbern oder verborgenen | Kammern wieder auferweckt, um vor dem himmlischen Thron und Richtstuhl Gottes (oder des Menschensohns) zu erscheinen. Bücher über die menschlichen Taten werden aufgeschlagen und unter der Assistenz von Engeln jeder einzelne unter dem strikten Entweder-Oder: Gerechter-Sünder abgeurteilt, im ersten Fall zum ewigen Leben, im zweiten zum ewigen Tod.

Danach die Welterneuerung, der neue Aion. Das himmlische Jerusalem kommt auf Erden wieder, die wunderhaft-heilsam verwandelt wird. Leid ist für immer verschwunden, und Gott west hinfort unmittelbar unter den Menschen an.

"Und ich sah einen neuen Himmel und eine neue Erde, denn der erste Himmel und die erste Erde sind vergangen, auch das Meer ist nicht mehr. Und ich sah die heilige Stadt, das neue Jerusalem, von Gott aus dem Himmel herabkommen, bereitet wie eine geschmückte Braut für ihren Mann. Und ich hörte eine mächtige Stimme von dem Thron her, die sprach: Siehe, die Stätte Gottes bei den Menschen! Und er wird bei ihnen wohnen und sie werden sein Volk sein, und Gott selbst wird bei ihnen sein; und Gott wird abwischen alle Tränen von ihren Augen, und der Tod wird nicht mehr sein, noch Leid, noch Geschrei, noch Schmerz wird mehr sein, denn das Alte ist vergangen"

- so schließt jubelnd der Apokalyptiker Johannes 21,1-4. Die Gottesgegenwart garantiert hinfort ewige Gerechtigkeit und menschliche

Unsterblichkeit, sie macht außerdem jedem einzelnen das Leben nach dem Gesetz Gottes zu einer spontanen Selbstverständlichkeit. Das Paradies kehrt wieder (Urzeit-Endzeit-Entsprechung). Bisweilen wird geradezu ein Schlaraffenland beschrieben (2Bar 29,5). Israel behält seine Sonderstellung als Bundesvolk, doch in seinem Umkreis wird den Gerechten aus der übrigen Menschheit ein Anteil am Heil zuteil, den die einzelnen Apokalypsen verschieden bestimmen. Trotz Gottunmittelbarkeit für jeden Seligen wird häufig ein Repräsentant der Gottesherrschaft eingesetzt, sei es ein "weißer Farre", will sagen, ein zweiter Adam (1Hen 90,37), sei es ein Menschen"sohn" (Dan 7,13f; 4Esr 13; 1Hen 37-71). Das Verhältnis dieser Gestalt zur traditionellen Messiaserwartung bleibt unklar (4Esr 7,29f; 12,31-33 vgl. Kap. 13).

c) Nähe des Endes und Individualgeschick. Der angekündigte eschatologische Umbruch wird meist in allernächster Zeit erwartet. Die Apokalyptiker scheinen von einer vehementen Naherwartung durchdrungen zu sein: "Nahe ist der Krug dem Brunnen, und das Schiff dem Hafen, und | die Karawane der Stadt, und das Leben dem Abschluß" (2Bar 85,10). Daraus entspringt der paränetische Impetus, sich jetzt zu bekehren, ehe die Möglichkeit verschlossen wird.

Nichtsdestoweniger wird immer wieder die Frage laut nach dem Verbleib der Glaubenstreuen, die jetzt sterben, ehe die große Wende angebrochen ist. Schon das 1. Henochbuch sinnt über den Zwischenzustand der Seelen in den verschiedenen Kammern der Unterwelt oder in himmlischen Gefilden nach. Dan 12,1-3 erhebt die Auferstehung der Toten zum Thema. In manchen späteren Apokalypsen wird das Problem der individuellen Weiterexistenz nach dem Tode sogar zum leitenden Thema.

Besteht über die Bedeutung der eschatologischen Motivik in der Forschung Einigkeit, so gehen die Meinungen über die Darstellungen des voreschatologischen Weltenlaufs, also über das, was apokalyptische Geschichtsschau oder -verständnis genannt werden kann, weit auseinander. Zwar liegt auf der Hand, daß keine einzige dieser Schriften nur den Ablauf der Endereignisse ankündigen will. In sämtlichen Visionen des Danielbuches betrifft die Endzeit nur die letzte, wenngleich entscheidende Stufe des Geschehens; von den Daniellegenden ganz abzusehen, wo von ihr überhaupt nichts verlautet. Die große Wolkenvision, die im 2Bar mehr als ein Viertel des Buches einnimmt und nach Kap. 56 mit Adam beginnt, und ebenso das Klagegebet zu Beginn des 4Esr, laufen durch alle Stationen der Weltzeit. Diese summarischen Geschichtsüberblicke zeigen aber ganz andere Tendenzen als die alttestamentlichen Geschichts- und Profetenbücher.

d) Sukzession der Weltherrschaften. Nicht nur in Dan 2 und 7, den klassischen Belegen für die Vier-Monarchien-Lehre, sondern ebenso in der Siebzig-Hirten-Vision 1Hen 85-90, in der Adlervision 4Esr 11, der Schilderung des Tieres aus dem Abgrund Apk 13 usw. werden die treibenden

Kräfte des Geschichtsverlaufs nicht mehr in Israel gesucht, sondern in die fremden Großreiche verlagert, deren Herrschaft einen brutalen, "tierischen" Akzent erhält und die die Gläubigen in eine Minderheitensituation versetzen, obwohl die betreffenden Herrscher jeweils vom Weltenschöpfer zur geschichtlichen Stunde berufen worden sind.

e) Periodenlehre. Nicht nur die politischen Herrschaften agieren innerhalb gottgesetzter Fristen, sondern die gesamte Weltzeit ist von Anbeginn an nach festen Zahlenrelationen gegliedert. Wenn Dan 9,24 noch 490 Jahre, "verhängt über dein Volk und deine heilige Stadt", voraus|sieht, bis "ewige Gerechtigkeit" auf Erden gegründet wird, so knüpft das vermutlich an entsprechende fixe Zeiträume für die Spanne vom Exodus bis zum Salomotempel wie von da bis zum Zweiten Tempel an[38]. Der Zehn-Wochen-Vision 1Hen 93; 91,12ff wie den Zwölf-Perioden der Wolkenvision 2Bar 53ff liegt die gleiche Überzeugung vom Gesetz der Zahl in der Geschichte zugrunde, die dann auch für die Apk leitend wird. Das erlaubt dem Seher festzustellen, wie weit der Zeiger auf der Weltenuhr in seiner Gegenwart schon vorgerückt ist. Die Exegeten sehen hierin gelegentlich einen Determinismus, der der im Alten Testament vorausgesetzten menschlichen Willensfreiheit zuwider laufe.

f) Der Einbruch des Bösen. Während die alttestamentliche Profetie noch von einem anderen Ursprung des Bösen in der Geschichte weiß als dem im menschlichen Vernunft-Herz *(leb)*, setzen die Apokalyptiker dämonische Einwirkungen auf die menschliche Gesellschaft voraus. Nicht auf der vordergründigen Ebene realpolitisch-militärischer Kräfteverhältnisse fallen die Entscheidungen über den Lauf der Weltgeschichte, sondern in einer himmlischen "Parallelgeschichte", welche dem irdischen Geschehen urbildlich vorausläuft. Ablösung eines Großreichs auf Erden durch ein anderes erfolgt, wenn im Himmel die entsprechenden Völkerengel miteinander gekämpft und der eine den anderen besiegt hat (Dan 10,20f; 1Hen 85f). Die Könige der Erde werden durch Dämonen irregeleitet oder gar durch den Satan, der als Widersacher Gottes eine apokalyptische Entdeckung ist (1Hen 6ff; Apk 12 z.B.).

Wie ist diese Geschichtsschau zu beurteilen? Bisweilen sieht man in ihnen nur das Bestreben, durch *vaticinia ex eventu* auf geschichtliche Verläufe, die sich längst erfüllt haben, die Glaubwürdigkeit der eschatologischen Programmatik zu unterstreichen. Doch dies ist wohl zu einfach, da der Umfang der Geschichtsbetrachtung oft weit über den entsprechenden Teil der eschatologischen Ankündigungen hinausgeht. So sehen andere hier zum ersten Mal die Konzeption einer *Universalgeschichte* auftauchen. "Das Buch Daniel hat dieselbe Bedeutung für die Ge-

---

38 *K. Koch*: Die mysteriösen Zahlen der judäischen Könige und die apokalyptischen Jahrwochen, VT 28 (1978) 433-441 [[in diesem Band S. 135-142]].

schichtswissenschaft wie das erste Kapitel der Genesis für die Naturwissenschaft", formulierte schon Wellhausen[39]. Allerdings lassen diese Entwürfe dann | jeden Fortschritt vermissen, setzen im Gegenteil voraus, daß es mit der Menschheit ständig bergab geht, vom goldenen über das silberne zum ehernen und eisernen Zeitalter. Weltgeschichte also als Deszendenztheorie, Verfallsgeschichte (s. Koch [']). Mit Adam beginnt der Frevel - "o Adam, was hast du getan?" 4Esr 7,118 - und scheint immer weiter um sich zu greifen. Von dieser Sicht her bringt die eschatologische Kehre zwar eine Wende um 180 Grad, wahrt aber trotzdem die Kontinuität: Das Gottesreich setzt die Herrschaft der Großreiche mit anderen Mitteln fort. Solcher Deutung steht vor allem in der deutschsprachigen Forschung nach 1945 die Tendenz entgegen, bei dem Apokalyptiker einen geheimen *Dualismus* vorauszusetzen. Die Geschichtsentwürfe wollen alles andere als geschichtliche Verläufe deuten, vielmehr beispielhaft demonstrieren: "Die Weltgeschichte hat immer das kommen des Gottesreiches zu erwarten" (Noth 1957/1960). Unter Berufung auf 4Esr 7,50 "Der Höchste hat nicht einen Aion geschaffen, sondern zwei" wird das Eschaton als Abbruch jeder Geschichte verstanden. Zwischen dieser bösen und jener neuen Welt besteht absolute Diskontinuität[40].

Über diese Deutungen des Gesamtphänomens Apokalyptik sind die Akten noch keineswegs geschlossen, hier steht die Forschung noch in den Kinderschuhen.

3. Das soziologische Problem

Es fehlt nicht an Versuchen, die Trägerkreise dieser Literatur einer bestimmten historisch nachweisbaren Schicht des späten Israel zuzuweisen. Sie können nur von "geistesgeschichtlichen" Indizien ausgehen, da direkte historische Nachrichten fehlen. Dann fällt für die spätisraelitische Literatur der Mangel an Halacha, d.h. an Interesse für Gesetzesbeobachtung und -auslegung auf. Diese war, soweit wir wissen, im Palästina der Zeitenwende für die meisten Religionsparteien eine entscheidende Angelegenheit. Insbesondere zeichnete sie die Pharisäer aus. Das hat hinter den Apokalyptikern eine antipharisäische Gruppe vermuten lassen, die sich vom späteren Rabbinismus distanziert und die zumeist den Essenern | verbunden wird[41]. "Die dumpfe Luft der jüdischen Kon-

---

39 J. *Wellhausen*, Israelitisch-Jüdische Geschichte (1894. [9]1958) 286.

40 W. *Harnisch*, Verhängnis und Verheißung der Geschichte (1969); anders *K. Koch*: Esras erste Vision. Weltzeiten und Weg des Höchsten, BZ 22 (1978) 46-75. [[In diesem Band S. 77-106]].

41 D. *Rössler*: Gesetz und Geschichte (1960), dagegen A. *Nissen*: Thora und Geschichte im Spätjudentum, NT 9 (1967) 241-277.

ventikel weht uns entgegen" (Gunkel[42]). Verbreiteter ist noch die Meinung, von einem politisch motivierten Gegensatz auszugehen. Wer so sehnsüchtig nach der Weltenwende Ausschau hält, erweckt den Eindruck, einer Gruppe zuzugehören, die unterdrückt wird und jedenfalls nicht das Sprachrohr der herrschenden Kreise darstellt. Schon Max Weber hat auf den letzten Seiten des berühmten 3. Bandes seiner Religionssoziologie (Das antike Judentum, 1920 = 1971, S. 397ff) herausgestellt, daß in der nachexilischen Zeit "die Polizei der Priestermacht" den Nachwehen ekstatischer Profetie mit Gewalt Herr wurde und deshalb Visionen wie Daniel und Henoch "Angelegenheit von Sekten und Mysteriengemeinschaften" wurde. 1959 hat dann O. Ploeger in einer vielzitierten Studie über Theokratie und Eschatologie die These neu aufgegriffen und dahin weitergeführt, daß seit Esra und Jeremia die herrschende Priesterkaste die bestehende Theokratie für das Ende aller Wege Gottes gehalten habe, während eine Minderheit in frommen Konventikelkreisen sich sammelte, Profetenschriften studierte und apokalyptischen Visionen nachhing. Stärker noch hat P. Hanson, "The Dawn of Apocalyptic" (1975), den Antagonismus soziologisch und religionsgeschichtlich herausgearbeitet. So dramatisch sich solche Gruppierungen und Auseinandersetzungen auch ausmalen lassen, so bleibt doch zu bedenken, daß in den Apokalypsen zwar gelegentlich Kritik an den Reichen laut wird, auch zum bestehenden Tempel bisweilen eine reservierte Haltung eingenommen wird (1Hen 90,28f), trotzdem aber von einem Angriff auf die Priesterschaft nichts spürbar wird. Hier unterscheiden sich diese Bücher auffällig vom Qumranschrifttum, wo der Frevelpriester, der Hohepriester auf dem Zion, zum exemplarischen Gottesfeind gestempelt wird. Es verwundert deshalb nicht, wenn Lebram[43] den Spieß umdreht und die Tempelpriesterschaft geradezu zum Nährboden von Traditionen wie dem Danielbuch erklärt. Doch einlinige soziologische Festlegungen empfehlen sich schon deshalb nicht, weil die aramäischen Teile des Danielbuches (mit den Visionen Kap. 2 und 7?) vermutlich in der babylonischen Diaspora, die ältesten Schichten in der Henochsammlung | jedoch in samaritanischen Kreisen entstanden sein dürften. Wo in Judäa waren dann die Kreise, die solches Gut übernahmen und weiter entwickelten? Bislang fehlt es uns an festen Anhaltspunkten.

Gleichsam einige Meter über der soziohistorischen Auseinandersetzung, aber nicht unabhängig von hier, spielt sich ein Streit um die Alternative *Profetie oder Weisheit* als Wurzelboden apokalyptischer Ideen ab. Jahrhundertelang hatten Daniel wie die Johannesoffenbarung als profetische Bücher gegolten. Seitdem aber Apokalyptik als Ordnungsbegriff

---

42 Schöpfung und Chaos (1895 = 1921) 396.
43 VT 20 (1970) 524.

aufgestellt ist, wird der Abstand zu den israelitischen Profeten deutlicher und deutlicher. Ein Amos, Jesaja, Jeremia sprechen in ihre Zeit hinein und nennen die geschichtlich wirkenden Mächte beim Namen, die eigenen Könige oder Assyrer und Babylonier. Was sie als Zukunft erwarten, ist eine Wende der Volksgeschichte, die durchweg im diesseitigen Rahmen bleibt, so daß zu fragen ist, ob sie überhaupt Eschatologie genannt werden kann. Die Apokalypsen dagegen verrätseln alles, reden von längst vergangenen Reichen ebenso wie vom ewigen König einer noch ausstehenden Zukunft und nennen kaum je deutlich einen Namen. Das Verhältnis von Vision und Realität ändert sich unverkennbar (Hanson s. [²]). Vor allem aber wird aus der eschatologischen Wende von einer Unheils- zur Heilszeit Israels ein tiefgreifender Bruch zwischen alter und neuer Schöpfung. Nicht das Geschick Israels als erwähltes Volk steht zur Debatte, sondern das Geschick der Menschheit. Der universalen Weite entspricht zugleich die Konzentration auf das Individuum. Jeder ist gefragt nach Treue und Untreue, nach Glaube und Gehorsam. Und die Zuspitzung dieser Sichtweise führt zur Einführung von jenseitigen Größen, zur Voraussage von Auferstehung der Toten, Endgericht, ewigem Leben oder ewiger Verdammnis. Falls profetische Eschatologie im Hintergrund steht, dann in einer Art von Systematisierung, die über das von den Profeten Gewollte weit hinausführt.

Aus der Distanz zur Profetie wurden bislang zwei verschiedene Folgerungen gezogen:

1) Apokalyptik versucht Wiederbelebung der Profetie (nach einer vielleicht mehr als hundertjährigen Epoche des Schweigens) unter den veränderten Bedingungen des hellenistisch-römischen Zeitalters. Insbesondere die exzeptionelle Bedrohung der israelitischen Religion durch Antiochus IV. Epiphanes drängt dazu, Vision und Weissagung einer dramatischen Wende unter veränderten Umständen wiederaufzunehmen. - Bei dieser | Deutung wird das durch Qumran bezeugte vormakkabäische Alter des Henochschrifttums nicht in Rechnung gestellt.

2) Profetie ist einzig *ein* Komplex aus den heiligen Schriften, die durch die Apokalyptiker ausgelegt werden, und es ist nicht ausgemacht, daß er für sie zentrale Bedeutung hat. Nicht Eingebung ist letztendlich bestimmend für die Urteilsbildung der Verfasser, sondern ein enzyklopädisches Vielwissen. Das Ausgreifen in weltgeschichtliche Fernen und astronomische Weiten entspringt einem intellektuellen Interesse, das mit Profetie kaum mehr etwas zu tun hat und seine Impulse letztlich aus der altorientalischen Weisheit erhält. Der Atem der Geschichte, der die profetischen Äußerungen durchzieht, ist nirgends mehr erkennbar. Daniel gilt nicht von ungefähr als *ḥakîm*, und erst recht Henoch, der *sofer* bzw. *sāpar*, die Zentralfigur des umfangreichsten Opus. So nach Hölschers Vorgang[ᵐ] insbesondere v. Rad in seiner Theologie des Alten Testaments. - Die Aufstellung einer solchen Alternative setzt voraus, daß es Profetie und

Weisheit als Geistesbeschäftigung zweier verschiedener Stände noch im 3./2. Jahrhundert v.Chr. so gegeben hat wie in vorexilischer Zeit (Jer 18,18). Darüber gibt es keine zeitgenössischen Nachrichten. Was wir lesen, läßt vielmehr vermuten, daß aus den Weisen längst Schriftgelehrte geworden sind, die sich ebenso dem profetischen Schrifttum wie dem Gesetz widmen können. Und charismatisch auftretende öffentliche Profetengestalten sind vermutlich gänzlich obsolet geworden.

Die uns zur Verfügung stehenden Quellen erlauben noch nicht, über die Weise, wie die Apokalyptik profetisches Erbe aufnimmt, zuverlässige Aussagen zu machen. Die Entstehung dieser Strömung hängt vermutlich mit der beginnenden Kanonbildung und der dadurch notwendigen Schriftauslegung zusammen. Aber darüber wissen wir fast nichts.

III. Verwandte Strömungen im Iran und im Hellenismus

1. Als Anquetil de Perron den Awesta, die heilige Schrift der Zoroastrier, aus Indien mitgebracht und 1774 veröffentlicht hatte, bildete sich bald unter kritischen Exegeten die Überzeugung, daß die im späten Alten Testament neu aus dem Boden schießenden Vorstellungen über Engel, Dämonen, Satan, Endzeit der Welt und neue Schöpfung der Religion Zarathustras entlehnt worden seien; so die Meinung von Semmler, de Wette, | Vatke und vor allem J.G. Herder[44]. Als F. Lücke und Hilgenfeld die Apokalyptik als eine besondere Strömung der Zeit Jesu entdecken, werden sie zugleich gewahr, daß die als persisch vermuteten Elemente gerade in den Apokalypsen ihren Nährboden finden. Seitdem taucht die Behauptung maßgeblicher iranischer Einflüsse wellenförmig wieder und wieder in der Apokalyptikforschung auf und löst jedesmal heftigen Streit aus. Um die Jahrhundertwende betonen E. Böklen 1902 und L.H. Mills 1908 die Verwandtschaft; während N. Söderblom 1901 jeden Einfluß entschieden in Abrede stellte: einzig der Gedanke der Auferstehung findet sich in beiden Religionen, aber unabhängig voneinander, denn in Israel ist er längst vor jedem Kontakt mit den Persern ausgebildet (ähnlich Lagrange 1904). Dem entgegnete Bousset noch 1901, daß durch solche "mehr apriorischen Bemerkungen" keineswegs "die Annahme einer weitgehenden Abhängigkeit" vom Parsismus aus der Welt zu schaffen sei[45].

Nach dem Ersten Weltkrieg verstieg sich v. Gall 1926 zur These, die Apokalyptik sei "unjüdisch in jeder Beziehung nach Form und Inhalt" und habe ihre Heimat in der Religion Zarathustras. Doch die Forschung war inzwischen durch Reitzenstein 1921/22 und andere darauf aufmerksam gemacht worden, daß kaum Zarathustra selbst, der Jahrhunderte

---

44   *J.M. Schmidt*: Die jüdische Apokalyptik (²1976) 17f.
45   Ebd. 206f, 263f.

vorher im fernen Ostiran lebte (um 600 v.Chr.?), die gebotene Vergleichsebene darstellt, sondern die Spätstufe iranischer Religion, die sich unter den Magiern in Babylonien und Syrien im letzten vorchristlichen Jahrhundert ausgebildet hatte. Nicht der Awesta, sondern mittelpersische Apokalypsen wie der Bahman Yascht, auch Zand-i Vohuman Yašn genannt, bieten die entscheidenden Parallelen[46]. Ein "Gemisch babylonischer und persischer Religion" machen Bousset-Gressmann 1926 für die Ideen von Weltperioden, eschatologischem Weltbrand, astrologischen Weltregenten, Endgericht, Auferstehung der Toten, kommendem Reich Gottes und dem Dualismus mit Satan und Antichrist verantwortlich (S. 502ff). "Es muß dabei bleiben, daß der jüdische Dualismus von dem iranischen abhängig ist" (S. 515).

Das Wiederaufleben der Apokalyptikdebatte um 1960 war erneut Anlaß zum Streit. Einerseits hat ein Sachkenner wie Colpe 1961[47] entschie|den Protest dagegen eingelegt, daß iranische Quellen, die meist erst im frühen Mittelalter entstanden sind, zu Rekonstruktion der Vorstufen alttestamentlicher Ideen in vorchristlicher Zeit gemacht werden. Andererseits werden dennoch Einzelbereiche wie z.B. die in den Rahmen einer Weltalterlehre eingefügte Vier-Monarchien-Lehre mit der Sukzession der Weltreiche Assyrien/Babylonien-Medien-Persien-Griechenland/Rom mit erstaunlich materialreichem Nachweis auf den Iran, genauer genommen auf parthisch-nahöstliche Opposition gegen Hellenismus und Römertum zurückgeführt, sowohl bei Swain 1940 wie Baumgartner 1945, Noth 1957/ 1960 und S.K. Eddy 1961 [[siehe die Bibliografie im Sammelband "Apokalyptik"]]. Die Erwartung eines eschatologischen Heilands, der die Auferstehung der Toten herausführt, meint J.R. Hinnells 1969[48] wieder bis in den Awesta zurückführen zu können.

Die Entscheidung in solchen Fragen ist schwierig. Immer wieder melden sich Stimmen, welche jede Ableitung der Apokalyptik von auswärts für überflüssig, ja bedenklich halten, weil eine innerisraelitische Entstehung ebenso denkbar sei. Das Urteil hängt davon ab, welches Maß von Traditionssprüngen man für Israel einkalkuliert. Ist es denkbar, daß in Israel, wo über ein Jahrtausend jede Hoffnung auf ein positives Weiterleben des Menschen nach dem Tode kategorisch abgelehnt wurde, eines Tages doch aufgrund eines nunmehr wörtlichen Verständnisses bestimmter, von Haus aus bildlich gemeinter Schriftaussagen (etwa der Vision von der Wiedererstehung der Gebeine Israels Ez 37) eine Auferstehungshoffnung sich Bahn brechen konnte? Kann Deuterojesajas Gegenüberstellung von früheren und späteren Heilsgeschehnissen die Idee zweier am Anfang

---

46   Dazu jetzt *J.J. Collins*: Persian Apocalypses, Semeia 14 (1979) 207-218.
47   Die religionsgeschichtliche Schule (1961).
48   Numen 16 (1969) 161ff.

von Jahwä getrennt geschaffenen Aionen aus sich herausgesetzt haben? Können Weissagungen, daß Jahwä eschatologischer König werden wird (Jes 52,7), zur Erwartung eines künftigen, auf Erden erscheinenden Reiches Gottes umgebogen werden? Ist es als geschlossene Entwicklung denkbar, daß aus dem himmlischen Staatsanwalt, den der Satan als einer der Gottessöhne Hiob 1 (Sach 3) darstellt, nach einigen Jahrhunderten ein entschiedener Gegenspieler Gottes, und das von Anfang her, wird? Vielleicht ist ein Entweder-Oder überhaupt unangebracht und mit monokausalen Ableitungen nicht durchzukommen.

2. Anders verhält es sich mit zeitgenössischer *hellenistischer Offenbarungsliteratur*. Sie kommt als Quelle für die spätisraelitische Apokalyptik nicht in Frage, liefert aber wichtige Hinweise auf ein allgemein verbreite|tes Lebensgefühl und zeigt, daß die drängende Erwartung des Weltendes keineswegs bloß in Palästina damals um sich griff.

Während der durch Platon aufgenommene Bericht der Himmels- und Höllenreise des Pamphyliers Er (Politeia 614B-621B) ausländisches Gut vermittelt, das nicht von ungefähr aus (dem persisch beeinflußten?) Kleinasien stammt, verhält es sich mit den sibyllinischen Büchern anders. Sie stammen aus einem synkretistischen Hellenismus und werden sekundär erst israelitisch, dann christlich überarbeitet - womit ein Zusammenhang zutage liegt. Auch die hermetische Literatur des hellenisierten Ägypten liefert apokalyptische Stoffe, selbst die Dichtung am ptolemäischen Hof kennt in Tiersymbolen verschlüsselte Zukunftsvisionen, z.B. Lykophron in seinem Epos Alexandra[49]. Die Ausbreitung solcher Orakelliteratur in griechischer Sprache vor und nach der Zeitenwende dürfte mit der parallel laufenden, steigenden Astralisierung der Religion und mit der Astrologie insgesamt verbunden haben. Doch dazu fehlt es nicht nur an Einzelstudien, sondern mehr noch an jeder Zusammenschau. Die israelitische Apokalyptik sieht T.F. Glasson von hellenistischen Impulsen geprägt[50].

IV. Jesus im Schatten der Apokalyptik?

Seit ihrem Beginn hängt der Apokalyptikforschung der Geruch an, sich mit theologisch illegitimen Inhalten zu beschäftigen. Denn durch die gesamte Kirchengeschichte hindurch sind apokalyptische Ideen und Modelle besonders von Schwärmern und kirchlichen Außenseitern begierig aufgenommen worden, die dann darauf eine Naherwartung für ihre Zeit oder eine "einseitig" wirkende Kritik an Kirche oder Staat aufbauten. "Nach der herrschenden kirchlichen und theologischen

---

49 Vgl. Der kleine Pauly 3,85f; zum Gesamtphänomen *H.W. Attridge*: Greek and Latin Apocalypsis, Semeia 14 (1979) 159-186.
50 Greek Influences in Jewish Eschatology (1961).

Tradition ... ist Apokalyptik ... zumindest ein verdächtiges Symptom häretischer Tendenz"[51]. Die Lehrbücher der alttestamentlichen Theologie rücken deshalb die Apokalyptik als "unfruchtbare Jenseitsromantik" an den Rand des Kanons. Doch solche systematisch-theologischen Gesichtspunkte stehen in diesem Bande nicht zur Diskussion, dem es mehr um die historischen Zusammenhänge geht. |

Zu ihnen aber gehört die mögliche Beziehung des Urchristentums und der Verkündigung Jesu selbst zu den apokalyptischen Kreisen der Zeit. Im Neuen Testament ist die Gattung Apokalypse nur durch ein Exemplar am Ende des Kanons vertreten. Unter 27 Schriften _eine_ apokalyptische - gibt das einen zutreffenden Begriff für das Verhältnis des Urchristentums zu dieser Geistesbeschäftigung? Viele Neutestamentler sind solcher Meinung, sehen die Offenbarung Johannis so sehr als Fremdkörper an, daß sie in einer neutestamentlichen Theologie überhaupt nicht zu behandeln sei[52]. Andere aber, angefangen mit Joh. Weiss in seiner Studie über Jesu Predigt vom Reich Gottes (1892[ᶜ]), hatten gerade Jesus selbst maßgeblich von apokalyptischen Enderwartungen bestimmt gesehen. Heutzutage setzt wohl jeder Neutestamentler das Maß apokalyptischer Beeinflussung anders an als sein Kollege. Oft wird mit einem gewissen, aber nicht entscheidenden Einschlag gerechnet, so bei R. Bultmann (s. [ᵛ]) und Ph. Vielhauer (s. [ʸ]). Nur wenige gehen soweit wie E. Käsemann 1960 und erklären: "Die Apokalyptik ist die Mutter der christlichen Theologie" (ZThK (1962) 257-284, 259), wobei Käsemann aber Jesus selbst ausnimmt. Andere betonen apokalyptischen Einfluß auf Paulus[53].

Um die seit 150 Jahren während Auseinandersetzung zu verdeutlichen und in ihrer historischen Relevanz begreiflich zu machen, greifen wir aus den synoptischen Evangelien sechs Vorstellungskomplexe heraus, nämlich Auferstehung der Toten, Endgericht, Reich Gottes, Menschensohn, Angelologie und Satanologie, wo die Auseinandersetzung besonders prekär wird.

1) Daß der _Auferstehung_ Jesu im urchristlichen Bekenntnis ein hoher Rang zukommt, bedarf keines Hinweises. Doch die Ostererscheinungen treffen die Jünger insofern nicht unvorbereitet, als ihnen der Erwartungshorizont einer demnächst bevorstehenden Auferstehung der Toten bereits durch die Verkündigung Jesu selbst vorgegeben war[54]. Daß am Jüngsten

---

51 _G. Ebeling_, ZThK 58 (1961) 231.
52 Z.B. _H. Conzelmann_: Grundriß der Theologie des Neuen Testaments (³1976).
53 _U. Wilckens_, s. in [ˢ] S. 265f; _P. Stuhlmacher_: Gottes Gerechtigkeit bei Paulus (²1966); ders.: Das paulinische Evangelium I (Vorgeschichte 1968); _I. Baumgarten_: Paulus und die Apokalyptik (1975).
54 _U. Wilckens_: Auferstehung (1970).

Tage alle Toten wiederauferstehen, ist von Jesus gegen die Zweifler energisch verteidigt worden (Mk 12,18-27). Das Reich Gottes wird einstmals alle Gläubigen von Adam an versammeln. Diese Über|zeugung steht aber in einem gewissen Widerspruch zum (historisch interpretierten) Alten Testament, das an sich für Jesus die autoritative heilige Schrift darstellt. Hier wird die Begrenztheit des Menschenlebens und seine Diesseitigkeit von Anfang an (Gen 3,19) betont. Einzig das letzte Kapitel des jüngsten protokanonischen Buches, nämlich Dan 12,1-3, macht eine Ausnahme; da findet sich der einzige eindeutige Beleg, der von einem Auferstehen der Toten zum ewigen Leben kündet. Eingehender wird darüber im 1. Henoch (22,51) und in jüngeren Apokalypsen (2Bar 21,23f; 30,1; 4Esr 7,32) gehandelt. In neutestamentlicher Zeit vertreten zwar auch die Pharisäer schon (im Unterschied zu anderen spätisraelitischen Richtungen Mk 12) eine Auferstehungserwartung. Sollten aber die Pharisäer ebenso wie Jesus und seine Anhänger vom Danielbuch und anderen Apokalypsen abhängig sein?

2) *Endgericht.* Auf die Auferstehung der Toten folgt eine riesige kosmische Gerichtsverhandlung, bei der jeder einzelne aufgrund seiner Werke von Gott oder seinem Beauftragten geprüft und danach zu ewigem Leben oder ewiger Verdammnis verurteilt wird. Selbst die alttestamentlichen Profeten wissen von einem Jüngsten Gericht noch nichts. Jesuanische Logien und Gleichnisse setzen es dagegen als selbstverständlich voraus (z.B. Mt 5,25ff). Ebenso die Apokalyptik. Bei Daniel wird ein solcher Prozeß über die Weltreiche durchgeführt (7,11ff); schon im 1. Henoch betrifft er die Individuen, was dann zu einem zentralen Anliegen in allen späteren Apokalypsen wird[55]. Da jedoch die Vorstellung (später) auch bei den Rabbinen nachzuweisen ist, darf für die Zeit Jesu auf eine Verbreitung geschlossen werden, die über apokalyptische Kreise hinausgeht.

3) *Hereinbrechen des Reiches Gottes.* Der Evangelist Markus (1,14f) faßt Jesu Verkündigung in dem Ruf zusammen: "Die Zeit ist erfüllt, und das Reich Gottes ist nahe herbeigekommen. Kehrt um und glaubt an das Evangelium." Dieses Reich spielt fortan bei Jesus die zentrale Rolle. Seine Gleichnisse malen dessen Ankunft aus, seine Wunder sind Zeichen der (geheimnisvoll schon gegenwärtigen?) göttlichen *basileia*, seine Worte beim letzten Mahl weisen nach Markus 14,25 auf die baldige Wende, wie denn überhaupt bei allen Logien über das Reich eine brennende Erwartung spürbar wird. Bei seinen Zuhörern setzt Jesus eine Erwartung der anbrechenden "Königsherrschaft Gottes" - wie heute meist übersetzt | wird - als bekannt voraus. Woher stammt sie? Das Alten Testament weiß zwar um das Reich Jahwäs als einer gegenwärtigen Größe, nichts aber von dessen eschatologischem Durchbruch. Die einzige Ausnahme bildet Dan

---

55 Belege bei *Bousset-Gressmann*: Die Religion des Judentums (⁴1966) 257-259.

7,13f, wo bei der eschatologischen Wende der Menschensohn die Macht und die Herrschaft und das Reich erhält, die nimmer vergehen. Im Kontext bedeutet dies die Ankunft ewiger Gerechtigkeit unter den Menschen (9,24). Da die vor dem Eschaton verborgene Herrschaft Jahwäs mit ähnlichen Prädikaten der Unvergänglichkeit versehen wird wie die von 7,13 (vgl. 3,33; 3,41), liegt es nahe, das dem Menschensohn zukommende Reich mit dem während dieser Weltzeit verborgenen Reich Jahwes in eins zu setzen, das sich dann aber zukünftig in der Sichtbarkeit durchsetzen würde. Entsprechende Erwartungen lassen sich in der vorchristlichen spätisraelitischen Literatur sonst kaum belegen, außer in einigen apokalyptischen Stellen (AssMos 10,1; Sib III 767) und im Profeten-Targum, der auch in anderer Beziehung Anklänge zur Apokalyptik erkennen läßt[56].

4) Der *Menschensohn* als eschatologischer Herrscher. Dies ist bei weitem der umstrittenste Punkt im Katalog möglicher apokalyptischer Themen. Nach den Evangelien hat Jesus 82mal vom gekommenen, leidenden und demnächst in Herrlichkeit wiederkehrenden Menschensohn gesprochen. Was das bedeutet, wird mehr vorausgesetzt als ausgeführt. Frühere Jahrhunderte sahen darin nichts anderes als eine Bezugnahme auf die profetischen Weissagungen von einem kommenden Messias Israels, nur daß hier der Name ausgetauscht wäre. Seit der Ausklammerung der Apokalyptik aus dem profetischen Schrifttum wird aber zunehmend deutlich, daß hier Differenzen vorliegen. Die sogenannten messianischen Weissagungen (Jes 9,11 usw.) blicken auf einen nationalen Heilskönig voraus, der aus der Mitte seines Volkes eines Tages siegreich hervortritt, während mit dem Menschensohn anscheinend eine Gestalt gemeint ist, die mit den Wolken des Himmels und der Begleitung von Engeln herankommt, über alle Menschen die Herrschaft gewinnt und den Untertanen jenseitige und geistige Heilsgüter zueignet. Freilich bleibt unklar, ob in der ältesten Belegstelle Dan 7,13 derjenige, der "wie ein Menschensohn" herankommt, schon mit einem Titel gekennzeichnet werden soll. Titulargebrauch liegt aber wohl in den Bilderreden des 1Hen (37-71) | vor. Da dieser Teil jedoch in den Henochfragmenten aus Qumran fehlt, stehen sie in Verdacht, vielleicht erst in nachchristlicher Zeit entstanden zu sein. Doch lassen 4Esr 13 und 2Bar 30 (wo der danielischen, in Herrlichkeit erscheinenden Gestalt der Messiastitel zugelegt wird) vermuten, daß in apokalyptischen Kreisen aus der Danielstelle schon vorchristlich die Ankündigung des entscheidenden eschatologischen Heilsmittlers entnommen wurde. (Vgl. 1Hen 90,37ff, wo der als weißer Farre geborene Mittler der Endzeit einen zweiten Adam darstellt (1Hen 85,3), und keineswegs - wie meist angenommen - einen davididischen Messias, da er sonst als

---

56   *K. Koch*: Offenbaren wird sich das Reich Gottes, NTS 2 (1978) 138-165.

Schaf eingeführt sein müßte entsprechend 89,45)[57]. Will man für die Menschensohnvorstellung bei Jesus nicht eine völlig originale Entstehung vermuten, ist der Rückbezug auf die Apokalyptik vorauszusetzen.

5) *Engel und Satan.* Die Lebensgeschichte Jesu wird nach den Evangelien von Engelserscheinungen umrahmt. Seine Geburt wie seine Auferstehung wird von Engeln eröffnet, Engel werden die Ankunft des Menschensohns begleiten und Diener seines Gerichtes sein (Mt 25,31; 13,39.49). Sie begleiten aber auch den einzelnen Menschen unsichtbarerweise, als Schutzengel selbst die Kinder (Mt 18,10). Öfter noch werden böse Geister und vor allem ihr Anführer, der Böse, der Feind oder der Satan genannt, auf sie nicht nur Krankheit und Besessenheit, sondern auch Versuchung zur Sünde, Verfolgung der Gläubigen und Gegnerschaft gegen das Gottesreich zurückgeführt (Mt 13,19.39 u.ö.). Der Satan und seine Helfer werden am Ende der Tage gefällt. Ja, Jesus hat ihn schon vom Himmel fallen sehen wie einen Blitz (Mt 12,25ff; Lk 10,18). Auch hier könnte die apokalyptische Literatur derjenige Bereich sein, wo die im alten Israel nur schwach ausgebildete Angelologie und Dämonologie erstmals systematisch ausgebaut worden ist. Engelnamen wie Michael und Gabriel erscheinen im Danielbuch, die systematische Ordnung von Engel- und Dämonenklassen erstmals im 1. Henoch. Für das Weltbild Jesu und der Urgemeinde spielen diese Kräfte aber offensichtlich eine große Rolle.

Der Katalog solcher Themen ließe sich noch erweitern. Andererseits ist nicht zu verkennen, daß bestimmte wesentliche Elemente apokalyp|tischer Sprache in den synoptischen Evangelien fehlen. Von einer verrätselten symbolgeladenen Ausmalung des Enddramas findet sich kaum eine Spur, über die Folgen von Weltreichen oder durch Zahlen gegliederte Weltperioden wird nicht spekuliert, astronomisch-astrologische Komponenten wie im 1. Henoch fehlen ebenso wie das gelehrte Wissen, daß die Apokalyptiker gern entfalten. Da zudem die soziologischen Fragen weder im Blick auf die Kreise, aus denen Jesus herkommt, wie erst recht im Blick auf die Apokalyptiker, bislang einigermaßen deutlich geworden sind, bleibt die Tragweite der Verwandtschaft vorerst offen[58].

---

57 Zum Forschungsstand im Danielbuch vgl. *K. Koch*: Das Buch Daniel, EdF 144 (1980).

58 Die Auswahl der Beiträge des Sammelbandes wurde 1975 vorgenommen. In der Bibliografie sind jedoch auch jüngere Beiträge bis 1982 gelistet. - Für Mithilfe ist T. Niewisch, M. Decker und F.M. Wessel zu danken.

Liste der
Beiträge im Band "Apokalyptik"

[a] Johanneische Apokalypse (1843). Von *Eduard Reuss*
[b] Jüdische Apokalyptik als Vorgeschichte des Christentums (1857). Von *Adolf Hilgenfeld*
[c] Die Predigt Jesu vom Reiche Gottes (1892). Von *Johannes Weiss*
[d] Zur apokalyptischen Literatur (1899). Von *Julius Wellhausen*
[e] Aus Wellhausen's neuesten apokalyptischen Forschungen. Einige prinzipielle Erörterungen (1899). Von *Hermann Gunkel*
[f] Die jüdische Apokalyptik und die Geschichtsphilosophie (1900). Von *Auguste Sabatier*
[g] Reich Gottes und Ethik bei Jesus (1901). Von *Albert Schweitzer*
[h] Verkündigung der Nähe der Gottesherrschaft und jüdische Apokalyptik (1902). Von *Otto Pfleiderer*
[i] Die religionsgeschichtliche Herkunft der jüdischen Apokalyptik (1903). Von *Wilhelm Bousset*
[j] Jüdische und christliche Apokalypsen (1914). Von *F. Crawford Burkitt*
[k] Prophetie und Apokalyptik (1914). Von *Robert Harvey Charles*
[l] Apokalyptisches Denken und Schrifttum (1920). Von *F.J. Foakes Jackson* und *Kirsopp Lake*
[m] Die Weisheit der Mystiker (1922). Von *Gustav Hölscher*
[n] Einige Beobachtungen zur Haltung der Synagoge gegenüber den apokalyptisch-eschatologischen Schriften (1922). Von *Louis Ginzberg*
[o] Methodische Fragen zum Verhältnis von Spätjudentum und Christentum (1926). Von *Gerhard Kittel*
[p] Apokalyptik (1928). Von *Jakob Klatzkin* und *Jeheskel Kaufmann*
[q] Merkmale jüdischer Apokalyptik (1934). Von *Paul Volz*
[r] Die Offenbarung des Johannes (1934/35). Von *Ernst Lohmeyer*
[s] Die Bekehrung des Paulus als religionsgeschichtliches Problem (1959). Von *Ulrich Wilckens*
[t] Spätisraelitisches Geschichtsdenken am Beispiel des Buches Daniel (1961). Von *Klaus Koch*
[u] Apokalyptik - Prophetie - Pseudonymität (1962). Von *David Syme Russell*
[v] Zum Verständnis der messianischen Idee im Judentum (1963). Von *Gershom Scholem*
[w] Ist die Apokalyptik die Mutter der christlichen Theologie? Eine Auseinandersetzung mit Ernst Käsemann (1964). Von *Rudolf Bultmann*
[x] Geschichte und Offenbarung in der jüdischen Apokalyptik (1967). Von *William R. Murdock*
[y] Apokalypsen und Verwandtes (1971). Von *Philipp Vielhauer*
[z] Alttestamentliche Apokalyptik in neuer Sicht (1971). Von *Paul D. Hanson*

Die mysteriösen Zahlen der judäischen Könige und die apokalyptischen Jahrwochen

Über die Chronologie der judäischen Königszeit ist in den letzten Jahren viel gearbeitet worden[1]. Die von den Königsbüchern angegebenen Zahlen für die Regentschaften sind bekanntlich in ihrer Summierung für die Zeit zwischen Salomo und dem Exil zu hochgegriffen, wie der Vergleich mit zuverlässigen altorientalischen Daten zweifellos ergibt. Der Wunderschlüssel, der in den letzten Jahrzehnten verwendet wurde, um die Unstimmigkeiten auszugleichen, setzte die Mitregentschaft eines alten Königs mit seinem Sohn in mehreren Fällen voraus, wobei für beide die eigenen Königsjahre nebeneinander gezählt werden[2]. Streit entzündet sich bei einer Vielzahl von Einzeldaten, text - oder literarkritische Bedenken lassen sich erheben. Dabei wird nach einer den Königsbüchern zugrunde liegenden chronologischen Gesamtkonzeption kaum mehr gefragt. Ist es nicht denkbar, daß bei der Ansetzung der Regierungsjahre auch "ideologische" Faktoren eine Rolle gespielt haben und nicht bloß historische Überlieferung?

1. In den Texten gibt es einige bemerkenswerte Hinweise. Unsere exegetischen Kollegen vor 100 Jahren waren in dieser Hinsicht hellhöriger als wir heute. Als scheinbar erratischer Block steht 1Kön 6,1 in der textlichen Landschaft, wonach zwischen dem Auszug aus Ägypten und dem Beginn des Tempelbaus in Jerusalem 480 Jahre verflossen sind. Diese 480 Jahre lassen sich aus den in den Büchern Deuteronomium bis 1 Könige gegebenen Daten sinnvoll zusammenaddieren[3]. Sie tendieren anscheinend auf eine Gesamtzahl von 12 | mal 40 Jahren, obwohl die Einzelposten nur in Ausnahmefällen die runde Zahl 40 ausmachen (Wirken Moses, Zeit der Ruhe während der Richterära z.B.). Lassen sich nach 1Kön 6 die für die Königzeit gegebenen Daten ebenfalls zu einer Gesamtsumme zusammenziehen? Geben wir Wellhausen das Wort[4]: "Vom Auszug aus Ägypten bis zum Anfange des Tempelbaues sind 480

---

1 Cf. den Überblick von *S.J. De Vries*, IDB, Suppl. Vol., S. 161-6.

2 Z.B. *E.R. Thiele*, The Mysterious Numbers of the Hebrew Kings (Chicago, 1951, [2]1965), und *A. Jepsen*, Untersuchungen zur israelitisch-jüdischen Chronologie, BZAW 88 (1964).

3 *M. Noth*, Überlieferungsgeschichtliche Studien (Halle, 1943), §4; *W. Vollborn*, "Die Chronologie des Richterbuches", FS für *F. Baumgärtel* (Erlangen, 1959), S. 192ff.

4 *J. Wellhausen*, Prolegomena zur Geschichte Israels (Berlin, [3]1886), S. 283.

Jahre verflossen, von da an bis zur Zerstörung Jerusalems, nach den Zahlen der Könige von Juda, 430, einschließlich des Exils wiederum 480 Jahre". Auch für diese zweite Epoche stellt er die 40 als "Grundelement" heraus, das sich aus der Angabe für einzelne Könige eindeutig, in anderen Fällen aus dem Zusammenstellen mehrerer Posten ergibt. So regiert z.B. Joas 40 Jahre, und Josafat, Joram, Ahasja und Atalja zusammen erreichen die gleiche Zeit (S. 284). Wellhausens These ist insofern hypothetisch, als die erschlossenen 50 Jahre für das Exil im Königsbuch selbst nicht vermerkt werden. Deshalb hat man weithin die Frage nach einem vorgegebenen Gesamtrahmen der Chronologie als unwesentlich beiseite getan. Als Beispiel, wie man dann die Texte zurechtlegen muß, sei M. Noths Behandlung von 1Kön 6,1 im Zusammenhang des deuteronomistischen Geschichtswerkes angeführt. Nach Noths Meinung hat sich für die Spanne zwischen Exodus und Tempelbaubeginn bei Dtr.´s Untersuchungen "die schöne runde Summe 480 mehr oder weniger ungezwungen von selbst" ergeben; nach einem besonderen Sinn der Zahl zu suchen "liegt überhaupt kein positiver Grund vor" (ÜGS, S. 19). Ist aber die Zahl 480 so rund, zumal wenn Noth eine symbolische Bedeutung der Zahl 40 ausdrücklich ablehnt (S. 21)? Warum wird zudem der *Beginn* des Tempelbaus als Fixpunkt gewählt? Denn die *Tempelweihe*, 20 Jahre später (1Kön 6,38; 7,1; 8,1) markiert einen ganz anderen Einschnitt und hätte mit den dann vollendeten 500 Jahren seit dem Sinai eine schönere und rundere Zahl ergeben. Noth verwickelt sich aber mit seinen eigenen Argumenten noch stärker. Denn nach ihm hat sich Dtr. vor Abfassung seines Werkes erst einen Gesamtaufriß und ein chronologisches Gerüst zurechtgelegt (S. 26). Hat Dtr. sich aber nur ein Gerüst für die vorsalomonische Zeit zurechtgelegt? Sollte er in seine eigene Gegenwart dieses chronologische Gerüst nicht einbezogen haben? Noths gewundene Argumentation hangt mit seiner Ansicht von Art und Anliegen des Dtr. zusammen. Wenn die Komposition der Königsbücher bei den 430 judäischen Königsjahren | eine Exilszeit von 50 Jahren implizit hinzurechnet, und also mit einer 1Kön 6,1 entsprechenden zweiten Epoche von 480 Jahren arbeitet, ist 1Kön 6,1 entweder vaticinium ex eventu und nachdeuteronomistisch. Damit sinkt Noths wichtigstes Argument hin, der chronologische Zusammenhang, und damit die Einheitlichkeit des deuteronomistischen Geschichtswerkes überhaupt (ÜGS, S. 26f). Oder aber der Dtr. hat 1Kön 6,1 abgefaßt im Blick auf eine zweite 480- Jahres-Spanne über das Exil hinaus, ist also in seiner Grundhaltung im Blick auf den Ausgang der Geschichte seines Volkes nicht so pessimistisch, wie Noth ihn pessimistisch ansetzt (S. 108f). Dann erwartete Dtr. vielmehr, setzt man ihn um 560 v.Chr. an, in ca. 20 Jahren den Umschlag der Geschichte zum neuen Heil für Israel.

Sehen wir uns die Liste der Regierungsjahre in den Königsbüchern genauer an:

Judäische Regierungsjahre nach den Königsbüchern

1Kön	6,1	1.	Salomo. Tempelbaubeginn im 4. J. =	
			nach Exodus	*480*
	(6,38; 7,1)		Tempelweihe nach 20. J.	20
	(11,42)		Rest der Herrschaft von 40 J.	16
	14,21	2.	Rehabeam	17
	15,2	3.	Abia	3
	15,10	4.	Asa	41
	22,42	5.	Josafat	25
2Kön	8,17	6.	Joram	8
	8,26	7.	Ahasja	1
	(11,4)	8.	Atalja	7
	12,2	9.	Joas	40
	14,2	10.	Amasja	29
	15,2	11.	Asarja	52
	15,33	12.	Jotam	16
	16,2	13.	Ahas \ davon 6. J. bis Ende Samarias	16
	17,2	14.	Hiskia / 23 J. nach Ende Samarias	29
	21,2	15.	Manasse	55
	21,19	16.	Amon	2
	22,1	17.	Josia	31
	23,31	18.	Joahas 3 Mon.	-
	23,36	19.	Jojakim	11
	24,8	20.	Jojachin 3 Mon.	-
	24,18	21.	Zedekia	11

	seit Tempelbaubeginn (ab Tempelweihe 410)	*430*
25,27	Begnadigung Jojachins nach 25 J.	25

Ist die Summe von 430 Königsjahren ab Baubeginn des Tempels als zufällige Addition vorliegender Daten entstanden? Die Ergänzung durch eine auf 50 Jahre angesetzte Exilszeit, welche die Kongruenz zu den 480 Jahren vor Baubeginn des Tempels ergibt, legt sich aus | mehreren Gründen nahe. Wenn Dtr. sie nicht mitteilt, mag sich das daraus erklären, daß er die Befristung der Unheilszeit, in der er lebt, auf ein "Jubiläum" als bekannt voraussetzt, sie aber noch nicht in sein Werk, das Geschichte berichtet und nicht Profezeiung, einbringen kann. Gibt es dafür Hinweise? In der Tat geben Profetenstellen aus der Exilszeit Anhalt. Einmal das (dtr. bearbeitete?) Kapitel Jer 34, das ein *dᵉror* für Schwert, Hunger und Pest ausruft als Katastrofe über Jerusalem und seinen Stand. *dᵉror* ist sonst das Jobeljahr (Lev 25,10). Wenn Jer 34,14 mit dem Sabbatjahr argumentiert, laufen hier wohl zwei Überlieferungsschichten durcheinander, die aber beide mit einer durch die runde Zahl 7 geprägten Zeit rechnen (das Jobeljahr ist bekanntlich die Vollendung der 7 x 7-Periode). Deutlicher noch ist in dieser Hinsicht das Ezechielbuch. Im 25. Jahr seiner Deportation - und das meint offensichtlich die Hälfte der Deportationszeit - erschaut Ez 40ff den neuen Tempel. Bei dessen Maßen spielt die Zahl 50 eine belangreiche Rolle, so daß er "schon in seinen Ausmessungen das Geheimnis des 'Tempels der großen Freilassung' in sich trägt"[5]). Auch Jes 61,1f wirkt dic Ansicht von einem Jobeljahr als Termin der Befreiung nach (ist auch Jes 40,1f mit dem vorausgesagten Ende der Knechtschaft so zu verstehen?). Vor allem aber wird von einer Jubiläums-Konzeption her das letzte Datum des Königsbuches aufschlußreich. Nach 37 Jahren Gefangenschaft und d.h. 25 Jahren nach der Zerstörung Jerusalems wird Jojachin von Awil-Marduk begnadigt, aus dem Kerker entlassen, erhält einen Sitz über den Sitzen der anderen Könige, darf Gefangenenkleider ablegen, erhält seinen Unterhalt. Die für den Stil der Königsbüchern ungemein breite Ausmalung dieser anscheinend nebensächlichen Episode wird begreiflich, wenn in der Hälfte des für Israel festgesetzten Unglücks-Jubiläums die Freilassung des ersten Mannes aus Israel ein Vorzeichen für die Freilassung des gesamten Volkes anzeigt. Dann aber endet die Chronologie der Königsbüchern mit einer Zeitidee, wie sie Ezechiel ebenso teilt. Nur daß dieser von der ersten Deportation 598/7, jene dagegen von der zweiten 587/6 ab rechnen. Man kann sich vorstellen, mit welcher Begeisterung solche Kreise, denen an der von Jahwä geprägten Zeitepoche lag, das Kyrosedikt aufgenommen haben, das fast aufs Jahr genau die Knechtschaft Israels für beendet erklärt und den Weg zum neuen Tempelbau öffnet! Freilich ist solcher Hochstimmung mit dem Scheitern Schesch-|bazars die Ernüchterung gefolgt, und das hat sich auch auf das chronologische System ausgewirkt, wie sich noch zeigen wird.

Zunächst aber bleibt festzuhalten, das die Bücher Josua bis 2 Könige von einem chronologischen Gerüst getragen werden, das zweimal die Zahlen 12 und 40 als Grundstrukturen einer von Jahwä geleiteten Geschichte voraussetzt. Nicht in jedem Falle wird das bei jeder einzelnen Epoche erkennbar. Doch bei der Zusammenschau größerer Zeiteinheiten ergibt sich unverkennbar genau dies als das Gesetz der Zeit. Die solchermaßen gebündelten Jahreseinheiten erhalten ihr Gepräge von den Gestalten, die Israel regieren und repräsentieren, von Richtern und Königen. Je nach deren Art sind es gute oder böse Zeiten. Die Verwendung der Chronologie in der Geschichtsschreibung ist eine nachdrückliche Bestätigung der These, daß die Hebräer sich Zeit nicht als

---

5 *W. Zimmerli*, VT 18 (1968), S. 237f. [[Ez 4,4-6 dauert die Zeit der Verfehlung Israels und Judas bis zum Exil 390 + 40 = 430 Jahre, was *W. Zimmerli*, Ezechiel (BK XIII/1), 121 als typologische Entsprechung zu 430 Jahren Ägyptenaufenthalt (Ex 12,40f) wertet]].

neutrale Maßeinheit, sondern als inhaltlich gefüllte Zeit vorstellen[6]. Von da aus erklärt es sich, daß die Zählung der Jahre letztlich weder nach dem Mond- noch nach dem Sonnenjahr geschieht, so sehr die Gestirne als Zeitmesser und der Neujahrstermin unentbehrlich sind, sondern nach Herrscherzeiten, so daß auch Antrittsjahre der Könige bei Vordatierung echte Jahre im Sinne dieses Zeitverständnisses sind. Deshalb liegen die Zahlen für die Königszeit für unser historisches Denken viel zu hoch, das mit einer physikalischen Zeit rechnet. Nur dann, wenn die Regierungsdauer eines Königs nicht ein einziges Neujahrsfest erreicht hat, bleibt er unberücksichtigt, hat seine Kraft nicht für ein auch noch so großes "Jahr" ausgereicht (Joahas, Jojachin).

Wer also die Chronologie der Königszeit untersucht, muß von einem vorgegebenen Gesamtrahmen von 480 Jahren ausgehen. Wie weit sind von dieser Überzeugung her die tatsächlich überlieferten Königsjahre retuschiert worden? Es ist nicht wahrscheinlich, daß die Verschiebungen allzu groß sind. Das vorliegende Zahlenmaterial hat es dem Kompositor der Königsbücher offenbar nicht erlaubt, die 480 Jahre ab der Tempelweihe zu datieren, was für ihn zweifellos ein sehr viel passenderer Einsatz gewesen wäre. So wird also die Fehlspanne kaum die Zahl von 20 überschreiten. Ist es denkbar, daß ihm allein die Synchronismen der judäischen mit den israelitischen Königen vorgelegen haben und er daraus die Regierungsjahre erst rekonstruiert hat? Sei dem wie dem wolle, eine Betrachtung der | Chronologie wird den "ideologischen" Faktor nicht ausklammern dürfen[7].

2. *Das chronistische Geschichtswerk* sieht zwar im Kyrosedikt einen markanten Einschnitt (Esr 1), was zu 50 Jahren Exilverhängnis ausgezeichnet passen würde, kann es aber angesichts seiner für den Tempel im Sand verlaufenden Auswirkungen nicht als Epochenwende ansehen. Dennoch gibt Chr am Ende der Darstellung der Königszeit eine ausdrückliche Angabe über die Dauer der anschließenden Exilszeit. Sie beträgt aber nicht 50, sondern 70 Jahre! "Bis das Land seine Sabbate bezahlt hat, soll es Ruhe haben die ganze Zeit der Verwüstung, bis 70 Jahre voll sind" (2Chr 36,21). Nicht an die $d^e ror$-Aussage von Jer 34 (und Lev 25) schließt sich der Geschichtsschreiber an, sondern an die 70 Jahre von Jer 25,11f und ihre Deutung als potenziertes Sabbatjahr gemäß Lev 26,42f. Zugleich trägt Chr dem tatsächlichen historischen Ablauf Rechnung. Denn die Weihe des zweiten Tempels erfolgt ziemlich genau 70 Jahre nach der Zerstörung des ersten! Liegt bei Chr ebenfalls eine

---

6   *Th. Boman*, Das hebräische Denken im Vergleich mit dem griechischen (Göttingen, 1952) [[^{5}1968]].

7   *W.R. Wifall*, "The Chronology of the Divided Monarchy of Israel", ZAW 80 (1968), S. 319ff.

Gesamtkonzeption vor, die Königs- und Exilszeit mit einer bedeutsamen Zahl überwölbt? Da Chr die judäischen Königsjahre unverändert aus den Königsbüchern übernimmt, ließe sich aus den 430 Jahren von Tempelbaubeginn bis Untergang Jerusalems und den angegebenen Exilsjahren auf einen Zeitraum von 500 Jahren schließen. Gibt es eine schönere und rundere Zahl? Dennoch wäre ein solcher Schluß voreilig. Für die Salomozeit gibt Chr zwar ebenfalls den Baubeginn des Tempels im 4. Jahr (2Chr 3,2) an und vermerkt Tempelvollendung nach 20 Jahren über die Königsbücher hinaus ausdrücklich (2Chr 8,1). Doch die 480 Jahre vom Exodus bis Baubeginn (1Kön 6,1) werden ausgelassen. Das wird schwerlich Zufall sein angesichts des sonstigen Achtens auf Daten und Generationenfolgen. Gerade für die Zeit von Exodus bzw. Sinai bis zum salomonischen Tempel legt Chr anderwärts Wert auf eine Folge von 12 Hohenpriestern ab Aaron bis zum Sadoqsohn Ahimaas[8]; und von dessen Sohn Asarja bis zu Jesua, unter dem der zweite Tempel gebaut, aber nicht mehr eingeweiht wird (Esr 5,2; 6,16ff), zählt er wieder 12 Vertreter dieses Amtes (1Chr 5,27-41). Die Ausleger sind sich einig, daß diese Listen künstlich reduziert worden sind - weitere Hohepriester | sind historisch nachweisbar - um eine Zwölfzahl legitimer Vertreter herauszustellen, wobei für jeden eine ideale Amtszeit von 40 Jahren und also 2 mal 480 Jahren insgesamt sich ergeben. Die Wendepunkte der Epoche liegen aber nicht mehr wie für die Königsbücher bei Baubeginn des ersten und zweiten Tempels, sondern bei der jeweiligen Weihe! Damit hat Chr zwar die Überzeugung von Dtr. übernommen, daß die Zwölf- und Vierzigzahl, insbesondere aber das Vielfache beider, 480, zur Struktur der von Jahwä geschaffenen Geschichte notwendig hinzugehört. Aber er hat durch eine leichte Korrektur das Schema mit der historischen Erfahrung seines Volkes in besseren Einklang gebracht.

3. *Die spätisraelitische Apokalyptik* findet bei ihrer Suche nach Regeln des geschichtlichen Ablaufs und seiner zeitlichen Struktur sowohl die Angaben des Königsbuches über 480 Jahre Exodus- und Tempelbaubeginn und 430 Jahre von da bis zum Exil vor wie auch die Angabe bei Jer und Chr über 70 Jahre Exilszeit. Liest man diese Bücher nebeneinander, so ergänzen sie sich und ergeben vom Auszug bis zum zweiten Tempel 980 oder 2 mal 490 Jahre. 490 aber gilt als die Summe eines "potenzierten" Jobeljahres (wie 70 als diejenige eines "potenzierten" Sabbatjahres). Die Entdeckung dieser Zahl muß die Leser geradezu elektrisiert haben. Sollte diese, von der Sieben geprägte Einheit, nur für die Vergangenheit prägend gewesen sein? Weitere, zum großen Teil noch ausstehende 490 Jahre weissagt Daniel 9,24 vom "Ergehen des Wortes"

---

8 Zum Einschnitt durch Ahimaas und zur Korrektur in V. 35 s. *W. Rudolph*, Chronikbücher (Tübingen, 1955), S. 51f.

über den Wiederaufbau bis zum Ende der Weltzeit. Das ist keine pure Spekulation, wie man weithin voraussetzt, sondern ein logisches Fortschreiben bisheriger geschichtlicher Entwicklungen. Die Wochenapokalypse des Henoch, die unter der Woche ein potenziertes Jobeljahr versteht, rechnet die Zeit (1Hen 93,5ff)

- von der Stiftung des Kults auf dem Sinai bis zur Weihe des 1. Tempels als 5. Weltwoche,
- von da bis zum Exil als 6. Weltwoche,
- reserviert die 7. Woche für ein abtrünniges Geschlecht, was der von Daniel profezeiten Periode entspricht,
- läßt eine 4. Woche von Abraham bis zum Sinai vorangehen.

Für die letzte Angabe werden die 430 Jahre des Aufenthalts in Ägypten nach Exodus 12,40 zugrunde gelegt und für die vorangehende Zeit der drei Erzväter seit dem Abrahamsbund 60 Jahre angesetzt, was | eine plausible Vermutung darstellt. Auch das Urchristentum war von der auf diese Weise nachgewiesenen Siebener-Struktur der Geschichte fasziniert. Die synoptische Einordnung des Stammbaums Jesu basiert auf der gleichen Geschichtsschau. Von Abraham bis Christus werden Lukas 3,23ff 4 mal 14 Geschlechter gezählt und die alttestamentliche Überlieferung entsprechend zurechtgestutzt. Das läuft genau den 490-Zahlen der apokalyptischen Perioden der Weltzeit und der Geschichte Israels parallel, vorausgesetzt, daß ein Durchschnittsalter von 35 Jahren gilt (14 mal 35 = 490). Bei Matthäus schrumpfen die vier Perioden auf drei zusammen, dennoch wird die Siebenerstruktur als Leitfaden ausdrücklich festgehalten (1,17). Über die weitergehenden apokalyptischen Ansätze von Epochen (wie Jub 1,4 u.ä.) kann hier nicht gehandelt werden[9].

Für die alttestamentlichen Geschichtswerke seit dem Ende der Königszeit ist Chronologie also eine für das religiöse Denken wesentliche Angelegenheit. Hinter dem Ablauf der Ereignisse werden feste Zahlenverhältnisse gesucht und gefunden. Der Mensch kann sich danach einrichten und darauf ebenso sein Vertrauen setzen wie auf das Funktionieren der Naturgesetze. Es nimmt nicht Wunder, daß ein Volk, dem so sehr an seiner Geschichte als dem vornehmsten Feld göttlicher Offenbarung gelegen war, nach Strukturen der Geschichte Ausschau hält, die zugleich Strukturen der Zeit sind. Dabei gilt Zeit nicht als physikalische Meßeinheit, sondern als mit Heil oder Unheil gefüllte Substanz. In nachchronistischer Zeit zeichnet sich eine Verschiebung an. Während bis dahin die 12-, 40- und 480-Symbolik vorherrscht, setzt sich nunmehr die Überzeugung von einer Siebenerstruktur aller geschichtlichen Zeit durch. Das beginnt sich in der Exilszeit anzubahnen, als der siebentägige Sabbat zum Kennzeichen kosmischer Ordnung und zugleich des Israelsbundes

---

[[9 Vgl. zur "Sabbatstruktur der Geschichte" in diesem Band S. 45-76]].

wird (Gen 2,1-4; Ex 31,12ff; Ez 20,12ff). Zum Sabbat gehören aber die höheren Arten wie Sabbatjahr und Jobeljahr hinzu (Lev 25), aber auch die 70-Jahr-Periode, die in der Notzeit des Exils zuerst als profetische Vorausschau auftaucht, dann sich durch den tatsächlichen Verlauf glänzend bestätigt. Vielleicht war das Erlebnis dieser Art von "Siebenerstruktur" des Geschehens von der Zerstörung des 1. Tempels bis zur Weihe des 2. dcr Grund, nunmehr die Sabbatstruktur der tatsächlichen Geschichte, welche der Gott des Bundes wirkt, als Gesetz dieser Weltzeit anzunehmen. Beim historischen Esra scheint das Sabbat- (oder Jobel?) Jahr eine erheb-|liche Rolle zu spielen[10]. In der Apokalyptik führt es dazu, die chronologischen Daten der Volksgeschichte neu zu überprüfen. Ohne Künstelei ergibt sich, daß die geschichtlichen Bücher seit dem Abrahamsbund (Exodus) bis zum Exil von drei (zwei) Epochen von je 490 Jahren berichten. Damit aber wird eine höhere Potenz von 7 erreicht, und diese muß dem Willen Gottes bei der Erschaffung der Weltzeit entsprechen. Mit dem Sabbat in Genesis 2 ist nicht nur der Wochenverlauf, sondern die Struktur der Weltzeit überhaupt gesetzt. Wie anders sollte sich eine derartige, von jedermann verifizierbare Regelmäßigkeit von 490- Jahr-Epochen in der Volksgeschichte erklären?[11]

---

10 *K. Koch*, JSS 19 (1974), S. 185f. [[Siehe meine Erwägungen "Die sakrale Chronologie" (in den Esraerzählungen), *P. Frei / K. Koch*, Reichsidee und Reichsorganisation im Perserreich (OBO 55), ²1996, 245-248]].
[[11 Der ausführliche Artikel "Chronology" (Hebrew Bible) von *M. Cogan*, AncBD 1,1002-1011, behandelt vor allem Probleme des modernen Historikers und berücksichtigt die apokalyptischen Jahrwochen überhaupt nicht]].

Vom profetischen zum apokalyptischen Visionsbericht[*]

1. Aufgabenstellung und Methode

1.1. Als das Organisationskomitee des International Colloquiums bei mir wegen eines Vortrages zur Literaturgattung der Apokalypse anfragte, versetzte es mich in Verlegenheit. Denn in "Ratlos vor der Apokalyptik" (1970, 20) hatte ich geschrieben, daß es "formgeschichtliche Untersuchungen zur Apokalyptik noch nicht gibt" und eine literarische Gattung Apokalypse bislang sich höchstens als Arbeitshypothese voraussetzen lasse. In den inzwischen verschlossenen zehn Jahren sind zwar einige Beiträge erschienen, die erfolgversprechende Ansätze zeigen, insbesondere das Sonderheft 14 der Zeitschrift Semeia. Jedoch siehe ich mich auch heute noch nicht in der Lage, über eine Literaturgattung der Apokalypse insgesamt eine formgeschichtlich oder textlinguistisch zureichende Darstellung zu bieten. Deshalb beschränke ich mich auf eine häufig auftauchende, große Partien der Apokalypsen füllende Gliedgattung, nämlich den Visionsbericht. In nahezu allen Büchern, die als Apokalypsen klassifiziert werden, gibt es Partien, in denen der Autor innere Gesichte nach einem strikt aufgebauten Sprachmuster berichtet. Diese Gliedtexte heben sich klar aus dem Kontext heraus und laden zu linguistischer Analyse geradezu ein. Im Buchzusammenhang nehmen sie eine tragende Funktion wahr, man denke nur an die zweite Hälfte des Danielbuches oder an den Hauptteil der Apokalypse Johannes oder die Schlußpartien des IV Esra. Das zugrunde liegende Sprachmuster nenne ich Visionsbericht und setze hinzu, daß er neben dem eigentlichen Gesicht auch dessen Deutung mit umfassen kann.

Erlauben Sie eine mathematische Spielerei. Nehmen wir A für ein apokalyptisches Buch, V für den Visionsbericht, so ergibt sich

$$A = X + V_{1-n}.$$

X steht für andere textliche Bestandteile, die noch nicht klar zu definieren sind, etwa für die Legenden in Dan 1-6 oder die Sendschreiben der | Apokalypse Johannes. Das Element V scheint für Apokalypsen insofern konstitutiv zu sein, als es da, wo es fehlt, durch eine gleichartige Gattung ersetzt wird wie z.B. den Bericht über die Himmelsreise des Apokalypti-

---

* Für Mithilfe danke ich Herrn Till Niewisch und Herrn Günter Baum von der Arbeitsstelle zur Erforschung der profetischen und apokalyptischen Sprache und Literatur an der Universität Hamburg.

kers, der auch visionäre Elemente enthält, aber linguistisch eine abgewandelte Struktur aufweist. Will ich genau sein, hätte ich also zu schreiben:
A = X + V / H,
wobei der Schrägstrich alternative Möglichkeiten und H den Bericht über die Himmelsreise bezeichnet.

Ausdrücklich bemerke ich, daß der ins Auge gefaßte Visionsbericht literarisch nie selbständig auftritt, sondern stets als Gliedgattung innerhalb eines größeren Rahmens. Nachdem der Gliedtext analysiert ist, wäre eigentlich nach seiner Funktion im Buchzusammenhang zu fragen. Der Aufgabe nachzugehen, sehe ich mich noch nicht in der Lage. Insofern bleiben meine Ausführungen bewußt unvollständig.

Meine erste These läuft darauf hinaus, daß der apokalyptische Visionsbericht auf ein profetisches Sprachmuster zurückgeht. Allerdings spielen in den profetischen Büchern des Alten Testaments Visionsberichte eine viel geringere Rolle. Doch das Textgefüge ähnelt dem späteren apokalyptischen Typos. Kontinuität wie Diskontinuität zwischen Profetie und Apokalyptik läßt sich hier exemplarisch aufweisen.

Meine zweite These will darlegen, daß sich in dieser sprachlichen Struktur eine bestimmte Weltsicht, ein spezifisches Verständnis über das Verhältnis von Gott und Mensch ausspricht, das ebenfalls Verbindungen zur profetischen Sprache hat, aber weit darüber hinausführt.

1.2. In den Visionsschilderungen eine für die Apokalypsen bezeichnende Sprachform zu sehen, die aus der Profetie herrührt, ist kein neuer Einfall. Schon als Friedrich Lücke 1832 "Apokalyptik" als historischen Sammelbegriff geprägt hat, hat er die Apokalyptik als "symbolischprofetische" Darstellung beschrieben, die lediglich profetische Zukunftsvorstellungen "... auf eine concrete Weise weiter ausbildet ...".

Zugleich sah er im "ungleich größeren Aufwand von Bildern, Symbolen, Allegorien und Personificationen in der Form zusammenhängender Exstasen und Visionen" den bezeichnenden Unterschied zwischen apokalyptischen und profetischen Schriften[1]. Mir will scheinen, daß damit bereits zu Anfang der Apokalyptikforschung erfaßt wurde, wie belangreich die visionären Elemente für unser Thema sind. Seitdem hat die Mehrzahl der Forscher angenommen, daß sich bei den Visionen sowohl Zusammenhang wie Unterschiedenheit gegenüber der Profetie abzeichnen.

Für eine formgeschichtliche Untersuchung verfügen wir heute über bessere Werkzeuge nicht nur als Lücke, sondern auch als die ersten | Vertreter der Formgeschichte, etwa Gunkel bei seiner Behandlung des IV Esra[2]. Mit Hilfe der Strukturalgrammatik und insbesondere der Text-

---

1 *Lücke* 1832, 24f.
2 *Gunkel* in: APAT, 335-350.

linguistik hat sich das formgeschichtliche Instrumentarium verfeinert[3]. Für profetische Visionsberichte habe ich anläßlich der Untersuchung des Buches Amos[4] eine entsprechende Analyse vorgelegt. Für Daniel 8 sowie 10-12 hat erstmals Hasselberger 1977 eine Analyse versucht. Erstaunlicherweise sieht er sich nicht imstande, zu entscheiden, ob Daniel 8 eine Gattung vorliege oder nicht[5]. Aber das hängt mit seiner m.E. unzureichenden Verwendung der Textlinguistik und dem Verzicht auf makrosyntaktische Fragestellungen zusammen. Im Gegensatz zu seinem Vorgehen eines *working up* - um einen Terminus der amerikanischen Linguistik aufzugreifen - bevorzuge ich eine *working down*-Methode, suche (nach der Abgrenzung der Texteinheit) anhand von Strukturweisern gleichsam von oben nach unten den Aufbau zu erfassen. Induktiv vorgehend, beginne ich

(1.) mit der Analyse eines exemplarisch Danielkapitels (§§ 2. und 3.). Dem folgt

(2.) der Vergleich mit einem profetischen Visionsbericht und einem Visionsabschnitt aus der alttestamentlichen Apokalypse. Die Ergebnisse werden anhand der Visionsschilderungen in den wichtigsten Apokalypsen insgesamt überprüft und die Kontinuität zur Profetie herausgestellt (§ 4.). Daran schließen sich

(3.) Erwägungen zur Diskontinuität zwischen Profeten und Apokalyptikern und zum Sitz im Leben an (§ 5.). Endlich

(4.) stelle ich semantische Erwägungen zur metaforisch-symbolischen Chiffrensprache der Texte an (§ 6.).

1.3. Eine Bemerkung zum *Vorverständnis*. In der öffentlichen Meinung stehen heute Visionen nicht hoch im Kurs, sondern gelten als krankhafte Symptome, Halluzinationen, bestenfalls als Illusionen, denen keinerlei Realitätswert zukommt. Selbst Theologen zollen solch pejorativer Einschätzung Tribut. Nur so erklärt sich wohl, daß die hinter den apokalyptischen Gesichten stehende Weltsicht kaum je erfragt wird. Vielleicht stellen wir einmal unsere Vorurteile zurück und erinnern uns daran, daß es neben diskursiven auch intuitive Erkenntnisse gibt. Intuition aber steht in den Visionen im Vordergrund, wird in ihnen plastisch. Welcher Erkenntniswert ihnen zukommt, werde ich am Ende anzudeuten versuchen.

---

3 *Koch* 1974, 289ff.
4 *Koch* 1976, 1,168f, 291 sowie 2,86-88.
5 *Hasslberger* 1977, 397.

2. Makrosyntax von Daniel 8

2.1. Rahmung und Aufriß

Die mittelalterliche Kapiteleinteilung hat die danielische Vision von Widder, Ziegenbock und ihren Hörnern als eigenständigen Gliedtext aus|gegrenzt, als Kapitel für sich genommen. Die Gattungskritik bestätigt diese Aussonderung (s. Überblick 1, u.S. 172f), da der Text einen sinnvollen Einsatz und ebenso ein deutliches Ende aufweist. *Anfangs* steht ein *Synchronismus*, eine Zeitformel mit Königsnamen und Selbstvorstellung des Visionärs, wie auch sonst bei alttestamentlichen Neueinsätzen[6].

Der Eingangssynchronismus gehört zu einem erzählenden *Vorspann*, der bis V. 2aα reicht. Die geschichtliche Stunde wird markiert: "Im 3. Jahr des Königtums Belsazzars", der Leser dann auf die Gattung vorbereitet: "Ein חזון wurde sichtbar bei mir" und der verantwortliche Berichter genannt: "Ich, Daniel, sah den חזון."

Danach wird erst der reale, dann der visionäre Ort genannt (Teil "Vorvision" in der Übersicht).

Zum Abschlußteil gehört wohl schon V. 26b, wo sich der Deuter direkt an den Seher mit der Aufforderung zur Geheimhaltung wendet, mit hervorgehobenem ואתה (Übersicht 1, Teil Abschluß).

Den *Ausgang* bildet V. 27 mit adversativ vorangestelltem ואני, ein Hinweis auf die *Betroffenheit des Visionärs*: "ich ... war daraufhin tagelang krank" (entsprechend 2,46; 7,28; Ez 3,14 u.ö.).

Innerhalb dieses Rahmens hebt der Erzähler *zwei Hauptteile* voneinander ab, indem er zweimal eine stehende Wendung benutzt, nämlich den Szenenweiser der hebräischen Erzählung ויהי + ב + Infinitiv "es geschah, als ..."[7] 8,2aβ.15. Der Szenenweiser wird gattungsspezifisch fortgesetzt: "Es geschah in meinem Sehen ..., daß ich in die Schauung (בחזון) sah" bzw. "daß ich um Einsicht (בינה = Deutung) bat". Beide Hauptteile enden in einer Phrase, die auf das Gesicht von Morgen und Abend hinausläuft V. 14.26 (s. die letzten Kolumnen von Teil 1 und 2 in der Übersicht).

Analysiert man die Ausdrucksebene, zerfällt der Text also deutlich in:

Vorspann 1 - 2aα
einen 1. Hauptteil 3 - 14
einen 2. Hauptteil 15 - 26aα
Abschluß 26aβb.27.

---

6 *Hasslberger* 1977, 84f.
7 *Koch* 1974, 146,169.

Der durch makrosyntaktische Analyse erhobene Aufbau bestätigt sich bei semantischer Vergewisserung des Inhalts. Dann ergibt sich nämlich, daß der *erste Hauptteil* die *Schauung*, der zweite die auditive *Deutung* entfaltet. Allerdings endet schon die Schauung mit einer kurzen Audition V. 13f, die aber nach der Makrosyntax zum ersten Hauptteil gehört und auch durch eine andere Einführung mit Kohortativ ואשמעה sich von der entsprechenden Einführung zur Deutung ואשמע V. 16 unterscheidet. Zwar | werden 13f oft literarkritisch ausgeschieden, weil a) eine Audition innerhalb der Schauung unpassend und vor V. 15ff verfrüht erscheint, b) die Verse von der Bild- zur Sachebene überwechseln (so zuletzt Hasslberger[8], der auch V. 11f ausscheidet). Doch gleitender Übergang von Vision zu Audition ist den Apokalyptikern geläufig. Und die Sachebene ist schon von Anfang an mit der Bildebene vermischt, indem z.B. die Himmelsrichtungen V. 5ff wörtlich gemeint sind, andererseits behält "Zertretung" in V. 13 die Bildsprache von V. 7.10 deutlich bei.

Die ausgewiesenen vier Teile lassen sich Textkonstituenten nennen oder, fassen wir das Ganze als Erzählung, "Szenen", die sich aus Substanzen zusammensetzen. Diese ihrerseits bauen sich aus Satzketten mit je einem beherrschenden Subjekt auf, wie sich gleich zeigen wirkt.

2.2. Die Schauung V. 3-14

Analysieren wir die beiden Hauptteile nach ihrer Makrosyntax: Wo finden sich Gliederungssignale, wo wechseln die syntaktischen Subjekte? Wie werden die "Tempora" gebraucht und verzahnt? Welche Lexeme werden hervorgehoben?

2.2.1. Die schon bei Profeten gebräuchliche Visions - Eröffnungsnotiz "die Augen erheben und schauen"[9] erscheint hier durch eine "Vorvision" ausgeweitet V. 2aβ. Nicht weniger als viermal im gesamten Abschnitt 8,1-14 wird mit חזון auf die innere Schau verwiesen. Zwei Ortsbestimmungen werden mit dem visionären Vorgang zusammen erwähnt, sind also für ihn belangreich.

In den folgenden Sätzen fällt die Wiederholung des Lexems ראה "Schauen" auf. Mit dem Morfem der 1.Pers. Sing. unterbricht es den Fluß der Erzählung und blendet dann von den geschauten Subjekten - Tieren, Hörnern - zum Schauenden und seiner Wahrnehmung zurück. Wozu die scheinbar überflüssige Wiederholung? Sie unterteilt sichtlich in einzelne oder Subszenen, bildet also ein Gliederungssignal. Tritt das Präsentativ הנה hinzu, wirkt der Einschnitt noch stärker V. 3 (vgl. 15). Einem gleichen Neueinsatz dienen der durch die 1. Pers. Perf. + Partizip

---

8 *Hasslberger* 1977, 17-19.
9 *Hasslberger* 1977, 87 A. 20.

herausgehobenen Satz "ich aber, ich gewann Einsicht" אני הייתי מבין
V. 5 wie auch die mit dem Lexem שמע (im AT oft mit ראה substituierbar) gebildete Langform (Kohortativ) "dann hörte ich" V. 13. Diese
Ausdrücke der Wahrnehmung rufen die (übergeordnete) Kommunikationsebene zwischen Sender und Empfänger in Erinnerung und dies
oberhalb der Ebene Erzählung/Bericht (die Übersicht rahmt die
Anfangssignale ein und gliedert danach die Schauung in parallele
Kolumnen von rechts nach links). |

Solche Rückblenden zum schreibenden Subjekt wecken die Frage, ob
hier eine flüssige Erzählung wiedergegeben werden soll und nicht eher ein
Bericht, bei dem es ebenso auf die Verläßlichkeit des Berichterstatters
ankommt wie auf den Geschehensablauf selbst.

2.2.2. Auf die ראה-Einführungsnotiz bzw. ihre Entsprechungen folgen
jedesmal eine oder mehrere *Nominalphrase(n)*. Da nominale Sätze im
Hebräischen verhältnismäßig selten auftauchen, überrascht die Häufung
in Dan 8. Was ist ihre Funktion? Derartige Phrasen lassen vor dem Auge
des Sehers eine Hauptgestalt und deren entscheidenden Teile (Hörner)
sichtbar werden, und zwar in einem zunächst verweilenden Zustand oder
einem Dauergeschehen. Mit dem Ausdruck "Dauergeschehen" umreiße
ich den Gehalt partizipialer Nominalsätze: der Widder ist nach drei Seiten
hin "am Stoßen" V. 4, der Bock von Westen "im Kommen" V. 5. Ein
Ziel solcher Bewegung wird vorerst nicht erkennbar. Anders in der
Fortsetzung. Jedesmal erscheint dem Seher zunächst etwas Ruhendes
oder sich ständig Vollziehendes. Doch die betreffenden Nominalsätze
gehen meist in *Verbalsätze* über, die eine Bewegung der geschauten
Gegenstände zu einem Ziel herausstellen. Die Subszenen der Schauung
sind also in Momente der Dauer und in solche zielstrebiger Bewegung
gespalten. Ein Rhythmus von Dauer und Wechsel, von Zustand und
Bewegung herrscht also im ersten Hauptteil vor. - Die meisten Abschnitte
enden schließlich mit Aussagen über Erfolg oder Ergebnis; hier werden
andersartige, vorwiegend ו- *Perfektsätze* und Lexeme wie גדל, עשה und
צלח verwendet: Widder wie Bock wie letztes Horn haben sich großge-
macht V. 4.8.11 u.ä.

2.2.3. Eine Abweichung vom gleichmäßigen Aufbau bringt nur die Zeitbestimmung mit Infinitiv in Kol. B₃ V. 8b "während er (der Bock) gewaltig
geworden war, war das große Horn schon abgebrochen." Nach einem in V.
8a angezeigten Ergebnis läuft noch einmal eine Geschehenskette an. Aus
dem abgebrochenen wachsen vier Hörner und dann ein letztes Horn heraus.
Dieses wird so übergroß, daß es zum Himmel reicht und Sterne herunterholt.
Die Folgen werden V. 11f ausführlich wie nie mit sieben Verbalsätzen
vermerkt; der Leser soll hier den entscheidenden Punkt wahrnehmen. Demnach vermute ich, daß die Zeitbestimmung וכעצמו V. 8b einen ähnlichen
Einschnitt markiert wie sonst die Rückblenden auf die erste Person des
Schauenden, nur daß hier um der dramatischen Zuspitzung willen nicht mehr

auf den Wahrnehmungsakt verwiesen wird. Ein Seitenblick auf die Semantik bestätigt die besondere Stellung der Kolumne B_3. Unerhörtes spielt sich ab! Deshalb tauchen bewertende Sememe auf, die bislang vermieden wurden, allesamt nun pejorativ: Empörung (פשע), Zu-Boden-Werfen von Heiligtum und Wahrheit.

2.2.4. Doch die Eröffnung an Daniel ist noch nicht beendet. Eine *Audition* hebt V. 13f ähnlich der voraufgehenden Vision mit einer Frage in zwei Nominalsätzen | an, schließt daran die Antwort mit ו-Perfekt an. Semantisch gesehen, kündet sie kein neues Geschehen, sondern die Befristung des eben Vermeldeten auf 2300 Abend-Morgen. Das läßt den Leser aufatmen: Am Ende wird das Heiligtum (קדש) wieder heilvollen funktionieren! Ohne daß erkennbar wird, wie die heilvolle Wendung sich vollzieht, ist die Schauung plötzlich beendet.

2.3. Deutung V. 15-26

2.3.1. Mit ʺes geschah in meinem Schauenʺ wird V. 15, wie oben (§ 2.1.) behauptet, ein neuer Hauptteil eingeleitet. Er widmet sich der Erklärung des ersten. Wie dieser setzt er nicht sofort mit den Gegenständen ein, auf die es ankommt, den Tieren und ihren Hörnern, sondern mit einer umständlichen Vorbereitung. Wie V. 2 wird zunächst das Widerfahrnis des Sehers zum Thema gemacht. Dabei tritt eine zweite Kommunikationsebene oberhalb der symbolischen Erzählung zutage. Zwischen Daniel und einem neu auftauchenden himmlischen Informationsträger kommt es zu einer *Interaktion*, welche die Deutung als eine zweite eigenständige Offenbarung von der ersten abheben will (Zwischenteil 3 im Überblick 1).

2.3.2. Der Anfang der Deutung im engeren Sinn (Lexem ידע hif.) wird durch eine Ankündigung mit Präsentativ herausgehoben V. 19. Die eigentlichen *Identifikationen*, die Aufschlüsselung der bislang geschauten Haupt- und Teilgegenstände, beginnen V. 20, markiert durch abrupt einsetzende Nominalsätze. Wie bei einer mathematischen Gleichung, nur ohne Gleichheitszeichen, wird dem zuerst (vgl. V. 3) geschauten Hauptgegenstand asyndetisch V. 20b eine nominale Erklärung beigegeben. Der Widder mit den auffälligen Hörnern - Könige von Medien und Persien. Der Ziegenbock - König von Jonien. Das große Horn - das ist der erste König. Vier nachwachsende Hörner - vier Königreiche (Kol. A1 und B1 im Teil 4 des Überblicks 1, s.u. S. 172f).

2.3.3. Plötzlich wechselt die Satzart. Dem entspricht der Inhalt. Ab V. 23 wird auf Gleichsetzungen verzichtet. Eine Vielzahl von Verbalsätzen gibt nun dem Geschehen dramatischen Charakter, ohne die Notwendigkeit von Gleichsetzung mit früher Geschautem zu berücksichtigen. Durch eine Zeitbestimmung ʺam Ende ihrer Königreicheʺ und vielleicht auch durch Übergang zur Poesie (vgl. die Textgestalt in BHS) wird eine Zäsur zum vorangehenden Deutungsschema markiert. Entsprechende Kolumnen aus der Schauung V. 11f werden nicht gedeutet, sondern abgewandelt wiederholt: Stark wird seine Kraft, er hat Erfolg und handelt, er macht sich groß und tritt an den Fürsten der Fürsten heran V. 24f (Übereinstimmun|gen zwischen Schauung und Deutung sind in der Übersicht unterstrichen). Aussagen treten hinzu, die im ersten Hauptteil noch fehlen: "Er vernichtet die Starken und das Volk der Heiligen" oder "In Sorglosigkeit vernichtet er die Vielen" V. 25 (in der Übersicht ausgelassen). Vor allem überwindet die Deutung den düster klingenden Schluß der Schauung, indem ohne Anhalt an dieser schließlich ein positives Ende dem Leser verheißen wird: "Durch eine Nichthand wird es (das letzte Horn) zerbrechen."

2.3.4. Für die in der Schauung angefügte Audition (Kol. C) bedarf es keiner Deutung. Sie spricht für sich und erhält nur, weil sie mit der Eingrenzung von Abend-Morgen die Wende des Unheils implizit ankündigt, eine Bekräftigung V. 26a.

2.3.5. Es fällt auf, daß für die Sachhälfte das Lexem מֶלֶךְ "König (sein), Königtum" mehrfach wiederholt wird und als Deuteschlüssel ab V. 20 die Kolumnen des zweiten Teiles beherrscht (im Überblick 1 hervorgehoben). Würde Dan 8 wie ein Gleichnis Jesu eingeleitet, stünde voran: "Das menschliche Königtum ist gleich einem Widder und einem Ziegenbock, die ...". Daß die Sachhälfte durch den Blick auf die Herrscher, auf die Monarchen im Sinne der Weltherrscher, bestimmt wird, ist für den israelitischen Leser nicht so überraschend wie für den modernen. Große Tiere, die über die Erde jagen, das klingt im alttestamentlichen Umkreis nach Herrschaft, nach Gewalthabern. Hörner werden auch sonst im Hebräischen auf Könige bezogen (1Sam 2,10; Ps 89,18; 132,17 u.ö.). Dennoch ist das Gewicht, das wie selbstverständlich der monarchischen Herrschaft bei der Auflösung der Bilder zukommt, bemerkenswert, weil auch sonst in den Apokalypsen das Königtum wie von selbst die Sachebene bei Visionen bedeutet (Dan 2; 7; 4Esr 11f; syrBar 35-40 u.ö.).

Wenngleich ich mich bei der Strukturanalyse auf wenige Angaben beschränkt habe, so wird doch, wie ich hoffe, sichtbar, wie überlegt und kunstvoll Dan 8 aufgebaut ist. Kein einziges Tempus, kein Morfem ist nachlässig gesetzt, keine Wiederholung ohne Funktion. Ginge es nicht um den düsteren Ernst apokalyptischer Geschichtsschau, möchte man sich dem Aufbau geradezu mit ästhetischem Genuß hingeben.

2.3.6. Obwohl die Parallelität des ersten Hauptteils, der Schauung, mit dem zweiten auf der Hand liegt, ergibt sich doch bei genauerem Hinsehen, daß überraschenderweise der Deutungsteil nicht so stark durchgeformt ist wie die Schauung. Das Umgekehrte wäre zu erwarten. Bei der Nacherzählung eines inneren Gesichtes rechnet man mit der Wiedergabe spontaner Eindrücke, also mit Brüchen und Sprüngen, während eine Deutung straff geordnet und logisch vor sich gehen könnte. Warum ist hier das Gegenteil zu beobachten? Dafür weiß ich nur eine Erklärung anzubieten: für den zweiten Teil verfügt der Autor offenbar nicht über ein so geprägtes | Sprachmuster wie für den ersten. Spielt hier die Gattungsgeschichte eine Rolle? Ehe das durch Vergleich mit anderen Texten zu prüfen ist, sind einige diachronische Beobachtungen zu Dan 8 selbst angebracht.

3. Überlieferungsgeschichte zu Dan 8 (diachroner Exkurs)

3.1. Widder und Bock

Ein so genialer Eroberer wie Alexander der Große erscheint hier als bloßer Ziegenbock, ein haariger zudem (שָׂעִיר V. 21)! Ein wenig angemessenes Bild, will uns scheinen; das Symbol eines prächtigen Raubtieres würde uns eher einleuchten. Doch die Gegenüberstellung: König von Griechenland/ Syrien = Bock, Könige von Medien-Persien = Widder ist nicht erst durch Daniel aufgebracht worden, sondern greift, wie Cumont[10] aufgewiesen hat, auf die astrale Geografie der Perserzeit zurück, nach der der Zodiakus seine Entsprechungen in zwölf Erdzonen hat, deren Charakter durch das entsprechende Gestirn bestimmt wird. Da die chaldäischen Astrologen ihre Geografie als Hilfsmittel für ihre Zeitdeutung und -voraussage benutzten, nehme ich an, daß sie sich auch mit dem im Altertum berühmten Alexanderzug beschäftigt und ihn als Kampf zwischen dem griechisch-syrischen Ziegenbock und dem iranischen Widder gedeutet haben. Auch die Hörner mögen hier schon eine Rolle gespielt haben; von der Bedeutung dieser Hörner bei späteren iranischen (sassanidischen) Fürsten ist einiges bekannt[11], und die Hörner Alexanders wirken noch im Koran Sure 18 nach, wo der große Grieche als "der Zweigehörnte" erscheint. Was V. 3-8a von Daniel geschaut wird, bestätigt nur ein über Israel hinaus längst verbreitetes Geschichtsbild. Was die einfachen Identifikationen im ersten Teil der Deutung V. 20-22 vermelden, hat nicht nur der Autor, sondern auch der unterrichtete Leser längst durchschaut. Insofern rechnen manche Kommentatoren - zuletzt Hasslberger[12] - zu Recht mit einer älteren Grundlage. Diese könnte außerisraelitisch gewesen sein, da jeder Bezug auf das Bundesvolk fehlt.

3.2. Der Himmelsstürmer

Innerhalb des Bildes wirkt grotesk, daß das nachwachsende Horn eines über die Erde laufenden Bockes plötzlich bis zum Himmel reicht, Sterne herunterholt und zertritt. Dieser Zug ist gewiß hinzugesetzt worden, um den erschütternden Eindruck der Gewaltherrschaft Antiochus' IV. Epipha|nes zu verar-

---

10 *Cumont* 1909, 263-273.
11 *Lukonin* 1967, 207; cf. Amminianus Marcellinus 10,1.
12 *Hasslberger* 1977, 401f.

beiten und aus geschichtlicher Kontinuität heraus zu begreifen. Das geschieht, indem ein weiteres mythisches Motiv aufgegriffen wird. Nach der profetischen Weissagung Jes 14,12-17 wird sich eines Tages der König von Babel über alle Sterne und den höchsten Gott erheben, jäh abstürzen und dann von den "Böcken" in der Unterwelt willkommen geheißen. Diese Stelle wird vermutlich in der Makkabäerzeit längst eschatologisch interpretiert - das bezeugen andere Jesajaexegesen bei Daniel - und paßt auf Antiochus, der auch König von Babel ist. In die astrale Geografie und Geschichtsdeutung fügt sich ein solcher Hybrismythos ausgezeichnet ein. Auch israelitische Frevelkönig-Himmelsstürmer-Überlieferungen wie die vom Kay Kâûš (= Kambyses?) spielen mit[13]. So legt sich nahe, den Angriff des Seleukiden auf die Verehrung der Götter (Dan 11,36-39 vgl. mit 8,11f.25) als Angriff auf die Sterne zu versinnbildlichen.

3.3. Himmelsheer und Jerusalemer Kult

Der Frevel erreicht seinen Höhepunkt, als das Horn sich groß macht bis hin zum Fürsten des himmlischen Heeres, was angesichts Jos 5,14 nicht Gott selbst, sondern die höchste Engelsmacht bedeuten wird, also Michael. Dieser ist nicht nur Meister über alle anderen himmlischen Wesen samt den Gestirnen, sondern auch derjenige, der hinter dem Kult auf dem Zion steht und ihn heilsam macht (V. 11f). Engel sind die eigentlichen Subjekte des kultischen Handelns am Jerusalemer Tempel, wie besonders die qumranische *Angelic Liturgy* klar herausstellt[14]. Diesem Bereich gehört auch Gabriel zu, der für die Deutung verantwortlich ist. Solche Engelgestalten werden hier nicht erstmals bei den Israeliten bekannt und mit dem irdischen geschichtlichen Geschehen in Verbindung gesetzt. Die Angelologie ist wohl keiner zusammenhängenden Überlieferung entnommen, aber sie entspricht bereits gängigen Vorstellungskomplexen und wird vom Autor nicht als neue, überirdische Information aufgenommen.

3.4. Zusammenfassung

Diachrone Untersuchung ergibt also, daß das Kapitel mit überlieferten Stoffen randvoll angefüllt ist. Neu ist nur die Verkoppelung der drei genannten Motivreihen und vor allem die zeitliche Befristung: 2300 Abend-Morgen nur dauert der Spuk. Dazu tritt die Überzeugung von dem bevorstehenden Ende der Zeit (V. 17.19.23). Überkommene astralgeografische Geschichtsdeutung, mythische Scheu vor einem frevelhaften Übermenschen und angelologisch bestimmte Kultauffassung fügen sich zu

---

13 *Lewy* 1949.
14 *Strugnell* 1960, 318ff; [[*Newsom* 1985]].

einer | schlüssigen Deutung des aufregenden gegenwärtigen Weltgeschehens zusammen. Das ist es, was der Autor als überwältigende Offenbarung erlebt, wenn ich einmal den modernen Begriff hier anführen darf.

4. Synchroner Aufweis einer Gliedgattung Visionsbericht in Profetie und Apokalyptik

Um das Anliegen des Verfassers in Dan 8 zu erkennen, ist nötig zu klären, wieweit ein bekanntes Sprachmuster aufgegriffen und wieweit situativ formuliert wird. Wird eine Gattung benutzt, die der Hörer kennt, und die durch Gliederungssignale und stereotype Lexeme eine bestimmte Sinnerwartung bei ihm hervorruft? Dem ist so. Ich weise das zunächst an zwei zeitlich weit auseinanderliegenden Beispielen näher nach, die ich mit dem Aufbau von Dan 8 vergleiche, um dann in einem skizzenhaft gehaltenen zweiten Durchgang die Ergebnisse durch einen Seitenblick auf andere profetische und apokalyptische Texte zu verallgemeinern.

4.1. Heuschreckenvision Am 7,1-3 und Schau des vierten Reiters Apk 6,7f.

4.1.1. Übersicht 2 stellt in Rubrik 1 die Gliederung eines der frühesten profetischen Visionsberichte dar. Wie beim Danielbeispiel heben sich Am 7,1-3 durch Gliederungssignale zwei Hauptteile klar voneinander ab. Als erstes wird eine Schau berichtet, dann folgt das Zwiegespräch des Profeten mit einer unsichtbaren überirdischen Stimme als zweites. Betrachten wir das Gefüge im einzelnen: Ein Vorspann, ein Synchronismus mit Königsjahren, fehlt zwar, doch taucht nachträglich eine Zeitbestimmung auf, die den מֶלֶךְ erwähnt: "Als die Spätsaat aufzugehen begann, es war die Spätsaat nach der Mahd des Königs." Der *Schauungsteil* hebt analog Dan 8 mit einer Eröffnungsnotiz an, gebildet aus dem Lexem רֹאה (Hier hif. statt qal, doch s. Am 9,1). Nach einem Präsentativ wird der Hauptgegenstand im partizipialen Nominalsatz eingeführt, also mit einem Dauergeschehen verbunden: "Einer (war dabei), Heuschrecken zu bilden." es schließt sich ein Verbalsatz an über eine für des Seher und seine Gemeinschaft fatale Bewegung: "Es geschah, daß sie mit dem Abfressen der Vegetation des Landes fertig waren" (zu Einzelheiten Koch, 1976:1,200f.268f und 2,47f.86f). Der zweite, der *Redeteil* verläuft freilich erheblich anders, im Unterschied zu Daniel bedarf Amos keiner Deutung. Er begreift sofort, was droht; betet nicht um Aufklärung (Dan 8,15), sondern um Verschonung seines Volkes. Sie wird denn auch gewährt. Doch das Muster eines himmlisch-irdischen Zwiegesprächs ist hier wie dort das gleiche.

Eine Anmerkung zum Inhalt. Hier hebt zweierlei den amosischen Text von der Danielvision ab. Während der Apokalyptiker die geschauten | Figuren symbolisch meint, versteht der Profeten wahrscheinlich alles "real", was ihm vor das innere Auge tritt. Tauchen Heuschreckenschwärme auf, sind sie nach seiner und seiner Zeitmeinung tatsächlich von einem geheimnisvoll emsigen Bildner am Ende der Welt geformt worden. Der Wirklichkeitscharakter ist also an beiden Stellen ein verschiedener. Der zweite Unterschied liegt in der Möglichkeit oder Unmöglichkeit, das Geschaute abzuwenden. Der Profet rechnet noch damit (Abschnitt 3), der Apokalyptiker nicht mehr. Trotz solcher Verschiebung auf der Inhaltsebene überrascht, wie fest die Struktur des Textmusters trotz des Abstandes von 500 Jahren hindurchscheint.

4.1.2. Da die Apokalyptik die Religionsgrenzen zwischen Judentum und Christentum überspringt, greife ich ein weiteres Beispiel aus der Apokalypse Johannes auf, das Gericht vom vierten apokalyptischen Reiter (Apk 6,7f; vgl. Überblick 2 Rubrik 3, s.u. S. 174f).

Eine Zeitbestimmung steht wie bei Dan voran: "Als das vierte Siegel geöffnet wurde." Sie ist jedoch insofern von besonderer Art, als sie nicht auf eine Königsregierung abhebt, sondern auf eine vorangegangene visionäre Wahrnehmung des Sehers, die sich auf einer höheren Ebene vollzogen hat als die nachfolgende eigentliche *Schau*. Zwischen beiden, dem vorbereiteten Gesicht vom Öffnen der Siegel und dem Hauptgesicht von Pferd und Reiter, liegt eine Audition: "Ich hörte die Stimme des vierten Tieres: komm!" Sie tönt gleichsam aus einer Zwischenebene, die unterhalb der (himmlischen) Ebene des Lammes in der Eröffnung einerseits und oberhalb des gleich zu berichtenden irdischen Geschehens andererseits liegt. Danach aber wird der Text nach vertrautem Muster fortgesetzt. Eröffnungsnotiz und Präsentativ: "Ich schaute und siehe" führen hinüber zu einem Zustandsbild mit nominalen Phrasen: "Ein fahles Pferd - und der darauf Sitzende ...." Im Unterschied zu Daniel und Amos wird eine deutende Identifikation eingeblendet: "Sein Name war der Tod." Dann erscheint ein zweiter Gegenstand, mit einer begleitenden Bewegung eingeführt: "Der Hades folgte ihm nach." Die entscheidende Bewegung wird durch ein im passivum divinum berichtetes Ereignis ausgelöst: "es wurde ihnen Vollmacht gegeben über ein Viertel der Erde, um zu töten mit dem Schwert und dem Hunger und dem Tod und durch wilde Tiere."

Bedarf es zusätzlicher Erläuterungen für die strukturelle Übereinstimmungen mit Daniel und Amos? Die (Glied-) Gattung des hebräischaramäischen Visionsberichts ist also bis in neutestamentliche Zeit und bis in griechische Texte hinein gebräuchlich geblieben. Kein Wunder, daß einem Kommentar wie Lohmeyer zu Apk 6 auffällt: "Die Sprache ist stark von Semitismen durchzogen."[15] |

Weil der *Deutungsteil* ausfällt, scheint der Text näher bei Amos als bei Daniel zu stehen. Aber die deutende Zwischenbemerkung über den Reiter als den Tod läßt erkennen, daß der Wirklichkeitscharakter nicht

---

15 *Lohmeyer* 1953, 59.

der von Am 7, sondern der von Dan 8 ist. Für den Apokalyptiker
Johannes existiert ein fahles Pferd nicht irgendwo real am Rand der Welt,
um im eschatologischen Bedarfsfall herbeigeholt zu werden. Vielmehr
handelt es sich um ein Symbol für den schnell dahinfahrenden Tod. Mag
auch dessen Personifikation an sich "ernst" gemeint sein wie die des
Hades, so gilt das gleiche nicht für seine Reitergestalt, wie denn auch für
den Hades ein entsprechendes Bild fehlt. Die Nähe zu Daniel zeigt sich
auch in dem Gesättigtsein mit spezifischen Überlieferungen. Die vier
Plagen, welche die Menschen töten, sind nach Ez 14,21 eschatologische
Wirkungsgrößen. Die vier Pferde, für die vier Windrichtungen bestimmt,
erinnern an Sach 1,8 und 6,1-6. Wie bei Daniel wird die Verklammerung
von umlaufenden Überlieferungen, insbesondere profetischen Weissagungen, und ihre Einordnung in einen umgreifenden zeitlichen Entwurf
zum Offenbarungserlebnis für den Autor. Das war bei Amos noch anders.
Wenn er einer Heuschreckengefahr inne wird, dann hat das ein höheres
Maß von Spontaneität und hängt nicht mit vorliegenden Textvorbildern
zusammen. Apokalyptisches Erleben hingegen resultiert aus exegetischer
Meditation.

4.2. Verbreiterung der Vergleichsebene

Was sich an den ausgewählten Beispielen ergeben hat, läßt sich verallgemeinern. Der Überblick 3 (s.u. S. 176f) bietet den Strukturaufriß von
44 Visionsberichten, und zwar aus 1Kön, Großen und Kleinen Profeten
sowie Daniel; dazu treten deutero- und außerkanonische Belege (1Hen,
Bar, TestXII, 4Esr) sowie weitere Abschnitte aus der neutestamentlichen
Apokalypse Johannes. Die vorliegende Übersicht ist begreiflicherweise
vorläufiger Art, sie bedarf in jedem Falle näherer Untersuchung (in den
Überblicken 1 und 2 werden einzelne Punkte stärker differenziert). Die
Darstellung ist so angelegt, daß links die Belege aus der Profetie
erscheinen, daran schließen sich die Spalten Gattungsgliederung und
Syntax an; auf der rechten Seite folgen die Belege für apokalyptische
Visionen. Kapitelangabe erfolgt jeweils am Kopf der Spalte, Zahlen
innerhalb der Spalten bezeichnen die Verse.

Verfolgen wir, was sich in diesen Berichten über innere Gesichte zeigt,
so läßt sich ein durch ein ganzes Jahrtausend gleichbleibendes Muster
nachweisen; demnach sind wir berechtigt, von einer Gattung zu reden.
Fast durchweg herrscht Zweiteilung vor. Zuerst wird eine Schauung
berichtet, dann ein Redeteil als Zwiegespräch einer himmlischen Stimme
mit dem Seher. Der zweite Teil fehlt nur, falls wie beim vierten Reiter
Apk 6 der Visionsbericht in eine größere Kette von Texten gleicher
Gattung eingereiht ist. |

4.2.1. *Struktur der Schauung.* Anfangs steht, gewöhnlich nach einer
Zeitbestimmung, die bekannte Eröffnungsformel "ich/ er schaute" (hebr.

רָאָה, aram. חֲזָה, griech. ἰδεῖν). Ein nachfolgendes Präsentativ "und siehe" (וְהִנֵּה / וְאֵלּוֹ / וָאֵרֶא / καὶ ἰδού) leitet über zu einem zuständlich beschriebenen Hauptgegenstand, der sich an einem belangreichen Ort befindet. Einige seiner Teile werden u.U. zusätzlich beschrieben; evtl. tritt ein zweiter, dritter, vierter Hauptgegenstand hinzu. Danach wird zu Verbalsätzen übergegangen und eine Bewegung signalisiert, auf die der Schaubericht als Klimax zuläuft. Er kann schließlich mit der Feststellung eines Ergebnisses ausklingen. - Ab Ezechiel tritt statt einer bloßen Zeitbestimmung ein ausgestalteter Vorspann (oder eine Vorvision) auf (Rubrik 1), der über die Befindlichkeit des Sehers Auskunft gibt, seinen Ort oder über eine ihn privat betreffende vorbereitende Schau. In einzelnen Apokalypsen weitet sich das zu einer vorbereiteten Aktion des Sehers aus, der mit Fasten oder Beten eine Vision heraufführen will.

4.2.2. Struktur des himmlisch-irdischen Zwiegesprächs. Hier variiert das Muster stark. Obligatorisch bleibt, daß entweder Gott selbst oder ein himmlischer Bote das Geschaute kommentiert bzw. aus ihm Folgerungen zieht. Ein Profet wie Amos kann an dieser Stelle mit einer Fürbitte anheben, um das Geschaute abzuwenden; er kann aber auch von der himmlischen Stimme nach dem Geschauten befragt werden und Bescheid geben (Am 7,8; 8,3), um den Gegenstand besonders eindrücklich werden zu lassen. Bei profetischen Texten endet der Teil mit einer göttlichen Schlußrede, die meist die Form einer Profezeiung annimmt und vom Seher öffentlich zu künden ist (Rubrik 5).

Ab Sacharja bahnt sich eine andere Gestaltung des Redeteils an. Der Seher fragt ratlos: "Was sind diese (Bilder)?" und erhält eine Deutung: "Diese bedeuten die und die (metahistorischen Größen)" (Sach 1,9f; 2,4 u.ö.). Solche *Deutungen* werden stehend bei Dan, syrBar, 4Esr; während äthHen und Apk dabei bleiben, nur Visionsberichte zu bieten, die in sich selbstverständlich sind und nachträglicher Aufschlüsselung nicht bedürfen. (Im Überblick 3 weisen die Rubriken 3 und 4 die verschiedenen Ausgestaltungen des Redeteils aus; s.u. S. 176f)

4.2.3. *Gattungsgeschichte*. Durchmustert man das Gefüge der 44 Visionsberichte - die Zahl ließe sich leicht vermehren -, so bieten sie ein geradezu ideales Material, um die Geschichte einer Gattung zu rekonstruieren. Wo gibt es sonst in der Bibel ein Sprachmuster, das sich so durchgängig bis in das letzte Buch des Neuen Testaments hinein verfolgen läßt und eine wachsende Ausweitung widerspiegelt? Von Amos angefangen, wo wir fünfmal die glatte Zweiteilung von knapper Schauung mit je einem Hauptgegenstand einerseits und einem Redeteil andererseits vorfinden, erweitert sich der Bestand schon bei Jesaja, um bei Ezechiel und Sacharja zusätzliche | Teile aufzunehmen. In der Apokalyptik werden dann alle Teile von Henoch/Daniel an bis hin zu syrBar/4Esr/Apokalypse Johannes erheblich ausgeweitet. Dennoch schimmert das Grundmuster weiter durch. Dabei gibt es ältere Muster noch bei jüngeren Autoren;

Jeremia z.B. faßt sich nicht weniger knapp als Amos, und Henoch verzichtet auf Deutung, obwohl diese schon bei Sacharja weithin hinzugehört. Doch aufs Ganze gesehen, gliedern sich die Apokalypsen zwanglos in die bei den frühen Schriftprofeten anhebende Geschichte der Textsorte ein.

4.2.4. *Verwandte Gattungen.* Im System einer semitischen Sprache wird eine Gattung wie der Visionsbericht nicht isoliert weitergegeben, sondern steht mit anderen in Beziehung, in diesem Fall vor allem mit dem *Traumbericht*, der auch ein Zustandsbild mit Hauptgegenstand bringt, dem schon Gen 40,12.18 eine fachgerechte Deutung (freilich durch Menschen) nachfolgt. Der hebräische Traumbericht entspricht einem mesopotamischen Muster[16], zu dem seit je ein eigener Deutungsteil gehört. Ist es zufällig, daß nach dem Exil bei dem babylonisch beeinflußten Sacharja die Deutung im Visionsbericht neu auftaucht und sie im aramäischen Teil des Daniel-Buches viel schulmäßiger heraustritt (durch das Lexem פשר) als im hebräischen? Auch die hebräische *Späher- und Wächtermeldung* ist zu berücksichtigen, die mit der gleichen Einführungsnotiz und ähnlichen Zustandsbildern ausgestattet wird[17]. Doch die Querverbindungen können hier ebensowenig weiter verfolgt werden wie parallele apokalyptische Gattungen mit Bericht von einer Himmelsreise oder dem Testament eines Gottesmannes.

4.2.5. *Ergebnis*: Die Entwicklung der Sprachform des Visionsberichtes läßt sich nicht nur durch Jahrhunderte, sondern auch über die Sprachgrenzen hinweg vom Hebräischen zum Aramäischen und Griechischen verfolgen. Das gleiche Grundmuster wird erstaunlich konstant festgehalten. Dennoch bleibt die Verbreitung der Textsorte auf einen verhältnismäßig schmalen, semitisch beeinflußten Raum beschränkt. Obwohl die Apokalyptik als solche einer internationalen Bewegung um die Zeitenwende zuzugehören scheint, wo man sich im gesamten Mittelmeergebiet und Nahen Osten intensiv um "Zukunftsforschung" müht, hat die Gattung dieser Art von Visionsbericht, soweit ich sehen kann, im hellenisierten Teil Israels kaum Fuß gefaßt, tauchte deshalb weder in den Sibyllinen noch den Nag-Hammadi-Schriften auf (hier ist höchstens ein schwacher Nachklang zu bemerken, wenn es in der Paulus-Apokalypse z.B. zweimal heißt: "Ich blickte auf und sah", mit nachfolgender Nominalphrase[18]). |

---

16   *Oppenheim* 1956; *Richter* 1963.
17   *Reimers* 1976, 206.
18   *Robinson* (Hrsg.) 1977, 241.

5. Diskontinuität von profetischem und apokalyptischem Visionsbericht. Der veränderte Sitz im Leben

5.1. Stereotype Abweichungen

Trotz des gleichbleibenden Gattungsmusters zeigen sich zwischen profetischen und apokalyptischen Texten im Blick auf die Visionsdarstellungen Unterschiede, deren Hauptpunkte ich kurz umreiße.

(1) Von Gesichten zu erzählen, stellt im Profetenbuch eine Ausnahme dar, in einer Apokalypse wird es zur Regel. Jesaja berichtet von einer einzigen Vision, Jeremia nur von dreien, würden die drei fehlen, würde niemand für das Gesamtbild Jeremias Wesentliches vermissen. Viele Profeten schweigen über diesen Punkt völlig. Unter den Apokalyptikern gibt es dagegen keinen, der auf *Visionsberichte* verzichtet, und wir haben Anlaß, hier ein entscheidendes apokalyptisches Anliegen zu vermuten.

(2) Die *Betroffenheit des Sehers* durch den Visionsvorgang tritt hervor. Ein apokalyptischer Seher spielt bei den Visionen aktiv und passiv mit, während der Profet meist ein bloß Schauender war, der höchstens hinterher wie Amos Fürbitte leistet oder wie Jesaja (6,11) klagt: "Wie lange dies?" Nicht nur, daß Apokalyptiker durch die Schauung zu Boden gerissen werden und eines Engels bedürfen, um wieder auf die Beine zu gelangen (Dan 10,10.16 z.B.), sie treten als Partner den überirdischen Subjekten gegenüber, wagen u.U. wie der 4Esr sogar energische Gegenrede (4Esr 7,45ff z.B.).

(3) Eine gegliederte Engelwelt taucht auf. Zwar berichten die Profeten gerade in ihren Visionsberichten von *überirdischen Gestalten*, von denen sie sonst nie sprechen, wie Sarafen (Jes 6), Heuschreckenbildner (Am 7), überirdischen Verderber (Ez 9), einer Frau Bosheit (Sach 5,5ff). Doch bei allem erscheint Jahwe ihnen selbst und bleibt entscheidender Akteur (Ez 1; Sach 3). Die ältesten Berichte stellen sogar Thronratsvisionen dar (1Kön 22; Jes 6). In den Apokalypsen jedoch wird Gott für den Visionär in der Regel unsichtbar (Ausnahme Dan 7,9f). Statt seiner nimmt die Engelhierarchie einen breiten Platz ein und wird zur Offenbarungsquelle bzw. -vermittlung, aber auch zum Antreiber wie Gegenspieler der irdischen Mächte (Dan 8,11f.25).

(4) *Deutung* wird nötig, deren die Profeten nicht bedurften. Schaut Amos Heuschrecken, die vom Ende der Welt aufbrechen und sieht er dort eine geheimnisvolle Gestalt, die sie bildet, dann ist das für ihn Realität. Der Referenzbezug ist durchsichtig. Schaut Jesaja den über dem Jerusalemer Tempel riesenhoch aufragenden Jahwä, so ist auch das für ihn wahrscheinlich blanke Wirklichkeit, nur daß sie das normale Menschenauge nicht wahrzunehmen vermag. Nach profetischem Verständnis eröffnen also Visionen eine Tiefenschau, welche das normale Sehvermögen übertrifft und verlängert, wie heute ein Röntgenschirm den Gesichtskreis des | Betrachters ausweitet; doch taucht keine "Trans-

zendenz" jenseits der Immanenz auf. Selbst Ezechiel hält seine bisweilen skurrilen Gesichte für eine bloße Tiefenschau der alle betreffenden Wirklichkeit; deshalb ist er in der Lage, mitten in der Vision den Namen eines Mannes zu nennen, den er während der Schauung tätig sieht (11,13). - In apokalyptischen Visionen treten dagegen Symbole hervor, deren Referenzbezug dunkel bleibt und erst ausdrücklich gemacht werden muß. Hinzu kommt, daß ein und derselbe Geschichtsablauf durch mehrere Gesichte und entsprechende Deutungen dargeboten wird. Haupt- und Teilgegenstände der Schauung erscheinen nicht mehr mit der "immanenten" Sache, die sie bedeuten, schlechthin deckungsgleich. Der Apokalyptiker Johannes stellt sich gewiß seinen Christus nicht letztlich in der Gestalt eines Lammes vor, rechnet mit "Konkurrenzgestalten" wie Menschensohn (14,14 nach 14,1ff) oder den Reiter (19,11 nach 19,7ff). Für Daniel sah der historische Alexander gewiß "real" anders aus als ein zottiger Ziegenbock mit Einhorn. Weil nicht mehr der Bereich sichtbarer Wirklichkeit durch die innere Schau einfach verlängert wird, sondern geschichtliche Kräfte gleichsam mehrdimensional und chiffriert dargestellt werden, wird eine "multiplicity of approaches" möglich, kann eine Größe wie die griechische Herrschaft z.B. durch eiserne-tönerne Beine eines Standbildes Dan 2 oder durch ein Untier aus dem Meer Dan 7 abgebildet werden. Bezeichnenderweise versteht das Zeitalter der Apokalyptiker die amosische Heuschreckenvision nicht mehr wörtlich, sondern bezieht sie auf den Endfeind Gog, so die LXX zu 7,1. (Auf die apokalyptische Metaforik gehe ich im nächsten Paragrafen noch gesondert ein.)

Was hier als Unterschied zwischen den beiden Arten von Visionsberichten herausgestellt wird, will nicht als starre Grenzziehung begriffen werden. Apokalyptische Gattungsmotive beginnen bisweilen schon bei Ezechiel, ein andermal bei Sacharja; und profetische reichen stellenweise bis hin zum ersten Henoch, im Blick auf das Fehlen eines ausgebauten Deutungsteiles bis hin zur Apokalypse Johannes (s. die leeren Spalten bei Rubrik 4 im Überblick 3, s.u. S. 176f).

5.2. Sitz im Leben - Ähnlichkeit und Differenz

Trotz der genannten vier Unterschiede, die im Laufe der Zeit zunehmen, bleibt der Eindruck einer gleichbleibenden Struktur vorherrschend. Wie ist im hebräisch-aramäischen Sprachgebrauch die Konstanz über ein Jahrtausend zu erklären?

Genügt es, mit bloßen literarischen Nachahmungen zu rechnen? Exegeten der Wellhausenschule haben weitgehend solche Erklärung bevorzugt. Wollen schon Ezechiel oder Sacharja ältere Vorbilder imitieren, wie gele|gentlich angenommen worden ist? Falls man es für die beiden verneint, hat man kaum ein Recht, bei den Apokalypsen bloße Nachahmung voraussetzen, wo doch jede Schrift eine eigene Ausprägung und Fortschreibung der Gattung zeigt und von sklavischem Nachäffen nichts zu merken ist. Unterschiedenheiten bei gleichbleibender Grundstruktur zeigen, daß mit einer lebendigen Sprachentwicklung zu rechnen ist. Gewiß handelt es sich dabei nicht um eine Erscheinung der Umgangssprache, sondern um eine Sondersprache, die in bestimmten Kreisen gepflegt wurde.

Damit stellt sich die Frage nach dem Sitz im Leben. Visionsberichte wurden offenbar formuliert durch Leute, die sich in visionärer Versenkung mit Gebet, Fasten und dergleichen übten. Das läßt schon für die Profeten eine gewisse "Schultradition" voraussetzen[19]. Wenn die Apokalyptiker ein profetisches Sprachmuster für den Bericht über geheime Erfahrungen wieder aufgreifen und selbständig umprägen, werden die entsprechenden psychologischen Praktiken vorauszusetzen sein. Das spräche dafür - der Frage kann hier im einzelnen nicht nachgegangen werden -, daß sich die am "Geist" des apokalyptischen Heroen (Daniel, Esra) Interessierten in eigenen Zirkeln, vielleicht in eigenen Synagogen, trafen und ihre Schriftauslegung und Deutungsprobleme einander offenlegten.

6. Textsemantik

6.1. Das Rätsel apokalyptischer Bildersprache

Was die Interpretation apokalyptischer Schriften so schwer macht und bei manchen Lesern den Eindruck von krauser Phantastik ohne Sinn und Zweck hervorruft, ist ihre Eigenart, Dinge und Verhältnisse nicht direkt anzusprechen, sondern durch eine Masse von "Symbolen" zu chiffrieren, von Dingen und Bäumen und Himmelswesen statt von Menschen und historischen Mächten zu reden. Der moderne Exeget findet sich in die Rolle "derer draußen" versetzt, denen nach der synoptischen Gleichnistheorie Mk 4,10f das *mysterion* des Gottesreiches nur ἐν παραβολαῖς und zum Zweck der Verstockung vorgelegt wird! Hier ist nicht weiter zu gelangen ohne eine Behandlung des apokalyptischen Metafergebrauchs.

Für die apokalyptische Bildersprache stehen die alttestamentlichen Profeten Pate. Auch sie hatten weithin vermieden, die Dinge beim Namen zu nennen. Amos z.B. redet nie von den Assyrern, wo er vom Untergang Israels spricht, und hat sie doch offensichtlich im Auge. Bei ihm die bei den übrigen Profeten spielen in Visionsschilderungen (und Symbolhandlungen) Metafern und Symbolzeichen eine besonders große Rolle. Insofern ist eine Analogie zu den Apokalyptikern gegeben. Dennoch empfinden wir | einen Unterschied, wenn wir von der Profetie zur Apokalyptik übergehen. Die Heuschrecken Am 7 sind wirkliche Tiere, was Widder und Bock in Dan 8 nicht in gleicher Weise sind. Anderswo ist das Ergebnis beim Vergleich vielschichtiger, doch der Unterschied

---

19 *Koch* 1978.

bleibt. So profezeit z.B. Hos 13,4-8 Jahwes Heimsuchung, der sich wie Löwe, Bär und Panther an den Weg Israels legen und es anfallen wird. Hier sind die Raubtiere bildlich genommen, doch das erklärt sich aus dem Kontext, wo vorher von Jahwes Hirtentätigkeit (רעה) geredet wird und damit eine jedermann bekannte "Gebrauchsmetafer" verwendet worden war; um eine Antithese zum bisherigen göttlichen Verhalten herauszustellen, wird im gleichen Bildfeld mit dem Gegensatz zum רעה fortgefahren. Von den drei Raubtieren redet ebenso Dan 7 und bezieht sie auf übermächtige Völker. Doch der Unterschied liegt auf der Hand. Bei Hosea waltet die gewöhnliche Anschauung der zoologischen Spezies vor. Der gemeinsame Charakter der Raubtiere, die Gefährlichkeit für die Herde, wird zur Basis eines einfachen Vergleichs. Bei Daniel hingegen fehlt ein dem Leser geläufiger Bildkontext, die Anschauung wird von vornherein "übertrieben" und aus jeder Alltagserfahrung herausgenommen: ein Löwe mit Adlerflügeln, die nachher ausgerissen werden - das Tier wird sogar zu aufrechtem Gang bewegt und erfährt eine "Herztransplantation". Oder ein Panther mit vier Flügeln und vier Häuptern! Obwohl auch hier Gefährlichkeit für menschliches Leben mitspielt, schwingen doch offenbar auch andere Konnotationen mit und sind von Gewicht.

Verglichen mit dem Profeten fällt weiter das Verschwimmen der Zeitstufen in der Apokalyptik auf. Bei profetischen Visionen liegt entweder die Gegenwärtigkeit des Geschauten auf der Hand (Jes 6) oder seine Zukünftigkeit (so meistens), obschon beides ineinander übergehen kann. Die Heuschrecken, die Amos schaut, werden in der Ferne schon gebildet, aber werden Palästina erst nach geraumer Zeit erreichen (wenn überhaupt!). Für den Profeten wie den Leser wird also ein begrenzter, in sich geschlossener Zeitausschnitt offenbar, dessen Relation zur Gegenwart eindeutig ist. Vergangenes bildet keinen Gegenstand für profetische Visionen (Ausnahme Jer 3,6ff?). Bei den Apokalyptikern, angefangen mit dem Traum von der Völkerstatue Dan 2, werden in die Visionen weite Zeithorizonte abgeschritten, bei denen die Grenzen zwischen Vergangenheit und Gegenwart ebenso zerfließen wie zwischen Gegenwart und Zukunft. Die verschlüsselte Sprache führt dazu, daß der Exeget im dunkeln tappt mit der Frage, ob z.B. Dan 8,25 insgesamt zukünftig gemeint ist oder nur mit seinem letzten Satz. Hat das letzte Horn, das Daniel beim letzten Tier erschaut, die "Vielen" vernichtet, als die Apokalypse niedergeschrieben wird, oder wird es das noch tun? Steht sein Auftrumpfen gegen den Fürst der Fürsten noch aus oder nur das Zerbrechen durch die Nicht-Hand? | Von einem abgeschlossenen, überschaubaren Zeitausschnitt kann also nicht mehr die Rede sein.

Wozu alle die Verrätselungen und die scheinbar skurrile Darstellungsweise? Schauen wir uns die Sache bei Dan 8 näher an.

6.2. Innere Form der Schauung V. 3-14

Ehe ich die Semantik einzelner Wendungen verfolgte, weise ich auf die Erzähltechnik des Verfassers. Sehen wir vom Rahmen ab, läßt sich der *plot* einer einfachen Erzählfolge erkennen, in der zunächst als Aktanten zwei als aggressiv geltende Tiere, Widder und Ziegenbock, hervortreten. Begonnen wird mit dem Widder V. 3, wobei die Aufmerksamkeit sich auf seine Hörner richtet. Nach einem unterbrechenden Rückbezug auf den Sehakt V. 4 läßt die anhebende Erzählung den Widder unmotiviert nach drei Himmelsrichtungen losrasen und alle anderen Tiere überrennen, bis er allein als groß dasteht (הגדיל). Nach einer zweiten Rückblende, mit der der Berichterstatter wieder aus dem Gang der Handlung herausspringt und auf seine Person verweist, wird der zweite Aktant V. 5 eingeführt, wieder mit dem Ton auf dem Horn. Sobald er, der Bock, auftaucht, fliegt er auch schon auf den ersten, den Widder, zu. Ehe es zum Zusammenstoß der beiden kommt, macht der Berichende sich nochmals seine Schauung und Reflexion klar, V. 7. Der Sieg des einen über den anderen wird durch fünf Narrative relativ ausführlich gemalt. Dann wird auf längere Verläufe mit ו-perf.-Sätzen umgeschaltet: ein Retter bleibt aus, der Ziegenbock macht sich übergroß (הגדיל). Nach V. 8b erfolgt eine überraschende Wende. Ohne äußere Einwirkung bricht das Horn dem Bock ab, er verliert das Werkzeug seines Sieges. Wird er nun unterliegen? Keineswegs, vier neue Hörner wachsen alsbald nach. Bei dem einen entsteht eine Vergabelung, die sich nach zwei Himmelsrichtungen aggressiv benimmt und dann über alles Frühere hinaus sich auswächst. Riesenhaft lang, ragt seine Größe (הגדיל) bis zum Himmel. Das sich verselbständigende Horn fährt in seinem Angriff fort, reißt Sterne vom Himmel und zertritt sie, wie einst der Widder zertreten wurde (רמס wie V. 7).

Mitten im Erzählgang hat der Berichtende eine neue Aktantengruppe eingeführt: Himmelsheer und Sterne. Ergänzt wird sie durch den Fürst des Heeres, sein ständiges Tamidopfer und die Stütze seines Heiligtums. Der Fürst des Himmels läßt sich nicht herabwerfen, wohl aber wird seine irdische Repräsentanz in Opfer und Heiligtum gestürzt. In V. 12 werden noch einmal zwei Narrative gewählt, um die Dramatik zu erhöhen, bevor eine vorläufige Ergebnisnotiz (ועשתה והצליחה) analog V. 4b die Szene beschließt. Damit bricht die Erzählung ab, an der Stelle, wo die Spannung | beim Leser am höchsten und die Unwahrscheinlichkeit am größten geworden war. Angriff eines Ziegenbocks auf den Himmel und Herabstürzen der Sterne - soll das das letzte Wort sein? Hinzu tritt, daß er Tempel von פשע beherrscht wird. Das heißt, daß das Chaos vorherrscht, die Himmelskräfte waren Garanten der Weltordnung und gewährleisteten zusammen mit dem Kult am Tempel den Bestand der Menschheit vor ihrem Schöpfer. Eine "eigentliche" Erzählung müßte also weiterfahren.

Doch Daniel kann es sich leisten, abzubrechen. Er teilt Schauung mit.
Die Rubrik חזון, anfangs gleich zweimal herausgestellt V. 2-4, hat darauf
vorbereitet, daß das Berichtete u.U. keinen glatten Verlauf nimmt. חזון
als Gattungsweiser rechtfertigt auch einen Abbruch mitten im Gesche-
hensverlauf. Zwar gibt V. 13 eine Fortsetzung, jedoch auf einer anderen
Ebene, derjenigen der Audition. Diese Audition gilt manchen Kommentatoren als höchst ungeschickt angefügt, als "ein weiteres Beispiel für die
besagte literarische Unzulänglichkeit, die des Verfassers Stil kennzeichnet".[20] Ist dem wirklich so oder wird hier vorschnell ein abendländischer
Maßstab von sachgemäßer Erzählung unsachgemäß angewendet? Die
Audition wechselt von der bislang vorgeführten Tierebene zu einem
Bereich von Heiligen über, die über die Zeiten zu befinden haben. Dort
war die Uhr des Geschehens für das zertretene Heiligtum angehalten
worden. Der Ziegenbock agierte also nicht, so soll der Leser begreifen,
derart autark, wie es aufgrund der vorangehenden Schauung erschien. Er
war "gesteuert", wie auf der höheren Kommunikationsebene erkennbar
wird. Hier wird auch mitgeteilt, daß der traurige Zustand nicht für immer
bleibt, sondern nur für 2300 Abend-Morgen. Was dann passiert, bleibt
offen. Insofern unterstreicht die Audition nur, daß noch etwas geschehen
wird. Die Spannung wird gesteigert, aber noch nicht gelöst.

6.3. Semantik des Visionsteils

Was als Verhalten übermütig gewordener Tiere vorgeführt wird, will nicht
amüsante oder schreckliche zoologische Kuriosa schildern. Der Leser wird
schnell gewahr, daß die Wörter anderes bedeuten als in der Alltags-
semantik, als in ihrem üblichen paradigmatischen Feld.
      Zwar fängt es harmlos an. Ein Widder mit einem großen und einem
kleinen Horn, am אובל von Susa stehend, und ein Ziegenbock, der vom
Westen her auf ihn zurennt, dergleichen kommt vor (wenngleich ich in
Unkenntnis altorientalischer Haustiere nicht weiß, ob die Böcke der
beiden Tierarten aufeinander loszugehen pflegen und ob im Konfliktfall
ein Ziegenbock einen Widder zu Boden werfen kann). Bald mischt sich
jedoch | Ungereimtes, semantisch Widersprüchliches ein. Bei einem
normalen Widder wachsen die Hörner beidseitig gleichmäßig, nicht das
eine nach dem anderen. Daß kein Tier in West, Nord und Süd sich vor
einem Widder retten kann, klingt ebenso unwahrscheinlich wie die
Aussage, daß kein (menschlicher oder übermenschlicher) מציל dem
Widder entgegentritt. Ein Ziegenbock mit nur einem Horn, das gibt's,
aber das befindet sich dann nicht zwischen den Augen. Ein solcher Bock
kann nicht über die gesamte Ausdehnung der Erde heranpreschen, ohne

---

20 *Porteous* 1962, 105.

den Boden zu berühren! (Manche Ausleger denken hier an ein Märchenmotiv, das aus einem Deuterojesaja-Wort [Jes 41,3] stammt.) Bricht einer Ziege das Horn ab, so wächst es nicht nach, jedenfalls nicht vierfach nach und nicht so, daß eine Sprosse bis zum Himmel reichen und Gestirne herunterstoßen kann. Ab V. 10 wechselt die Schau aus der Horizontalen in die Vertikale. Ein Fürst, der hoch droben über den Gestirnen weilte - seine Erscheinung wird bezeichenderweise nicht beschrieben -, wird mit dem Tamid-Opfer und dem Heiligtum unten (dem Zion, weiß der Leser) eng verbunden. Droben wie drunten greift der Bock an. Die Übersteigerungen des real Möglichen nehmen also zu, bis sie gleichsam an den Rand des Kosmos stoßen. Wiederholt wird von (zwei oder drei) Himmelsrichtungen gesprochen. Die Erde scheint bis an ihren äußersten Horizont hin offengelegt. Die wenigen Aktanten, an sich räumliche begrenzte, angesichts des Universums verhältnismäßig kleine Wesen, bewegen sich in einem gewaltigen homogenen, leer wirkenden Raum ohne jeden Widerstand.

Der hier schreibt, will keine quasinatürlichen Vorgänge wiedergegeben, wählt bewußt das Paradox als Ausdrucksmittel und die unübliche semantische Verknüpfung. Das mag der Exeget aus ästhetischem Geschmack heraus beklagen. Zitieren wir etwa Junker, der die Vision als "unvorstellbar" tadelt und fortfährt[21]:

> "Hier ist kein klar und deutlich geschautes Bild mehr. Das Horn erscheint losgelöst von einem Träger als eine selbständige Größe ... es ist eigentlich überhaupt keine Vision mehr, sondern bloße Wirklichkeitsschilderung, wenn das Horn in V. 11 und 12 großtut wider den Fürsten des Himmels, das tägliche Opfer abschafft und die heilige Stätte und die Wahrheit niederwirft."

Kann man jedoch eine Aussage, daß ein König (Antiochos IV.) den Fürsten des himmlischen Heeres angreift, "bloße Wirklichkeitsschilderung" nennen? Daß es dem Seleukiden gelungen sei, Sterne vom Himmel herabzuwerfen, vermelden jedenfalls antike Quellen nicht. Auch läßt sich bezweifeln, ob die vorher angeführten Tiere für den Autor nur ausschmückende Bilder waren, ob er ihnen nicht durchaus einen bestimmten Grad von Wirklichkeit hinsichtlich des jeweiligen Volkscharakters beimißt. Abendländische Ästhetik ist hier fehl am Platze. |

Ehe ich weitere Schlüsse ziehe, gehe ich zum zweiten Teil des Kapitels über und wende mich der Kürze halber sofort der Semantik zu.

---

21   *Junker* 1932, 67.

6.4. Semantik der Deutung

6.4.1. Wie oben (§ 2.3.5.) ausgeführt, bringt der erste Teil der Deutung V. 20-22 nichts, was dem Schreiber und seinen gelehrten Lesern unbekannt wäre. Daß das Widdergestirn mit Persien und Medien zusammenhängt und insbesondere mit dessen König, begreift jeder Gebildete, der etwas von astraler Geografie weiß; gleiches gilt für die Identifikation des Bockes (ungewöhnlich höchstens, daß Medien zu Persien geschlagen und Griechenland zu Syrien). Was bezweckt eine solche "Deutung"? "Der Hörnerbesitzer - König von Medien/ Persien" : heißt das, der Widder stelle eben nichts dar als diese Könige? Falls der astrologische Hintergrund noch in irgendeiner Weise präsent ist, muß das Tier mehr sein als seine irdisch-historische Entsprechung. Dasselbe gilt für den Ziegenbock. In dem einen Fabeltier und dem entsprechenden Himmelszeichen wird das Wesen vieler Herrscher versammelt. Beim zweiten Tier wird übrigens das Plus des tierischen Hintergrunds über die historische Erscheinung hinaus offenkundiger. Denn hier repräsentiert den ersten König nur ein großes Horn, die nachfolgenden Hörner stellen schon für sich genommen Könige dar. Das heißt doch, daß das Tier selbst, das Königtum Jawans, als zusammenhängendes größeres Ganzes im Hintergrund bleibt, und die einzelnen Königreiche - und erst recht Könige - nur als partielle Auskörperung eines umfassenden, unsichtbaren metahistorischen Ganzen erscheinen. Statt der Ortsnamen (Susa) und der Himmelsrichtungen in der Schauung werden jetzt Völkernamen angeboten. Nur die Hörner werden bei den Hauptgestalten "gedeutet", sie werden als Waffen benutzt. Demnach soll Gewalttätigkeit die Könige kennzeichnen, und dies gleichsam "von Natur", denn von einer Schuld wird nichts gesagt. Was wird in V. 20-22 eigentlich geklärt? Die Sprache bleibt verschleiert, und was in der Schauung an Einzelzügen geboten war, wird nicht erklärt und bleibt also auch nach dieser "Deutung" als gewichtig in Geltung.

6.4.2. Der zweite Teil der Deutung V. 23ff führt über bereits Gewußtes hinaus und führt Unbekanntes ein. Liefert er Deutung im Sinne einer Auflösung der Rätselsprache? Gibt er mit nüchternen Worten wieder, was die Sache selbst sein soll? Der Anfang ließe sich so fassen: "am Ende ihres Königtums (der vier Nachfolgereiche) beim Vollenden-Lassen der 'Auflehnung´ (LXX) ersteht ein König mit starkem Gesicht." Wie V. 20-22 bildet die Wurzel מלך das tertium comparationis (falls der Begriff erlaubt ist): die Tiere mit ihren Hörnern entsprechen Königreichen und ihren Trägern. Wie dort wird die Ersetzung Volk (עם־קדשים) für Landschaft und Orte | (מקדש) geübt. Die Örtlichkeiten geben bereits in der Schauung die Sache selbst wieder, tragen also schon dort keinen metaforischen Charakter.

Durch die zusätzliche Nennung von Völkernamen wird der Schleier kaum gelüftet. Das "starke Gesicht" des Königs V. 23 entspricht dem nach Nord und Süd sich ausbreitenden kleinen Horn V. 9f. Eröffnet das aber "die Sache" statt des Bildes, wird nicht eher ein neues Bild eingeführt (mit Wortspiel עַי = עַי)? "Einsicht in Rätsel" wird ihm zugesprochen, und damit das, was der Seher für sich selbst erfleht (V. 15f) und nur teilweise empfängt (V. 27). Was hier mit Rätseln gemeint ist, weiß keiner mehr. Die Vollendung von פֶּשַׁע-Sfären (ἁμαρτίαι) benutzt die gleiche ethische Klassifikation wie V. 13, aber erreicht keine "innerweltliche Realität". Der "freche" König wird mit Namen nicht genannt, also weniger identifiziert als vorher die Könige von Medien-Persien oder Jawan V. 20f. In der Fortsetzung V. 24 erscheint das Ergebnis der Schauszenen V. 12 wieder: "er hatte Erfolg und vollbrachte es." Das ist einfache Wiederholung und keine Aufklärung. Das Zertrampeln von V. 7.13 wird V. 24 zum Vernichten, für zweimal רמס steht fünfmal שׁחת. Der frappierendste Zug in der Schauung, der Angriff auf Himmel und Erde wie die Beseitigung des Tamidopfers entfällt. Was aber bietet der zweite Teil als Äquivalent? "Wunderbares vernichten ... Gewaltige vernichten und das Volk der Heiligen ... gegen den Fürst der Fürsten aufstehen." War der Verweis auf die heilige Stätte und den dort geschehenen Frevel im ersten Teil nicht sehr viel konkreter?

6.4.3. *Fazit*: Was wir Deutung nennen und auf den zweiten Teil anwenden, bietet eigentlich keine Deutung, sondern verschiebt bloß die Darstellungsebene. Statt tierischer wie astraler Bilder wird ein menschlich-übermenschlicher Aggressor vorgeführt, dessen Inkognito gewahrt bleibt. Die innere Widersprüchlichkeit im Bild wird eher gegenüber dem ersten Teil noch verstärkt, etwa in dem Satz "gewaltig wurde seine Kraft und nicht durch seine Kraft".

Das Ende dieses Teils V. 25b landet beinahe wieder bei einer Schauung. "Gegen den Fürst der Fürsten ersteht er, und durch eine Nicht-Hand wird er zerschmettert." Der erste Satz rafft knapper als die Vorlage das Geschehen zusammen; sollte man hier nicht eher größere Breite erwarten? Der letzte Satz aber führt die Schauung genau an dem Punkt weiter, wo der Leser oben den Abbruch des Erzählgeschehens bedauerte. Auf den letzten Frevel, bei dem dem Leser gleichsam der Atem stockte, folgt diesmal die notwendige Revanche: der Himmelsstürmer wird gestürzt. Aber wie vollzieht sich sein Zerbrechen? Mit dem Ausdruck "Nicht-Hand" für das entscheidende Subjekt wird ein Widersinn zum Ausdruck gebracht, eine scheinbare Leerformel benutzt, die alle Widersprüche im Vorhergehenden weit hinter sich läßt. Und doch wirkt der Schluß auf den Leser. Im Kontext eines | solchen Visionsberichtes wird selbst eine Nicht-Hand verständlich! Sie weist auf Transzendenz, und treffender als in dieser *via negationis* könnte von Gott kaum hier die Rede sein.

6.5. Sprechen in Metafern

6.5.1. Die Besonderheit der apokalyptischen Sprache beachten Exegeten nur höchst selten. Aus neuerer Zeit kenne ich nur zwei amerikanische Stimmen, deren Beitrag das Problem aufgreift, aber kaum das letzte Wort zur Sache bietet. Paul D. Hanson hat in den letzten Jahren mehrfach das jeweiligen andere Verhältnis von "vision" und "reality" zum Kriterium der Unterscheidung von Profetie und Apokalyptik erhoben[22]. Während jene eine fruchtbare Spannung zwischen beiden Polen voraussetzt, tut sich bei dieser eine unübersteigbare Kluft auf: aus der Vision folgt beim Apokalyptiker kein Appell mehr für konkretes politisches Verhalten und Gestalten. Zweifellos stellt Hanson einen wesentlichen Unterschied der beiden Strömungen israelitischer Religionen zutreffend heraus, aber bewertet ihn vielleicht doch zu schnell zugunsten der ersteren. Es könnte ja sein, daß die profetische Ontologie oder Metahistorie naiv war und deshalb von einem Pol zum andern leichthin überwechseln konnte, während die Apokalyptiker in einer veränderten Zeit sich einer Problemtiefe gegenübersehen, von denen die Profeten noch nichts ahnten! - Der zweite ist John J. Collins. Er kennzeichnet die sprachliche Besonderheit apokalyptischer Visionen als "Allegorie", also als Sprechweise, die etwas anderes meint als sie wörtlich genommen besagt und sich von anderen Formen metaforischer oder symbolischer Sprache dadurch unterscheidet, daß sie die zweite Ebene der Bedeutung ausdrücklich nachträgt. Gegenüber der Danielsprache räumt Collins jedoch ein, daß "the explicit allusions to a second level of meaning may be rare and ambiguous on occasion".[23] In den danielischen Visionen wird auf "primeval" oder auf "celestial archetypes" zurückgegriffen, um aufwühlende geschichtliche Erfahrung religiös zu verstehen[24]. Sein Verdienst ist, daß Collins die Bindung apokalyptischer Visionen an überlieferte Stoffe, von denen oben Daniel 8 die Rede war, als konstitutiv herausstellt.

Dagegen scheint es mir mißlich, daß er den Begriff Allegorie beibehält. Denn Allegorie meint eine bildliche Rede, für die Substitution vorausgesetzt werden kann; was bildlich gesagt wird, kann in eigentliche unbildliche Rede transportiert werden. Dies aber schließt Collins doch wohl aus, wenn er die Apokalypsen als "disclosing a transcendent reality"[25] begreift. |

6.5.2. Ein Seitenblick auf die moderne Auslegung der Gleichnisse Jesu bei den neutestamentlichen Kollegen hilft ein Stück weiter. Jahrzehntelang hat hier Jülichers Gleichnistheorie gegolten, wonach Jesus seine

---

22 *Hanson,* zuletzt 1978.
23 *Collins* 1977, 115.
24 *Collins* 1977, 95ff.
25 *Collins* 1979, 9.

Gleichnisse formuliert, um allgemeine religiöse Wahrheiten in bildhafte Rede einzukleiden, als "konkrete Vermittlung für Abstraktes". Im Hintergrund stand die antike Theorie, nach der Metafern verkürzte Gleichnisse darstellen und prinzipiell durch eigentliche Aussagen substituierbar sind. Seit Amos N. Wilders Buch über "The Language of the Gospels" (1964) setzt sich jedoch mehr und mehr die Einsicht durch, daß eine echte Metafer und vor allem ein jesuanisches Gleichnis Ausdruck einer eigenen Wirklichkeitssicht ist, also in keiner Weise durch andere Reden ersetzbar erscheint. Es ist hier nicht der Ort, den Verlauf der neutestamentlichen Debatte zu schildern; ich verweise dafür auf Harnischs Literarturbericht[26]; die gleiche Spur wird auch von Philosophen wie Ricoeur (1974) und Linguisten wie Weinrich (1976) verfolgt.

6.5.3. Was ist daraus für apokalyptische Visionen zu lernen? Metafern treten hier viel krasser hervor als in irgendeinem synoptischen Gleichnis. Die Zumutung an die Leser, sich anzustrengen, um einen Sinn zu finden, ist also noch gesteigert gegenüber der neutestamentlichen Parallele. Warum das? Ohne Anspruch auf Vollständigkeit gebe ich drei Mutmaßungen Ausdruck.

(1) Metaforische Rede verweist in diesem Zusammenhang auf eine religiös begründete *Metahistorie*, die den geschichtlichen Weg des Menschen und insbesondere des Gottesvolkes verständlich und sinnvoll werden läßt. Eine tiefe Erfahrung vom Zwang der Verhältnisse, denen gerade die Rechtschaffenen und Frommen sich ausgesetzt sehen, korrespondiert mit der Gewißheit, daß es dennoch "sich lohnt", gut zu handeln und treu zu bleiben, weil letztendlich der Höchste den Grund aller geschichtlichen Wirklichkeit ausmacht. Dabei wird vorausgesetzt, daß politische Figuren auf der Bühne der Geschichte mehr sind als beliebige Individuen und Staaten mehr als die Organisation einer Administration, weiter, daß es Gestirne und Engelsmächte gibt, welche den Geschichtsverlauf maßgeblich beeinflussen, ohne damit menschliche Freiheit auszuschließen. Zwischen Himmel und Erde gibt es mehr Dinge als sich unsere Schulweisheit träumen läßt, von ihnen kann der Visionär metaforisch reden. Wie ich in meiner Darstellung der Profeten[27] darzustellen versucht habe, liegt seit Amos den Profeten an einer solchen Übergeschichte, an Metahistorie. Die Apokalyptiker führen das in ihrer Weise weiter.

(2) Metaforische Rede gestattet, die *Schuldfrage* offen zu lassen. Zwar wird in Dan 8 gegen Ende der Vision vom Empörungsfrevel (פֶּשַׁע) und | dem Herabwerfen der Wahrheit (אֱמֶת) geredet und insofern Schuld als Grund der letzten Geschichtskatastrofe festgehalten. Aber wo und bei wem beginnt die Schuld? Ist das mehrfach betonte Sich-groß-Machen

---

26 *Harnisch* 1979, 53-89.
27 *Koch* 1978, 84ff, 157ff und *passim*; [3]1995, 286 s.v.

(הגדיל) von persisch-medischem Widder und griechischem Ziegenbock böse oder zeigen sich hier "Naturanlagen", die sich durchsetzen? Soll man einen Schritt weitergehen und schon das Stoßen der Tierfiguren nach den verschiedenen Himmelsrichtungen als sündig und als Eigenwillen brandmarken? Der Apokalyptiker tut es nicht. Er läßt andererseits ebenso offen, wieweit und wo Gott selbst am Werke ist. Zweifellos ist Gott es, der den letzten König fällt V. 25b. Und hinter der befristeten Zeit von 2300 Abend-Morgen steht ebenso göttliche Aktivität. Auch daß ein Widder bei Susa auftaucht und ein Ziegenbock im Westen, mag aus göttlicher Fügung hervorgehen. Doch gesagt wird es nicht. Die metaforische Rede läßt ein Theodizeeproblem gar nicht erst aufkommen. Ein apokalyptischer Determinismus, von dem leider weitgehend in der Bibelwissenschaft geredet wird, ist zumindest im Blick auf Dan 8 unerweisbar.

(3) Metaforische Rede, die nicht in einen Klartext übersetzt wird, reizt zu fortlaufender *Aktualisierung*. Zwar gilt unter historischen Exegeten heute als ausgemacht, daß der Ziegenbock Dan 8 sich auf die Diadochen und der König mit "starkem Gesicht" V. 23 sich auf Antiochus IV. beziehen. In der Tat will der Autor dem Leser solche Bezüge suggerieren. Meint der das jedoch exklusiv und endgültig? Die Leute, die das Danielbuch nach 164 v.Chr. hochgehalten, gelesen und abgeschrieben haben, entnehmen dem Kapitel jedenfalls keine eindeutige Festlegung. Haben sie damit den danielischen Verfasser völlig mißinterpretiert? Sind wir Exegeten heute auf dem richtigen Pfad, wenn wir wähnen, der makkabäische Verfasser habe alle seine Aussagen so punktuell und historischkritisch eindeutig gemeint, wie wir es aufgrund unseres wissenschaftlichen Gewissens fordern? Oder stehen konservative Ausleger, die den Ziegenbock Dan 8 auf Rom und den Frevelkönig auf einen noch ausstehenden Antichrist beziehen, dem Anliegen des metaforisch denkenden Autor doch näher als wir gemeinhin wahrhaben wollen?

Lassen Sie mich mit zwei Streiflichtern auf die Geistesgeschichte des Abendlandes schließen. "Ich will keine Bildrede dulden, solange nicht die Sinnwidrigkeit eines wörtlichen Verständnisses nachweisbar ist" schrieb einst Luther gegen Latomus[28]. Die Exegese wäre gegenwärtig nicht das, was sie ist und positiv für Theologie und Kirche leistet, hätte sich dieser Grundsatz nicht durchgesetzt. Und ein zweites: die Philosophen der Aufklärung haben es Europa eingeimpft, nur jene Sätze für wahr zu halten, die *clare et distincte* formuliert sind. Moderne Wissenschaft und Technik | gäbe es nicht, hätte diese Losung nicht gesiegt. Und dennoch: hat sich das Abendland mit der Verdammung jeder "symbolischen" Sprache nicht Scheuklappen angelegt? Läßt sich die Wahrheit mensch-

---

28 Zitiert nach *Löwith* 1959, 53.

licher Existenz ohne Metaforik ergründen? Die modernen Lyriker, nicht nur die Surrealisten, haben entschlossen den Weg zurück zur Metafer gewählt. Und ein Naturwissenschaftler wie Heisenberg gesteht heute: "Wir sind gezwungen, in Bildern und Gleichnissen zu sprechen, die nicht genau das treffen, was wir wirklich meinen."[29] Sollte, was für die Naturwissenschaft gilt, nicht auch in der Theologie erwägenswert sein?

Einleitung zu den Überblicken 1-3

Die hier angefügten Überblicke 1 bis 3 versuchen, die in der Arbeit entwickelte Sicht der profetischen und apokalyptischen Visionsberichte in formalisierter Weise zusammenzufassen. Dabei wird so vorgegangen, daß zunächst (Überblick 1) eine ausführliche Analyse des apokalyptischen Visionsberichtes Dan 8 vorgelegt wird, die fast den kompletten masoretischen Text in den einzelnen Spalten bietet. Darauf folgt der Vergleich (Überblick 2) dreier Texte, eines alttestamentlich-apokalyptischen und eines neutestamentlich-apokalyptischen, wobei der hebräische bzw. griechische Text in seinen wichtigsten Abschnitten geboten wird. Als drittes schließt sich ein Überblick über 44 Visionsberichte an, die dem Alten Testament, den Apokryfen und dem Neuen Testament entnommen sind (Überblick 3). Auf dieser Ebene wird auf die Anfführung des Wortlautes der einzelnen Texte gänzlich verzichtet, es werden nur noch die für die Gattungsmatrix "Visionsbericht" erheblichen Versangaben geboten.

Die für alle drei Überblicke konstitutive Gattungsmatrix wird am ausführlichsten in Überblick 3 geboten; sie versucht, *alle* Elemente der Gattungsgliederung aufzuführen und ist damit notwendig umfangreicher als die Gattungsgliederungen in den Überblicken 1 und 2.

Überblick 1 (s.u. S. 172f)

Die Analyse von Dan 8 ist von rechts nach links zu lesen. Rechts außen sind die einzelnen Gliederungselemente vermerkt. Nach links schließen sich die jeweiligen Textabschnitte an, wobei diese in den Teilen 2 (Schauung) und 4 (Deutung) in sechs Kolumnen (A_1 bis C) unterteilt sind, die sich in beiden Teilen entsprechen. (Das Deutungsleitlexem מלך wird mit Punkten gerahmt.)

Überblick 2. (s.u. S. 174f)

Der Überblick 2 ist von links nach rechts zu lesen. Er bietet die einen Visionsbericht aus Amos, Daniel und der Apokalypse Johannes. Die Gliederung ist analog zur Gattungsmatrix aufgebaut.

---

29 *Heisenberg* 1969, 285.

Überblick 3. (s.u. S. 176f)

Der Überblick 3 bietet den Versuch eines Strukturaufrisses von 44 Visionen. In der Mitte wird die Gattungsmatrix aufgeschlüsselt, die sich in zwei Spalten gliedert. Die linke Spalte führt die Inhalte der Gattungsgliederung auf, die rechte Spalte bietet grammatische und syntaktische Korrelate. Links von der Gattungsmatrix sind alttestamentlich-profetische Visionsberichte aufgeführt, rechts Belege aus Daniel, den Apokryfen und der Apokalypse Johannes.

Jeweils eine Spalte repräsentiert einen Visionsbericht. Das betreffende Kapitel ist am Kopf der Spalte vermerkt. In der Spalte sind die Verse angegeben, in denen das betreffende Gliederungselement aufzufinden ist. Die Versangaben beziehen sich jeweils nur auf den Anfang des betreffenden Unterabschnittes, nicht auf den vollen Umfang.

Zu Zeile 2.2.8 ist zu bemerken, daß in dieser Rubrik sowohl eine "Sprech-Bewegung von B zu A oder von A zu B wie auch von Gott zu A/B" gemeint sein kann.

An Abkürzungen seien aufgeführt:

Hggst - Hauptgegenstand; Bwegg - Bewegung; Visionsggst. - Visionsgegenstand; Beauftr. - Beauftragung; Identif. - Identifizierung.

Überblick 1:
Analyse von Dan 8

- C -	- B₃ -	- B₂ -
[13]וָאֶשְׁמְעָה		[7]וָאֶרְאֶה
אֶחָד־קָדוֹשׁ מְדַבֵּר	[8b]וּכְעָצְמוֹ נִשְׁבְּרָה הַקֶּרֶן הַגְּדוֹלָה	מַגִּיעַ אֵצֶל הָאַיִל
	[9]וּמִן־הָאַחַת מֵהֶם יָצָא קֶרֶן־אַחַת וַתַּעֲלֶנָה חָזוּת אַרְבַּע תַּחְתֶּיהָ ...	וַיִּתְמַרְמַר וַיַּשְׁבֵּר אֶת־שְׁתֵּי ק" וְלֹא־הָיָה כֹחַ בָּאַיִל לַעֲמֹד ... וַיִּרְמְסֵהוּ
וַיֹּאמֶר ... לַפַּלְמוֹנִי עַד־מָתַי הֶחָזוֹן מְרֻמָּס: [14]וַיֹּאמֶר ... עַד עֶרֶב בֹּקֶר 2300	וַתִּגְדַּל־יֶתֶר...[10]וַתִּגְדַּל עַד־צְבָא הַשָּׁמָיִם וַתַּפֵּל... וַתִּרְמְסֵם: [11] וְעַד שַׂר־הַצָּבָא הִגְדִּיל וּמִמֶּנּוּ הֵרִים הַתָּמִיד׃...	וְלֹא־הָיָה מַצִּיל לְאַיִל מִיָּדוֹ: [8]וּצְפִיר ... הִגְדִּיל עַד־מְאֹד
...וְנִצְדַּק קֹדֶשׁ:	[12]...וְעָשְׂתָה וְהִצְלִיחָה:	

- C -	- B₃ -	- B₂ -
	[22]וְהַנִּשְׁבֶּרֶת וַתַּעֲמֹדְנָה אַרְבַּע תַּחְתֶּיהָ [23]וּבְאַחֲרִית מַלְכוּתָם	
	אַרְבַּע מַלְכִיּוֹת ... יַעֲמֹדְנָה יַעֲמֹד מֶלֶךְ ... וּמֵבִין חִידוֹת:	
[26]וּמַרְאֵה הָעֶרֶב וְהַבֹּקֶר		
	[24]וְעָצַם כֹּחוֹ ... וְהִצְלִיחַ וְעָשָׂה ... וְכִלְכְּבוֹ יַגְדִּיל ... וְעַל־שַׂר־שָׂרִים יַעֲמֹד וּבְאֶפֶס יָד יִשָּׁבֵר:	וְלֹא בְכֹחוֹ:
... אֱמֶת הוּא		

*   1 Vorspann   2 Schauung (2.0 Vorvision; 2.1 Zustandsbild; 2.2 Bildbewegung)

- B₁ -	- A₂ -	- A₁ -	GATTUNGSGLIEDERUNG / * SYNTAX	
		בִּשְׁנַת שָׁלוֹשׁ לְמַלְכוּת בֵּלְאשַׁצַּר הַמֶּלֶךְ ⁸'¹ חָזוֹן נִרְאָה אֵלַי אֲנִי דָנִיֵּאל אַחֲרֵי הַנִּרְאָה אֵלַי בַּתְּחִלָּה: ²וָאֶרְאֶה בֶּחָזוֹן	Zeitformel Themaangabe und Selbstvorstellung des Sehers	1
		וַיְהִי בִּרְאֹתִי וַאֲנִי בְּשׁוּשַׁן הַבִּירָה אֲשֶׁר בְּעֵילָם הַמְּדִינָה וָאֶרְאֶה בֶּחָזוֹן וַאֲנִי הָיִיתִי עַל־אוּבַל אוּלָי:	Ort des Sehens Schau über visionär. Ort	2.0
⁵וַאֲנִי הָיִיתִי מֵבִין	⁴רָאִיתִי	³וָאֶשָּׂא עֵינַי וָאֶרְאֶה	Eröffnungsnotiz	2.1
וְהִנֵּה		וְהִנֵּה	Präsentativ	
צְפִיר־הָעִזִּים בָּא	אֶת־הָאַיִל מְנַגֵּחַ יָמָּה...	אַיִל אֶחָד עֹמֵד	Hauptgegenstand A / B	
מִן־הַמַּעֲרָב ...		לִפְנֵי הָאֻבָל	Ort des Hauptgegenst.	
קֶרֶן חָזוּת בֵּין עֵינָיו:		וְלוֹ קְרָנַיִם ... וְהָאַחַת גְּבֹהָה מִן־הַשֵּׁנִית	Teilgegenstand (Zustand/Entstehung)	
⁶וַיָּבֹא עַד־הָאַיִל ... וַיָּרָץ אֵלָיו בַּחֲמַת כֹּחוֹ:	וְכָל־חַיּוֹת לֹא־יַעַמְדוּ לְפָנָיו		(Sprech-) Bewegung	2.2
	וְאֵין מַצִּיל מִיָּדוֹ וְעָשָׂה כִרְצֹנוֹ ^ וְהִגְדִּיל:		Ergebnis	

¹⁵וַיְהִי בִּרְאֹתִי אֲנִי דָנִיֵּאל אֶת־הֶחָזוֹן וָאֲבַקְשָׁה בִינָה
וְהִנֵּה
עֹמֵד לְנֶגְדִּי כְּמַרְאֵה־גָבֶר:
¹⁶וָאֶשְׁמַע
קוֹל־אָדָם
בֵּין אוּלָי
וַיִּקְרָא וַיֹּאמַר גַּבְרִיאֵל הָבֵן לְהַלָּז אֶת־הַמַּרְאֶה:
¹⁷וַיָּבֹא ... וְאֶפְּלָה עַל־פָּנָי וַיֹּאמֶר אֵלַי הָבֵן ... כִּי לְעֶת־קֵץ הֶחָזוֹן:
¹⁸... נִרְדַּמְתִּי עַל־פָּנַי אָרְצָה וַיִּגַּע־בִּי וַיַּעֲמִדֵנִי עַל־עָמְדִי: ¹⁹וַיֹּאמֶר

			Bitte um Deutung Präsentativ Hauptgegenstand A Eröffnungsnotiz Hauptgegenstand B Ort von B Sprechbewegung B - A Wendung zum Seher - Reaktion von Seher und A	3
		הִנְנִי מוֹדִיעֲךָ אֵת אֲשֶׁר־יִהְיֶה בְּאַחֲרִית הַזָּעַם כִּי לְמוֹעֵד קֵץ:	Ankündigung Deutung:	4

- B₁ -	- A₂ -	- A₁ -		
וְהַקֶּרֶן הַגְּדוֹלָה ... בֵּין־עֵינָיו	²¹וְהַצָּפִיר הַשָּׂעִיר	²⁰הָאַיִל ... בַּעַל הַקְּרָנָיִם	Nennung von Haupt-/ Teilgegenständen	
הוּא הַמֶּלֶךְ הָרִאשׁוֹן:	מֶלֶךְ יָוָן	מַלְכֵי מָדַי וּפָרָס:	Deutung von Haupt-/ Teilgegenständen	
			sonst. Aufnahme der Schauung	
			über Schauung hinausführende Bewegung und Ergebnis	
			Bekräftigung	
		²⁶ᵇוְאַתָּה סְתֹם הֶחָזוֹן כִּי לְיָמִים רַבִּים:	Aufforderung zur Geheimhaltung	5
		²⁷וַאֲנִי דָנִיֵּאל נִהְיֵיתִי וְנֶחֱלֵיתִי יָמִים וָאָקוּם וָאֶעֱשֶׂה אֶת־מְלֶאכֶת הַמֶּלֶךְ וָאֶשְׁתּוֹמֵם עַל־הַמַּרְאֶה וְאֵין מֵבִין:	Betroffenheit und Reaktion des Sehers	

3 Interaktion des Sehers 4 Deutung 5 Abschluß

Überblick 2

Überblick 2: Vergleich dreier Visionsberichte

Gattungsgliederung/Syntax	Am 7,1-3	Dan 8	Apk 6,7-8
1 VORSPANN			
1.1 Zeitformel/Synchronismus	בתחלת עלות הלקש] אחר גזי המלך [	בשנת שלש למלכות	καὶ ὅτε ἤνοιξεν τὴν σφραγῖδα τὴν τετάρ-
1.2 Themaangabe/Selbstvorstellung		חזון נראה אלי אני דניאל..	την
2.0.1 Vorbereitende Wahrnehmung		ויהי בראתי	ἤκουσα φωνὴν τοῦ τετάρτου ζῴου λέγοντος· ἔρχου
2.0.2 Ortsangabe		ואני בשושן...	
2.0.3 Schau über vision. Ort		ואראה בחזון ואני הייתי על..	
2 SCHAUUNG			
2.1.1 Eröffnungsnotiz √ראה √ἰδεῖν	כה הראני אדני יהוה	A ואשה עני ואראה	καὶ εἶδον
2.1.2 Präsentativ הנה,ἰδού	והנה	והנה	καὶ ἰδού
2.1.3 Begleitgegenstand	יצר		ἵππος χλωρός
2.1.4 Hauptgegenstand A	גבי	איל אחד עמד	καὶ ὁ καθήμενος
2.1.5 Ort von A		לפני האבל	ἐπάνω αὐτοῦ
2.1.6 Teilgegenstände zu A		ולו קרנים	
2.1.7.1 Eröffnungsnotiz		ראיתי	
2.1.7.2 Vorber. Bewegung		האיל מנגח	
2.1.8. Zwischendeutung			ὄνομα αὐτῷ θάνατος
2.2.1 Eröffnungsnotiz (s.2.1.1)		ואני הייתי מבין	
2.2.2 = 2.1.2		והנה	
2.2.4 Hauptgegenstand B		B₁ צפיר העזים בא	καὶ ὁ ᾅδης ἠκολούθει
2.2.5 Ort Hggst. B		מן המערב	
2.2.6 Teilggst. zu B		קרן חזות	
2.2.7 Vorbereitende Bew. B		ויבא עד האיל...	
2.2.8.1 Eröffnungsnotiz		B₂ ולא ראיתיו	
2.2.8.2 (Sprech)Bewegg. (B/A)		....וישכר את שתי קרניו...	καὶ ἐδόθη αὐτοῖς ἐξουσ ἐπὶ τὸ τέταρτον τῆς γ ἀποκτεῖναι ἐν ρομφαίᾳ καὶ ἐν λιμῷ καὶ ἐν θαν καὶ ὑπὸ τῶν θηρίων τῆς γ
2.2.8.3 Ergebnis	... והיה אם־כלה לאכל	B₃ ... ולא היה מציל	
2.2.9 (Sprech)Bewegung		...ותעלגה..ארבע..יצא קרן	
2.2.10 Hggst. C (mit 2.1.1 - 2.1.5) und Bewegung		C ...ואשמעה אחד קדוש	

Überblick 2: Vergleich dreier Visionsberichte

Gattungsgliederung/Syntax		Am 7,1-3	Dan 8	Apk 6,7-8
3.1.2	Redeeröffnung des Sehers	וַיֹּאמֶר		
3.2.1	Anrufung und Bitte	אֲדֹנָי יהוה סְלַח־נָא		
3.2.3	Klagende Frage	מִי יָקוּם יַעֲקֹב		
3.2.5	Reaktion יהוה	נִחַם יהוה עַל זֹאת		
4.1.4	Bitte des Sehers um Deutg.		ריהי בראחי...ראבקשה בינה	
4.1.3.1	Präsentativ		והנה	
4.1.3.2	Erscheinung des Deuters		עמד.....כמראה גבר	
4.1.3.3	Eröffnungsnotiz		ראשמע	
4.1.3.4	2. Ggstd. und Ort		קול אדם בין אולי	
4.1.3.6	Sprechbewegung B zu A		....ויאמר גבריאל...	
4.1.5	(Sprech)Bewegung des Deuters		ריבא./ ויאמר./ ויגע בי..	
4.1.6	Reaktion des Sehers		ראפלה../נרדמתי..	
4.2.1	Ankündigung der Deutung		ויאמר הנני מודיעך ...	
4.2.2	Nennung und Deutung A		הזאיל...מלכי	
4.2.5	Nennung und Deutung B		והצפר...מלך.	
4.2.6	Nenng/Deutg Teilgg. B		והקרן...הוא המלך	
4.2.7	Deutung von Bewegungen		ותעמדנה..ארבע מלכירות	
4.2.8	Aufnahme/Bekräftigg. C		ומראה...אמת הוא	
	Apod. Weissagg. לֹא + Impf. und Schlußformel	לֹא תִהְיֶה אָמַר יהוה		
	Aufforderung zu Geheimhaltg. und Betroffenheit des Sehers		....סתם החזון ראני דניאל נהייתי	

Left margin labels:
3 REDETEIL · 4 DEUTUNG · 5 SCHLUSS-REDE GOTTES · 7 ABSCHLUSS

Überblick 3

Überblick 3: Versuch ein

1Kg 22	Am 7	Am 7	Am 7	Am 8	Am 9	Js 6	Jr 1	Jr 1	Ez 1	Ez 2	Ez 8	Ez 37	Sa 1	Sa 2	Sa 2	Sa 4	Sa 5	Sa 5	Sa 6	Sa 3	Gattungsgliederung	Syntax
(1)						1		1		1		7									1.1 Zeitformel/Synchronismus	בשנה +Zahl + König/bzw
																					1.2 (Selbst)Vorst. d. Sehers	Name
									1												2.0.1 Wahrnehmung	VS 1./3. sg
									1	1											2.0.2 Ort des Sehers	ב / ל + Ort
											1										2.0.3 Schau über vision. Ort	√ראה +ב / ל + Ort
																					2.0.4 Reaktion des Sehers	VS 1./3. sg
																					2.0.5 Vorbereitg. d. S.: Fasten	VS 1. sg
																					2.0.6 " : Gebet/Klage	VS 1. sg (+ Anruf)
																	1				2.0.7 Schlafnotiz	VS 1./3. sg
									2		1	7									2.0.8 Tagesangabe	יום/לילה + Zahl
19	1	4	7	1	1	1			4	9	2		8	1	5	2	1		1	1	2.1.1 Eröffnungsnotiz √ראה ...	Narr / Aor.
	1	4	7	1					4	9	2	2	8	1	5	2	1			1	2.1.2	Präsentativ — ואירא/ראיתי/ויהי καὶ ιδου
	4								4	9							5			1	2.1.3 Begleitgegenstand	NS
19	1	4	7	1	1	1			5	9	2	1	8	1	5	2	1		1	1	2.1.4 Hauptgegenstand A	NS
19			7		1	1			5	10		2	8						(1)	1	2.1.5 Ort des Hggst. A	NS
			7			1			6	10	2		8			3				2	2.1.6 Teilgegenstände von A	NS
		4								10											2.1.7 Vorbereitende Beweeg. A	NSp
																3					2.2.1 Eröffnungsnotiz (= 2.1.1)	Narr / Aor
												7									2.2.2 = 2.1.2	Präsentativ
																					2.2.3 Begleitgegenstand	Nomen/NS
19										2	15					3	7			1	2.2.4 Hauptgegenstand B	NS
										2	15									1	2.2.5 Ort von Hggstd. B	NS
										2	18										2.2.6 Teilgegenstände v. B	NS
										3	19										2.2.7 Vorbereitde. Beweeg. B	NSp ה-Perfekt
20	2	4								3		3								2	2.2.8 (Sprech)Beweeg. (s. Einleitung)	Narr
		4														7				3	2.2.9 " Visionsggste.	Narr
21										26	*					8					2.2.10 Hggst. C (D..) + Bewegung	s. 2.1.1 – 2.1.5
												3									2.2.11 (Sprech)Bew. Visgg.-Seher	Narr
21				8	2	1	11	13	2,1	3,1	9,4	3				5				4	3.1.1 Redeeröffnung Jahwä/Engel	ויאמר X אלי
	2	5				5							9	2		4				4	3.1.2 " Profet	ואמר
	2	5									8	12									3.2 Fürbitte + Reaktion Jahwäs	
				8	2		11	13							2	2	5				3.3 Frage über Geschautes/Antw.	
													9	2		4		6		4	3.4.1 " d. Sehers nach Deutg.	Fragesatz
													9	2		5	3	6	5	4	3.4.2 Redenotiz und Identifik.	ויאמר + NS
													10	2		14		8	6		3.4.3 Nähere Erläuterung	Rel.-Satz/NSp
													10	4				11			3.4.4 Zweck	ל + inf
22						1		9			3	1		4							3.5 Beauftr. mit/ohne Dialog	Imperativ
																					4.1.1 Reaktion d. Sehers auf Vis.	VS 1. sg
																					4.1.2 Umstände d. Deutungsempf.	NS
																					4.1.3 Auftauchen des Deuters	s. 2.1.1ff
																					4.1.4 Bitte des Sehers um Deutg.	VS 1. sg
																		11			4.1.5 (Sprech)Beweeg. d. Deuters	VS
																					4.1.6 Reaktion d. Sehers	VS
																					4.2.1 Ankündigung. der Deutg.	VS (.חבי)/ NS (פשר)
																		11			4.2.2 Nennung und Identif. A	NS
																					4.2.4 evtl. neue Schauung	s.o. 2.1.1ff
																					4.2.5 Nennung und Identif. B	NS
																					4.2.6 " " " Teilg.B	NS
																					4.2.7 Deutung v. Bewegungen	cf 2.2.9
																					4.2.8 Aufnahme (und Bekräftg) C..	NS
																					5 Schlußrede Gottes	
3	6	8	2	1	11	12	14		10	10	12	13		9			4		(8)	7	6 Mahnung an Empfänger d. Deutg.	
																					7 Abschluß	
											12											

* pml t

Strukturaufrisses von 44 Visionen

Dan 2	Dan 4	Dan 7	Dan 8	Dan 9	1Hen 14-16	1Hen 83	1Hen 85	2Bar 35-40	2Bar 53-75	4Es 9f	4Es 11f	4Es 13	TJos 19	Apk 1	Apk 4	Apk 5	Apk 8	Apk 10	Apk 13	Apk 13	Apk 14	Apk 14
1		1	1	1										1								
1	1	1	1	2				1					1	9								
1	2	1	1	2	2	1	1							10								
			2				3	1		26		12,51		9								
			2																			
1	2	1																				
							3			26		51										
							4		2	27												
					3			36,1			10,60											
										27	11,1	13,1										
31	7	2	3		8	3	3	1	53,1	38	1	1	8	12	1	1	2	1	1	11	1	14
31	7	2	3		8		3	2	1		1	2									1	14
		2			9			2	1		2		8			1		1	1	11		14
31	7	3	3		20	3	3	2	1	38	1	3	8	12	1	1	2	1	1	11	1	14
(31)	7	3	3				3	2	1	38	1	3			1	1	2	1	1	(11)	1	14
32	9	4	3		20				1	38	1		8			1	2	1	1	11	1	14
		4	4		3				2-7	10,25	2	3										
34	10	7	5		4				8	27	37	5				2						
	10	7	5					3		27	37	5				2						
					4	3	3									2		2				
34	10	7	5			3	3		8	27	37	5	8		2	2	3	3	2		2	15
	10		5						8	27	37	5			2		3				2	15
		7	5									5			3		3					
		8	6		4	3-6					37	5					3					15
34	11		7			7	4-11	8-10		38	6					2	5		2	12		15
35			8			8	37,1	11		12,1				8					3			
		9	13								12		8			6	7					17
					24-16,4					9 39	11,36							4			3	
		15			5		1	12	10,27	12,3	13					4						
			20						55,1-3													
		15f	21					3	29						13							
	15	16	15					38	54	34	6	13				17						
	16		17	21					55,4	30		21			17							
			17							32												
36	17	16	19	22				39,1	56,1	38	10	25										
	17	17	20	24				2	3f	40	11	25			20						4	
37	18								5-74,4		13	27										
		21																				
45	20	19/23	21					8			31	30										
	20		21																			
44	20-23	22						8-40,3		45	32	32										
		26a										39										
	24												10									
		26b			6			4	76	58	37			11	12	13	6					
46-49		28	27							50	35								9	18		

Literatur[30]

[[*W. Bader* (Hg.), "Und die Wahrheit wurde hinweggefegt." Daniel 8 linguistisch interpretiert (THLI 9) 1994]]

Collins, J.J. 1977: The Apocalyptic Vision of the Book of Daniel (HSM 16), Missoula, Mont. 1977.

- (Hrsg.) 1979: Apocalypse: The Morphology of a Genre (Semeia 14) Missoula, Mont. 1979.

Cumont, F. 1909: La plus ancienne géographie astrologique, in: Klio 9 (1909) 263-273.

Gunkel, H. 1900: Das 4. Buch Esra, in: APAT Bd. 2 Darmstadt 1962^2 [=1900], 331-401.

Hanson, P.D. 1978: Dynamic Transcendence, Philadelphia, Penn. 1978.

Harnisch, W. 1979: Die Metapher als heuristisches Prinzip, in: VF 24 (1979) 53-89

Hasslberger, B. 1977: Hoffnung in der Bedrängnis. Eine formkritische Untersuchung zu Dan 8 und 10-12, St. Ottilien 1977.

Heisenberg, W. 1969: Der Teil und das Ganze, München 1969.

Junker, H. 1932: Untersuchungen über exegetische und literarische Probleme des Buches Daniel, Bonn 1932.

Koch, K. 1974: Was ist Formgeschichte?, Neukirchen 1974^3.

- 1970: Ratlos vor der Apokalyptik, Gütersloh 1970.

Koch, K. und Mitarb. 1976: Amos. Untersucht mit den Methoden einer strukturalen Formgeschichte, Bd. 1-3, Neukirchen 1976.

Koch, K. 1978: Die Profeten I (UB 280), Stuttgart 1978; ^{3}1995

Lewy, H. 1949: The Babylonian Background of the Kay Kâûs Legend, in: ArOr 17 (1949) 28-109.

Lohmeyer, E. 1953: Die Offenbarung des Johannes (HNT 16), Tübingen 1953^3.

Löwith, K. 1959: Die Sprache als Vermittler von Mensch und Welt, in: W. Schneemelcher (Hrsg.): Das Problem der Sprache in Theologie und Kirche, Berlin 1959, 36-54.

Lücke, F. 1832: Versuch einer vollständigen Einleitung in die Offenbarung Johannis und in die gesammte apokalyptische Litteratur, Commentar über die Schriften des Evangelisten Johannes, 4. Theil, 1. Band, Einleitung in die Offenbarung Johannis, Bonn 1832.

Lukonin, W.G. 1967: Persien 2. (Archaeologia Mundi), München/Genf/Paris 1967.

[[*Newsom, C.* 1985: Songs of the Sabbath Sacrifice (HSS 27), Atlanta 1985]]

[[*Niditch, S.* 1983: The Symbolic Vision in Biblical Tradition (HSM 30), 1983]]

Oppenheim, A.L. 1956: The Interpretation of Dreams in Ancient Near East, with a Translation of an Assyrian Dream-Book, in: TAPhS 46,3 (1956).

Porteous, N. 1968: Das Buch Daniel (ATD 23), Göttingen 1968^2.

Reimers, S. 1976: Formgeschichte der profetischen Visionsberichte, Diss. Masch., Hamburg 1976.

Richter, W. 1963: Traum und Traumdeutung im Alten Testament, in: BZ 7 (1963) 202-220.

Ricoeur, P. / Jüngel, E. 1974: Metapher - Zur Hermeneutik religiöser Sprache (Sonderheft EvTh), München 1974.

Robinson, J.M. (ed.) 1977: The Nag Hammadi Library, Leiden / San Francisco 1977.

Strugnell, J. 1960: The Angelic Liturgy at Qumran : 4QSerek Šîrôt 'Olat Haššabât, in: Congress Volume Oxford 1959 (VT.S 7), Leiden 1960, 318-345.

Weinrich, H. 1976: Sprache in Texten, Stuttgart 1976.

Wilder, A.N. 1964: Early Christian Rhetoric. The Language of the Gospel, London 1964.

[[30   Etwa gleichzeitig sind die Wandlungen der Gattung durch *Niditch* (1983) dargestellt worden. Auf der Basis einer Ausdrucks-Syntax wird Dan 8 bei *Bader* (1994) linguistisch interpretiert]].

III

Zentrale Themen der Apokalyptik

"Adam, was hast Du getan?"
Erkenntnis und Fall in der zwischentestamentlichen Literatur

1. Aufklärung und Erbsünde

Als sich die abendländische Aufklärung anschickte, die Menschheit aus ihrer (nach I. Kant) selbstverschuldeten Unmündigkeit zu erlösen und die allen Menschen eigene Vernunft zum einzig legitimen handlungsleitenden Kriterium erhob, da stellte sich ihr die christliche Lehre von der Erbsünde und der dadurch hervorgerufenen Schädigung der menschlichen Natur als ein schweres Hindernis in den Weg. Zwar bezieht sich der dogmatische Begriff der Erbsünde zunächst auf den menschlichen Willen und seine Schwäche, richtiger Einsicht zu folgen. Doch er hatte in der abendländischen Theologiegeschichte immer auch die Implikation einer verminderten Erkenntnisfähigkeit. "Unser Wissen und Verstand ist mit Finsternis verhüllet", läßt das Gesangbuch jeden evangelischen Christen singen[1]. Die angeborene Beschränktheit und Fehlorientierung unserer Erkenntnis macht überhaupt erst Christentum, Heiligen Geist, Offenbarung nötig. Ohne den Erbschaden, der alle Menschen getroffen hat, könnte ja jeder seinen Weg zum ewigen Heil gemäß natürlicher Erkenntnis finden. Das aber erscheint der traditionellen Lehre ausgeschlossen. In seltener Einmütigkeit haben deshalb die Confessio Augustana (Artikel 2) wie das Trienter Konzil (Dekret über die Erbsünde) jeden, der die Erbsünde leugnet, gleichermaßen verdammt.

Die Lehre von einem Fall des ersten Menschen aus seinem Urstand und den üblen Folgen für die Gattung Menschheit, ja für die außermenschliche Natur, gründet in dem Bericht von Adams und Evas Übertretung im Garten Eden in den Eingangskapiteln der Heiligen Schrift. Danach hat die Schlange das erste Menschenpaar verführt, von der verbotenen Frucht des Baumes der Erkenntnis des Guten und Bösen zu essen, um wie Gott zu werden. Aber die Gottgleichheit wird nicht erreicht, und damit wohl auch nicht das andere Ziel, über Gut und Böse uneingeschränkt Bescheid zu wissen. Statt Erkenntnis*erweiterung* erfolgte nach der dogmatischen Theorie durch den Akt Adams eine *Reduktion* des Erkenntnisvermögens und dies für alle künftigen Generationen. Nach der gleichen Theorie verknüpft Gen 3 den Erbschaden untrennbar mit der Dämonologie, mit einem Teufel als Verführer von Anfang an, der darauf aus ist, beständig Erkenntnis und Tun der Menschen irrezuleiten. Darüber hinaus aber

---

1 Evangelisches Kirchengesangbuch 127,2 [[= EG 161,2]].

bindet das Kapitel die Erbsünde schon an die Soteriologie. Denn mit der göttlichen Zusage, daß der Same Evas der Schlange, also dem Satan, den Kopf zertreten werde, kann nur Protevangelium, kann nur Verheißung einer Befreiung des Menschen aus allen Gefahren der Verführung gemeint sein, | also der Hinweis auf Messias, Offenbarung und Eschatologie. So die im Altertum und Mittelalter von allen geteilte Auslegung.

Nun aber tritt im 17./18. nachchristlichen Jahrhundert die Vernunft auf den Plan und traut sich zu, eine Wissenschaft zu entwerfen, welche die Übel der Menschheit beseitigen wird und die, wie ihr begeisterter Protagonist Francis Bacon z.B. rühmt, "never harmed any man", vielmehr dem Lichte gleich ist, ohne Trübung und Einschränkung, "for light is in itself pure and innocent"[2]. Offenbarung erscheint mehr und mehr nicht nur überflüssig, sondern durch ihren heteronomen Charakter eine Beleidigung des souveränen menschlichen Geistes. Auch die kritischen Theologen können sich einem solchen optimistischen Menschenverständnis auf die Dauer nicht entziehen. Die Erbsündenlehre wird deshalb, wie E. Hirsch schreibt, "das schwerste theologische Fragmal, das sich der Neologie auf den Weg gepflanzt hat ... Es erscheint ihnen unbedingt geboten, das evangelische Christentum zu befreien aus der Verstrickung in die augustinische Lehre von Erbschuld, Erbsünde und die darauf gebaute Lehre von der wunderhaften prädestinatianischen Gnadeneingießung, die den Menschen ohne sein Zutun sittlich verändert." Die Charakterisierung der Lehre als augustinisch[3] stammt freilich von Hirsch, für die damaligen Theologen war die Lehre biblisch, was die Sache viel vertrackter machte. War der Aufenthalt der Stammeltern des Menschengeschlechtes im Paradies unter unvorstellbar glücklichen Umständen und ihre Übertretung mit nachfolgenden tiefgreifenden Umweltschäden selbst bei Tier (Schlange) und Pflanze (Dornen und Disteln) geschichtlich verbürgte Tatsache - und dafür stand die Heilige Schrift gerade -, war eine Depravation der Erkenntnis als ererbter Schade der menschlichen

---

2 Novum organum scientiarum 1620, englisch zitiert bei *W. Leiss*: The Domination of nature, 1972, S. 50. Vgl. auch die veränderte Einschätzung von Gen 3, ebd. S. 49: "For man by the fall fell at the same time from his state of innocency and from his domination over creation. Both of these losses however can even in this life be in some part repaired: The former by religion and faith, the latter by arts and sciences."

3 *E. Hirsch*: Geschichte der neuern evangelischen Theologie IV, 1949, 29f. Er fährt bezeichnenderweise fort: "Allem Naserümpfen über die Moralisierung des Christentums durch die Neologie muß entgegengehalten werden, daß die augustinische Erbsünden - und Gnadenlehre in der Tat eine Anschauung vom Willkürgott und einen Restbestand urtümlicher Magie mit sich führt, die alle beide unterchristlich und mit den tiefsten Einsichten der Reformation in Widerstreite sind."

Natur nicht von der Hand zu weisen. Die Theorie anzugreifen, heißt also, die Wahrheit der Schrift in Frage stellen und die Wahrhaftigkeit ihrer Autoren. Darf das angehen?

Erst die allmählich aufkommende historisch-kritische Exegese hat das Abendland von dieser fatalen Alternative befreit. Das geschieht nicht ohne erhebliche Übergangsschwierigkeiten. Als der Vater der alttestamentlichen Wissenschaft J.G. Eichhorn sich als erster in Deutschland in einem Aufsatz über die Urgeschichte 1779[4] anschickte, Genesis 3 von dem Anschein einer Legitimation der Satanologie | und Erbsündenlehre zu befreien, da wagte er den Artikel nicht unter seinem Namen zu veröffentlichen, sondern ließ ihn anonym herausgehen. Seine natürliche Erklärung des Baumes in Eden, der da seiner Meinung nach noch heute steht, als Giftbaum, von dem eine Schlange essen konnte, aber nicht der Mensch, rettete die Historizität des Geschehens, befreite es aber von seiner anthropologischen Gewichtung[5].

Wir machen uns heute keine Vorstellung mehr davon, welche Bedeutung die Anfangskapitel der Bibel noch in den Tagen der Aufklärung im allgemeinen Bewußtsein eingenommen haben. Selbst die Philosophen und Skeptiker kommen nicht darum herum. Sie bürsten Genesis 3 gegen den Strich, indem sie hier, von Kant über Schiller bis Hegel, den ersten Ausgang des Menschen aus seiner tierischen Unreflektiertheit und also den entscheidenden Schritt zur Vernunft, das glücklichste Ereignis der Menschheitsgeschichte, dokumentiert sehen. "Es erscheint als angemessen, den Mythus vom Sündenfall an der Spitze der Logik zu betrachten, da diese es mit dem Erkennen zu tun hat und es sich auch in diesem Mythus um das Erkennen und dessen Ursprung und Bedeutung handelt", erklärt Hegel[6]. Auch die Protagonisten einer auf-

---

4   Repertitorium für biblische und morgenländische Litteratur IV, 1779, S. 129-256.

5   10 Jahre später erklärt Eichhorn, daß er in der Urgeschichte seine wahre Meinung, nämlich, daß es sich um einen Mythus handelt, noch nicht zu äußern gewagt habe; Allgemeine Bibliothek der biblischen Litteratur I, S. 984ff.

6   Zitiert bei *E. Heintel*: Hegel und die Analogia entis (Akademische Vorträge und Abhandlungen 20), 1958, S. 32. Heintel selbst setzt hinzu (S. 31) - ein Beweis, wie wirksam der Einfluß der Genesisüberlieferung noch in heutiger Philosophie ist -: "Philosophie umschreibt im Aufnehmen dieses Gleichnisses gewissermaßen ihre eigenen Existenzvoraussetzungen und kann daher *ihre* Sündenfälle unmöglich nur negativ werten ... Denn für die Philosophie ist der erste und für sie überhaupt konstitutive Sündenfall die Geburt der Reflexion selbst, d.h. das Verlassen der tierischen Unmittelbarkeit jenseits des Bewußtseins von Schuld, Sünde und Tod; wobei in diesem Gesamtrahmen auch die reflektierte (bewußt gewordene) Geschlechtlichkeit (Ursprung der Scham) ihren bedeutsamen Ort erhält." - Zum Adamsmythos in philosophischer Sicht siehe auch *P.*

geklärten Philosophie vermögen sich also dem Eindruck der Eingangs-
kapitel der Bibel nicht zu entziehen. Im Strom des neuzeitlichen Denkens
erweist sich Genesis 3 lange Zeit als ein gewaltiger Fels, den jeder
entweder rechts oder links zu umschiffen gezwungen ist.

Der Alttestamentler von heute steht solchen Anstrengungen überrascht
und verständnislos gegenüber. Ist für ihn doch längst erwiesen, daß der
Jahwist, der Verfasser von Genesis 3, vermutlich an Erbtod, aber nicht
von fern an Erbsünde, Teufel oder gar Protevangelium gedacht hat. Dem
Jahwisten geht es um eine Ätiologie der Grundbedingungen bäuerlichen
Daseins im palästinischen Bergland, was als typisch für den Menschen
überhaupt angesehen wird. Die Mühsal von Mutterschaft und Ackerbau,
aber auch von eigentümlicher Abneigung zwischen Mensch | und
Schlange, will er erklären aus einem Menschenverständnis heraus, das den
'adam in engster Verbindung zur 'adama, den *Menschen* als Kind des
Bodens, begreift. Was immer Theologen über Urstand und Fall, über
Erbsünde und verlorene Erkenntnisfähigkeit des Menschen spekuliert
haben - am Urtext hat das keinen Anhalt. Wenn sich nach Meinung von
J der Mensch tatsächlich ein Wissen um Gut und Böse bei dieser Affäre
angeeignet hat - ob dem so ist, bleibt exegetisch strittig -, dann war
solches Wissen sexuell oder magisch getönt[7]. Es vollzog sich dann eine
Erkenntnis*erweiterung* und keineswegs eine *Reduktion* der Erkenntnisfähigkeit, wie es die dogmatische Theorie behauptet. Von der historisch-
kritischen Analyse her löst sich der Felsblock dogmatischer Erbsündenlehre mitsamt seiner Koppelung an Satanologie und Soteriologie in nichts
auf, erscheint die eine Fata Morgana, die jahrhundertelang das menschliche Denken genarrt hat. So im Grunde die Meinung einer Mehrheit
unter den Alttestamentlern[8].

Ricoeur: Symbolik des Bösen, deutsch 1971, S. 265ff; zur Philosophiegeschichte
E. Lämmerzahl: Der Sündenfall in der Philosophie des deutschen Idealismus,
Phil. Diss. Jena 1934; *J.R. Geiselmann*: A. Möhler und das idealistische Ver-
ständnis des Sündenfalls, in: Scholastik 19, 1944, S. 19-37. [[*W. Trillhaas*, Felix
Culpa. Zur Deutung der Geschichte vom Sündenfall bei Hegel, in: Probleme
biblischer Theologie, FS *G. von Rad* 1971, 589-602]].

7   Vgl. den Beitrag von *H.-P. Müller*, Erkenntnis und Verfehlung. Prototypen und
Antitypen zu Gen 2-3 in der altorientalischen Literatur.- in: *T. Rendtorff* (Hg.),
Glaube und Toleranz. Das theologische Erbe der Aufklärung, 1982, 191-210.

8   Freilich sind die Exegeten in der Ablehnung der Erbsündenmomente in Gen
3 nicht mehr so einhellig, wie sie es noch um die Jahrhundertwende waren (z.B.
H. Holzinger: Genesis, KHC I, 1898, S. 40; oder *H. Gunkel*: Genesis, HKAT 1,
[3]1910, S. 40). In *J. Scharbert*: Prolegomena eines Alttestamentlers zur
Erbsündenlehre (1968), hat das christliche Dogma wieder einen engagierten
Anwalt gefunden, man vergleiche auch die auseinandergehenden Meinungen aus
den in den letzten 50 Jahren erschienenen Theologien des AT bei Scharbert,

Über so viele Irrwege kirchlicher Lehre und christlichen Denkens blicken sich manche Theologen verwundert um und suchen nach dem Schuldigen. Sie stoßen auf *Augustin*, sehen ihn als die Ursache der Mißinterpretation, wittern dahinter griechisches Denken, welches das genuin hebräische Denken der Offenbarung überfremdet hat. - "Nachdem die abendländische Kirche 1500 Jahre einer durch Augustinus irregeleiteten Tradition gehuldigt hat, kommt heute der Abschied von der 'Erbsünde' wahr nicht zu früh - eher viel zu spät." Dieses Urteil von H. Haag stellt J. Groß dem letzten Band seiner dickleibigen Geschichte des Erbsündendogmas voran[9]. Nun bin ich keineswegs der Meinung, daß jedes Reden vom prinzipiellen Unterschied zwischen griechischem und hebräischem Denken überflüssig sei. Es gibt in der Tat eine Hellenisierung schon der alt-, erst recht der neutestamentlichen Aussagen, die ihren semitischen Ursinn fast unerkennbar hat werden lassen[10]. Und die Übertragung einer fortdauernden Kontinuität von Sünde und Übel | auf der Erde von einem sozusagen gesellschaftlichen auf einen biologischen Erbvorgang, das mag in der Tat Augustin zuzuschreiben sein. Nichtsdestoweniger reicht der Abstraktionsvorgang sehr viel weiter zurück, der aus der farbigen und spannenden jahwistischen Erzählung ein Konglomerat metaphysischer Grundsatzaussagen gemacht hat über ein unausrottbares menschliches Erbübel, eine Beeinträchtigung des sittlichen und intellektuellen Vermögens, über Teufelsverführung und eschatologische Befreiung. Auch die *Rabbinen* reden wie selbstverständlich bezüglich Genesis 3 von der "alten Schlange", die den Menschen verführt, von einer Herrlichkeit, die Adam dadurch verloren hat, vom Tod als Strafe für alle Menschen seit damals und von der Wiederherstellung der ursprünglichen Natur in messianischer Zeit[11]. Ebenso setzt der *Koran* an einer ganzen Reihe von Stellen dieselbe Auffassung von Gen 3 voraus, läßt in Sure 20 z.B. den Satan Adam zuflüstern: "O Adam, soll ich dir

---

S.13f. Weiter *P. Grèlot*: Die Ursünde - neu gesehen, deutsch 1970; *A.M. Dubarle*: Unter die Sünde verkauft, deutsch 1963; abgewogen *S. Wagner*: Anmerkungen eines Alttestamentlers zur Erbsündenlehre der Confessio Augustana, in: Die Confessio Augustana im ökumenischen Gespräch, 1980, S. 119-127. [[Zur Auseinandersetzung der 20er Jahre: *H. Graf Reventlow*, Hauptprobleme der alttestamentlichen Theologie im 20. Jahrhundert (EdF 173) 1982, 26f]].
9 Bd. I-IV, 1960-1972; s. auch *H. Haag*: Biblische Schöpfungslehre und kirchliche Erbsündenlehre, SBS 10, [2]1966.
10 Meine Sicht des Problems habe ich verschiedentlich dargelegt: Gibt es ein hebräisches Denken?, in: Pastoralblätter 108 (1968), S. 258-276; Gibt es ein Vergeltungsdogma im Alten Testament?, in: Um das Prinzip der Vergeltung in Religion und Recht des Alten Testaments, WdF 125, 1972, S. 130-180 u.ö. [[beide Aufsätze = *K. Koch*: Spuren des hebräischen Denkens. Beiträge zur alttestamentlichen Theologie. Gesammelte Aufsätze I (1991), S. 4-24 bzw. S. 65-103]].
11 Bill I 19; II 227; IV 940f u.ö.

zeigen den Baum der Ewigkeit und des Reiches, das nicht vergeht", und läßt schon in Sure 2 die Vertreibung aus dem Paradies vom Wort Allahs begleitet sein: "Fort mit euch! Einer sei der Feind des anderen!"[12] Nun kann man zwar auch der Meinung sein, daß Judentum und Islam hellenistisch überfremdet worden sind, aber das dann gewiß nicht auf dem Weg über Augustin. Schwerer fällt schon die Ableitung aus dem hellenistischen Geist, wenn die gleiche Genesisauslegung beim seltsamen Völkchen der *Mandäer* im fernen Irak auftaucht[13].

So begreift es sich, daß heute die Meinung um sich greift, für die folgenschwere Uminterpretation sei die sogenannte *zwischentestamentliche Literatur* verantwortlich; "sie stammt nicht aus der christlichen, sondern der spätjüdischen Überlieferung", faßt Westermann die Meinung vieler bündig zusammen[14] und zitiert dafür 4Esr 7,118:

> Ach Adam, was hast du getan! Als du sündigtest, kam dein Fall nicht nur
> auf dich, sondern auch auf uns, deine Nachkommen!

Kein Zweifel, 4Esr steht jenseits der Schwelle, die von der jahwistischen Ätiologie menschlicher Grundbefindlichkeiten zur Erbsündentheorie und der Überzeugung eingeschränkter menschlicher Erkenntnisfähigkeit führt. Und die Esraapokalypse steht nicht allein.

Meine Absicht ist, darzulegen, wie und warum sich schon in den letzten vorchristlichen Jahrhunderten die Überzeugung herausbildete, daß auf Grund von Gen 3 mit einem Urstand der Menschen, mit dem Fall der Protoplasten und nachfolgender Schädigung aller Angehörigen der menschlichen Gattung zu rechnen ist. Die Uminterpretation stellt weder einen zufälligen Betriebsunfall noch eine bloße Über|fremdung von außen dar. Die Sündenfallthematik hat sich mit Notwendigkeit bei der Lektüre von Gen 3 ergeben, sobald das Bedeutungssytem der althebräischen Sprache und der kulturelle Kontext des alten Israel dahingesunken war. Es handelt sich nicht um künstliche Allegorisierungen, die man auch hätte bleiben lassen können, sondern um eine Interpretation, die unter den veränderten historischen Bedingungen, und zwar sowohl den politischen wie den sprachgeschichtlichen, schlechthin evident erschienen ist. Ohne solche Notwendigkeiten hätte sich nicht ein Textverständnis herausgebildet, das sich zwei Jahrtausende lang behauptet und eine ungeheure Ausstrahlung in alle Religionen ringsum die Bibel entwickelt hat. Die spätisraelitische Auffassung des Textes Gen 3 hat sich viel länger behauptet als die jahwistische. Können wir als Theologen des 20. Jahrhunderts

---

12 *H. Speyer*: Die biblischen Erzählungen im Qoran, [2]1961 = 1971, S. 41-83.
13 *H. Speyer*, Qoran S. 58, 67, 76A.
14 *C. Westermann*, Genesis, BK I 1, S. 375; anders *J. Freundorfer*: Erbsünde und Erbtod beim Apostel Paulus, in: NTA 13, 1/2 1927, S. 86-93.

wirklich sicher sein, daß diese die einzig wahre und jene falsch und unecht ist? Vielleicht war der Jahwist korrekturbedürftig? Noch ehe ich eine solche ketzerische Frage laut werden lasse, ist der spätisraelitischen Konzeption von Urstand und Übertretung, von Erkenntnis und Fall nach-zuspüren[15]. Sie taucht nicht mit einem Schlage auf, sondern entwickelt sich stufenweise. Den Ansatz zu einer veränderten Auffassung bietet zunächst nicht Gen 3, sondern Gen 6.

2. Der Fall der Engel und die Folgen für menschliches Erkennen im Buch Henoch

Die Theorie von einer einmal eingerissenen und seitdem schicksalhaften Verderbnis der Schöpfung bildet sich in Israel aus anhand der Über-lieferung von der Verbindung der Gottessöhne mit den Menschentöch-tern, jenem seltsamen mythologischen Relikt Gen 6,1-4. Daraus entsteht ein Mythos vom Fall der Engel, der, historisch gesehen, der Theorie vom Fall Adams um einige Jahrhunderte vorausgeht. Wie der Engelfall die menschliche Erkenntnis beeinträchtigt und die gesellschaftlichen Verhält-nisse auf Erden dadurch grundlegend umgestaltet, ist das erste Thema im angelologischen Buch des 1Hen.

Eine Bemerkung zu dieser Schrift. Das Henochbuch wurde bis vor kurzem als eine zwar vorchristliche, aber im Vergleich zum Danielbuch jüngere Apokalypse angesehen. Seitdem Milik die Qumranfragmente zu Henoch veröffentlicht hat, sind wir gezwungen, chronologisch umzuden-ken. In einigen seiner Teile liegt das Henochbuch Jahrzehnte, wenn nicht Jahrhunderte früher als das Buch Daniel. Mit Henoch beginnt die Apokalyptik, nicht mit Daniel. Die ältesten Handschriften des angelologi-schen Buches 1Hen 1-36 sind aus paläografischen Gründen in den Anfang des 2. Jahrhunderts v.Chr. zu datieren, für die Endredaktion ist noch einige Jahrzehnte weiter zurückzugehen[16]. Eine in Amerika in den letzten Jahrzehnten intensiv geführte Dis|kussion hat darüber hinaus ergeben, daß die Kapitel über den Fall der Wächter und die Verführung der Menschen 6-11 eine vielschichtige Vorgeschichte hinter sich haben, so daß die Entstehung des Mythos vom Engelfall mindestens in den

---

15 Der Charakter des Vortrages nötigt mich, auf literarkritische und über-lieferungsgeschichtliche Erwägungen wie auf eine Auseinandersetzung mit der Sekundärliteratur weitgehend zu verzichten.
16 *J.T. Milik*: The Books of Enoch, 1976, S. 22. Seiner weitergehenden These, daß der Henochtext älter sei als Gen 6,1-4, kann ich mich freilich nicht anschließen.

Beginn des hellenistischen Zeitalters, wenn nicht in den Ausgang der Perserzeit, also in das 4. Jahrhundert v.Chr. zurückreicht[17].

Was aber hat ein Fall der Wächter (*'îrîn*), wie die entsprechende Engelklasse in der älteren Apokalyptik heißt, mit menschlicher Erkenntnis zu schaffen? Dazu ist ein Blick auf den Ausgangstext Gen 6 ratsam. Dort wird am Ende der jahwistischen Urgeschichte erzählt, wie die Gottessöhne die Menschentöchter beschlafen. Aus dieser Verbindung gehen die Riesen der vorsintflutlichen Zeit hervor. Jahwä aber stellt fest: Meine *ruᵃḥ* soll im *'ādām* nicht für immer *jādôn*. Was das Verb *jādôn* meint, ist bis heute ungeklärt. Was besagt *ruᵃḥ*? Lebensgeist, also im Atem sich äußernde Vitalkraft? Geist im mentalen Sinn? Die auf steigende intellektuelle Durchdringung der religiösen Lehre ausgerichtete Apokalyptik ist geneigt, das zweite anzunehmen. Demnach haben die Wächter nicht nur ihrer Lust gefrönt und ihren Samen den Menschentöchtern hinterlassen, sondern mit dem "Jahwägeist" auch Erkenntnisse, Bewußtseinsinhalte vermittelt. Eine vom Stichwort *ruᵃḥ* aus durchaus mögliche Exegese. Sie läßt sich durch den Kontext stützen. Denn der nächste Vers lautet: "Es sah Jahwä, daß viel geworden war die Bosheit des Menschen auf der Erde, und jedes Gebilde der Gedanken seines Herzens nur böse (geworden[18]) alle Tage." Für den Hebräer ist das Herz, *leb*, nicht Sitz des Gefühls, sondern vornehmlich des Denkens, Planens und Wollens, heißt also das, was wir Vernunft nennen. Das Gebilde (*jeṣär*) der Gedanken der Vernunft meint keineswegs bloß "das Dichten und Trachten" (Luther), bezieht sich nicht nur auf Ideen, sondern auf deren äußere Realisierung, auf das praktische Tun, das aus solchen Gedanken hervorgeht[19]. Wer also die Verse 3 bis 5 hebräisch hintereinander liest, erhält den Eindruck, daß durch die Gottessöhne und die durch die vermittelte *ruᵃḥ* die menschliche Vernunft (*leb*) böse gesinnt und das menschliche Verhalten schlecht geworden ist, so schlecht, daß der Schöpfer keinen Ausweg mehr sieht, als den Menschen vom Erdboden auszulöschen, wie Vers 6 fortfährt. Spätisraelitisch gelesen, lehrt Gen 6 also, daß einst himmlische Wesen auf die Erde

---

17 *P.D. Hanson*: Rebellion in heaven, Asazel and euphemistic heroism in 1. Enoch 6-11, in: JBL 96 (1977), S. 195-213; *G.W. Nickelsburg*: Apocalyptic and myth in 1. Enoch 6-11, ebd. S. 343-405; s. die Diskussionsbeiträge von *J.J. Collins, Hanson, Nickelsburg* und D. *Dimant* in: Society of Biblical Literature, Seminar Papers 1 (1978) sowie *C.A. Newsom*: The Development of 1. Enoch 6-19, in: CBQ 42 (1980), S. 310-329; *D. Suter*: Fallen Angel, Fallen Priest, in: HUCA 50 (1979), S. 115-135; *M. Barker*: Reflections upon the Henoch Myth, in: JSOT 15 (1980), S. 7-29; *R. Bartelmus*: Heroentum in Israel und seiner Umwelt, 1979.

18 Chiastisch zu *rbh* stehend, ist *r'* vielleicht nicht als Adjektiv, sondern als AK zu verstehen.

19 So vermutlich auch Dtn 31,21; Jes 26,3 gegen HAL 410.

herabkamen, auf Geschlechtsverkehr mit irdischen Frauen erpicht, und dabei den Gottesgeist so vermittelten, daß er in der menschlichen Vernunft mit erschreckender Umkehrung | zum Ursprung ausschließlich frevlerischen Tuns geworden war. So allein erscheint dann die furchtbare Katastrofe der Sintflut zureichend motiviert[20].

Sehen wir uns an, wie die Ausgestaltung der Genesisstelle in 1Hen lautet! 7,1 führt aus, wie die himmlischen Wächter beim Verkehr mit den Menschentöchtern sie "die Zauberei und die Beschwörung und das Schneiden von Wurzeln lehrten und sie die Pflanzenkraft erkennen ließen". Die *ruᵃḥ* Gottes, welche Menschen mitgeteilt wird, ist hier als Einsicht in magische Kräfte begriffen. Erscheinen dadurch die Frauen als Protagonisten bedenklicher Kenntnisse, so hat eine zweite Hand in 1Hen 8 das revidiert und *alle* Menschen zu den Belehrten erklärt, den Katalog der vermittelten Erkenntnisse zudem beträchtlich erweitert:

> Asa'el lehrte die Menschen, Schlachtmesser, Waffen, Schilde und Brustpanzer zu verfertigen, und zeigte ihnen die Metalle samt ihrer Bearbeitung, die Armspangen und Schmucksachen, den Gebrauch der Augenschminke und das Verschönern der Augenlider, die kostbarsten und auserlesensten (heilkräftigen?) Steine und allerlei Färbemittel[21].

Mit der Bearbeitung der Metalle und der Kenntnis der anorganischen Stoffe erregt der Oberteufel Asa'el die Sünde der Männer, nämlich das Waffenhandwerk, und die der Frauen, nämlich Schmuck und Kosmetik. "Die Chemie, Physik und Technik sind Teufelswerk", kommentiert Beer[22].

Vom uns vertrauten Alten Testament her klingen solche Töne befremdlich. Denn das Kunsthandwerk wie das Steineschneiden wird noch von P Ex 35,35 auf eine von Gott eingegebene Weisheit zurückgeführt, wie denn der im vorhellenistischen Israel durchweg positiv eingestufte *hakam* derjenigen ist, der "sich auf etwas meisterlich versteht"[23]. Jenem uneingeschränkten Lob der Erfahrungs - und Berufsweisheit, wie es aus den Weisheitsschriften, aber auch aus geschichtlichen Büchern spricht, wird also bei Henoch der Abschied gegeben. War für die vorexilische Zeit jede solche Weisheit von Gott eingegeben, so erhalten Handwerk und

---

20   J hatte wahrscheinlich 6,5 mit Gen 2,17; 3,22 verbunden. Daß die Gebilde der Gedanken des menschlichen Herzens im Laufe der Geschichte nur noch böse erscheinen, erklärt sich aus der Erkenntnis des Guten und Bösen, die in Eden gewonnen wurde. Vorausgesetzt ist dabei ein hebräischer Erkenntnisbegriff, der nicht rein noetisch ausgerichtet ist, sondern die praktischen Folgen einschließt, *jd'* heißt also "sich verstehen auf" (*Bultmann*, ThWNT I 696f).

21   Übersetzung nach *Kautzsch-Beer*, APAT; ein aramäischer Text fehlt.

22   Bei *Kautzsch*, APAT II 240.

23   ThWNT VII 483; THAT I 560.

Kunstfertigkeit nunmehr einen dämonischen Ruch[24]. Doch nicht genug damit. Der Engelfall bringt auch auf anderen Gebieten Belehrung zum Unheil hervor. Die Einzelwächter vertreten je ein eigenes Ressort:

> Schemiḥaza lehrte Beschwörung und Schneiden von Wurzeln.
> Hermoni lehrte das Zaubern zum Lösen von Beschwörung, die Zauberei und die Schläue.
> Baraq'el lehrte die Zeichen der Blitze. |
> Kokab'el lehrte die Zeichen der Sterne.
> Ziq'el lehrte die Zeichen der Kometen.
> Ara'taqof lehrte die Zeichen der Erde.
> Schamschi'el lehrte die Zeichen der Sonne.
> Sahri'el lehrte die Zeichen des Mondes.
> Und sie alle begannen, ihren Frauen Geheimnisse zu offenbaren[25].

Nicht nur Magie und Heilkunde, auch Astrologie und zweifellos Astronomie werden zum Lehrfeld der Dämonen! Die Ausführlichkeit mit der der Himmelskunde und ihren einzelnen Sparten Aufmerksamkeit gewidmet wird, entspricht einem Zeitalter, in dem die aus dem chaldäischen Babylonien herrührende Astrologie im Begriff steht, zur "Wissenschaft der Wissenschaften" in der gesamten Ökumene zu werden[26]. Die extensive Belehrung durch die gefallenen Wächter führt dazu, daß "viel Blut auf Erden vergossen wird". Ein einziger entsetzlicher Schrei dringt von der Erde zum Himmel. Die Feststellung von Gen 6, daß die Erde "voll Gewalttat" geworden war und alles Fleisch seinen Weg verderbt hatte, erklärt 1Hen 8,2; 9,1.6 als Wirkung jener "handlungsleitenden" Erkenntnis, welche die bösen Geister lehren. Technik und Handwerk, aber auch Erkenntnis von Himmels- und Erderscheinungen führen zum verderbten Handeln und damit stracks zur Sintflut!

Wieso gelten Einsichten aus den genannten Gebieten als schädlich? Kenntnis der Pflanzenkraft - ist das nicht die notwendige Basis jeder Heilkunde? Und daß Sonne und Mond "Zeichen" geben, gilt Gen 1,14ff als ihre gottgesetzte Aufgabe! Nun sieht auch Henoch in diesen Stücken nicht einfach pures Teufelswerk. Die Erzengel stellen 9,6 ausdrücklich fest, daß Asa'el die Menschen hat erkennen lassen (*jd' af.*) die Geheimnisse der Weltzeit, welche sich im Himmel befanden, so daß nun

---

[[24 Noch nach Jub 10,12f erhält der Mensch die Heilkunst von den Engeln, nach SapSal 7,3 von der Weisheit, ähnlich Sir 38,2-6]].

25 Nach *Milik*, Enoch S. 158. *zjq'el* und *zjqjn* leite ich nicht wie *Milik*, S. 159f von "lightning flashes" her, sondern von "Komet" (*G. Dalman*: Aramäisch-Neuhebräisches Handwörterbuch 1938 = 1967, S. 127).

26 *F. Cumont*: Die orientalischen Religionen im römischen Heidentum, deutsch 1931 = 1959, Kap. VII.

die Menschenkinder sich darauf verstehen; vgl. 16,3. Also stammen die Fundamente auch dieser Wissenschaften letzten Endes aus dem Himmel. Dennoch benutzen sie die Menschen, um sich gegenseitig umzubringen. Henoch geht noch einen Schritt weiter. Mit solcher Erkenntnis kam seiner Meinung nach überhaupt erst die Sünde in die Welt. "Die ganze Erde wurde durch die Werke der Lehre Asa'els verderbt, und ihm schreibe alle Sünde zu" (10,8)[27]. Die Sünde wurzelt also in Erkenntnis, irregeleiteter Erkenntnis freilich. Dabei wird nicht an spezifisch religiöse Verfehlungen gedacht. Vom Götzendienst verlautet überraschenderweise kein einziges Wort[28]. Auch der Mißbrauch irdischer Herrschaft im Weltreich, im Da|nielbuch das bevorzugte Thema, steht nicht zur Debatte. Es geht um etwas, was alle angeht und alle betreiben oder wenigstens betreiben lassen, um Handwerk, Technik, Heilkunde, Himmelswissenschaft. Die aus ihnen entspringenden Handlungen einen die Menschen nicht und führen sie nicht zum Frieden, sondern rufen im Gegenteil Gewalttat und Blutvergießen hervor[29].

Das alles wirkt wie Zivilisationsüberdruß, Rückzug aus dem tätigen Leben, Aufgabe des letztendlich positiven Bildes vom Menschen und der Schöpfung, die das Alte Testament sonst kennzeichnet. Die Noahpassagen in den henochischen *Bilderreden* weiten das Verderben der Erkenntnis noch aus. Beim Engelfall sehen sie einen himmlischen Oberwächter Penemue vor andern aktiv 69,9-11:

> Dieser hat allen Menschenkindern (das Unterscheiden von) Bitter und Süß gezeigt und ihnen alle Geheimnisse ihrer Weisheit kundgetan. Er hat den Menschen das Schreiben mit Tinte und auf Papier gelehrt, und dadurch haben sich viele seit Ewigkeit bis in Ewigkeit und bis auf diesen Tag versündigt. Denn dazu sind die Menschen nicht geschaffen worden, daß sie in dieser Weise durch Griffel und Tinte ihre Treue bekräftigen ... durch dieses ihr Wissen gehen sie zugrunde.

"Das Bücherschreiben ist eine Eingebung des Teufels"[30] - weiter läßt sich die Diskriminierung menschlichen Erkennens kaum treiben. Doch die

---

27   Nach der Zehn-Wochen-Lehre war die Gerechtigkeit in der Weltepoche vor Henoch noch ungebrochen auf der Erde 93,3.

28   Erst 19,1 wirft den πνεύματα der Wächter vor, daß sie die Menschen zum Opfer an Dämonen verführen.

29   Unberücksichtigt lasse ich, daß nach Henoch die Inauguratoren solcher fatalen Belehrung, die gefallenen Wächter, im Zuge der Sintflut von Gott gefesselt werden und also von der Erde verschwunden sind; denn ihre Erkenntnis bleibt in der menschlichen Gesellschaft lebendig und wird durch die Dämonen, nämlich die Geister der von den Wächtern gezeugten Riesen, durch weitere Verführung aktiv erhalten.

30   *Beer* bei *Kautzsch*, APAT II 275 Anm. n.

Stelle zeigt, daß die erkenntniskritischen Aussagen des Henochbuches nicht isoliert genommen werden dürfen. Henoch selbst ist zunächst und zuerst "Schreiber der Gerechtigkeit" (15,1). Er liest nicht nur alles, was auf den himmlischen Tafeln steht (81,1f), sondern der verfaßt Briefe und Bücher mit den Zeichen aller Geheimnisse, gibt sie an seinen Sohn Metusalah (82,1f) oder dem Enkel Noah (68,1) weiter. Also gibt es sinnvolles und positiv zu wertendes Bücherschreiben! Inhalt von Henochs heilsamen Belehrungen sind die Zeichen des Himmels, der Sonne und des Mondes, man denke nur an das astronomische Buch; also die gleichen Wissensgegenstände, wie sie die abgefallenen Wächter verbreiten. Ausdrücklich fordert Henoch die Leser zur Himmelsbeobachtung und Erdbetrachtung auf (Kap. 2). Neben den bösen Wächtern sind die guten Engel metahistorisch aktiv, und auch diese belehren. Mehrere von ihnen sind damit beschäftigt, Henoch oder seine Nachkommen aufzuklären. Uriel kündet die Geheimnisse aller Himmelslichter (72,1) - vgl. 33,3f; 80,1 - also genau das, was Baraq'el, Kokab'el, Schamschi'el und Genossen unerlaubter Weise weitergegeben hatten. Der Heilkunst, die Asa'el zum Verderben lehrt, steht diejenige gegenüber, die Rafa'el (10,7) kundtut, damit die Menschen von den Schlägen der Sintflut genesen. Dazu treten Gestalten wie Sari'el (10,1), | welcher Zukunftsweissagungen übermittelt, wie es schon der Engel Jahwäs in der Genesis getan hatte[31].

Henoch denkt also dualistisch, doch nicht im kosmischen, sondern im noetischen Sinn. Menschliche Erkenntnis hat zwei Gesichter, kann zu gutem wie zu bösem Handeln ausschlagen, je nachdem, ob sie aus dem Geist bzw. den Geistern Gottes herrührt oder aus dämonischem Geist. Erkenntnis bedeutet nicht mehr wie im früheren Israel selbstverständlich auch Weisheit. Weisheit bleibt die Vorbedingung zum menschlichen Heil, ja ihre Unentbehrlichkeit wird stärker noch herausgestrichen. Adam hatte einst im Garten Eden vom Baum der Weisheit gepflückt, die dadurch gewonnene Weisheit aber anscheinend durch seine Vertreibung verloren, denn erst in der Endzeit wird sie den Heiligen wieder voll zuteil (Kap. 32; 5,8; 91,10).

Henoch setzt auf seine Weise eine Linie fort, die sich im jüngeren alttestamentlichen Schrifttum schon abzeichnet. Hi 28 beklagt die Unzugänglichkeit der Weisheit für den Menschen. Sir 24 und 1Bar 3f schilderten die Suche der Weisheit nach einem Ruheplatz auf Erden, den sie nach langer Mühe in Israel findet, wo sie sich als Gesetz auskörpert. Henoch jedoch glaubt nicht an die Identität von Weisheit und Gesetz. Sein Mißtrauen gegenüber den zivilisatorischen Errungenschaften und

---

31 Den bösen '*el*-Gestalten für die Himmelskörper wie Kokab'el, Schamschi'el und Sachri'el stehen für die gleichen Himmelskörper gute '*el*-Figuren gegenüber 82,10ff.

jeder Form menschlicher Erkenntnis wäre so abgründig nicht, wenn das Gesetz ein alles überwindendes Heilmittel wäre. Die Bilderreden stellen 42,2 fest: "Als die Weisheit kann, um unter den Menschenkindern Wohnung zu machen, und keine Wohnung fand, kehrte die Weisheit an ihren Ort zurück und nahm unter den Engeln ihren Sitz." Auch Israel bietet keine hinreichende Wohnstätte. Das drückt genau das aus, was schon dem angelologischen Henoch vorschwebt. Der Gesetzesoptimismus von Leuten wie Sirach wird entschieden zurückgewiesen.

Dennoch hält auch Henoch an der individuellen Verantwortung und der Möglichkeit "gerecht" zu werden durch Treue zu der in der Geschichte anwesenden Wahrheit (*qušṭa*), entschieden fest[32].

Eine Dämonologie, wie sie Henoch vorträgt, und seine Disqualifikation menschlicher Erkenntnis können uns heute nur befremden. Wir loben uns das Alte Testament, das derartige Spekulationen nicht kennt. Man mag mutmaßen, daß bei Henoch noch außerisraelitische Überlieferungen im Spiel sind, womöglich griechische, wie Hanson und Nickelsburg meinen[33], aber das erklärt keineswegs allein das Pathos, mit dem Henoch argumentiert. *Die Lehre von den Dämonen entspricht offenbar ei|ner vehement sich aufdrängenden Erfahrung der apokalyptischen Menschen mit sich selbst und ihrer Umwelt.* Bei einem anscheinend hohen Stand handwerklichen Könnens und enzyklopädischer Kenntnis drängt sich ihnen nichtsdestoweniger der Eindruck auf, daß die Menschen das alles nur benutzen, um sich gegenüber anderen egoistisch selbst zu behaupten, was dann notwendig zu Krieg und Blutvergießen führt. Jeder der Beteiligten - und wer ist nicht beteiligt? - läßt sich jedoch nur bedingt verantwortlich machen. Zwar vertritt Henoch im Blick auf Tun und Ergehen des einzelnen keinen Determinismus. Dennoch macht der das Individuum nur beschränkt für das gesellschaftliche Übel und das Unrecht in der Welt haftbar. In ein Reich der Sünde wird jeder hineingezogen, der durch seine Erziehung Erkenntnis erlangt - der seine Sozialisation erfährt, um es modern zu sagen. Aber auch die kollektiven Größen, die Gruppen und Völker sind nicht die alleinigen Subjekte positiver oder negativer Tatsfären. Selbst die herrschenden Schichten, die Könige und Fürsten sind

---

32 So explizit das paränetische Buch: "Wie ein Berg kein Sklave geworden ist noch werden wird ... also ist auch die Sünde nicht auf die Erde geschickt worden, sondern die Menschen haben sie von sich selbst aus geschaffen" 98,4. Zu *qušṭa* als Geschichtsmacht siehe die Zehn-Epochen-Lehre 93,2-10; 91,11-17. [[Vgl. dazu in diesem Band S. 45-76. P. *Sacchi*, Riflessioni sull'essenza dell' Apocalittica: peccato di origine e liberti dell' uomo, Henoch 5 (1983) 31-61 will in den einzelnen Stufen des Henochbuches eine Entwicklung der Theorie der Willensfreiheit nachweisen]].

33 Vgl. oben Anm. 17, aber auch *T.F. Glasson*: Greek Influence in Jewish Eschatology, 1961, S. 57-68.

nicht die "Macher", sondern sie sind immer schon von transsubjektiven Mächten manipuliert[34]. Wer solche Zusammenhänge erklären will, muß die Tätigkeit von Dämonen voraussetzen. Aber ebenso auch von hintergründigen positiven Kräften. Gibt es dämonische Irreleitung, so gibt es andererseits auch Offenbarung, die von Engeln herrührt und die der Mensch nötig hat, um zum Heil zu gelangen.

Das Menschen- und Geistesverständnis, das sich hier abzeichnet, hat auf die Folgezeit seine Schatten geworfen. Das *Jubiläenbuch* (4,15ff; 5,1f; 7,27; 10,1-14; 11,4; 12,20) übernimmt, aufs Ganze gesehen, Henochs Thesen. Eine größere Rolle noch spielt die Lehre vom Einfluß guter und böser Geister im *Testament der zwölf Patriarchen*, hier allerdings schon von der Auslegung von Genesis 6 gelöst[35], ebenso im *Qumranschrifttum*, vor allem in dem berühmten Abschnitt über den Geist des Lichtes und den der Finsternis und ihre Untergeister (1QS iii 13 - iv 26; vgl. CD ii 16-21; 1QGenAp ii 1), und nicht zuletzt in vielen *neutestamentlichen Schriften*, besonders hervorstechend in 2Petr 2,4f. Dem soll nicht weiter nachgegangen werden. Statt dessen blende ich einen Vergleich Henochs mit der älteren profetischen und weisheitlichen Anthropologie ein, um zu verdeutlichen, welche Revolution im religiösen Denken durch solche Apokalyptik hervorgerufen wird.

3. Abschied von profetischer Monanthropologie

Der Inhalt des Buches Henoch erinnert in vieler Hinsicht an die Profetenbücher. Das gilt zunächst auf der Ebene der Sprache und Gattungen. Wie die Profeten durch Audition und Vision Botschaften ihres Gottes wahrnehmen, so widerfährt es Henoch, wenn auch langatmiger, gelehrter, mythologischer. Es gilt ebenso thema|tisch, insofern hier wie dort die Gegenwart höchst kritisch beurteilt wird, die Lage der Menschen vor Gott als unhaltbar wie jeder Gerechtigkeit bar angeprangert und der letzte Grund einer heillosen Welt auf die Sünde zurückgeführt wird. Wie bei den Profeten liegt das eigentliche Interesse dann auf der Zukunft, auf den bevorstehenden globalen Katastrophen und dem nachfolgenden Frieden der Endzeit. Eschatologie gibt den Rahmen ab, innerhalb dessen Leben und Glauben auch heute sinnvoll erscheinen können. Gewiß bringt die

---

34 Das auffällige Zurücktreten der Herrschaftsthematik läßt mir zweifelhaft erscheinen, ob man wie *Nickelsburg* zeitgeschichtlich interpretieren darf und das Blutvergießen auf die Kriege der Diadochen und die gefallenen Wächter auf hellenistische Monarchen beziehen darf, die sich als Söhne olympischer Götter feiern ließen, a.a.O. [[s.o. Anm. 17]] S. 389, 391.

35 TestRub 5,6f läßt die menschlichen Frauen die Wächter verführen, nicht umgekehrt.

apokalyptische Eschatologie Züge mit sich, die weit über den beschränkten Horizont einer nationalen Heilszeit, wie sie den Profeten vorschwebt, hinausreichen. Doch die futuristische Ausrichtung ist hier wie dort unverkennbar. Erweist sich also bei Henoch die Apokalyptik als Wiederaufnahme und Fortsetzung der Profetie?

Vor vorschnellem Urteil sollte man sich hüten. Denn was bei Henoch als Anthropologie und Dämonenlehre, als Rede von Erkenntnis und Fall zutage tritt, reißt einen tiefen Graben zu jener Profetie auf, die uns aus den protokanonischen Büchern vertraut ist. Henoch vertritt nicht nur eine sehr viel mythologischere Kosmologie, er vertritt vor allem ein grundsätzlich *anderes Menschenverständnis*. Während bei den Profeten der Mensch im Blick auf seine Erkenntnis autark und im Blick auf die Möglichkeit, durch Gemeinschaftstreue sein Leben zu gewinnen oder durch gemeinschaftswidriges Verhalten es zu verlieren, als voll verantwortlich gilt, bezweifelt Henoch und die ihm folgende Apokalyptik solche Freiheit unverstellter Erkenntnis und uneingeschränkter Möglichkeit von Willensentscheidung. Henoch nimmt Abschied von dem, was ich bei den Profeten Monanthropologie zu nennen vorschlage. Unter *Monanthropologie* begreife ich die Überzeugung, daß die Menschen durch ihr positiv und negativ qualifiziertes sittliches Tun letzte Ursache für alles sind, was Wesentliches auf Erden geschieht, ausgenommen allein das, was Gott unmittelbar gewirkt hat. (Doch selbst das göttliche Werk auf Erden und an der Erde geschieht letzten Endes um der Menschen willen.) Monanthropologie schließt die Trennung von Natur und Geschichte aus, begreift z.B. den Jahreslauf oder das Öffnen und Sich-Verschließen der Erde, Gesundheit und Krankheit, Regen und Sonnenschein als eine Funktion menschlichen Tun-Ergehen-Zusammenhangs. Es genüge, auf Amos, den ersten kritischen Profeten zu verweisen. Der Anfang seines Buches verweist auf ein Erdbeben, zwei Jahre nach dem Auftreten des Profeten, und sieht darin eine Bestätigung der Wahrheit dessen, was Amos vorher gekündet hatte. Das Erdbeben wird also nicht auf physikalische Gründe zurückgeführt, sondern auf die Reaktion der Erde gegenüber der übermächtigen Last von Schuld, welche Israel auf sie gehäuft hat: "Sollte darob nicht die Erde erbeben?" (8,8). Gewiß vollzieht sich das Geschehen zwischen Israel und seiner Erde nicht abgesehen von Gott. Gott unterstützt die Erde vielmehr in ihrer Abwehrreaktion: "Siehe, ich lasse unter euch die Erde ächzen (?)" (2,13[36]). Für Monanthropologie bezeichnend ist, daß das Erdbeben eine Resultante menschlicher Tat, also

---

36 Zur Übersetzung vgl. mein Buch: Amos, AOAT 30, 1976 I, S. 124; zum profetischen Monanthropismus allgemein mein Buch: Die Profeten I 1978, S. 23f; [[3[1995, S. 22]] II 1980, S. 83-85 u.ö.

weder | eine eigenständige Naturerscheinung noch eine mehr oder minder willkürliche Strafe eines vorgeblichen Richtergottes ist.

Übrigens zeigt sich die gleiche Auffassung vom Menschen und seiner Wirkung in den *Geschichtsbüchern*. Wo und wann z.B. der mit Frevel beladene Kain den Acker bebaut, er wird ihm seine Kraft nicht geben Gen 4,12 - die Fruchtbarkeit des Bodens hängt also von der sittlichen Qualität des Eigentümers ab. Gleiches findet sich in der vorexilischen *Weisheit*[37], und wir haben Grund zu der Annahme, daß dieses optimistische Bild vom Menschen als fundamentalontologischem Brennpunkt der Erde dem vorexilischen oder vorapokalyptischen Denken durchweg zu eigen war.

Henoch bestreitet die Gültigkeit des Tun-Ergehen-Zusammenhangs in der Geschichte nicht. Die Skepsis eines Job oder Qohälät liegt ihm fern. Aber er relativiert die Auffassung, daß der Mensch sich durch sein positives oder negatives sittliches Verhalten das Schicksal auf Erden gut oder böse bereitet bzw. die Erde gut oder böse macht. Der Apokalyptiker koppelt den Naturlauf vom Wandel des Menschen ab, sieht in den Kräften von Wind, Feuer, Wasser nicht nur Funktionen menschlichen Daseins, sondern eigenständige Mächte, denen je besondere Geister vorstehen. Das astronomische Buch, der älteste Teil des Henochkorpus, handelt von dem durch keines Menschen Tat beeinflußten Lauf der Himmelskörper; die Reiseberichte im angelologischen Buch führen aus, wie Feuer und Wasser eigenständig kosmisch tätig sind. Die Verselbständigung der Naturkräfte ist gewiß kein Gedanke, den Henoch in Israel neu erfunden hat (vgl. schon Dan 3,52ff; Jub 2 u.ö.). Die Ausweitung kosmologischer Erkenntnisse in den letzten vorchristlichen Jahrhunderten im Bereich der Kulturen des Mittelmeers und des Nahen Ostens steht im Hintergrund. Das Geschehen auf Erden erscheint nunmehr als abhängig vom Lauf himmlischer Größen, und diese sind nicht nur um des Menschen willen da. Natur und Geschichte treten für immer auseinander.

Tiefgreifender noch als beim Thema Natur ist der Unterschied zwischen Apokalyptik und Profetie im Blick auf das menschliche *Erkennen*. Zwar stimmt Henoch allen Profeten darin zu, daß Sünde nicht primär rituelle Verunreinigung betrifft, sondern willentliches und bewußtes Tun. Doch die profetische Anthropologie hat die prinzipielle Fähigkeit des Menschen zur Erkenntnis des Guten und zur Durchsetzung des Erkannten vorausge-

---

37 Siehe Prov 10,2f; 11,11.30 usw. *G. von Rad* hat herausgestellt, wie die israelitische Erfahrungsweisheit nach einer Vielzahl von Ordnungsparzellen in der Welt sucht (Theologie des AT, I,II D 5, 1962 = 1978/80; Weisheit in Israel, 1970, S. 151ff). Was immer dabei an Natur - und Menschenkunde ermittelt wird, steht unter der übergreifenden Alternative von *ṣaddîq* oder *rašaʿ*, d.h. den Regeln des Tun-Ergehen-Zusammenhangs.

setzt. Was das Jesajabuch mottoartig allen Jahwäworten über Gegenwart und Zukunft des Volkes voranstellt, faßt die Gemeinüberzeugung der kritischen Profetie zusammen:

> Es erkennt der Stier seinen Eigentümer, und der Esel die Krippe seines Herrn. Israel erkennt nicht. Mein Volk ist nicht bereit zur Einsicht (Jes 1,2). |

Sie erkennen nicht, obwohl sie erkennen könnten. Die Menschen betragen sich unvernünftiger als die Tiere. Würden sie zur Einsicht bereit gewesen sein, wären die Unheilsweissagungen Jesajas allesamt überflüssig, denn der Krebsschaden, gegen den der Gott dieser Profeten zu Felde zieht, gründet im rätselhaften Hang der Menschen insgesamt und des Gottesvolkes im besonderen, sein Erkenntnisvermögen nicht zu benutzen, sondern irrationalen Omnipotenzstrebungen nachzugeben. Die jederzeit mögliche Gotteserkenntnis, *da'at ᵉlohîm*, wird, wie schon Hosea herausstreicht, nicht vollzogen und damit dem alltäglichen Verhalten die sittliche Orientierung vorenthalten. Ist das nötig, darüber hinaus noch auf den Starrsinn des Vernunft-Herzens, *šᵉrirût leb*, als Quelle allen Übels nach dem Jeremiabuch hinzuweisen? Wo solche Ablehnung der Erkenntnis längere Zeit hindurch stattgehabt hat, da kann freilich das Nicht-erkennen-Wollen sich in ein Nicht-mehr-erkennen-Können wandeln, wie es der berühmte Verstockungsspruch Jes 6,9f kündet[38]. Doch derartiges ist nie der Ausgang, sondern das Ende einer Geschichte. Infolgedessen gibt es für sämtliche Schriftprofeten für Sünde keinen anderen Ursprung als der *leb*, das menschliche Vernunft-Herz, entweder das individuelle oder das kollektive[39].

Trotz unerbittlicher Kritik der Verhältnisse und düsterer Zukunftsperspektiven tragen die Profeten im Grunde eine optimistische Sicht menschlicher Erkenntnisfähigkeit vor. Der Mensch ist so geschaffen, daß er grundsätzlich zu erkennen vermag, was gemeinschaftstreues Verhalten und damit Gottesfurcht und das Gute schlechthin ist. Die Autarkie des menschlichen *leb* ist ein Grundpfeiler profetischer Monanthropologie. Müßig zu sagen, daß die alttestamentliche *Weisheit* ebenso denkt. Für sie ist der *leb* nicht nur die Quelle der Entscheidung zum Guten und Bösen, sondern darüber hinaus auch der Differenz von Weisheit und Torheit. Solches Zutrauen zur menschlichen Erkenntnisfähigkeit im *leb* ist den Apokalyptikern verlorengegangen. Das ist der Grund dafür, daß der angelologische Henoch auf dämonische Steuerung menschlicher Erkenntnis schließt. Angesichts einer Gesellschaft, in der die alten Gemeinschaftsgruppierungen längst dahingefallen sind, wo nicht mehr selbstverständlich erscheint, was Gemeinschaftstreue ist und was nicht, umgeben von einer sich ausbreitenden

---

38 Die Profeten I, S. 120-126 [[vgl. ³1995 S. 214-221]].
39 Ebd. I, S. 124f [[vgl. ³1995 S. 219f]].

Weltkultur, entsteht ein Gefühl der Ratlosigkeit und Verlorenheit. Da reichen die Weisungen mosaischer Tora nicht zu (wie sie seit dem Deuteronomium und Ezechiel als Hilfestellung für gemeinschaftstreues Verhalten empfohlen werden), um die Orientierung für das Handeln und den Weg zum Heil umfassend zu eröffnen. Im Innern bricht die Einheit der israelitischen Religion auseinander, und Religionsparteien tun sich auf, mit höchst unterschiedlichem Verständnis der Heiligen Schrift. Wo liegt die Wahrheit, die zum Leben befreit? Daß der *leb*, die menschliche Vernunft, nicht zureicht, Orientierung zu vermitteln, liegt jedem Nachdenklichen zutage. Offenbarung erscheinen nötig, die bisherige Erkenntnisinhalte überschreiten. Aber auch Vorsicht gegenüber | dämonischer Weltweisheit, die sich überall einzuschleichen versucht und der Offenbarung zum Verwechseln ähnelt. - Ehe wir darob die Apokalyptiker schelten, sollten wir überlegen, ob ihre Abkehr vom profetischen Menschenbild nicht ein Körnchen Wahrheit in sich birgt. Daß sich die Naturvorgänge nicht einfach als eine Funktion menschlichen Handelns und als Bestandteil menschlicher Geschichte begreifen lassen, ist uns heute selbstverständlich. Insofern gibt im geheimen jeder von uns der Apokalyptik recht. Daß aber auch gesellschaftliche Übel nicht auf individuelle menschliche Verursacher zurückgeführt werden können, daß es transsubjektive Prozesse zum Guten wie Bösen gibt, in welche nicht nur die Individuen, sondern auch die Gruppen hineingeworfen zu sein scheinen, dämmert unserer Gegenwart langsam wieder auf. Mit der hypertrophen Anthropologie der Profeten läßt sich auf die Dauer das Leben nicht bewältigen. Für die universale Sünde läßt sich nicht nur der *leb* haftbar machen, wenn anders man den Menschen, den individuellen wie den kollektiven, nicht überfordern will.

Der Apokalyptik wird oft im Vergleich zur Profetie vorgeworfen, den Realitätsbezug verloren zu haben. Mag sie auch die äußeren Konstellationen vernachlässigen, welche die Neuzeit allein als Realität zu gewichten bereit ist, die Wirklichkeit der conditio humana hat sie vielleicht besser begriffen als ihre Vorgängerin.

4. Eschatologische Deutung von Gen 3 in den Targumen und die Vita Adae et Evae

In keiner Veröffentlichung zur Entstehung der Doktrin von Fall und Erbsünde oder zur Auslegung von Gen 3 werden, soweit ich sehe, die aramäischen Bibelübersetzungen berücksichtigt. Dabei gestalten sämtliche Pentateuchtargume den Genesistext gegenüber unserem historisch-kritischen Verständnis seines jahwistischen Ursinns entscheidend um und kommen dadurch neutestamentlicher Auslegung erstaunlich nahe. Warum die Targume übergangen werden, obwohl sie aller Wahrscheinlichkeit nach in ihrem Kernbestand in vorchristliche Zeit zurückreichen und im Altertum ganz gewiß weiter verbreitet waren als viele pseudepigraphische

Schriften, etwa der 2. Baruch, vermag ich nicht zu beurteilen. Wird die Targumliteratur verachtet, weil sie bloß Übersetzung und keine schöpferische Literaturleistung ist? Gerade dann aber, wenn die Übersetzer keine eigenständige Theologie vortragen, erheischen sie besonderes Interesse. Denn sie geben dann vermutlich jener Meinung über alttestamentliche Texte Ausdruck, die für Menschen aramäischer Umgangssprache um die Zeitenwende gängig war, also auch für Jesus und seine Jünger. Wie hat jemand, der von der Weltansicht aramäischer Sprache geprägt war, den hebräischen Genesistext verstanden und verstehen müssen[40]? |

Zuerst das Targum *Onkelos*. Es bietet eine Wort-für-Wort-Wiedergabe, ausgenommen dort, wo ein hebräisches Wort vieldeutig erscheint. In den ersten 14 Versen von Gen 3 verrät sein aramäischer Text keine Sinnabweichung vom Hebräischen[41]. Doch beim Fluch Gottes über die Schlange V. 15 wird Onkelos gesprächig. Der Anfang: "Ich will Feindschaft setzen zwischen dir und dem Weib" bietet noch nichts Auffälliges. Doch die weitere Erläuterung "zwischen deinem Samen und ihrem Samen" wird aramäisch zu "zwischen deinem Sohn und ihrem Sohn"[42]. Das hebräische *zära'* wird also nicht kollektiv verstanden als Nachkommenschaft, sondern individuell wie Gal 3,16. Danach bricht Onkelos ganz aus dem uns vertrauten Textsinn aus. Der masoretische Text bringt zweimal das gleiche Verb *šûp*: "Er (der Same des Weibes) wird den Kopf *j°šûpkā*, und du wirst die Ferse *t°šûpännû*." Was das Lexem *šûp* bedeutet, war um die Zeitenwende schon so unklar wie noch heute. Handelt es sich zweimal um dasselbe Verb in derselben Bedeutung, so daß etwa trachten

---

40   Zur Problematik der Targume s. *P. Schäfer*, TRE 6, 216ff (Textausgaben dort S. 225f). Seiner These eines gemeinsamen Ursprungs von Onkelos und palästinischen Targumen (S. 222) stehe ich allerdings skeptisch gegenüber. - Abkürzungen im folgenden: O = Onkelos; F = Fragmententargum; N = Neofiti; PJ = Pseudo-Jonatan. - Für eine synoptische Zusammenstellung der Texte bin ich *U. Gleßmer* zu Dank verpflichtet. N und PJ übersetzt synoptisch *R. Le Déaut*: Targum de Pentateuque I, 1978. [[Vgl. inzwischen *U. Gleßmer*, Einleitung in die Targume zum Pentateuch (TSAJ 48), 1995 sowie die vollständigen Synopsen der Versionen zu Gen 3 bei *U. Gleßmer*, Entstehung und Entwicklung der Targume zum Pentateuch als literarkritisches Problem dargestellt am Beispiel der Zusatztargume, Diss. theol. masch. Hamburg 1988, Anhang Synopsen S. 24-38]].

41   V. 5b heißt allerdings: "Ihr werdet sein wie die Gewaltigen, weise seiend zwischen Gut und Böse" (N und PJ sinngleich "wie die Engel"). Das ist eine historisch gesehen richtigere Wiedergabe des Urtextes als G ὡς θεοί oder gar V *eritis sicut deus*! Wenn er Jahwist *°lohîm* und nicht *jhwh* gebraucht, denkt er an Göttliches im allgemeinen, nicht an den Gott. Daß Sünde darin besteht, wie Gott (allmächtig) sein zu wollen, ist wohl eine griechische Erfindung, die freilich im Abendland gewaltigen Nachhall gefunden hat.

42   Die gängigen Ausgaben punktieren "ihren Söhnen" *b°nahā*, nach der Fortsetzung *hû'* ist wohl *ben°ha* (Hebraismus?) ursprünglich, zumal auch *M* sing. bietet.

nach" zu übersetzen wäre: "Er wird dir nach dem Kopf trachten und du wirst ihm nach der Ferse trachten"? So versteht es G (zweimal *tēreō*) und die palästinischen Targume. Oder wird ein Wortspiel gebraucht durch ein Homophon in zwei verschiedenen Bedeutungen? So später die Vulgata und ihr folgend die meisten abendländischen Ausleger. Auch O plädiert für zwei Bedeutungen. Da er jedoch im hebräischen Satz *ro'š* als "Urzeit" und *'āqeb* als "Endzeit" versteht - was vom Mittelhebräischen her möglich ist - kommt eine eschatologische Aussage heraus. Im ersten Satz wird "trachten nach dir" als "deiner gedenken bezüglich der Vorzeit" begriffen, das zweitemal *šûp* als "bewahrt werden (für die Endzeit)".

> Er (der Sohn des Weibes) wird eingedenk werden (*d*^e*kîr*), was du ihm angetan hast vor Zeiten,
> und du wirst aufbewahrt ihm für das Ende.

Das ist kein schlechter Einfall, wenn man dem dunklen hebräischen Text einen Sinn abgewinnen will. Aber es führt zu völlig anderen Ufern, als sie der Jahwist vor Augen hatte. Der Sohn, der einst dessen gedenkt, was ihm die Schlange vorzeitlich angetan hatte, und sich dann gegen sie wendet, läßt sich nur als *messianische* Figur verstehen. Und die Schlange, die bis zum Ende der Zeiten aufbewahrt wird, damit dann etwas mit ihr geschieht, was sie offenbar vernichtet, bezieht sich nicht mehr auf die zoologische Spezies, die den palästinischen Bauern belästigt, sondern auf eine *dämonische* Macht. Demnach hat einst der Satan im Paradies die Übertretung des ersten Menschen hervorgerufen und über alle Eva-Nachkommen einen schweren Schaden gebracht; so muß es jeder Leser des Targums auffassen. | Von Fall wird nicht ausdrücklich geredet. Der Ton liegt mehr auf Eschatologie als auf Protologie. Doch die entscheidende Weiche ist gestellt. - Noch an anderer Stelle bricht O aus der uns gewohnten exegetischen Bahn aus. Beim abschließenden Urteil Jahwäs V. 22, das nach masoretischer Abtrennung beinhaltet: "Siehe, Adam ist geworden wie einer von uns, zu wissen gut und böse", trennt O die Sätze anders. Der erste Satz umfaßt hier: "Siehe, Adam ist geworden zu einem einzigen", was die Erläuterung hervorruft, "in der Weltzeit (*b*^e*'almā*)". Das nächste Wort *mimmännû* wird als Beginn eines zweiten Satzes und als Präposition mit Suffix der 3. Person begriffen: "Von ihm (kommt) zu wissen Gut und Böse."[43] Verstehe ich den Satz richtig, ist Adam für O trotz des Schadens, den der Satan durch die Schlange angerichtet hat, durch seine Übertretung auf Erden zu einem Ausgezeichneten geworden, von aller anderen Kreatur dadurch abgehoben, daß ihm nunmehr Erkenntnis um Gut und Böse zukommt. Seiner Erkenntnis hat also das Vergehen im Garten Eden nicht geschadet; im Gegenteil, seine

---

43 *ha' 'adam h*^e*wā j*^e*ḥîdai b*^e*'almā mineh l*^e*mida' ṭāb ûbîš.*

Erkenntnis wurde entscheidend erweitert. Onkelos nimmt die Deutung des deutschen Idealismus in gewisser Weise vorweg! Auf jeden Fall aber war das Geschehen im Garten Eden von gewaltiger Folge für die gesamte Menschheit, was Onkelos von den sogenannten Engelehen in Gen 6 - im Unterschied zu Henoch - gerade nicht voraussetzt[44].

Ein abweichendes Verständnis der Erzählung von der Übertretung in Eden bei gleichem exegetischen Grundverständnis tragen die *palästinischen Targume* vor. Dabei setzte ich voraus, daß die gemeinsame Grundlage von F, N und PJ um die Zeitenwende in Palästina entstanden ist, was übrigens keineswegs ausschließt, daß O ebenfalls dort seine Heimat hat und in den gleichen Zeitraum zurückreicht.

Die palästinischen Targume folgen einer anderen Übersetzungstheorie. Sie übertragen nur dort Wort für Wort, wo das richtige Verständnis beim Leser gesichert ist. An allen anderen Stellen holen sie erheblich weiter aus als der Urtext oder Onkelos. Doch bieten sie Gen 3 für die ersten 14 Verse im wesentlichen wie O wortgetreue Wiedergabe[45]. Ausführlicher wird ihr aramäischer Text wieder beim Fluch über die Schlange. Wie O wird beibehalten: "Feindschaft will ich setzen zwischen dir und dem Weib." Das folgende hebr. *zära'* "Same" wird abgewandelt: "zwischen der Familie (*zar'it*) deines Sohnes und der Familie ihres Sohnes"[46]. Der Sohn der Schlange steht also einem Sohn der Frau gegenüber, beide haben ihre Familie bei | sich - das führt, was immer es bedeuten mag, wie in O von der jahwistischen Ätiologie weit hinweg. Für den Rest des Verses stellen die palästinischen Targume zwei Übersetzungsvarianten nebeneinander. Die eine nimmt an, daß das Verb *šûp* zweimal in gleicher Bedeutung verwendet wird "zielen nach" (*kûn Itpa*). Da aber die Schlange nicht die Tiergattung meint, muß für den aramäischen Leser die bildliche Aussage in eine eigentliche umgeformt werden:

> Es wird geschehen, wenn die Söhne des Weibes bewahren[47] die Oraita, werden sie *auf dich zielen* und dich *auf den Kopf* schlagen. Und wenn die

---

44 6,1-4 wird von O nicht kommentiert. Gewöhnlich wird vorausgesetzt, daß bei ihm "die Söhne der Gewaltigen" (6,1), welche die Menschentöchter verführen, auf menschliche Wesen zielt. Doch 3,5 spricht dagegen. PJ und N^mg vertreten die Henoch-Deutung; *P.S. Alexander*: Targumim and Early Exegesis of 'Sons of God', in: JSS 23 (1972), S. 60-71.

45 Eine Ausnahme stellt V. 9 dar, wo die Frage *'ajjäkkä* nicht als "wo bist du", sondern als "wie" aufgefaßt wird, was Anlaß gibt, auf das befohlene Gebot und seine Übertretung hinzuweisen.

46 PJ sing. N F plur. Der Plural dürfte antichristliche Abschwächung sein; anders *Le Déaut* 94 A.9.

47 N PJ *ntr* N^mg F *l'jjn* "sich mühen um".

Söhne des Weibes ablassen von den Geboten der Tora, wirst *du auf sie zielen* und sie *in die Ferse* beißen.

Kein ewiger, aussichtsloser Kampf also zwischen dem Menschen und einem heimtückischen Tier, wie es dem Jahwisten vorschwebte, sondern ein Kampf, der Verheißung hat. Steht dem Menschen doch die Tora-Oraita als wichtigstes Hilfsmittel zur Verfügung, als Siegeswaffe beim Kampf mit dem Teufel. Sie macht gegenüber dem Biß der Schlange immun. Nur der, der die Oraita ablehnt, hat die Schlange zu fürchten. Dem wird eine zweite Wiedergabe des Versschlusses angefügt, welche *šûp* an der zweiten Stelle mit aramäisch *šapē* "befriedigen, beruhigen" gleichsetzt und *'āqeb* nicht als Ferse, sondern wie O als Endzeit ansetzt. Daraus ergibt sich nach einem eingeschobenen Übergangssatz: "Nur für ihre Söhne wird es Heilung geben, für dich wird es keine Heilung geben" als aramäischer Text:

> Und sie sind bestimmt, Frieden[48] zu schaffen in der Endzeit, am Tage des Königs Messias.

Der Friede der Endzeit, den die Israeliten unter ihrem messianischen König herstellen, setzt voraus, daß es mit der Schlange zu Ende ist. Die Erzählung von Gen 3 kündet also den Menschen letzten Endes Ersprießliches an, der Schlange hingegen ein dunkles Ende. Für die Targumisten ist die Schlange nicht das Tier, das in Palästina alltägliche Erscheinung ist. Der Fluch wird einer ätiologischen Abzweckung, wie sie sie einst besaß, entnommen. Er wird zudem zeitlich begrenzt. Schon Adam wird im Paradies auf die künftige Heilszeit hingewiesen, und das unmittelbar nach seiner Übertretung. - Je mehr es dem Ende des Kapitels zugeht, um so redseliger werden die palästinischen Targume, um so hoffnungsvoller die Aussichten für Adam, für den Menschen. Die so düster klingende jahwistische Prognose: "Staub bist du, und zum Staub wirst du zurückkehren", wird zwar aufgenommen, erhält aber den Zusatz: "Und aus dem Staub wirst du auferstehen!" - Beim abschließenden göttlichen Ausspruch V. 22 trennen die palästinischen Targume den Vers genauso wie O, doch geben sie den beiden Sätzen eine andere Wendung:

> Siehe, Adam ist geworden einzig auf Erden wie ich einzig im Himmel. Es werden aus ihm aufstehen welche, die wissend sind zu unterscheiden zwischen Gut und Böse.

Worin die Sonderstellung, die Adam nunmehr gewonnen hat, besteht, wird nicht | deutlich. Denn das Wissen um Gut und Böse wird erst einem Teil seiner Nachkommen wirklich eigen sein, was natürlich auf Israel und seine

---

48   *š^epijûtā* oder *šipjatā šûp*.

Kenntnis der Tora zielt. Was Adam vergeblich zu erlangen versuchte, wird dem auserwählten Volk später unerwartet zuteil! Der Genuß der Frucht im Paradies scheint erst Jahrhunderte später im Samen Adams seine Wirkung zu erweisen und entsprechende Erkenntnis hervorzurufen. Am Schluß, anläßlich der Vertreibungsnotiz, tilgen die palästinischen Targume die mythologische Aussage vom hin und her zuckenden Schwert und fügen statt dessen einen Nachtrag an, der in apokalyptischer Manier Vorzeit und Endzeit verklammert. Ich zitierte die Anfangs- und Schlußsätze:

> Bevor er noch die Weltzeit geschaffen, schuf er die Oraita und errichtete den Garten Eden für die Gerechten, daß sie essen und sich gütlich tun an den Früchten des Baumes, weil sie bewahrt haben die Gebote der Oraita in diesem *'ālam*. Er errichtete Gehinnom für die Frevler, welche einem scharfen Schwert gleich, daß nach beiden Seiten frißt ...
> Gut ist die Oraita für alle, die ihr dienen, wie die Frucht vom Baum des Lebens.

Nicht vom Baum der Erkenntnis stammt also das Gesetz, sondern vom Baum des Lebens. Jener erste Baum hatte ja seine Wirkung getan. Doch der zweite Baum ist für menschliche Existenz ungleich wichtiger [[vgl. Otzen, 1993]]. Wer das Gesetz befolgt, erreicht mehr als das, was Adam erreichen wollte, nicht nur Erkenntnis nämlich, sondern ewiges Leben.

Nichts liegt den Targumisten ferner, als aus Genesis 3 eine pessimistische Anthropologie abzuleiten und mit der Erbsünde den Menschen zu schrecken. Im Gegenteil! Der düstere Ton des Jahwisten, der manche wie eine Predigt über den *usus elenchticus* des Gesetzes anmutet, wird in eschatologisches Evangelium umgesetzt. Doch Gen 3 wird in den Targumen mit neuem Gewicht versehen, erscheint als ein Angelpunkt der Menschheitsentwicklung, der die Verhältnisse, die die Schöpfung geschaffen hatte, entscheidend verändert. Und der Teufel ist von da an in der Welt zugegen. Sobald diese Übersetzungspraxis und Textauffassung auf ein gesteigertes menschliches Verantwortungs- und Sündenbewußtsein trifft, werden die Konsequenzen erheblich anders aussehen.

Die Auffassung vom Genesistext, die in den Targumen sichtbar wird, erhält auch da eine andere Richtung, wo sie mit Dämonologie und Angelologie verdoppelt wird. Das geschieht im *"Leben Adams und Evas"*, eine vor der Tempelzerstörung 70 n.Chr. entstandene Schrift, in der zum erstenmal Erkenntnis und Fall des Menschen thematisch verhandelt werden. Ich beziehe mich auf die mutmaßlich ältere Fassung, die sogenannte Apokalypse Moses[49]. Das Adamleben schließt sich insofern den

---

49 Zitiert wird nach APAT II 512ff; vgl. *E. Brandenburger*: Adam und Christus (WMANT 7) 1962, S. 39ff; *W. Harnisch*: Verhängnis und Verheißung der Geschichte (FRLANT 97) 1969, S. 68-72.

Targumen (mehr noch den palästinischen als O; vgl. aber auch G) an - ohne daß es direkt von einem Targum abhängig sein muß -, als der Schlangenfluch Gen 3,15 eschatologisch begrenzt gesehen wird: "Er wird dir nach dem Kopf, und du | wirst ihm nach der Ferse trachten bis zum Tage des Gerichts" 26 (vgl. 46). Wie in den Targumen wird Adam nicht nur der Tod, sondern auch die Auferstehung und danach Genuß vom Baum des Lebens verheißen 28. Ein entscheidender Unterschied zu den Targumen liegt einerseits darin, daß das Gesetz keinerlei Rolle spielt und keine Hilfe gegen Sünde und Satan an die Hand gibt, zum andern aber in der Konzeption einer *Ursünde*. Ausdrücklich wird gesagt, daß seit der Übertretung in Eden auf allen Menschen Sünde liegt: "Alle Sünde ist durch mich in die Welt gekommen", klagt Eva 32. Mit dem Genuß der verbotenen Frucht war sie von der Gerechtigkeit entblößt, die sie vorher bekleidet hatte 20. Nun konnte schon alttestamentlich die Sünde als eine Sфäre verstanden werden, die sich um den Täter und seine Umgebung legt und ihn unheilwirkend im Sinne des Tun-Ergehen-Zusammenhangs begleitet[50]. Hier aber wird die Sünde zu einer einheitlichen, die gesamte Menschheit umfassenden und durch die Weltzeit hindurch vorhandenen, negativ wirksamen Hülle. Das Adamleben kommt dem fast personhaften Verständnis von der *hamartia* beim Apostel Paulus durchaus nahe. Universal erweist sich die Sünde auch dadurch, daß schon die Übertretung des Verbots, von der Frucht zu essen, nicht nur eine Sünde gegen Gott selbst, sondern auch gegen sämtliche Engel darstellte. Adam gerät dadurch in Krankheit und Pein (6). Selbst die Natur der Tiere hat sich gewandelt, so daß sie nunmehr bösartig Menschen anfallen können (10-12). Der Mensch aber ist auf dem Sektor der Erkenntnis hinfort entscheidend beeinträchtigt und im Wissen des Guten. Nicht Erkenntniserweiterung also, sondern *Erkenntnisminderung*. Erst im Eschaton gibt es Rettung: "Das böse Herz wird von ihnen genommen werden und ihnen gegeben ein Herz, das das Gute versteht und Gott allein dient" (13).

Die Entstehung einer solchen globalen, Zeiten überdauernden Sünde wird letztlich auf den *Teufel* zurückgeführt. Er war es, der zuerst die Schlange verführte, diese dann als sein "Gefäß" die Frau. "Sie aber (die Schlange) tat an die Frucht, die sie mir (Eva) zu essen gab, das Gift ihrer Bosheit, d.h. ihre Begierde" (19). Warum aber schreitet der Feind, wie er meist heißt, zu solchen heimtückischen Aktionen? Nach einem nur in der lateinischen Fassung der Vita erhaltenen Text geschah es aus Neid. Nach der Erschaffung Adams sollte er vor dem herrlichen Ebenbild Gottes niederfallen, weigerte sich aber und wurde deshalb auf die Erde hinabgeworfen, wo er von nun an seine Rache verfolgt. Über die Targume hinaus wird der Satan zum Hauptschuldigen an Evas Fehltritt und dem

---

50   Siehe meinen Artikel *ḥṭ'*, in: ThWAT II (1977), Sp. 857-869.

dadurch hervorgerufenen Sündenverhängnis über der Menschheit[51]. Doch weder die überall waltende Sünde noch der auf der Lauer liegende Satan machen ein positives menschliches | Leben unmöglich. Das Adamleben wird vielmehr überliefert, um neben den Gefahren des menschlichen Daseins auch seine Verheißung offenzulegen: "Nunmehr habe ich euch, Kinder, eröffnet, in welcher Weise wir verführt wurden; ihr aber hütet euch, vom Guten abzuweichen!" (30). Der Schlußteil der Schrift stellt deshalb nicht mehr den Fall, sondern die Wiedererhebung Adams und Evas dar, die nach ihrem Tod auf göttliche Anweisung hin durch die Engel ein "Staatsbegräbnis" im Paradies erhalten (40-43). Auch dies ist vorbildhaft für alle Adamskinder. Der eschatologische Ausklang erinnert wieder an die palästinischen Targume.

Der Raum reicht nicht, um auszuführen, wie eine Reihe anderer apokrypher und pseudepigraphischer Bücher um die gleiche Zeit beim gelegentlichen Rekurs auf Gen 3 den Ton auf den Teufel und die Verführung des Weibes am Anfang legen, so SapSal 2,24; 4(griech.)Baruch 4,8; 9; ApkSedrach 5; Profetenleben Hab 14; Schatzhöhle, 2(slaw.)Henoch 30f; 4Makk 18,7f. Bei den meisten dieser Schriften werden Motive des Fallmythus, wie sie bei Henoch sichtbar werden, mit Gen 3 verbunden. Doch es gibt auch Schriften, für die Teufel und Dämonen keine Rolle spielen, dafür aber anhand von Gen 3 die Ursünde als Verhängnis der Menschheit herausgestellt wird. Das sind 2(syr.)Baruch und 4Esr. Von ihnen soll nunmehr die Rede sein.

5. Verderbnis der Weltzeit durch Adams Fall beim 2.Baruch und 4.Esra

Wo über die Vorgeschichte von Römer 5 und die Entstehung der Erb-sündentheorie gehandelt wird, pflegen die Theologen auf die beiden jungen, als nachchristlich eingestuften Apokalypsen des Baruch und Esra zu verweisen. In der Tat wird hier das durch Adam über die Menschheit hereingebrochene Verhängnis wie nirgends zuvor betont. Doch sollte man nicht übersehen, daß der Rekurs auf den ersten Menschen aus dem Ringen um das Verständnis der Geschichte Israels entspringt und nicht primär aus der Anfechtung individueller Daseinserfahrung. Nicht ein Nachdenken über die Schwachheit und Sündigkeit der einzelnen, sondern eine Erregung über einen Gang der Weltgeschichte, in deren Verlauf Israel schlechter und zunehmend unterdrückter dasteht als die übrigen

---

51 *Harnisch*, [[s.o. Anm. 49]] S. 71. Seine Annahme, daß dieser Vorstellungs-komplex "unverkennbar dualistisch-gnostische Züge" trägt und eine Ableitung aus alttestamentlichen Prämissen als "absurd" erscheint, teile ich freilich nicht. Dem Verfasser gelingt vielmehr "une synthèse ingenieuse" der (henochischen) Ausdeutung von Gen 6 und der (targumischen) von Gen 3, *M. Delcor*: La mythe de la chute des anges ..., in: RHR 189f, 1976, S. 2-53. [[Vgl. auch ApokAbr 23]].

Völker, ruft nach einer Erklärung, die allein von Adam her möglich erscheint. Ob Baruch und Esra wirklich die Tempelzerstörung 70 n.Chr. voraussetzen, wie der zeitgeschichtliche Eifer der Exegeten postuliert, mag dahingestellt bleiben[52]. Auf jeden Fall seufzen die Apokalyptiker unter der Herrschaft der Römer als des 4. Weltreichs schlimmer als unter jedem anderen zuvor (2Bar 36,7). Wie kann es Israel so schlecht gehen, wo Gott ihm doch die Welt als Erbe verheißen hatte? Baruch und Esra steht keine so einfache Lösung zur Verfügung wie den deuteronomistischen Geschichtsschreibern nach 587, die alles | Unheil auf die israelitischen Könige und ihren fortgesetzten Abfall vom deuteronomistischen Gesetz zurückzuführen beliebten. Das nationale Geschick läßt sich nunmehr, 500 Jahre später, nicht mehr vom Gang der internationalen Geschichte lösen. Wird für jenes eine Sünde des ganzen Volkes als metahistorische Ursache vorausgesetzt, dann läßt sie sich von einer allgemein menschlichen Schuld für diese nicht trennen. Da aber die Menschheit nie ein einheitliches Subjekt geschichtlichen Handelns darstellte, abgesehen von ihrem Anfang, von Adam, liegt der Grund für das Unrecht der Geschichte und Gegenwart beim Ursprung der Menschheit.

Da ich das *2. Baruchbuch* für älter halte als den 4. Esra, wende ich mich zuerst jenem zu. Als Baruch wieder einmal seiner Sorge um Israel Ausdruck gibt und sich mit der Bitte an Gott wendet: "Nimm unserem Volk die Hoffnung nicht weg" 48,19, empfängt er die Antwort, daß ja "jeder Erdbewohner erkennend ist (*joda' [h]wo*), sobald er sich vergeht, und doch wollen sie mein Gesetz wegen ihres Hochmuts (*ramuto*) nicht erkennen (*juda'w*)!" 48,40[53]. Wo immer gesündigt wird, geschieht es also wider besseres Wissen. Da das Widervernünftige aber überall und seit je geschieht, innerhalb wie außerhalb Israels, muß es dafür *einen* auslösenden nicht-göttlichen Faktor gegeben haben, denn einer Schöpfungsordnung entspricht das gewiß nicht. Dann aber bleibt nur die Tat Adams als Ursache übrig. Der Gedanke regte Baruch derart auf, daß er aus einem göttlich-menschlichen Zwiegespräch herausspringt und in die graue Vorzeit zurückruft (48,42f):

---

52   Zumindest für 2Bar ist mit einer Entstehung vor 70 zu rechnen (RGG I 902). 68,4f setzt den Tempelkult voraus, und die Zerstörung des Tempels durch Nebukadnezzar in den Eingangskapiteln kulminiert in der Verborgenheit von Sühnedeckel und Efod 6,7-10 bis zur Endzeit, was mit dem Verlust des Zweiten Tempels nicht zu verbinden ist, der also nicht das Leitmotiv für den Eingang darstellt.

53   APAT II 430 bietet einen unangebrachten Irrealis: "... hätte es wissen können, wenn er sündhaft handelte". Die Übersetzung verwischt zudem die absichtliche Entsprechung des zweimaligen *jd'*, indem sie zwischen "wissen" und "kennen" wechselt so auch JSHRZ V/2.

O Adam, was hast du getan allen, die von dir abstammen? Und was soll von der Eva gesagt werden, welche auf die Schlange hörte? Deshalb geht die große Masse ins Verderben (*hbolo*). Unzählig die, welche das Feuer verschlingt!

Adam und Eva haben zum ersten Mal der Vernunft abgeschworen und damit das menschliche Geschlecht mit einem unheilvoll nachwirkenden Vorbild belastet. Sie haben den Weg ins Verderben vorgezeichnet, nicht nur das zeitliche, sondern das ewige. Äußert derartiges zunächst nur der Mensch Baruch, so bestätigt es später der Engel Ramael, wenn er die Wolkenvision deutet, welche die Weltzeit als eine Folge von schwarzen und hellen Wassern symbolisiert (56,5-10). Das 1. schwarze Wasser bezieht sich auf den Fall Adams und seine *zehn üblen Folgen*: vorzeitiger Tod, Trauer, Trübsal, Schmerz, Mühsal, Hochmut (*šubhoro*), und damit zusammenhängend eine Gier der Unterwelt nach Menschenblut, das Kinderbekommen und die sexuelle Brunst der Eltern[54]. Dazu gehört weiter, daß die Hoheit (*rabuto*) | des Menschen erniedrigt wurde und seine Güte verdorrte. "Was kann schwärzer und dunkler sein als dies? Und von diesem Schwarzen stammt wieder Schwarzes ab, und so ward das dunkelste Dunkel hervorgebracht. Denn jener war für sich selbst eine Gefahr, auch für die Engel wurde er eine Gefahr." In Umkehrung der henochischen Auffassung wird der Urmensch am Fall der Engel schuld, und nicht die Engel am Fall des Menschen. Mit Nachdruck wird die menschliche Alleinverantwortung für alles Böse auf Erden herausgestrichen und ein Stück profetisch-weisheitlicher Monanthropologie wiederbelebt. Doch die Verantwortung konzentriert sich auf einen einzigen, auf den Urmenschen. Sein Tod war so schicksalwirkend, daß die Folgen fortan das Geschick aller Angehörigen der Gattung überschatten. Wie bei Henoch werden die Übel der Weltzeit, Tod, Leiden und Krankheit vom faktischen Verhalten des einzelnen wie der Völker abgelöst. Auch diejenigen, die rechtschaffen leben, werden in dieser Weltzeit von unheilvollem Los betroffen und davon nicht durch ihre Tat frei. Eine so überragende Bedeutung kann Adams Vergehen nur dann zukommen, wenn er mit einer anderen Hoheit ursprünglich ausgestattet war als seine Nachfahren, die jene Hoheit nicht mehr besitzen, deren Tun also nicht mehr so weite Kreise zieht.

Der Unheilsbahn, welche seit Adam durch die Menschheitsgeschichte läuft und die Übel dieser Welt mit sich führt, steht eine Heilslinie

---

54 Es überrascht, daß nicht nur das Kinderzeugen negativ beurteilt wird. - Haben denn vor dem Fall danach die Tiere allein Zeugung und Nachkommenschaft gekannt? -, sondern auch die sexuelle Lust. "Das ist spezifisch unjüdisch gedacht" (*Bousset / Greßmann* 404 A.2), gibt aber als Ausdeutung von Gen 3,16 einen Anstoß zur Verbindung späterer Erbsündenlehre mit der *concupiscentia*.

gegenüber, nämlich das von Gott geoffenbarte *Gesetz* und die von Gott eröffnete *Weisheit*. Sosehr der äußere Rahmen menschlichen Lebens bis hin zum vorzeitigen Tod durch Adam festgelegt ist, so gibt es dennoch ein inneres Rückgrat individuellen Geschicks, daß jeder einzelne selbst für sich prägt. Unter den Übeln, welche Adam in die Weltzeit eingeschleust hat (56,5-10), fehlt bezeichnenderweise eine Einschränkung menschlicher Erkenntnisfähigkeit. Ist Sünde also eine Folge von Irrtum, Verführung, Fehlurteil, wie Henoch es wollte? Baruch weist es strikt zurück. Zwar klagt der Apokalyptiker zu Beginn seines Buches: "Wir Menschen sind nicht imstande das, was gut ist ... einzusehen" 14,9. Doch die göttliche Antwort weist solchen Defaitismus der praktischen Vernunft entschieden zurück: Der Mensch hat das Gesetz empfangen und ist in Einsicht (zur Einsicht) unterrichtet worden (15,5f). Wieder und wieder setzt Baruch deshalb das Gesetz mit Weisheit und Einsicht gleich (38; 59,17; 77,16). Wer das Gesetz zur Leitlinie des Handelns macht, beweist, daß er Einsicht besitzt und pflanzt die Wurzeln der Weisheit in sein Herz; das wird ihn eines Tages zur Auferstehung führen (51,3). Das Gesetz mißachten, heißt die eigenen Ohren verstopfen, Weisheit nicht hören, Einsicht nicht annehmen (51,4; vgl. V. 7). Das Gesetz bietet aber keineswegs bloß ethische Richtlinien. Wie in den Targumen wird dem Pentateuch eine eschatologische Abzweckung zugeschrieben. Die Lampe des Gesetzes verheißt dem Glaubenden das Leben, dem Gottlosen aber die Feuerpein (59,2). Weil die Tora mehr Verheißung als Gesetz enthält, deshalb fordert Baruch nicht Gehorsam, sondern Glauben. Doch das Gesetz enthält noch mehr. Alles nämlich, was zu wissen dem Menschen überhaupt nötig sein kann, wurde Mose eröffnet (59,5f): |

> Er kündete ihm viele Ermahnungen zusammen mit den Leitungen (*dubore*) des Gesetzes, und das Ende der Zeiten ... weiter den Plan von Zion und seine Maße ... aber er zeigte ihm damals auch die Maße des Feuers, auch die Tiefen der Urflut und die Schwere des Windes und die Zahl der Regentropfen und das Zurückhalten des Zorns und das große Maß von Langmut und die Tatsache des Gerichts und die Wurzeln der Weisheit und den Reichtum der Einsicht und den Quell der Erkenntnis und die Höhen der Lufträume und die Größe des Paradieses und das Ende der Welten und den Anfang des Gerichtstages und die Zahl der Opfergaben und die Erden, die noch nicht geboren waren, und den Mund der Hölle und die Stelle der Vergeltung und das Land des Glaubens und den Ort der Hoffnung und das Abbild der zukünftigen Pein und die Menge der unzähligen Engel und die flammenden Heere und das Leuchten der Blitze und den Hall der Donner und die Klassen der Erzengel und die Vorratskammern des Lichts und den Wechsel der Zeiten und die Forschungen (*'uqowe*) des Gesetzes.

Erstaunlich, was der Apokalyptiker alles in den Mosebüchern findet! Am meisten überrascht, daß die Ermahnungen (*zuhore*), also die Gebote, am

Anfang mit einem Satz abgetan werden und den kosmologischen (vgl. 48,4-10) und eschatologischen Wahrheiten erheblich mehr Raum zugewiesen wird. Halacha spielt hier wahrhaftig eine geringe Rolle! Weil aber der Pentateuch, apokalyptisch verstanden, alle Form von Wissenschaften in sich birgt, deshalb gibt es für Baruch so etwas wie einen gleitenden Übergang von Israel zur Völkerwelt, gerade auch im Blick auf rechtschaffenes Handeln. Zwar ist das eine Gesetz eine Gabe des Einen an Israel (48,24). Doch andererseits können alle Frevler, gleich welcher Nation, haftbar gemacht werden:

> Da ihr ja ehemals die Einsicht des Höchsten mißachtet. Denn nicht haben euch seine Werke belehrt, auch hat euch nicht die kunstvolle Einrichtung seiner Schöpfung, die alle Zeiten besteht, überzeugt (54,17).

Die Einsicht, die hier für jeden Menschen vorausgesetzt wird, besteht also abseits der Tora. Ähnlich wie Paulus Röm 2 setzt Baruch eine allgemeine mögliche Erkenntnis Gottes und des Guten voraus, entfernt sich weit von jüdischer Exklusivität. Daraus folgt für ihn die Freiheit des Individuums zu eigener Lebensgestaltung, zwar nicht innergeschichtlich, wohl aber eschatologisch:

> Adam ist einzig und allein für sein Leben (*nafšo*) die Veranlassung. Wir aber sind, jeder für sein Leben (*nafšo*), ein Adam geworden ...
> Denn am Ende der Weltzeit wird Vergeltung vollzogen an denen, die übel getan haben. Du aber verherrlichst die Glaubenden entsprechend ihren Glauben (54,17-21).

Durch Adams Vergehen ist also der kollektive Rahmen der Menschheits- und Völkergeschichte für diesen *'ālam* vorgezeichnet, zusammen mit den zeitlichen Fristen, die Gott dafür gesetzt hat. Dennoch hat jeder einzelne trotz eines prädeterminierten geschichtlichen Ortes die Möglichkeit, seinen eigenen Tun-Ergehen-Zusammenhang zu entwickeln, dessen Frucht zwar nicht in dieser Weltzeit reifen und auf den Täter positiv oder negativ zurückschlagen wird, wohl aber im kommenden | *'ālam*. (Deshalb ist die Weltgeschichte Verhängnis und Verheißung zugleich, wie Harnisch zu Recht sein Buch überschrieben hat.)

> Wenn auch Adam zuerst gesündigt und über alle den vorzeitigen Tod gebracht hat, so hat doch auch von denen, die von ihm abstammen, jeder einzelne sich selbst die zukünftige Pein zugezogen, und wiederum hat sich jeder einzelne von ihnen die zukünftige Herrlichkeit erwählt (54,15).

Dies also ist der eigentliche Inhalt des Gesetzes. Wer solche Erkenntnis ablehnt, sagt der nicht der Weisheit ab und aller Vernunft?

Baruch trägt eine imponierend geschlossene Konzeption vor. Anthropologisch wendet er sich entschlossen zur alttestamentlichen Auffassung vom Sünde-Unheil-Zusammenhang zurück, für den allein der *leb* des Menschen verantwortlich ist. Freilich wird ein solcher Zusammenhang nunmehr menschheitsgeschichtlich universalisiert. Kein Teufel, kein Engel entlastet die Menschen von der Haftung für ihr Tun. Auch die Offenbarung als konzentrierte Weisheit scheint nur den Inhalt dessen zu erweitern, was die Menschen aufgrund ihrer angeborenen Weisheit an sich erschließen könnten. Wird hier nur eine Lehre vom Erbtod[55] und Erbübeln vorgetragen oder gar von Erbsünde? Leider wird nicht ausgeführt, auf welche Weise der adamitische Fall weiterwirkt. Vermutlich nicht auf biologischem Wege, sondern eher durch metahistorische Wirkungsgrößen und Machtsfären, die seit Adam auf der Erde lasten, wie es hebräisch-aramäischem Denken eher entspräche. Doch weder das eine noch das andere rechtfertigt, von einem Determinismus des Menschenverständnisses zu sprechen, wie man ihn den Apokalyptikern oft vorwirft. Die Dialektik von geschichtlicher Gebundenheit menschlichen Daseins und individueller Freiheit tritt entschieden heraus.

Was Baruch vorträgt, läßt sich mit der aramäischen Lesung der Genesistexte, wie sie sich in den Targumen niedergeschlagen hat, durchweg vereinen; man denke nur an den eschatologischen Horizont von Gen 3 oder das Gesetz als Gegenmittel zum adamitischen Verhängnis. Neben der Genesis ist erstaunlich eine Stelle aus dem *Profetentargum* hier und anderweitig von Gewicht, nämlich Hosea 6,7. Der im Urtext strittige[56] Satz: "Sie haben wie Adam meinen Bund übertreten, dort betrogen sie mich", lautet nämlich aramäisch:

> Wie die ersten Geschlechter haben sie übertreten meinen Bund. Und auf der guten Erde, die ich ihnen gegeben habe, um mein Wohlgefallen zu vollbringen, dort haben sie meinen Memra betrogen.

Die gute Erde ist durch Adams Generation also verderbt worden. Die Aussage führt in dieser Formulierung über den historischen Hosea hinaus und führt stracks zu Baruch und seinen Gesinnungsgenossen. Dennoch bleibt Baruch letzten Endes in | seinem Menschenbild optimistisch. Sind es auch nur wenige, die das Heil ergreifen, sie können es und sie tun es und sie werden darum das ewige Leben gewinnen. Eine solche Zuversicht schwindet dem 4. Esra, dem ich mich nun zuwende, so auffällig nahe er auch in vielen Punkten Baruch steht.

---

55 So *Brandenburger*, [[so. Anm. 49]] S. 15-58, und *Harnisch*, [[so. Anm. 49]] S. 194-197, der von einem durch Adam ausgelösten "universalen Todesverhängnis" spricht und Baruch gegen Leute polemisieren sieht, die - weitergehend - ein Sündenverhängnis behaupten.
56 Siehe *H.W. Wolff*, Hosea, BK XIV/1 ²1965, S. 154; *W. Rudolph*, Hosea, KAT XIII 1, 1966, S. 142f.

Nicht weniger heiß als Baruch ringt das *4. Esrabuch* um ein Verständnis
der Geschichte Israels, in das die Geschichte jedes einzelnen Gerechten
eingeflochten ist. Wie bei Baruch wird die These einer seit Adam
tradierten Schuld und Mühsal angesprochen, sobald das üble gegenwärtige
Ergehen des auserwählten Volkes mit dem besseren Geschick anderer
Völker verglichen wird. Der gesamtmenschliche Schuldzusammenhang
kommt also bei der Reflexion über die internationalen Verhältnisse ins
Spiel (ganz anders als es bei Paulus und später bei den Rabbinen der Fall
ist). Die Ansätze zur Erbsündentheorie bei Esra und Baruch wurzeln also
in ihrer Geschichtsauffassung. Über Esras Ansicht haben Brandenburger
und Harnisch[57] eingehend gehandelt. Deshalb fasse ich mich kurz und
markiere vor allem den Punkt, wo ich von ihnen abweiche. Von *Baruch
unterscheidet sich die Esraapokalypse dadurch, daß in ihr das vorliegende
mosaische Gesetz keine ausreichende Alternative zu dem von Adam überkommenen Schaden darstellt*, wie es für Baruch noch selbstverständlich
war.

Das eröffnende lange Volksklagelied bietet einen Abriß der Gesamt-
geschichte bis zum Exil, der auf die Frage zuläuft, warum es Israel
schlechter ergeht als den Heiden (4,31-36). Im Sinaiabschnitt wird zwar
die Gabe des Gesetzes an Israel gerühmt, aber erheblich breiter auf
anthropologische Einschränkungen hingewiesen:

> Aber du nahmst das böse Herz nicht von ihnen, daß dein Gesetz in ihnen
> Frucht trüge. Denn um seines bösen Herzens willen geriet der erste Adam
> in Sünde und Schuld und ebenso alle, die von ihm geboren sind.
> So ward die Schwachheit dauernd.
> Das Gesetz war zwar im Herzen des Volkes, aber zusammen mit der
> Schlechtigkeit der Wurzel.
> So schwand, was gut ist, aber das Böse blieb (3,20-22).

Die mangelnde Wirkung des Gesetzes im Volke erklärt also zu einem
guten Teil die düstere politisch-ökonomische, aber auch religiöse Lage
Israels. Die Oraita, wie Esra sie versteht, verheißt Israel, daß es die Erde
besitzen soll (6,59; 7,14), was offenkundig nicht eingetreten ist. Also ist
das Gesetz ohnmächtig, weniger im Leben des einzelnen, wie Paulus es
anzusehen pflegt, als vielmehr in der Menschheitsgeschichte und hinsichtlich internationaler Verhältnisse.

Auf das gleiche Thema kommt Esra im 4. Gesprächsgang der ersten
Vision zurück. Seine bange Frage: "Weshalb ist Israel den Völkern zur
Beute gegeben?", kommentiert er selbst mit den Worten: "Das Gesetz
unserer Väter ist vernichtet, die geschriebenen Satzungen sind nicht

---

57 S. oben Anm. 49, weiter die umfassende Darstellung von *A.L. Thompson*:
Responsibility for Evil in the Theodicy of IV Ezra (SBL.DS 29), 1977.

mehr" (4,23). Das nationale Unglück beweist also eine Wirkungslosigkeit und Ungültigkeit des am Sinai offenbarten Gesetzes. | Wie ist dergleichen denkbar, wenn es Gottes ureigenster Absicht entspringt? Der Engel Uriel klärt Esra mit dem Gleichnis vom doppelten Ackerfeld auf. Diesmal wird auf Adam zurückverwiesen, um die Sündigkeit der gesamten Menschheit und die Verderbnis des Aions, nicht nur Israels, zu erklären. Die Weltzeit vermag die Verheißungen, die den Frommen *"in temporibus"* durch das Gesetz gemacht worden sind, nicht zu tragen. In den *'ālam* ist nämlich das Böse gesät. Ehe aber der Acker, in den böse Saat gesät wird und wächst und ausreift, nicht verschwunden ist, kann der Acker, auf den das Gute gesät ist, nicht erscheinen. Auf den zweiten aber bezieht sich eigentlich das Gesetz, das wie bei Baruch und in den Targumen primär eschatologische Ausrichtung erhält (vgl. 7,119-126). Woher aber rührt die schlechte Saat, welche die Weltgeschichte vergiftet hat?

> Denn ein Körnchen bösen Samens wurde im Anfang in Adams Herz gesät. Aber welche 'Frucht' der Sünde hat das bis jetzt getragen und wird es weiter tragen, bis die Tenne erscheint! (4,30).

Esra liebt es, die Spielregeln des Tun-Ergehen-Zusammenhangs durch die Metapher von Saat und Ernte oder von Baum und Frucht zum Ausdruck zu bringen. Wie einerseits das Gesetz von Gott seit dem Sinai in das Herz jedes Israeliten gesät ist, so ist andererseits von Adam her in das Herz des Menschen der böse Keim gesät und wirkt den Bestrebungen der Oraita entgegen.

Wer aber hat den bösen Keim in Adams Herz gesetzt, so das der *leb* böse wurde für immer? Brandenburger und Harnisch[58] ziehen zur Erklärung die rabbinische Lehre von den beiden Trieben, dem guten und bösen, die Gott dem ersten Menschen anerschafft hat und jedem Menschen wieder neu anerschafft, kamen. Mir erscheint, wie ich anderweitig begründet habe[59], die Parallele abwegig. Das böse Herz schließt ein, daß das gesamte Wissen und Wollen auch Israels von übler Tendenz beherrscht wird - was kein Rabbiner zugeben würde -; dies aus einem anerschaffenen göttlichen Antrieb abzuleiten, würde Gott für das gesamte Übel es Aions verantwortlich machen, was gewiß nicht Esras Meinung ist.

---

58 *Brandenburger*, [[s.o. Anm. 49]] S. 32-34; *Harnisch*, [[s.o. Anm. 49]] S. 48f; beide setzen zwar nicht das böse Herz, wohl aber die schlimme Wurzel mit dem rabbinischen bösen Trieb gleich. Vgl. *Thompson*, [[s.o. Anm. 57]] S. 323-330. [[Zum bösen Trieb siehe (Sir 15,14?), LAnt 33,3; Dtn 6,5 PsJ, TestAss 1; 3,2 und Bill IV, 466]].
59 Esras erste Vision. Weltzeiten und Weg des Höchsten, in: BZ. NF (1978), S. 46-75 [[= in diesem Band S. 77-106]].

Der Begriff "böses Herz" (*libbā bišā*) stammt aus der Sprache der
Targume und wird dort benutzt, wenn Profeten Israel besonders hart
zurechtweisen (Jer 7,24; 11,8; Ez 11,19; 36,26; nirgends mit der
Auffassung von zwei Trieben verknüpft). Versteht man Esra von diesem
Hintergrund her, dann hat Adam selbst in sich das böse Körnchen
eingesät, das durch die Herzen aller seiner Nachkommen sich fortpflanzt
und anwächst (7,43). Niemand anders als der erste Mensch hat die
schlechte Wurzel in seine Vernunft hineingesetzt, so daß sie bei allen
Adamskindern haften bleibt und auf die Länge hin zur ewigen Pein führt.
Denn "Herz" hat für Esra durchaus noch den mentalen Sinn des alt-
testamentlichen *leb*. Deshalb bedeutet Bosheit des Herzens eine ernste
strukturelle Erkenntnisschwäche, heißt, daß der Mensch trotz der |
Vernunft, die ihm eignet, das Gesetz eben nicht zur Richtschnur des
Handelns macht. Die Oraita jedoch, das ist für Esra ebenso selbst-
verständlich wie für Baruch, ist an sich vernünftig und einsichtig, ist
Weisheit (7,71-80; vgl. 14,25).

Das Geschick aller Menschen beklagt Esra dann in der 3. Vision. Ihr
Elend ist deshalb besonders groß, weil sie mit Vernunft begabt sind und
mit Bewußtsein ins Verderben gehen (7,62f). Diesmal wird jedoch die
Möglichkeit, das Gottesgesetz zu halten, entschieden dagegengestellt. Er
wird vom Engel aufgeklärt, daß es einzelne gibt, die trotz stündlicher
Anfechtung das Gottesgesetz (vollkommen?) halten, allen voran er, Esra
selbst, selbst wenn er an sich bisweilen zweifelt. Solche aber werden nach
dem Tod siebenfache Freude ernten.

> Die erste Freude ist, daß sie im schweren Streit gekämpft haben, die mit
> ihnen ausgebildete böse Gesinnung[60] zu besiegen, daß sie sie nicht vom
> Leben zum Tod verführe (7,92).

Wie Baruch hält Esra also einen Spielraum offen zur individuellen
Entscheidung für oder gegen das Gesetz, für oder gegen das ewige Leben,
trotz des überhängenden Schuldverhängnisses von Adam her. Freilich fällt
es Esra schwerer, die Lösung zu begründen, als seinem apokalyptischen
Kollegen. Denn er muß eine partielle Ohnmacht des Gesetzes in dieser
Weltzeit eingestehen. Dazu tritt eine beunruhigende Begrenztheit

---

60 7,63 *cum eis plasmatum cogitamentum malum* sollte nicht übersetzt werden
"der ihnen anerschaffene böse Sinn" (APAT). Gemeint ist - vgl. Anm. 59 - "die
böse Gesinnung, die bei ihnen ausgebildet worden ist", die also bei jedem
aufwachsenden Menschen sich entfaltet. An dieser Stelle mag man in der Tat
fragen, ob Esra nicht an eine biologische Vererbung des bösen Herzens denkt,
das gern gebrauchte Bild von der Saat spricht dafür. Doch Sicherheit ist kaum
zu gewinnen. [[Erst 2Hen A 30,16 spricht von einer "anerschaffenen bösen
Natur", deren Unkenntnis die Sünde hervorgebracht hat]].

menschlicher Erkenntnis. Auch die Gutwilligen vermögen trotz des offenbarten Gesetzes nur teilweise den universalen Weg des Höchsten zu begreifen (4,10f nach S). Im Unterschied zu Baruch ist für Esra die Erkenntnisfähigkeit aller durch Adams Fall in Mitleidenschaft gezogen[61]. Baruch hatte es nicht von ungefähr vermieden, die Beschaffenheit des Herzens zur Diskussion zu stellen.

So begreift es sich, daß Esra trotz des langen, trostreichen eschatologischen Ausblicks 7,76-99 noch nicht von der Möglichkeit des Guten unter Menschen überzeugt ist. Vielmehr erreicht in einem weiteren Gesprächsgang seine Verzweiflung den Höhepunkt (7,116ff):

> Besser wäre es, die Erde hätte Adam nie hervorgebracht, oder sie hätte ihn wenigstens von der Sünde ferngehalten! Denn was hilft es, daß wir jetzt in Trübsal leben müssen und nach dem Tode noch auf Strafe zu warten haben? Ach Adam, was hast du getan! Als du sündigtest, entstand das Böse (*biša* S; L schwächt ab: *"casus"*, *"der Fall"*) nicht nur für dich, sondern auch für uns, deine Nachkommen. Denn was hilft es uns, daß uns die unsterbliche Zeit versprochen ist, wenn | wir Werke des Todes getan haben? Daß uns eine unvergängliche Hoffnung verheißen ist, wenn wir boshaft (so S) in Eitelkeit verfallen sind?

Von Adam stammt also die Trübsal menschlichen Lebens und nachfolgend der Tod. Mehr noch, auch im Tun ist jeder gehemmt, zum Negativen programmiert, was nicht nur für diese Weltzeit, sondern für immer Verderbnis zur Folge hat. Das Böse, das durch ihn entstanden ist, betrifft einmal das böse Herz als den Ursprung bewußten Handelns, es betrifft ebenso das aus dem Handeln resultierende Ergehen. Die Erwiderung Uriels verweist auf Dtn 30 und hebt hervor, daß es für den, der strebend sich bemüht, als Individuum durchaus die Möglichkeit des Heils gibt: "Das ist der Weg, von dem schon Mose ... zum Volk gesagt hat: Wähle dir das Leben, daß du Leben habest!" Ist das Gesetz also im Leben der Völker nicht mächtig, so ist es das doch bei diesem und jenem einzelnen - trotz Adam und bösem Herzen! Mit dieser Lösung gibt sich das Buch zufrieden.

Esras Lösung zielt also darauf, daß das Gesetz zwar nicht ausreicht, Israel als Ganzes selig zu machen, daß es aber einzelne Gerechte dazu führt, sich von der Masse abzusetzen, den falschen Schein der bösen Vernunft zu durchschauen und sich durch das Gesetz zu Handlungen

---

61   Esra scheint alle Menschen als sündig anzusehen 7,46.68f; 8,35; 10,9f. Auch wer durch Treue zum Gesetz gerettet wird, braucht Gottes Barmherzigkeit und Vergebung 7,132-139; 8,31f. Doch differieren gerade in dieser Hinsicht die Versionen - *Thompson*, [[s.o. Anm. 57]] S. 300ff -, so daß kein abschließendes Urteil möglich ist.

animieren zu lassen, die kraft Tun-Ergehen-Zusammenhangs dereinst das ewige Leben nach sich ziehen[62]. -

In ihrem Lebensgefühl und Daseinsverständnis sind Baruch und Esra vom uns vertrauten Alten Testament weit entfernt. Für sie ist die Welt nicht mehr so wohlgeordnet, daß alles Geschehen in ihr aus sinnvollen Ordnungsparzellen erklärlich wird, insbesondere aus dem steten Entstehen und Vollenden konkreter menschlicher Tun-Ergehen-Zusammenhänge. Zwar gibt es eine Ordnung in der Natur, die bewundernswert ist und zur Erkenntnis des Schöpfers ausreichen müßte. Doch im menschlich-geschichtlichen Bereich dominieren für die Apokalyptiker Mühsal und Ungerechtigkeit. Wie läßt sich das vom israelitischen Monotheismus begreifen? Nur dadurch, daß im gesamten *'ālam*, dem wir zugehören, ein einziger Tun-Ergehen-Zusammenhang vorausgesetzt wird, nämlich das Ausreifen" der urzeitlichen Sünde des ersten Menschen. Was immer in der Menschheitsgeschichte sich abspielt, es steht im Banne jenes Urzeitereignisses, das erst im Jüngsten Gericht seine Ernte und sein Ende findet. Doch dadurch wird dem einzelnen nicht die Möglichkeit verbaut, das Leben zu gewinnen. Mit Hilfe des Gesetzes gibt es die Möglichkeit, sich eine eigene Heilssfäre zu schaffen, die als Saat schon jetzt ins Feld des künftigen Aions fällt. Was in dieser Weltzeit noch passieren wird, ist bereits zum Negativen vorentschieden. Doch menschliche Tat reicht zum Guten wie zum Bösen über die Weltzeit hinaus. Diese Verabsolutierung eines einzigen alttestamentlichen Gedankens und seine Konzentrierung auf ein einziges urzeitliches Geschehen erlauben, auf Satan und Dämonen zu verzichten, wenngleich um den | Preis einer hohen Abstraktion. Dieser Lösung sollte im Christentum, wenigstens im westlichen, die Zukunft gehören. Soviel zu Baruch und Esra.

Das *Judentum* freilich hat einen anderen Weg eingeschlagen. Durch Ausbildung einer Lehre von den beiden Trieben (zuerst wohl TestAss 1,2-9; LAnt 33,3) hat es den Konflikt zwischen Gut und Böse zu einem erheblichen Teil in Gott selbst zurückverlegt. Das war nur möglich unter Ablehnung der apokalyptischen Geschichts - und Weltauffassung und unter Aufnahme eines optimistischen Menschenbildes, das noch weit über die optimistischen Farben frühalttestamentlicher Monanthropologie hinausging. - Noch anders die Lösung der *Gnosis*. Sie koppelt die Sündigkeit an die Materie und läßt den Aion selbst als Werk eines bösen Geistes erscheinen. Für die Apokalyptik dagegen hat Gott diese Weltzeit gut geschaffen und hält trotz aller Sünde ihre Strukturen bis zum Ende aufrecht.

---

62 *Harnisch* will freilich durch Bevorzugung von L vor den anderen Textzeugen solcher Konsequenz entgehen. Zum ethischen Appell in der Apokalyptik siehe *Ch. Münchow*: Ethik und Eschatologie 1981.

6. Rückblick

Die fünf, sechs Bereiche spätisraelitischer Literatur, in denen die Frage nach dem Ursprung des Bösen ausführlich verhandelt wird, stammen alle aus dem Umkreis entweder der Targume - die eine eigene, noch ziemlich unerforschte Welt darstellen - oder der Apokalyptik. Die große Masse der spätisraelitischen Schriften weiß zum Thema nichts oder nur wenig zu vermelden. Wenn neutestamentliche Schriften sich dem Thema zuwenden, das Johannesevangelium etwa, die Johannesapokalypse oder der Römerbrief, dann kommen sie speziell der Apokalyptik oder Targumik nahe, und das nicht derart, daß sie einen prinzipiellen Gegenentwurf bieten, sondern so, daß sie auf verschiedene Weise sich zwischen die einzelnen spätisraelitischen Stellungnahmen einreihen. Aber das steht hier nicht zur Debatte.

Zur Überlegung steht vielmehr an, welchen theologischen Belang die seltsamen Ausgestaltungen von Genesis 3 haben. Ich hoffe, es ist deutlich geworden, daß es sich in diesen Schriften nicht um Produkte bloßen Spintisierens handelt, sondern um überaus ernsthafte Denkbemühungen. Wir sollten ihnen den Respekt nicht versagen, schon weil wir im Blick auf das Rätsel des Bösen selber kaum weitergekommen sind.

Ich fasse zusammen, was mir wesentlich erscheint:

1. In hellenistischer (spätpersischer?) Zeit führt Einsicht in die schicksalhafte Verflochtenheit der Menschheit, die auch Israel umgreift, wie die Erfahrung des Auseinanderbrechens der Einheit Israels zu einer gesteigerten Frage nach dem Ursprung des Bösen in der Geschichte. Dabei gewinnen die Anfangskapitel der Genesis überraschend Aktualität.

2. Gegenwartserfahrung und Schriftevidenz nötigen zu dem Schluß, daß alle menschliche Erkenntnis transsubjektiv und von weither gesteuert ist. Das sich im Wissen wie in seiner praktischen Anwendung gemeinhin eine Tendenz zum negativen durchsetzt, entspringt den Einflüsterungen der *gefallenen Wächter* und ihrer Nachkommen (Gen 6) oder denen des *Satans* (Gen 3). Positive, heilsame Erkenntnis setzt Aufklärung durch das Gesetz oder/und Erleuchtung durch *Engelwesen* voraus. |

3. Mehr und mehr wird auf Grund von Gen 3 Adam als *Urmensch* herausgestellt, dessen Sünde ein unvergleichliches Ausmaß zukam, so daß sie kraft Tun-Ergehen-Zusammenhangs über alle seine Nachfahren die Mühsal des Lebens und den (vorzeitigen) Tod verhängt hat. Umstritten bleibt, wieweit vom Stammvater ein Hang zum Sündigen auf alle Nachfahren sich vererbt, dem keiner sich völlig entziehen kann (VitAd; 4Esr).

4. Dagegen gilt nie *der einzelne* in seinen konkreten Handlungen determiniert. Seine *Freiheit* zur Erkenntnis des Guten und zu entsprechendem Tun läßt sich deshalb festhalten, weil aufgrund einer aramäischen '*ālam*-Vorstellung der Tun-Ergehen-Zusammenhang für den jetzt lebenden Gerechten mit einer kommenden Weltzeit verbunden werden kann, die als unsichtbares Saatfeld schon zugänglich ist.

5. Die Wahl des Guten hängt zusammen mit der Treue zum *Gesetz* und seiner Praktizierung. Als Ausfluß göttlicher Weisheit eröffnet es primär eschatologische Hoffnung. Doch wird die Wirkungskraft der Oraita-Tora sehr unterschiedlich eingeschätzt (Hochschätzung bei Targumen und 2. Baruch, Skepsis beim 4. Esra, Verschweigen bei Henoch und im Adamleben).

Aus solchen Reflexionen ist also jener Fels von Lehren über das Unvermögen menschlicher Erkenntnis entstanden, der sich später der abendländischen Aufklärung so hemmend in den Weg stellte. Gewiß hat Augustin manches zur Ausformulierung der Erbsündentheorie beigesteuert, aber er hat den Komplex nicht erst nachträglich in die Genesis zurückprojiziert. Hat die Aufklärung recht daran getan, wenn sie den Felsen aus dem Weg geräumt hat? Bedenkt man, welche Borniertheit und Intoleranz sich in der Christentumsgeschichte mit jener Theorie verbunden hat, wird man der Aufklärung nicht genug dankbar sein. Andererseits hat sie einen Vernunftoptimismus hervorgerufen, der alle Probleme der Menschheit für rational lösbar und die Beherrschung der Natur für völlig machbar erklärt hat. Wie sehr dies und wie schnell dies zu erneuter Intoleranz umschlagen kann, wird uns im 20. Jahrhundert erschreckend bewußt. Die Aufklärung hat das Böse in der Welt ignoriert, es allein auf unaufgeklärte Mentalität zurückgeführt, die pädagogisch zu überwinden sei. (Wirkt hier nicht Augustin mit seiner Lehre, das Böse sei nur *privatio boni* ebenso nach wie bei den Verfechtern der Erbsündenlehre?) Die Aufklärer predigten das Reich der Vernunft, und es kam die Ideologie. Woher das Böse rührt, bedarf einer erneuten Reflexion. Vielleicht hilft uns dabei die apokalyptische Auffassung über Genesis 3 weiter als die jahwistische Erzählung über Adam und Eva.

Nachtrag:

Collins (1995) wendet sich gegen Thesen von einer apokalyptischen Auffassung vom Bösen als eigenständiger supranaturaler Macht (so *Sacchi, García-Martínez, van der Woude*). Auch der böse Geist gilt jenen Schriften als gotterschaffen (vgl. 1QS iii-iv).

Literatur

[[*J.J. Collins*: The Origin of Evil in the Apocalyptic Literature and the Dead Sea Scrolls, Congress Volume Paris 1992 (VT.S) 1995, 25-38]].
[[*B. Otzen*: The Paradise Tree in Jewish Apocalyptic, in: Apocrypha Severini, FS *S. Giversen*, hg. *P. Bilde / H.K. Nielsen* u.a., 1993, 140-154]].

Monotheismus und Angelologie

Vorbemerkung. Die These, die ich im Folgenden zu belegen hoffe, lautet:

Die zunehmende Ausformulierung eines Monotheismus nötigt das hebräisch-aramäische Denken nachexilischer Zeit zu einem gleichlaufenden Ausbau eines angelologischen Systems. Zur Anerkennung und Verehrung des *einen* Gottes gehören notwendig viele Zwischenwesen, Engel und Dämonen.

Unter Angelologie verstehe ich die Lehre über ein hierarchisches System von heilwirkenden oder schadenstiftenden überirdischen Wesenheiten, welche als Austrahlung einer göttlichen Macht den Lauf von Natur und Geschichte metahistorisch steuern[1]. Das Phänomen bereitet Exegeten allerdings seit langem Unbehagen. Westermanns Monografie zum Thema distanziert sich ausdrücklich von der "ganze(n) dramatische(n) Zwischenwelt von Engeln" im apokalyptischen Schrifttum, "weil dies zu einer Spekulation und zum Phantasieren über die Engel verleitet, vor der uns die Bibel selber warnt"[2]. Ungeachtet solcher Vorbehalte, die einem modernen Gottesbild entspringen, soll ergründet werden, warum das späte Israelitentum einer solchen Vorstellungswelt zu seiner religiösen Vergewisserung bedurft hat.

In der Bibelwissenschaft besteht ein gewisser Konsens, daß innerhalb des Alten Testaments erst exilische Profeten wie Deuterojesaja | mit seinen hymnischen Prädikationen (z.B. 45,5) oder Ezechiel mit seinen zahlreichen Erweisworten: "Sie werden erkennen, daß ich Jahwä bin"[3] einer monotheistischen Tendenz deutlich Ausdruck geben. Zugleich zeigen sich bei beiden Schriftstellern Ansätze zu einer angelologischen Metahistorie. Überirdische Wesen und Stimmen tauchen in diesen Büchern bereits bei der profetischen Berufung auf (Jes 40,3-6; Ez 1). Die erstmalige Beauftragung wird also nicht mehr wie bei den profetischen Vorgängern von einem Anruf Gottes selbst angeleitet. Doch führen andere Götter bei Deuterojesaja noch ein, wenngleich sehr beschränktes, eigenes Dasein (Jes 41,21-29; 46,1 vgl. Ez 28,12-16; 30,13).

---

1 Angelologie in diesem Sinne findet sich also (noch) nicht in älteren alttestamentlichen Texten, wo ein מַלְאַךְ יהוה oder ein anonymes, ungegliedertes Heer des Himmels erwähnt werden.
2 *Westermann* 1957, 114.
3 *Zimmerli* 1969, 55*-60*.

Erst mit der Perserzeit werden Stimmen laut, welche eine weltweite Universalität Jahwäs in einer Weise veranschaulichen, daß der Begriff Monotheismus sich schon eher nahelegt. Das zeichnet sich zuerst bei Protosacharja ab, wird aber in nachexilischen Texten zunehmend entfaltet und führt dann in Schriften wie der in Qumran gefundenen Sabbatopferliturgie (4QShirShabb) zu einem so ausgebautem System, daß der Schritt zur himmlischen Hierarchie des Dionysios Areopagita[4] nicht mehr weit zu sein scheint. "In der reichen Angelologie des Spätjudentums liegt einer der Hauptunterschiede zwischen dieser Epoche und dem Alten Testament"[5].

1. Der eine Engel Jahwäs und andere göttliche Boten, in den Nachtgesichten des Sacharja

In seinem ersten Nachtgesicht erschaut Sacharja einen Reiter auf rotem Pferd am (westlichen) Ende der Erde zwischen Myrtenbäumen über der Tiefe (des Urmeers) und vor ihm andere Reiter auf roten, hellroten und weißen Pferden[6]. Auf den Ausruf des Profeten hin: "Was (sollen) diese, meine Herr?" erfolgt ein differenziertes Antwortgeschehen 1,9-14 |

> Es sprach zu mir der Bote, der in (oder: mit) mir redete: "Ich will dir zeigen, was diese sollen."
> Da hob an der Mann, der zwischen den Myrten stand und sprach: "Diese (sind es), welche Jahwä gesandt hat, die Erde zu durchstreifen!"
> Sie antworteten dem Boten Jahwäs, der zwischen den Myrten stand, und sprachen: "Durchstreift haben wir die Erde, die ganze Erde ist seßhaft und ruhig."
> Da hob an der Bote Jahwäs und sprach: "Jahwä Sebaot! Wie lange noch willst du dich nicht erbarmen über Jerusalem und die Städte Judas, denen du zürnst nun schon 70 Jahre?"
> Es antwortete Jahwä dem Boten, der in mir redete, gute Worte und tröstliche Worte.
> Dann sprach zu mir der Bote, der in mir redete: "Künde: So hat Jahwä Sebaot gesprochen ..."

Danach wird eine Wende des Geschicks für Stadt und Heiligtum angekündigt. Nimmt man den Wortlaut, wie er hebräisch dasteht und in sich verständlich ist, erschallen vier Arten von überirdischen Stimmen während der Schauung. Zur untersten Stufe gehören die anonymen reitenden

---

4 TRE 8, 772-80, Lit.
5 *Bietenhard* 1951, 101.
6 Zum Verständnis des Gesichts hat H. *Gese* (1973) wesentlich beigetragen, obgleich seine Textkorrekturen (im Anschluß an *Elliger*) mir überflüssig erscheinen.

Späher, die aufgrund der Pferdefarben wohl, wie H. Gese gezeigt hat, die damals bekannten drei Erdteile zu durchforschen haben und ihre Meldung am Himmelseingang erstatten, vermutlich jeden Abend. Zur höchsten Stufe hingegen gehört die Stimme Jahwäs selbst, die aber Sacharja nur mit ihrem positiven Klang wahrnimmt, nicht im Wortlaut versteht; das geschieht erst, nachdem sie ihm ein Engel verdolmetscht hat. Dazwischen stehen zwei Boten unterschiedlichen Ranges, einmal der מַלְאַךְ יהוה als Mittler zwischen irdischer und himmlischer Sfäre und zum anderen ein הַמַּלְאָךְ הַדֹּבֵר בִּי, was wohl mit *LXX* und Vulgata zu übersetzen ist "Engel, der in mir redete". Auf jeden Fall ist der letzte der einzige, der sich direkt an den menschlichen Zuhörer wendet, also ein *angelus interpres*. Er taucht im Bildgeschehen nirgends auf. Dort steht der "Bote Jahwäs" als Reiter am Weltende im Mittelpunkt, der demnach einen höheren Rang als der Dolmetschengel einnimmt[7]. |

---

7 Der in dieser Visionschilderung zutage tretende Kompetenzwirrwarr hat begreiflicherweise gründliche Exegeten so gestört, daß sie durch Textkritik Abhilfe geschaffen und für einen Wortlaut gesorgt haben, in dem vier Pferderassen und nicht nur drei (analog zu Kap. 6) eingeführt werden und nur ein einziger מַלְאָךְ zwischen dem Profeten und seinem Gott übrigbleibt. Sogar in der offiziösen Biblica Hebraica Stuttgartensia hat das bedenkliche Spuren hinterlassen, wie sich aus dem Apparat zu den Versen 9.10.11.12 ergibt. Wer vorsichtiger überliefertem Text gegenüber ist, aber dennoch Sacharja gern mit älterer alttestamentlicher Überlieferung harmonisieren möchte, behauptet trotz der ständig wechselnden Bezeichnungen eine Identität beider Gestalten. Dafür lassen sich zwei Beobachtungen anführen. Einmal gibt V. 10 der | מַלְאַךְ יהוה Auskunft über die Frage Sacharjas nach der Bedeutung der Schauung. Zum andern ist es eben dieser Engel, der V. 12 die klagende Fürbitte für Jerusalem vorträgt, auf die dann Jahwä V. 13 tröstlich antwortet. Also ist er mit dem Dolmetschengel identisch. Dem läßt sich jedoch entgegensetzen, daß nicht schon die öffentliche Proklamation des Jahwäboten über den Rang der reitenden Kundschafter V. 10, sondern erst die Meldung dieser Reiter V. 11 die Frage des Profeten V. 9 wirklich beantwortet. Weiter zeigt sich auch im Danielbuch, daß eine Interzession anderen Engelarten zugeschrieben werden kann als die Übermittlung der eigentlichen Gottesbotschaft an einen Profeten. Anscheinend wird nunmehr מַלְאַךְ יהוה verstanden als "Bote an Jahwä", nicht mehr als "Bote von Jahwä" an den unteren Bereich, falls der alte Sinn einer spezifischen Sendung noch festgehalten wird. Zudem kommt hinzu, daß in der Schauung der eine Bote Jahwäs am (westlichen?) Ende der Erde von dem in Jerusalem angesiedelten Sacharja und der in ihm redenden Stimme sehr weit entfernt gedacht wird. Insofern spricht vieles dafür, daß hier tatsächlich zwei Boten unterschieden werden und mit sehr abgestuften Tätigkeitsfeldern in der himmlischen Welt gerechnet wird. Vielleicht hat sogar מַלְאָךְ seine engere Bedeutung eines Sendboten zu einem personalen Partner verloren und beginnt, zum Begriff für bestimmte Engelklassen zu werden, wie es dann im biblischen und jüdischen Aramäisch sich endgültig durchsetzt.

Die übrigen Nachtgesichte zeigen alle einen ähnlichen Befund. Der eine Engel Jahwäs leitet Kap. 3 die himmlische Verhandlung, befiehlt, nachdem Jahwä den Satan zurechtgewiesen hat, untergeordneten himmlischen Wesen, den "Stehenden" oder "Diensthabenden" (עֹמְדִים), den Hohenpriester zu reinigen, und kann danach diesen selbst, der sich im himmlischen Heiligtum befindet und ranghöher als ein Profet ist, im Ich Gottes ansprechen und für seinen Dienst an Israel befähigen.

An den Profeten hingegen wendet sich auch in anderen Nachtgesichten "der Bote, der in mir redete" (2,7; 4,4-5; 5,5.10; 6,4-5). Dabei kann gelegentlich der mit der Proklamationsformel "So hat Jahwä gesprochen" eingeführten Rede dieses מַלְאָךְ ein vorgängiges Erkundungsgespräch des Profeten mit einer anderen überirdischen Person vorangehen (2,6).

Das Sacharjabuch setzt also deutlich eine Aufgabenverteilung im Engelsbereich voraus. Der profetische Wortempfang wird zum Ende eines langen Weges. Für Übermittlung von Profezeiungen an einen menschlichen Nabi gibt es einen Spezialboten, der angesichts visionärer Schauungen als Dolmetscher und Deuter auftritt. Von ihm abgehoben ist der מַלְאַךְ יהוה als Grenzgänger zwischen himmlischem und irdischem Bereich, zugleich eine Art Wesir in der Versammlung der Himmelswesen. Hinzu kommen Geister, die sich dienstbar auf Erden bewegen (vgl. auch 2,3), aber nicht den Rang eines מַלְאָךְ einnehmen. Für Sacharja ist also der Abstand des Menschen zu Gott, der | weiterhin mit Israel vornehmlich auf der sprachlichen Ebene verkehrt, erheblich größer geworden als noch bei Deuterojesaja und Ezechiel. Der oberste menschengestaltige Bote Jahwäs kann für einen Nabi nicht mehr zum Ansprechpartner werden. Es bedarf dafür einers weiteren, offenbar niedriger stehenden überirdischen Sendboten[8].

Einige kurze Bemerkungen zum korrespondierenden Monotheismus bei Sacharja: Schon das erste Nachtgesicht rechnet mit einer so gleichmäßigen universalen Wirksamkeit des Jahwä *ṣebāôt* wie kein früherer alttestamentlicher Text. Die reitenden Späher durchstreifen alle Teile der Erde. Das letzte Nachtgesicht läßt in entsprechender Weise vier Geistwinde nach den vier Himmelsrichtungen ausschwärmen, nachdem sie zuvor vor dem "Herrn der ganzen Erde" erschienen waren (6,5, vgl. 4,14). Ein altüberlieferter Gottestitel wird dabei aufgenommen, bei dem der Genetiv אֶרֶץ einst einzig das verheißene Land gemeint hatte (Jos 3,11.13), nun aber offensichtlich den gesamten Erdkreis umfaßt. Da Jahwä für Sacharja überall auf Erden anwest, bedingt das notwendig unterschiedliche Erscheinungsformen; denn so wie in Jerusalem ist er nirgends sonst

---

8 Um dieser notwendig erscheinenden Auffächerung der überirdischen Welt willen nimmt vermutlich Sacharja den alten Titel יהוה צְבָאוֹת, der zwischenzeitlich obsolet geworden war, wieder auf.

offenbar. Andererseits rückt dieser Gott so weit von der Erde ab, daß auch der Profet ihn nicht mehr unmittelbar vernehmen kann, sondern einer Verdolmetschung bedarf. Die gedankliche Weiterführung monotheistischer Anstöße scheint also folgerichtig zum Postulat einer angelologischen Überwelt zu führen.

2. *Himmlische Völkerfürsten, Michael und Gabriel im hebräischen Danielbuch*

Das Danielbuch treibt den monotheistischen Anspruch israelitischer Religion auf die Spitze mit dem in den Legenden versuchten Aufweis, daß die Regierung von Weltreichen nur gelingt, solange babylonische, medische, persische Herrscher die einzigartige Überlegenheit des israelitischen Gottes eingestehen, wie immer sie dann auch ihre heidnischen Kulte weiter betreiben mögen. Es bedarf aber des Bekenntnisses, daß "Gebieter ist der Höchste über das Reich des Menschen" | (4,14.22.29); andernfalls verliert der Großkönig nicht nur sein Reich, sondern u.U. sein Leben (Kap. 5).

Doch Gott wirkt nach dem hebräischen zweiten Teil des Buches nicht unmittelbar auf Entstehung und Ausbildung der Staaten ein. Vielmehr sind die Völker der Erde, von denen jeweils eines zum Herrenvolk bestimmt ist, himmlischen Fürsten (שָׂרִים) unterstellt, die - analog den 70 Völkerhirten aus 1Hen 89,59ff - eine zwielichtige Stellung zwischen gut und böse einnehmen (Dan 10,13-21). Einerseits hat Gott sie den Völkern vorgeordnet bzw. als Volksgeist eingestiftet, andererseits sind die ungerechten Taten ihrer menschlichen Repräsentanten auch ihre Untaten, was sie nach 1.Henoch 90,22-25 mit ewigem Feuerpfuhl büßen müssen. So verwundert nicht, daß diese Völkerengel in den Höhen miteinander kämpfen und dies eine auslösende Antizipation irdischer Kriege und Unterdrückungsmaßnahmen in sich schließt. Dabei ist wohl an einen Ringkampf gedacht wie in Dan 10,13.20, denn von den שָׂרִים kommt keiner um, während die irdische Auswirkung durchaus Morden und Bluten einschließt. Der Höchste handhabt also in der gegenwärtigen Weltzeit sein Regiment auf Erden nur eingeschränkt, er hat Zuständigkeiten delegiert.

Diese Auffassung führt offensichtlich die Metahistorie des Sacharja in einer bestimmten Weise weiter. Statt reitender Geister, welche die Erdteile durchstreifen, um sie für Gott zu erkunden und festzustellen, wie es um Völker und Staaten bestellt ist, wachen nunmehr himmlische Potentaten über deren Geschick; und die Frage, ob das Leben auf Erden sich friedlich abspielt oder nicht, entscheidet sich auf einer oberen unsichtbaren Zwischenebene (vgl. Sach 2,1-4)[9].

---

9   Dabei benutzen die Apokalyptiker sichtlich ältere Schriftstellen wie Dtn 4,19; 32,8; Ps 82, ebenso wie die mehrfachen früheren Verweise auf einen eigenen Begleitengel Israels; doch welch ausgedehntes System wird daraus gezimmert!

Im Reigen kämpfender Völkerfürsten gibt es einen, der einen eigenen Namen trägt, Michael, den שַׂר Israels (10,21; 12,1). Er zählt zu den "ersten Fürsten" (הַשָּׂרִים הָרִאשֹׁנִים 10,13), den Erzengeln, nimmt also einen höheren Rang ein als Völkerengel allgemein. 12,1 spricht von ihm als הַשַּׂר הַגָּדוֹל, was vermutlich nicht nur "der große (Engel-)Fürst" (so Luther und die Einheitsübersetzung) heißt, sondern "der größte Sar" [10]und damit den Chef der Völkerwesen bezeichnet, der allerdings in dieser Weltzeit *primus inter pares* bleibt. Nach dieser Stelle wird Michael während der eschatologischen Kehre die Weltherrschaft antreten, steht von da an dem irdischen Geschehen vor, wie | vordem menschliche Großkönige (עמד wie 11,2.3 usw.). Unter Michael bricht zunächst eine Unheilszeit unvorstellbaren Ausmaßes an, bei der aber Daniels Volksgenossen gerettet werden, sofern sie im himmlischen Buch verzeichnet sind[11], dann aber folgt die Wende zu Auferstehung und ewigem Leben.

Die gleiche himmlische Gestalt bietet wahrscheinlich in Kap. 8 das Angriffsziel des letzten irdischen Frevelkönigs. Von dem "kleinen Horn" verlautet, daß es sich gegen das Heer des Himmels erhebt und aus dessen Mitgliedern sowie von den Sternen einige zu Boden wirft. Das Horn gelangt sogar bis zum "Fürsten des Heeres". Ihn vermag es zwar nicht zu überwältigen, wohl aber ihm das Tamidopfer zu entziehen und dessen "Stütze seines Heiligtums" (מְכוֹן מִקְדָּשׁוֹ) zugrundezurichten. Nimmt man den Text wie er dasteht, sind Tamid und Tempel, natürlich zu Jerusalem, dem Heeresfürsten gewidmet gewesen. Wenn man nicht שַׂר הַצָּבָא V.11 auf Gott selbst beziehen will, was angesichts des sonstigen Gebrauchs von שַׂר im Danielbuch nicht einleuchten will, läßt sich hier nur an Michael denken, dem demnach nicht nur die Leitung des Himmelsheeres, sondern auch der irdische Kult Israels zugeordnet wird, was schon nahe an eine polytheistische Auffassung heranführt.

Der hohe Rang, der Michael eingeräumt wird, erinnert an die Stellung des מַלְאַךְ יהוה Sach 1. Wie dieser widmet Michael seine besondere Fürsorge dem Erhalt und dem Wohl Israels (vgl. Sach 1,12; 3,3-7) und steht zugleich den überirdischen Wesen insgesamt vor. Mehr noch als im Sacharjabuch handelt Michael an der Welt jenseits der Sprachebene. Die fürbittende עַד־מָתַי-Klage wird Dan 8,13; 12,6 nicht von ihm, sondern von niederen überirdischen Wesen vorgetragen. Aufs Ganze gesehen, reicht Michaels Kompetenz jedoch ungleich weiter als die der Mittelpunktsfigur im Nachtgesicht. Ihm wird die eschatologische Regierungsgewalt global zugeschrieben, er trägt bezeichnenderweise einen Eigennamen, der seine

---

10   GK § 133g.
11   Verweist das Passiv יִמָּלֵט indirekt auf Michael als erlösende Macht? Ist er es, der die nachfolgende Auferstehung von Toten herauführt und das Urteil über ihr ewiges Leben oder ihren ewigen דְּרָאוֹן fällt (12,2)?

Besonderheit unterstreicht, wenngleich dessen Herkunft für uns im Dunkeln bleibt[12]. |

Eine noch größere Rolle spielt in den hebräischen Danielvisionen eine andere überirdische Gestalt, die nur als *angelus interpres* mit dem Seher Daniel in Beziehung gesetzt wird und ebenfalls einen Eigennamen trägt, nämlich Gabriel. Während bei der Deutung für das erste Gesicht, das Daniel empfangen hat, noch einer der anonymen "Stehenden" (קָאֲמַיָּא 7,16 vgl. 10) zuständig bleibt, taucht bei den folgenden Schauungen ein höherrangiger Dolmetsch auf. Vor den Augen Daniels erscheint die Gestalt eines Mannes (גֶּבֶר 8,15), sie wird von einer anderen Stimme über dem Fluß als "Gabriel" angerufen und beauftragt, dem Menschen die Botschaft zu eröffnen. Wegen der Wucht der Stimme fällt dieser zu Boden, wird aber von Gabriel aufgerichtet und danach belehrt. Auch im nächsten Kapitel erscheint der "Mann Gabriel", fliegt herbei um die Zeit des Abendopfers und löst das Rätsel einer Schriftstelle, über das Daniel meditiert (9,21). Eingehender beschreibt Kap. 10 die Erscheinung. Am Fluß taucht ein linnengekleideter Mann auf, sein Körper besteht aus Edelstein, sein Gesicht aus Blitz, seine Augen aus Feuerfackeln, seine Arme und Beine glänzen wie poliertes Erz. Die Stimme ergeht wie ein Getöse, so daß Daniel wieder zu Boden stürzt, bis eine überirdische Hand ihm aufhilft. Dann erklärt Gabriel, daß er schon vor drei Wochen zu Daniel abgesandt war, aber der persische Völkerfürst ihn unterwegs aufgehalten habe. (Der Gegner wollte offenkundig die Veröffentlichung eines göttlichen Wortes verhindern, dessen geschichtsauslösende Dynamik er für seine Untergebenen fürchtete.) Nochmals bricht Daniel zusammen, wird von jemand "wie die Gestalt eines Menschen" erneut auf die Beine gestellt. Nun kündet Gabriel das Endgeschehen an, aber auch seine Pflicht zu baldiger Umkehr, da er noch mit dem griechischen Völkerfürst zu kämpfen habe. (Will auch dieser wieder die Veröffentlichung göttlicher Worte verhindern? Daß Gabriel zu Gunsten des äußeren Geschicks Israels kriegerisch streitet, erscheint angesichts der Aufgabe Michaels unwahrscheinlich.)

---

12   Die Punktation denkt an eine Analogie zu mehrfach belegten menschlichen Namen "Wer ist wie El?" (HAL 545b). Da jedoch das Element אֵל in fast allen Engelnamen und vielen Dämonennamen der Spätzeit vorkommt, dürfte es nicht "Gott selbst", sondern ein untergeordnetes Wesen mit göttlichen Bezügen bedeuten. Dann aber wird die Übersetzung als Fragesatz unwahrscheinlich. Auch die mehrfach versuchte Ableitung von einem kanaanäischen Gott Mikal (WM I 298f) mag nicht unbedingt befriedigen. Mehr hat die Erklärung dieses Namens aus einer Wurzel יכל "übermächtig sein" (*M.* Hengel, 1969, 345[508]) für sich. Er verkörpert dann die kriegerisch-siegreiche Kraft vgl. Jos 5,14f, die für Israel und gegen den Satan (als Drachenkämpfer) auf den Plan tritt; vergleichbar dem iranischen "Erzengel" *Šahrēwar* (WM IV 368).

Nach diesen Kapiteln steht Gabriel an der Stelle, die bei Sacharja dem
הַמַּלְאָךְ הַדֹּבֵר בִּי zugefallen war. Doch der Gabriel der Danielkapitel
überragt diesen sichtlich an Eigenständigkeit, Ausstrahlungskraft, Bewe-
gungsfähigkeit, entwirft zudem ein viel weiter gespanntes | eschatologi-
sches Panorama. Auch der weißgekleidete Mann über dem Fluß in der
Schlußvision Dan 12,5ff wird kein anderer als Gabriel sein. Er gibt die
Antwort auf die Klage zweier rangniederer, interzessorischer "Stehender"
(עֹמְדִים) und beschwört feierlich die Befristung des Unheils auf dreiein-
halb Zeiten.

Gabriel ist also im strikten Sinne das, was einst die eigentliche Aufgabe
des einen מַלְאַךְ יהוה dargestellt hat, nämlich der göttliche Sendbote zu
erwählten Menschen zu sein (vgl. Lk 1,19.26). Aber er gilt als eine zwar
hohe, doch nicht mehr als die höchste Engelsgestalt. Insofern wird nicht
nur der Abstand des Menschen zu Gott als weiter empfunden denn in
früheren Epochen Israels, auch das den Menschen zugängliche göttliche
Wort erfährt eine Relativierung im Blick auf seine Herkunft[13], gelangt
nicht aus Gottes Mund unmittelbar an den Menschen[14].

---

13 Der Name Gabriel, "Mann Gottes", mag in Analogie zur alten Bezeichnung "Gottesmann" für einen Übermittler des Gotteswortes entstanden sein,
vgl. Ri 13,6. Zu alternativen Übersetzungen "Stärke Gottes" oder "Gott hat
Stärke gezeigt" s. RAC 5,239f. Die Entstehung der Engelnamen bleibt "ein un-
gelöstes religionsgeschichtliches Problem", *W. Bousset / H. Greßmann*, [4]1966,
327.
14 Mit Michael, Gabriel und den Völkerfürsten ist keineswegs schon alles
genannt, was bei Daniel der überirdischen Welt zugehört. In den aramäischen
Legenden, die sicher älter sind als die Visionen, aber von der hebräischen
Redaktion einverleibt worden sind, wird mehrfach auf die Figur eines nothelfen-
den Rettungsengels für einzelne Fromme verwiesen. So erblickt Nebukadnezar
einen גְּבַר im feurigen Ofen bei den drei Israeliten "wie einen Gottessohn" 3,25
(vgl. 3,92); der im MT nicht enthaltene Einschub 3,49 nennt ihn "Engel des
Herrn" (ebenso 14,34). Aus der Löwengrube errettet Gott, der "seinen Boten"
gesandt hat, den Daniel 6,23. Darf man annehmen, daß der hebräische Ergänzer
des Danielbuches unter dieser Engelsfigur Rafael verstanden hat, Henochs
Reiseführer (1Hen 22,3; 32,6), der im Tobitbuch zum helfenden Begleiter des
einzelnen Frommen wird? Das Achten auf die Nöte des einzelnen (1Hen 20)
dürfte weder zu Michaels noch zu Gabriels Aufgabenbereich gehören.
    In anderen Schriften der Zeit wird die Ebene unterhalb der Erzengel inter-
essant. Biblische Gestalten wie Melchisedek, aber auch Keruben und Serafen
oder die Wirkgröße Ḥochma werden dem angelologischen System eingegliedert.
Im aramäischen Sprachbereich fächert sich die Überwelt vielleicht etwas anders
aus; jedenfalls treten hier Wirkgrößen wie Jᵉqara, Qušta, Memra, Schechina mit
eigenen Rollen ausweislich der Targume hinzu.

Um die Konzeption der Erzengel als oberste Beauftragte einer universalen göttlichen Weltregierung mit einem weiteren Zug zu vervollständigen, verweise ich auf einen älteren Text, nämlich das astronomische Buch des 1Hen (Kap. 72-82), was auf Grund der Qumranfunde in das 3. oder vielleicht 4.Jh. v.Chr. zu datieren ist. 72,1 erscheint der Engel *Uriel* als der überirdische Führer, der Henoch durch die himmlischen Weiten geleitet, aber nicht als Dolmetscher für den Menschen, überhaupt nicht selber redend. Uriel, wörtlich "(ein) Licht ist El" oder "Licht Gottes", vermutlich ein Ausdeutung von Gen 1,3, ist Anführer aller astralen Phänomene und Oberbefehlshaber über das Heer des Himmels | 82,7. Nach Kap. 82 vollzieht unter seinem Kommando die Sonne ihren Lauf, ebenso die vier Toparchen für die vier Jahreszeiten, die zwölf Taxiarchen für die Monate und die 360 Chiliarchen für den einzelnen Tag. Nach Hen 20,2 gilt Uriel, für den oberen kosmischen Bereich zuständig, als der erste von sieben Erzengeln, Michael und Gabriel werden ihm nachgeordnet. - Ein paar Bemerkungen zum Zweck der Schrift und zur Frage, warum Uriel eingeführt wird. Das astronomische Buch will einerseits den 364-Tage-Sabbat-Kalender legitimieren, der dann in Qumran eine so große Rolle spielt. Zum andern will es die in persisch-hellenistischer Zeit rasant | verbreitende Astralreligion abwehren. Nicht die Sterne regieren das Schicksal und die Vorgänge auf der Erde, sondern die Himmelkörper werden von je eigenen Engeln regiert, die dem einen großen Uriel unterstehen. Damit wird dem kosmologischen System der Zeit, dem damals eine gewisse Evidenz nicht abzusprechen war, ein monotheistischer Hintergrund gegeben, der mit der Freiheit Gottes zugleich die Freiheit des Menschen gegenüber einem astrologischen Fatalismus gewährleistet.

Zwischenergebnis: Eingangs war die Frage gestellt, ob die Durchsetzung des Monotheismus und die Ausgestaltung einer Angelologie in Zusammenhang stehen. Bedingt die eine Entwicklung die andere? Ein Zusammenhang erscheint nach dem kurzen Überblick, der hier möglich war, durchaus wahrscheinlich. Im späten Israelitentum sind maßgebliche Kreise von der schlechthinnigen Übermacht ihres Gottes überzeugt. Doch sie glauben nicht an eine ferne, graue, kahle, abstrakte Transzendenz, sondern an einen Grund aller Wirklichkeit, der den Menschen auf mannigfaltige Weisen begegnet, so mannigfaltig, daß sie sich im menschlichen Geist nur bedingt zu einer Einheit zusammenschließen lassen. (Zeichnet sich damit nicht ein Boden ab, der später im Anschluß an biblische Überlieferungen, wenngleich unter philosophischer Engführung, das christliche Trinitätsdogma möglich gemacht hat?)

Im Blick auf die gegenwärtige Forschungslage in den exegetischen Wissenschaften genügt es jedenfalls nicht, nur die allmähliche, aber zielsichere Durchsetzung des Monotheismus zu verfolgen. Es lohnt sich und ist unausweichlich, die Kehrseite dieses Prozesses zu bedenken, eben die Ausbildung einer Angelologie, wenngleich sie neuzeitlichem Geist weniger anziehend erscheinen mag als ein theoretisch konsequenter Monotheismus.

3. Die Entdeckung einer teuflischen Gegenmacht

Die Ausbildung einer Lehre von einer hierarchisch abgestuften, heilvoll wirkenden überirdischen Dienerschaft des einen göttlichen Zen|trums hat sich in den einzelnen Literaturwerken der israelitischen Spätzeit zwar mit unterschiedlicher Intensität und Akzentsetzung, im Ganzen aber, einem geistesgeschichtlichen Gefälle folgend, relativ homogen entwickelt. Anders verhält es sich mit den Theorien über übermenschliche, gottfeindliche, negative Wesenheiten, die einen dualistischen Zug im Seinverständnis erkennen lassen. Zwar wird in zahlreichen Schriften um die Zeitwende anscheinend ebensosehr mit Dämonen wie mit Engeln gerechnet und jenen ein Oberhaupt beigeordnet, das weit höhere Machtfülle besitzt als der erste der Erzengel. Aus dem einen göttlichen Wesen werden also nicht nur hilfreiche, sondern schadenstiftende dämonische Kräfte ausgegliedert. Nichtsdestoweniger kennen nicht alle Bücher, die von Engeln reden, auch eine entsprechende Gegenwelt (vgl. syrBar oder 4Esr). Außerdem entspringt das Reden von einem kosmischen Gottes- und Menschenfeind offensichtlich nicht einer einzigen Wurzel, sondern geht auf mindestens drei selbständige - vielleicht regional oder soziologisch unterschiedene - Anstöße zurück.

A. Die bekannteste Figur ist der *Satan*. Den ersten klaren Beleg liefert 1Chr 21,1. Die durch David verordnete Volkszählung wird nicht wie in der Vorlage 2Sam 24 auf eine Versuchung durch Gott, sondern durch eine göttliche Gegenmacht zurückgeführt:

> Es stand (ein?) Satan auf gegen Israel und reizte David, Israel zu zählen.

Die Verlockung zu so schwerwiegender Sünde kann nicht von Gott selbst herrühren! Urheber war vielmehr ein geheimnisvoller Widersacher des Gottesvolkes aus dem Bereich der Geister, oder, falls שָׂטָן ohne Artikel schon einen Eigennamen meint, ein als Erzversucher gefürchteter Teufel[15]. Der Chronist hat als erster den Satan verselbständigt. "Die Theologie des Chronisten erlaubt nicht, daß Gott selber einen Menschen verleitet, um ihn später strafen zu können"[16]. In dieser Richtung schreiten jüngere Schriftsteller weiter.

Das zeigt sich in dem aus der 1. Hälfte des 2. Jh. v.Chr. stammenden *Jubiläenbuch*. Der Satan oder - mit einer Ableitung aus der glei|chen

---

15　Zur Deutung ThWAT 7,750; ABD 5,987. - Von einem Satan im Himmel war schon Hi 1f; Sach 3,1f die Rede. Beide Stellen denken jedoch noch nicht an eine gottwidrige und die Menschen durch Versuchung zum Fall bringende Größe, sondern wie der Artikel vor שָׂטָן vermuten läßt, an ein wichtiges Mitglied des himmlischen Hofstaates, vielleicht eine Art himmlischer Staatsanwalt (zur Diskussion ThWAT 7,748-750 (*K. Nielsen*); ThWNT 7,154 Anm. 11).

16　ThWAT 7,750.

Wurzel[17] und in Anlehnung an Hos 9,7f - *Mastema* (maskulin) wird als der Gegenspieler Gottes in der Heilsgeschichte Israels eingeführt. Auf ihn ging die Absicht zurück, daß Abraham seinen Sohn Isaak opfern sollte (17,16; 18,9.12). Den Auszug aus Ägypten wollte er verhindern, versuchte sogar, Mose zu töten; Engel mußten ihn zeitweise binden, damit die Israeliten in die Freiheit marschieren konnten (48,2f.9.15). Gleich nach der Sintflut war Mastema tätig geworden. Um die Noahsöhne zu verführen und zugrunde zu richten (10,1-11); dabei hatte er als Fürst der bösen Geister schon ein großes Gefolge bei sich[18]. Ältere verstreute Notizen über eine von Jahwä ausgehende böse רוּחַ 1Sam 16,14; 1Kön 22,21 werden also so interpretiert, daß dieser "Geistwind" von Gott selbst abgerückt und zu einem Glied in einem umfassenden satanischen System wird. Bricht aber dereinst das eschatologische Heil an, wird der Satan samt Gefolge verschwunden sein (Jub 23,29).

Welche Züge aus dem Gottesbild werden durch Einführung der Figur ausgegliedert? Deutlich ist, daß keine Rückkehr zu älterer Dämonenauffassung (wie sie unter dem Namen Lilit oder שְׂעִירִים umgelaufen war) stattfindet. Wo hinfort vom Satan geredet wird, geht es nicht primär um äußere psychische Bedrohungen ohne direkte Beziehung zum moralischen Verhalten des Menschen wie bei den alten Gespenstern. Vielmehr wird offensichtlich beim Nachdenken über den Zusammenhang von sittlich gewertetem menschlichen Tun und Ergehen die bislang vorausgesetzte unmittelbare Ein- oder Mitwirkung der Gottheit an zwei Stellen problematisch. Einmal wird der evidente Hang des Menschen zum Tun des Bösen zu einem beträchtlichen Teil als ein über ihn kommendes Verhängnis und nicht allein als seine freie Entscheidung empfunden. Wenn aber das menschliche Subjekt für seine sittliche Schwäche nicht voll verantwortlich zeichnet, läßt sich der Mangel nicht auf den Schöpfer zurückführen, der alles gut geschaffen hat. Also muß es eine dunkle Gegenmacht in überirdischen Bereichen geben. Ein zweiter Problembereich entspringt wahrscheinlich aus der erfahrenden Unverhältnismäßigkeit zwischen Verfehlungen und unheilvollem Geschick bei vielen Menschen, aber auch und noch mehr aus den unerklärlichen Leiden der צַדִּיקִים. Wie ist das mit der gepriesenen Gemeinschaftstreue und Barmherzigkeit Gottes zu vereinen? Eine befriedigende Antwort gibt es dann, wenn ein übelwollen|der Ankläger und Widersacher vorauszusetzen ist, der die Lebensgeschichte des Einzelnen wie die Heilsgeschichte des Volkes begleitet.

Die Satansvorstellung hat trotz solcher empirischer Verankerung und anthropologischer Komponente vor der Zeitwende nur wenig Verbreitung

---

17 HAL 605.
18 Zu weiteren Mastema-Belegen *Berger*, JSHRZ II/3, 379 Anm. 8[a].

gefunden[19]. Erst im Neuen Testament wird der Begriff häufig verwendet[20].

B. In vorchristlicher Zeit spielt eine verwandte Anschauung eine größere Rolle, die sich um den Namen *Belial/Beliar* rankt. Schon im Jubiläenbuch taucht der Ausdruck zweimal auf, bezeichnenderweise in anderen Zusammenhängen als die Satan-Mastema-Belege. Als ein Geist eigener Art verstrickt Belial (*belchor*) die Menschen in Sünde (1,20; vgl. CD iv 12-19). Israeliten, welche die Beschneidung unterlassen, erweisen sich als seine Söhne (15,33). Der Begriff wird häufig im 12-Patriarchen-Testament, dem Profetenleben, in Martyrium und Himmelfahrt Jesaja, vor allem aber über 25mal in Qumran aufgegriffen. Belial weilt nicht im Himmel, sondern hat auf Erden seine Herrschaft, מֶמְשֶׁלֶת (1QM xiv 9; xviii 1; 1QS i 18-24 u.ö.); sie währt, solange diese Welt besteht (1QS ii 19; MartJes 4,12). Er stellt eigene Gesetze auf (TestNaft 2,6; 3,1) und gebietet über eine Armee botmäßiger Geister als Ausgeburten der Finsternis[21]. In einem letzten eschatologischen Kampf wird Belial von Gott besiegt und vernichtet 1QM i 4f; xviii 1-3[22].

Für bestimmte spätisraelitische Strömungen wird der archaische Ausdruck zum Innbegriff schädlicher Einflüsse im Herzen des Menschen (1QS x 21 u.ö.). Wahrscheinlich gilt Belial als einer der beiden übergeordneten Geister, welche je nach einem vorherbestimmten Los | die Menschen in Rechtschaffene oder Gottlose scheiden, und zwar als der Geist und Engel des Frevels und der Finsternis (1QS iii 18-21). An dieser Stelle hat vermutlich die iranische (zurvanitische?) Polarität von Heiligem Geist und Bösem Geist die überkommene Belial-Auffassung angereichert.

Belial- und Satansbild sind keineswegs voll identisch. "Eine Verbindung von Belial mit den Übeln der Welt u(nd) mit der Herrschaft des Todes

---

19 Entsprechende Hinweise finden sich AssMos 10,1; Leben Adams und Evas 12-19; fünfmal im Testament der 12 Patriarchen und mehrfach im Testament Hiob sowie in einigen versteuten Qumranstellen (ThWNT 7,154 Anm. 8).
20 35mal, dazu 32mal die griechische Entsprechung διάβολος; ABD 5, 988.
21 TestLev 19,1; 1QM i 1.13; xiii 11f. In diesen Texten wird *maśtema* nicht als besondere Figur, sondern als eine Wirkweise Belials betrachtet 1QS iii 23; CD xvi 5 u.ö. Über die Völker herrschen nicht mehr wie bei Daniel Engelsfürsten, sondern Belials Engel der *maśtemot* 4Q390 2 ii 6f; *Eisenman / Wise* 1992, 53-56.
22 Der Sprachgebrauch greift den Namen einer dämonischen Größe aus der Heiligen Schrift auf. Im Bibelhebräischen hat בְּלִיַּעַל einen mythologischen Beigeschmack, bedeutet in einer eigentümlichen, "konkret-persönlich und abstarktbegrifflich" zugleich vorgestellten Doppelheit, die *nichtende Nichtswürdigkeit*, welche die Grundpfeiler der kultische wie gesellschaftlichen Ordnung zu unterminieren trachtet und sich je und je in "Söhnen/Menschen des Belija'al" verkörpert bis hin zum assyrischen Großkönig Nah 2,1; ThWAT 1,655-658 (*B. Otzen*).

wird in den Texten nicht sichtbar"[23]. Während der Satan nach den zuerst genannten Texten gleichsam von oben und außen die Menschen angreift, wirkt Belial von unten und innerlich, regt sich vor allem in Personen, die ihm verfallen sind[24].

C. Eine dritte (und vierte) Theorie über teuflische Wesen und ihre vernichtende Tätigkeit wird verhältnismäßig früh, schon im 4./3.Jh. v.Chr., im *Wächterbuch* des 1Hen entfaltet. Aus Gen 6,1-4 wird erschlossen, daß ein Teil der himmlischen Wächter wegen der Schönheit der Menschentöchter von Gier nach sexuellem Verkehr mit ihnen erfaßt worden ist und aus solcher Verbindung Riesen erstanden sind, welche die Erde in der Zeit vor der Sintflut mit Unrecht erfüllt haben. Damals von Gott gerichtet, üben die gefallenen Engel (und ihre Nachkommen?) nach wie vor einen umheimlichen, wenngleich begrenzten Einfluß auf Erden aus. Das Böse ist also durch sexuelle Begierde erst wirklich mächtig geworden.

Den abtrünnigen Wächtern stehen zwei Anführer voran, nämlich Schemihaza, "Mein Name hat erschaut"[25]und Aśa'el, "Gemacht hat (es/ihn) El" (woraus 4QEnGig vii 16 und in äthiopischer Übersetzung unter dem Einfluß von Lev 16 Asasel wird). Schemihaza verleitet 200 Wächter, mit ihm herabzusteigen und die Menschentöchter zu beschlafen 1Hen 6,7; 10,11; 4QEnGig viii 5-9. Aśa'el eröffnet den Menschen die Geheimnisse himmlischer Weisheit und setzt sie dadurch in Stand, Waffen und Schmuck herzustellen, sowie magische Heilungen und Beschwörungen durchzuführen (Kap. 8; 9,6). Er ist deshalb der eigentliche Teufel: "durch die Lehre seiner Werke ist die Erde verdorben worden. Ihm schreibe deshalb alle Sünde zu" (10,8).

Konsens besteht weithin darüber, daß das Nebeneinander von zwei Dämonenfürsten im Wächterbuch auf zwei selbständige Überlieferungen zurückgeht[26]. Schemihaza handelt zwar als Aufrührer und ist durch die erzeugten Riesen für den Einbruch der Sintflut verantwortlich, aber er ist nicht der Urheber des Bösen schlechthin auf Erden. Ganz anders Aśa'el, dessen Wirksamkeit nicht aus Gen 6 unmittelbar abgeleitet zu sein scheint. Für eine eigene Herkunft der Konzeption spricht, daß Aśa'el nach 10,4.6 für sich bestraft und in einen Wüstenabgrund geworfen wird.

---

23   ThWNT 7,153, Anm. 39f.
24   Im Neuen Testament wird Belial nur ein einziges Mal 2Kor 6,15 erwähnt, in einem an Qumran erinnernden Kontext. Auch das ist wohl ein Beweis, daß Satans- und Belialauffassung sich voneinander getrennt entwickelt hatten.
25   *Milik* 1976, 152; etwas anders *Uhlig*, JSHRZ V/6, 516 Anm. 3a.
26   *Hanson* 1977; *Nickelsburg* 1977; *Newsom* 1980.

1Hen 88,1 läßt ihn vom Himmel gefallen - nicht herabgestiegen! - sein, verknüpft sein Schicksal also mit dem Sturz des Helel Jes 14[27]. Welcher anthropologische Hintergrund läßt sich für die Ausbildung der Aśa'el/Asasel-Theorie vermuten? Man wird kaum fehlgehen, ihn in einem religiös vertieften Kulturpessimismus zu suchen, der über die aus zweckrationaler Weisheit entspringenden Möglichkeiten des Menschen tief erschrocken ist, weil sie das menschliche Zusammenleben zerstören und Gott gegenüber zu hybrider Selbstüberschätzung führen. "Die Chemie, Physik und Technik sind Teufelswerk" nach Auffassung des Henoch[28]. Die monotheistische Überzeugung muß jegliches Wissen letztlich auf den Schöpfer zurückführen. Angesichts des damit getriebenen Mißbrauchs aber muß es eine Zwischeninstanz geben, welche die schreckliche Verkehrung gottgesetzter Möglichkeiten begreiflich macht. Daraus entspringt die Aśa'el-Konzeption, ihr Ursprung liegt also auf einer anderen Ebene als derjeinige der Satan- oder Belialauffassung.

D. *Zusammenfassung*: Die Annahme, daß es einen teuflischen Gegenspieler des einen und einzigen Gottes gibt, entsteht im späten Israel in verschiedenen Kreisen unabhängig voneinander. "Die Satansvorstellung (hat) ursprünglich nichts mit menschlichen Trieben oder gefalle|nen Engel zu tun...ein Sturz des Satans aus dem Himmel (würde) seine anklagende Tätigkeit unmöglich machen"[29]. Das Bild wird vielleicht noch vielfältiger, wenn man weitere Namen wie Beelzebul, Sammael oder Melchiräscha nach anderen Texten einbezieht[30]. Im Neuen Testament scheinen die unterschiedlichen Ansätze in einen Vorstellungskomplex vereinigt worden zu sein; doch das ist eine zweite Entwicklungsstufe, die hier nicht mehr zu behandeln ist.

Gerade die Vielfalt der mythologischen Theorien läßt deutlich werden, daß es in einem Zeitalter mit fortschreitendem Monotheismus für fromme

---

27 Aśa'el/Asasel allein ist es, der dann in der ApokAbr (1.Jh.n.Chr.) als Gegenspieler zu Jaoel, dem Leiter der himmlischen Scharen eingeführt wird (JSHRZ V/5, 418). Er gilt als die aus dem Himmel gestürzte Gottlosigkeit, die den Menschen unerlaubt himmlische Geheimnisse vermittelt 14,2 und sich als Schlange im Garten Eden in die Herzen der ersten Menschen eingeschlichen hat 13,6-12; "dies ist der Trieb der Menschen, dies ist Adam; und dies ist ihre Begierde auf Erden, dies ist Eva; und das, was zwischen ihnen ist, das ist die Gottlosigkeit ihres Unternehmens ... das ist Azazel selbst" (23,8). In diese Schrift sind sichtlich Elemente der Belial-Konzeption mit aufgenommen worden.
28 *G. Beer* APAT 2,240 Anm. o; vgl. *Koch* 1982 [[in diesem Band S. 181-217]].
29 ThWNT 2,75.
30 In einem ersten Durchgang konnte nur die innerisraelitische Entwicklung verfolgt werden. Ausdrücklich aber sei betont, daß das Thema auch der Berücksichtigung paralleler religionsgeschichtlicher Prozesse, vor allem bei Zoroastriern und Mandäern, bedarf.

Israeliten unausweichlich erschien, bestimmte negative Daseinserfahrung von der Anerkennung des einen Gottes ein Stück weit zu distanzieren. Deshalb werden Aspekte, die Israel früher unbedenklich auf Jahwä selbst zurückführte, jetzt auf ein (oder mehrere) Zwischenwesen zurückgeführt, wobei das Verhältnis zu *'ādonāj* in einer gewissen Schwebe bleibt. Da der Bereich der Engel mit Gott selbst viel enger verbunden ist, tritt sein den Frommen und Erwählten zugewandtes Wesen trotz gegenteiligem Augenschein dominierend hervor[31].

Literatur

Bietenhard, H., Die himmlische Welt im Urchristentum und Spätjudentum (WUNT 2), 1951

ders., Génies, anges et démons (SOr VIII), 1971

Black, M, The Book of Enoch or I Enoch (SVTP 7), 1985

Bousset, W. / Gressmann, H., Die Religion des Judentums im späthellenistischen Zeitalter (HNT 21), 1926 = 1966

Eisenman, R. / Wise, M., The Dead Sea Scrolls Uncovered, Shaftesburg/Rockport/Brisbane 1992

Gese, H., Anfang und Ende der Apokalyptik, dargestellt am Sacharjabuch, ZThK 70 (1973) 20-49 = ders., Vom Sinai zum Zion, 1974, 202-230

Hanhart, R., Sacharja (BK XIV/7,1), 1990

Hanson, P.D., Rebellion in Heaven, Azazel, and Euhemeristic Heroes in 1Enoch 6-11, JBL 96 (1977) 197-233

Hengel, M., Judentum und Hellenismus (WUNT 10), 1969

Koch, K., 'Adam, was hast Du getan?' Erkenntnis und Fall in der zwischentestamentlichen Literatur, *T. Rendtorff* (Hrg.), Glaube und Toleranz, 1982, 211-242 [[in diesem Band S. 181-217]]

Milik, J.T., The Books of Enoch, 1976

Newsom, C.A., The Development of 1Enoch 6-19: Cosmology and Judgement, CBQ 42 (1980) 310-329

VanderKam, J.C., Enoch and the Growth of an Apocalyptic Tradition (CBQ.MS 16), 1984

Westermann, C., Gottes Engel brauchen keine Flügel, Berlin 1957

Zimmerli, W., Ezechiel (BK 13,1), 1969

---

31 Eine frühere Fassung des 1. und 2. Teils wurde meiner verehrten Kollegin *Marie-Luise Henry* zum 80. Geburtstag am 15.6.1991 überreicht. Ihr sei auch diese veränderte Fassung gewidmet.

Weitere Literatur in

The Anchor Bible Dictionary 1992 (ABD) unter
Angels O.T. (*C.A. Newsom*) 1,248-253
Demons O.T. (*J.K. Kuemmerlin-MacLean*) 2,138-140
Satan O.T. (*V.P. Hamilton*) 5,985-989

Theologische Realenzyklopädie 1977ff (TRE) unter
Dämonen II AT III Judentum (*G. Wanke / G. Stemberger*) 8,275-277
Engel II AT III Judentum (*H. Seebaß / K.E. Grötzinger*) 9,583-596

Theologisches Wörterbuch zum Alten Testament (ThWAT) 1973 unter
מַלְאָךְ (*D.N. Freedman / B.E. Willoughby*) 1,887-904
שָׂטָן (*K. Nielsen*) 7,745-751

Messias und Menschensohn
Die zweistufige Messianologie der jüngeren Apokalyptik[1]

I. Zur Geschichte der beiden Begriffe

1. Messias/Christus

Der Titel *Christus* faßt für das Neue Testament wie keine andere Vokabel die Bedeutsamkeit Jesu von Nazareth für menschliches Dasein und Heil bündig zusammen, weshalb der Titel bald zum festen Bestandteil eines Namens "Jesus Christus" wird. Zugleich aber weist der Gebrauch von Christus zurück auf den nach alttestamentlichen Schriften zu erwartenden endzeitlichen Heilskönig, und das so sehr, daß die neutestamentliche Verwendung ohne diesen Hintergrund aussageleer und überflüssig wäre. "Die Zeugen des Neuen Testaments bringen die Erwartung eines Messias aus ihrer Geschichte und Herkunft mit", beginnt van der Woude mit Recht den einschlägigen Artikel im Theologischen Wörterbuch zum Neuen Testament[2]. Auf diesem Hintergrund kommt es im Urchristentum zum Glauben an das Evangelium.

Den im Alten Testament gesammelten Schriften ist jedoch der Ausdruck Messias/Christus als eschatologischer Begriff fremd. Ein morfologisches hebräisches Äquivalent מָשִׁיחַ taucht zwar als sakraler Ehrentitel zeitgenössischer Jerusalemer Könige auf, etwa 15mal in den Samuelbüchern und 10mal im Psalter, meist in der Verbindung "Gesalbter Jahwäs" oder mit entsprechendem Suffix. Dahinter steht eine konkrete Referenz, weil der Vorgang der Salbung zur sakralen Königsweihe gehört und als der entscheidende Akt verstanden wird, der den Betroffenen aus der normalen menschlichen Daseinsebene heraushebt und zur Tabuperson macht (1Sam 24,11). Vielleicht ist es gerade die mit dem Titel behauptete Überhöhung menschlichen Wesens, die | es erklärt, warum מָשִׁיחַ in den Königsbüchern fehlt und in den Profetenschriften nie für den israelitischen König verwendet wird[3]. Das überrascht, weil die Schriftprofeten ab

---

1 Gastvorlesung im Neutestamentlichen Oberseminar in Tübingen am 17. Januar 1992 und vor der Theologischen Fakultät der Universität Jena am 3. Dezember 1992. Den Herren Kollegen Hengel und Conrad danke ich für die Einladung und Gastfreundschaft.
2 *A.S. van der Woude*, ThWNT 9, 518.
3 Eine Ausnahme bildet lediglich Hab 3,13, ein in das Profetenbuch eingefügter Psalm.

Jesaja und Micha trotz harscher Königskritik einen künftigen Erlöserkönig aus dem Geschlecht Isai/David für Israel ankündigen, der nicht nur das gespaltene Volk wieder vereinigen und von fremder Oberherrschaft befreien, sondern צְדָקָה und שָׁלוֹם auf Dauer gewährleisten wird. Für ihn werden besondere Titel gewählt wie "(gemeinschaftstreu-heilschaffender) Sproß", (צַדִּיק) צֶמַח (Jer 23,5; vgl. 33,15; Sach 3,8; 6,12; 4QFlor i,11; 4QPatr 3f)[4] oder, unter Rückgriff auf eine alte Bezeichnung des frühzeitlichen Stämmeverbandes (?), "der Herausgehobene", נָשִׂיא (Ez 34,24; 37,25; 44,3 – 48,22)[5]. Doch ebenso wie der Titel מֶלֶךְ, in diesem Zusammenhang kaum je auftaucht[6], wird auch מָשִׁיחַ vermieden und auf den Akt einer Salbung des künftigen Heilbringers nirgends verwiesen. Anscheinend hegen diese Profeten Bedenken, den Heilskönig mit den kultischen Auszeichnungen der gegenwärtigen, fragwürdigen Vertreter des Königtums auszuschmücken. Ob wir deshalb gut beraten sind, wenn wir in der alttestamentlichen Wissenschaft Texte wie Jes 9; 11; Mi 5 "messianische" Weissagungen nennen, läßt sich fragen; freilich fällt es schwer, einen zutreffenden Ersatz zu finden.

In der Exilszeit oder kurz danach wird der verwaiste Titel מָשִׁיחַ von der Priesterschrift aufgegriffen und auf den Hohenpriester aus dem Haus Aaron bezogen (Lev 4,3.5.16; 6,15), der nun durch Salbung geweiht wird (Ex 29) und dem auch königliche Insignien anderer Art beigelegt werden[7]. Dahinter steht der Entwurf einer Verfassung des Gottesvolkes, die im Hohenpriester die Auskörperung der *corporate personality* Israels sieht (Lev 16,21) und einer königlichen Institution nicht bedarf; die notwendige politische Gewalt wird auf einen נָשִׂיא übertragen, wie er Num 1–7 für jeden Stamm vorgesehen wird. Als dann in nachexilischer Zeit erstmals ein Hohenpriesteramt eingerichtet wird, gehört anscheinend die Salbung als ein notwendiger Bestandteil zu Weihe und Einsetzung. Jedenfalls wird "gesalbter Priester" zum Hohenpriestertitel (2Makk 1,10)[8].

Wie geprägt der Begriff für den Hohenpriester in nachexilischer Zeit war und wie sehr er einer königlichen, aber auch eschatologischen Konnotation noch in hellenistischer Zeit ermangelte, scheint ausgerechnet das so stark eschatologisch ausgerichtete Danielbuch zu erweisen. In seinem hebräischen Teil taucht מָשִׁיחַ in dem Abschnitt | 9,24–27 gleich zweimal auf, auf je unterschiedliche Gestalten und Zeiten bezogen. Von den 70 Jahren des Unheils über Israel und seine heilige Stadt vor der Kehre zur

---

4   Vgl. *H. Ringgren*, ThWAT 6, 1071.
5   Zu möglichen Deutungen vgl. HAL 687a; *H. Niehr*, ThWAT 5, 647–657.
6   Eine Ausnahme liegt vor in Ez 37,22.24, wo *G* anders liest.
7   Siehe *K. Koch*, Die Eigenart der priesterschriftlichen Gesetzgebung, ZThK 55, 1958, 36ff, hier 40f.
8   S. *M. de Jonge*, ThWNT 9, 502–504.

"ewigen Gerechtigkeit" vergehen nach 9,25a M zunächst 7 Siebente, also 49 Jahre, "bis zu einem מָשִׁיחַ נָגִיד". Nach V. 26 vergehen danach 62 Siebente = 434 Jahre bis zur "Ausrottung eines Gesalbten", יִכָּרֵת מָשִׁיחַ. Die Kommentatoren lassen die 49 Jahre im ersten Abschnitt mit dem Ende des babylonischen Exils zusammenfallen. Unter dem "gesalbten Anführer" läßt sich dann der Perserkönig Kyros verstehen, der in Jes 45,1 "Gesalbter" genannt wurde[9]. Denkt man an einen israelitischen Führer, wird Serubbabel oder gar Nehemia vorgeschlagen[10]. Als dritte Möglichkeit bietet sich an, darauf zu verweisen, daß der נָגִיד בְּרִית (11,22f) ein Hoherpriester ist und der Titel נָגִיד mit Näherbestimmung mehrfach für einen Jerusalemer Priester auftaucht[11]. Dann bezieht man die Aussage auf den ersten nachexilischen Hohenpriester Jeschua/Joschua[12]. Die zweite Angabe wird nahezu einmütig mit der Absetzung oder der Hinrichtung des Hohenpriesters Onias III. 175 bzw. 171 v.Chr. in Verbindung gebracht[13].

In die Einzeldiskussion einzusteigen, ist hier nicht nötig. Die Feststellung genügt, daß an der zweiten Stelle ein Hoherpriester gemeint ist; dann wird das auch an der ersten der Fall sein. Daraus ergibt sich für das Danielbuch, daß der Titel מָשִׁיחַ hohepriesterliche und nicht eschatologische Bedeutung hat.

Die gleiche Auffassung spricht aus dem Testament der 12 Patriarchen. TestLev 17,2f wird χριόμενος zweimal für die Hohenpriester der Vergangenheit benutzt. Im älteren aramäischen TestLev wird dem Stammvater der Priester sogar eine מַלְכוּת zugesprochen mit dem ausdrücklichen Vermerk, daß das Königtum des Priestertums größer sei als das Königtum des Schwertes[14]. Der Begriff מָשִׁיחַ kommt also in der priesterschriftlichen und frühen apokalyptischen Literatur "nur in Beziehung auf den Hohenpriester" vor[15]. |

---

9 So neuerdings wieder *M. Delcor*, SBi 4, 1971, 197. Zum Problem von 9,24–27 vgl. *K. Koch*, Das Buch Daniel, EdF 144, 1980, 149–152.

10 Letztes bei *J. Lebram*, ZBK 23, 1984, 109.

11 S. Jer 20,1; Neh 11,11; 1Chr 9,11; 2Chr 31,13; vgl. HAL, 630f.

12 So jetzt *L.F. Hartman / A.A. di Lella*, AncB 23, 1978, 271.

13 S. *Delcor*, 1971, 198; *Hartman / di Lella*, 1978, 252; *Lebram*, 1984, 109; *J.E. Goldingay*, World Biblical Commentary 30, 1989, 262.

14 S. *K. Beyer*, Die aramäischen Texte vom Toten Meer, 1984, 195f. Vgl. Jub 31,12–20, wo Levi ein Hohenpriestertum zugesprochen wird, aus dem "Richter, Anführer und Könige" für Israel hervorgehen, während Juda Herrschaft und ein "Thron der Herrlichkeit deiner Gerechtigkeit" verheißen wird, aber von einem Königtum hier nichts verlautet. Für Sirach sind sowohl Aaron gesalbt (45,15) wie Saul (46,19); die Rolle des Hohenpriester ist jedoch unübertrefflich (vgl. Kap. 50).

15 S. *K. Seybold*, ThWAT 5, 57. Selbst Ps 2 wird in 4QFlor I,19 wohl auf Priester bezogen; vgl. *A.S. van der Woude*, Fünfzehn Jahre Qumranforschung

Im Schatten des tonangebenden nachexilischen Hohenpriestertums kommt es anscheinend zweimal zum Versuch eines grundsätzlichen Ausgleichs mit den Nachrichten über die ältere Geschichte Israels und die damals wichtige Institution königlicher Gesalbter. Zugleich mag der Wunsch nach einer sinnvollen Gewaltenteilung in der Verfassung des Gottesvolkes mitspielen. Daher wird ein dyarchisches System entworfen, in dem Hohepriester wie Davidsnachkommen gleichermaßen gesalbt erscheinen und nebeneinander in der Heilszukunft regieren. Schon gegen Ende des 6. Jahrhunderts v.Chr. gibt es für Sacharja zwei Ölsöhne (4,14; vgl. 6,9–15[16]). Im 1. vorchristlichen Jahrhundert (?) wird diese Linie sodann von einigen Qumranschriften erneut aufgegriffen. Danach werden in der Endzeit מְשִׁיחַ/מְשִׁיחֵי אַהֲרוֹן וְיִשְׂרָאֵל auftreten (1QS ix,11; CD xii,23f; xiv,19 u.ö). Diesmal steht jedoch der priesterliche Messias an Rang deutlich voran[17]. Insofern wird die profetische Erwartung eines endzeitlichen Erlöserkönigs dem priesterschriftlichen Verfassungsideal untergeordnet. Im Segen von 1QSb iii,5; v,21 werden sowohl dem hohenpriesterlichen als auch dem politischen Führer je eine מַלְכוּת zugesprochen. In 1QSa ii,12[18], einer textlich leider nicht sicheren Stelle, taucht vielleicht ein absolut gebrauchtes מָשִׁיחַ für eine königliche Heilsgestalt auf, die aber auch diesmal dem führenden Priester untergeordnet bleibt[19].

(1974–1988), ThR 57, 1992, 31.

16 S. *K. Koch*, Die Profeten II, 1982, 167f.

17 S. *A.S. van der Woude*, ThWNT 9, 509f. Literatur zu 4QFlor und 4QTest 9–20, wo königliche und priesterliche Repräsentanten erwähnt werden, bei *ders.*, ThR 57, 1992, 31–33. [[Zu Qumran vgl. *J.J. Collins*, Teacher and Messiah? The One Who Will Teach Righeousness at the End of Days, und *J.C. Vander-Kam*, Messianism in the Scrolls, in: *E. Ulrich / J.C. VanderKam* (Hrg.), The Community of the Renewed Covenant : The Notre Dame Symposium on the Dead Sea Scrolls (Christianity and Judaism in Antiquity Series 10), Notre Dame 1994, 193-210. 211-234]].

18 S. *E. Lohse,* Die Texte aus Qumran, Hebräisch und Deutsch, 1964, 50f.286 Anm. 12; *van der Woude,* ThWNT 9, 509. *J. Starcky,* Les quatres étapes du messianisme à Qumran, RB 70, 1963, 481–505 vermutet, daß das älteste Qumranschrifttum (z.B. 1QH) noch keine klare messianische Erwartung hegte. Etwa ab 110 v.Chr. taucht dann seiner Ansicht nach die Hoffnung auf zwei Gesalbte auf, die sich später auf eine Gestalt aus Aaron und Israel zugleich verengt, um schließlich in herodianischer Zeit zur Konzentration auf einen davidischen messianischen Hohenpriester und Profet führt. Zur Kritik dieser Entwicklungslinie s. *R. Brown,* J. Starcky's theory of Qumrân messianic development, CBQ 28, 1966, 51–57; *G.J. Brooke,* The Messiah of Aaron in the Damascus Document, RdQ 15, 1991, 215–230.

19 In der Melchisedek-Rolle wird 11QMelch ii,18 der den Anbruch der Heilszeit verheißende Freudenbote als "משיח הרו[ח]*[", von dem Dan[iel] gesprochen" interpretiert und ihm die Aufgabe zugeschrieben, die Unterdrückten Zions (?)

Die ältesten eindeutigen Belege für eine königliche Messianologie im strikten und exklusiven Sinne des Wortes finden sich in den Psalmen Salomos, die Ende des 1. vorchristlichen Jahrhunderts unter dem Eindruck der römischen Besetzung Palästinas entstanden und die nur in griechischer Sprache erhalten sind. Ein Israel befreiender, aber auch geistlich erneuernder Heilskönig wird als "Gesalbter des Herrn" bzw. | als "sein Gesalbter" erwartet (17,32[20]; 18,1.5.7). Von einem gleichrangigen Priestertum ist nun nicht mehr die Rede.

Doch auch für die letzte Zeit des Zweiten Tempels bleiben die Belege noch spärlich. Das vielleicht in diese Zeit gehörige aramäische Qaddisch bittet um Erlösung und (vielleicht sekundär[21]) um das Kommen des Messias. Doch fehlt eine Entsprechung zu מְשִׁיחָא bei Philo und bei Josephus, selbst wenn von den Führern der Aufstände gegen Rom geredet wird[22]. Noch die frühen Rabbinen schweigen darüber: "Das Fehlen von Aussprüchen über den Messias in der ältesten tannaitischen Literatur läßt sich bis jetzt nicht eindeutig erklären"[23].

Das Profetentargum hingegen bietet ein Schrifttum, in dem die titulare Verwendung des Prädikats breit gestreut auftritt und dessen Grundbestand vermutlich auf die Römerzeit zurückzuführen ist. Diese Literaturgattung wird von den Exegeten stiefmütterlich behandelt. Doch findet sich hier tatsächlich das Aramäische מְשִׁיחָא an fast all den Stellen, die die historisch-kritische Exegese als "messianisch" einzustufen oder zumindest zu diskutieren pflegt (etwa Jes 11,1; 28,16; Jer 23,15; Hos 3,5), aber auch bei Aussagen über den Knecht Jahwäs (Jes 42,1; 52,13; 53,10). Davon scheint dann das Neue Testament nicht weit abzustehen, wo seit Mk 1,1 der Christustitel für selbstverständlich königlich und eschatologisch gehalten wird.

Die Basis für eine titulare Verwendung von "Messias" in vorchristlicher Zeit ist also relativ schmal und spät. Wenn es seit der Zeit des Jesaja so etwas wie eine kontinuierliche Erwartung eines davidischen Heilskönigs gegeben haben sollte, dann war sie nicht durch das Leitwort "Gesalbter" bestimmt. Erst in der Römerzeit läßt sich der Ausdruck als Begriff für einen endzeitlichen Heilskönig belegen. Und auch in dieser Epoche setzt er sich erst allmählich durch.

---

zu trösten, indem er sie über alle "Epochen der Weltzeit belehrt" (Z. 20); wird hier an einen gesalbten endzeitlichen Profeten gedacht? Zum Text s. *E. Puech*, Notes sur le manuscrit de 11QMelkîsédeq, RdQ 12, 1987, 483–513.

20 S. dazu *S. Holm-Nielsen*, JSHRZ IV/2, ²1977, 104, 32d.

21 S. *van der Woude*, ThWNT 9, 513.

22 S. ebd., 511f.

23 Ebd., 513, 33–35.

Wie läßt sich der Rückgriff auf den alten Königstitel מָשִׁיחַ und seine Umpolung zu einem eschatologischen Begriff in der beginnenden Römerzeit erklären? An klaren Angaben fehlt es leider. Anscheinend haben der nicht nur militärische, sondern auch moralische Zusammenbruch der Hasmonäerdynastie und die drückende römische Besatzung im Lande das Zutrauen in die nachexilisch vorherrschende priesterliche "Messianologie" – und die frühen Hasmonäer waren ihrem Selbstverständnis und ihrem Rang nach zuerst Priester und daneben Könige – in weiten Kreisen des Volkes erschüttert. Angesichts der wieder spürbar gewordenen fremden Besatzungsmacht werden jene profetische Weissagungen zum Hoffnungsanker, die einen königlichen Befreier als Davidssproß künden. Politisch-militärische Kompetenz wird für eine realistische Erlösung notwendig. Warum genügt dieser | neuen "royalistischen" Bewegung nicht, was an hergebrachten Titeln wie נָשִׂיא und צֶמַח דָּוִיד damals noch bekannt war (CD vii,20; 1QSb v,20; 1QM v,1; 4QPatr 3f; 4QFlor i,11 u.ö.)? Der archaische Begriff מָשִׁיחַ unterstreicht vermutlich mehr als jene die göttliche Einsetzung und Begnadung, also die Initiative von droben. Er scheint längst zur Metapher geworden zu sein, ein Salbungsakt tritt nicht mehr ins Blickfeld. Im Gegensatz zur hasmonäischen Selbstdarstellung wird nunmehr einer, der primär König ist, zusätzlich mit einer den Priestern gleichkommenden Würde begabt. Die Schwerpunkte verschieben sich. So entsteht eine betont königliche Messianologie, die aber nicht nur den politisch-militärischen Führer vor Augen hat, sondern ihm zugleich eine geisterfüllte Leitung des Volkes zuweist.

Diese Neuprägung frührömischer Zeit, wenn wir den textlichen Befund richtig deuten, entspringt nicht beliebigen Spekulationen, sondern dürfte auf exegetischer Grundlage beruhen. Denn im Psalter, der damals – siehe das Neue Testament – als Weissagungsbuch aufgefaßt wird, mit dem Profeten David als Verfasser, taucht מָשִׁיחַ an betonter Stelle auf. Der Ausdruck findet sich am Anfang wie am Ende von Psalmensammlungen bzw. -büchern, was vermutlich schon von der Psalmenredaktion eschatologisch gemeint war: Ps 2,2; 89,39.52 (vgl. 132,10.15). Wer den Psalter als Weissagungsbuch liest, dem drängt sich die Hoffnung auf einen davididischen zukünftigen Gesalbten geradezu auf.

Zwei amerikanische Sammelbände haben für die historische Erforschung der Entstehung der Erwartung eines königlichen Messias in den letzten Jahren einen entscheidenden Beitrag geliefert. Es handelt sich um den von J. Neusner / W. Scott Green / E.S. Frerichs herausgegebenen Band "Judaisms and Their Messiahs at the Turn of the Christian Era"[24] und um die von J.H. Charlesworth veröffentlichten Beiträge eines Symposions in Princeton "The Messiah. Developments in Earliest

---

24 Judaisms and Their Messiahs at the Turn of the Christian Era, hg. von *J. Neusner / W. Scott Green / E.S. Frerichs*, Cambridge / New York 1987.

Judaism and Christianity"[25]. Der Titel des ersten Bandes stellt schon provokativ heraus, daß es *das* Judentum vor 70 n.Chr. nicht gegeben hat und noch weniger eine homogene Messiasidee. Den Ertrag des zweiten Buches faßt Charlesworth in seinem Einführungsartikel[26] dahin zusammen, daß von einem königlichen eschatologischen Messias erst ab dem 1. Jahrhundert v.Chr. die Rede sein kann und dieser dann nur in relativ wenigen Zeugnissen jener Zeit auftaucht. Wo sie zu belegen ist, entsteht die Erwartung aus einem wachsenden Protest gegen die entartete Hasmonäerdynastie und die zunehmend brutaler werdende römische Unterdrückung. "Most Jews were not looking for the coming of the Messiah"[27]. Allerdings bleibt fraglich, ob man mit Charlesworth aus dem quantitativen Ergebnis einer geringen Bezeugung heraus einen direkten Schluß auf Minorität oder Majorität in dem Volksganzen ziehen darf. Bezeichnenderweise läßt er das Zeugnis der Targume als spät und irrelevant beisei-|te, was zumindest für das Profententargum kaum überzeugt[28]. Darüber hinaus wird m.E. generell zuwenig in Rechnung gestellt, daß das damalige religiöse Denken mehr und mehr mit Schriftauslegung zusammenhängt und die Messiasidee vermutlich von einem entsprechenden Sitz im Leben aus begreiflich wird.

So verwundert es nicht, daß R.H. Eisenman und M. Wise mit ihrer jüngsten Monografie[29] einen Gegenentwurf vorgelegt haben und aufgrund neu entzifferter Qumrantexte eine gewaltige zelotische Bewegung in der damaligen Zeit mit der Erwartung eines "nationalist, Davidic-style Messiah"[30] erschließen, aus der sich dann das (Juden-)Christentum kontinuierlich entwickelt hat. Der aufschlußreichste Text ist 4Q521. Er weissagt das Kommen eines Gesalbten, "den Himmel und Erde hören" (erhören?, gehorchen?) "und der nicht abweicht von den Satzungen der (himmlischen) Heiligen". Falls die Fortsetzung richtig rekonstruiert wird, sagt sie von "diesem Messias" aus, daß er Kranke heilt, Tote auferweckt und den Armen die Frohe Botschaft verkündigt. Ist der mit den Motiven aus Jes 61 gezeichnete Heilsbringer aber eine königliche oder priesterliche oder prophetische Gestalt? In Fragment ii,9 der gleichen Handschrift ist dann von "ihren (fem.) Messiassen" im Plural die Rede, was wiederum in die allgemeine Qumranauffassung einmündet[31].

---

25 The Messiah. Developments in Earliest Judaism and Christianity, hg. von *J.H. Charlesworth*, Minneapolis 1992.

26 S. *Charlesworth* ebd., 3–35.

27 *Charlesworth* ebd., 10.

28 Vgl. *Charlesworth* ebd., 15; anders *K. Koch*, Messias und Sündenvergebung in Jes 53 – Targum, JSJ 3, 1972, 117–148: Ein interzessorisches Wirken des Messias ist kaum erst von Juden nachchristlicher Zeit mit der prophetischen Weissagung verknüpft worden.

29 *R.H. Eisenman / M. Wise*, The Dead Sea Scrolls Uncovered, Shaftesbury/ Rockport/Brisbane 1992.

30 Ebd., 18. [[Vgl. aber auch *F. García Martínez*, Messianische Erwartungen in den Qumranschriften, JBTh 8 (1993) 171-208, sowie die Edition von 4Q521 bei *É. Puech*, Une apocalypse messianique (4Q521), RdQ 15 (1992) 475-522]].

31 S. ebd., 19–23. *M.O. Wise / J.D. Tabor*, The Messiah at Qumran, BAR 18, 1992, 60–65 weisen auf parallele Erwartungen für einen eschatologischen Hohenpriester in 4QAaron A hin.

In 4Q252 v wird der "Stern aus Jakob" auf einen משיח הצדק bezogen, der zugleich "Sproß Davids" ist und "dem der Bund des Königtums seines Volks für immer" gegeben wird[32]. Der wegen einer möglichen – aber nicht zwingenden – Deutung auf eine Tötung des künftigen Heilsfürsten umstrittene Text 4Q285 spricht in Auslegung von Jes 11 über einen צמח דויד als den נשיא der Gemeinde, vermeidet jedoch den Ausdruck משיח[33]. Ehe geklärt ist, wie alt diese Schriften sind, in welchen größeren Zusammenhang die Fragmente hineingehören und ob sie tatsächlich aus der Qumrangemeinde selbst entsprungen sind, läßt sich über ihre Bedeutung noch nichts Abschließendes sagen.

Immerhin zeichnen sich einige Ergebnisse im gegenwärtigen Forschungsstand deutlich ab:

a)   Der Ausdruck מָשִׁיחַ ist in messianischer Verwendung erst für das 1. Jahrh. v.Chr. nachweisbar. Zuvor war er nicht auf einen Heilskönig festgelegt, sondern vielleicht auf einen eschatologischen Hohenpriester bezogen[34].

b)   Die Erwartung eines eschatologischen Heilskönigs für Israel war längst vorhanden, ehe das Messiasprädikat auf ihn angewandt wurde. Vermutlich wurde überall da mit jener Idee gerechnet, wo (ab 200 v.|Chr.?) "die Profeten" (einschließlich der Psalmen) neben der Tora kanonisches Ansehen gewonnen hatten.

c)   Die Erwartung eines Heilskönigs für das Gottesvolk, die man den profetischen Weissagungen entnehmen konnte, war so weit gespannt, daß sie nicht nur unterschiedlich aufgefüllt, sondern wieder und wieder auch in einer uns befremdlichen Weise aktualeschatologisch benutzt werden konnte, so vermutlich bei den Hasmonäern ab Aristobul[35] und später bei Herodes[36].

d)   Der eschatologische Begriff eines königlichen Messias scheint aus Kreisen zu stammen, die sich für ihre theologischen Reflexionen nicht einer hebräischen Sakralsprache, sondern der aramäischen Volkssprache bedienten, da das griechische Äquivalent dem zweiten Sprachbereich entnommen ist. In Texten von mutmaßlich aramäischer Herkunft taucht jener Begriff häufiger auf[37].

---

32   *Eisenman/Wise*, The Dead Sea Scrolls Uncovered, 87–89.

33   S. ebd., 24–29; *G. Vermes*, The Oxford Forum for Qumran Research, Seminar on the Rule of War from Cave 4 (4Q285), JJS 43, 1992, 85–90.

34   S. *J.J. Collins*, Messianism in the Makkabean Period, in: Judaisms and Their Messiahs (s.o. Anm. 24), 97ff, hier 105.

35   S. Josephus, Bell I,70; Ant XIII,301; XIV,403.

36   S. *A. Schalit*, König Herodes, SJ 4, 1969, 471–482.

37   Vgl. unten zu syrBar und 4Esr; zum letzten *K. Koch*, Esras erste Vision, BZ NF 1, 1978, 46–75, hier 52 Anm. 4. [[In diesem Band S. 77–106]].

2. Menschensohn

Christliche Exegeten pflegen bei Untersuchungen über vorchristliche Heilandserwartungen neben den Messias gern den Menschensohn zu stellen; so der Buchtitel von U.B. Müller[38]. Die Verbindung beider Ausdrücke reicht schon in das Neue Testament zurück, wo in den Evangelien ὁ υἱὸς τοῦ ἀνθρώπου als (Selbst-)Bezeichnung Jesu freilich ungemein häufiger auftritt als die Bezeichnung χριστός". Im rabbinischen Judentum findet sich auffallenderweise keine Parallele für jenen synoptischen Ausdruck als Hinweis auf einen eschatologischen Heilsbringer. Nach allgemeinem Konsens geht der Gebrauch in den Evangelien auf ein entsprechendes aramäisches בַּר (אֱ)נָשָׁא zurück, dessen eschatologische Bedeutung bei den Zuhörern Jesu wie bei den Lesern der Evangelien als bekannt vorausgesetzt wird. Wo rührt die Bekanntschaft her?

Spuren für einen vorchristlichen Gebrauch des Begriffs sind noch spärlicher als im Falle von מְשִׁיחָא/מָשִׁיחַ. Es gibt einige Belege in der jüngeren Apokalyptik: die Bilderreden des 1. Henochbuches, das 4. Esrabuch, die syrische Danielapokalypse. Aber das sind Texte, die bestenfalls zeitgenössisch zum Neuen Testament sind. Sie zeigen, daß es tatsächlich "Menschensohn" – einfachheitshalber gebrauche ich die mißverständliche Übersetzung – als Titel für den Mittler des Gottesheils im neuen Äon im aramäischen Umfeld außerhalb des Christen|tums gegeben hat, klären aber nicht die Ursprungsfrage. Seit je steht Dan 7,13 als möglicher Kandidat für eine vorchristliche Herkunft des Begriffs im Mittelpunkt der exegetischen Forschung. Daß die Evangelisten diesen Schriftbeleg voraussetzen, ist für viele Stellen, wo vom Kommen" des υἱὸς τοῦ ἀνθρώπου die Rede ist, kaum strittig. Ob es schon beim historischen Jesus der Fall war, wenn er vom Menschensohn" sprach, erscheint weniger sicher. Unklar bleibt, was mit der Wendung ausgesagt wird. Oft wird behauptet, daß es sich nur um ein aramäisches Allerweltswort für den gemeinen Menschen handle.

Was aber hatte der Verfasser von Dan 7 gemeint, wenn in der Vision nach vier raubtierartigen Wesen, die die vier Großreiche der Weltgeschichte versinnbildlichen, eine Gestalt כְּבַר אֱנָשׁ vor dem uralten Gott erscheint und von ihm mit einer immerwährenden, eschatologischen Weltregierung beauftragt wird? Gegenwärtig gibt es eine Reihe von Deutungsvorschlägen. Am verbreitetsten ist die These, gemeint sei das Kollektiv Israel, das dann anscheinend wie ein Heuschreckenschwarm auf

---

38 S. *U.B. Müller*, Messias und Menschensohn in jüdischen Apokalypsen und in der Offenbarung des Johannes, SNT 6, 1972. S. ferner: *C. Colpe*, ThWNT 8, 403–481; *V. Hampel*, Menschensohn und historischer Jesus, 1990, bes. 159–164; *G.W.E. Nickelsburg*, Art. Son of Man, Anchor Bible Dictonary 6, 137–150.

den Himmelswolken daherbraust. Von konservativen Forschern wird auf den davidischen Messias geschlossen. Oder es wird ein bloßes Symbol des Gottesreiches vermutet. Andere denken an außerbiblische Ideen vom wiederkehrenden Urmensch. Bei einer Minderheit hält sich hartnäckig die These, es sei an ein Engelwesen gedacht, weil deren Erscheinung auch sonst im Danielbuch ausdrücklich als "menschengestaltig" beschrieben werde. Die Diskussion habe ich an anderem Ort näher beschrieben und die Gründe dargelegt, warum ich einer letzten Deutung, die vor allem J.J. Collins mit Nachdruck verteidigt, zuneige[39].

Eine genauere Identifizierung ist deshalb nicht vonnöten, weil in den letzten Jahrzehnten die Einsicht zunimmt, es handle sich, wer auch immer gemeint sei, bei dem Verweis auf einen בַּר אֱנָשׁ nicht um titularen Gebrauch, sondern bloß um einen Vergleich, also ein reines Visionsmotiv wie bei den vorausgehenden Tierwesen. Dafür spricht neben dem Kontext der indeterminierte Gebrauch von אֱנָשׁ. Allerdings behält auch dann die Menschlichkeit der Gestalt mehr als eine ornamentale Bedeutung; denn die vorangehenden Tierbilder wollen die raubtierhafte, menschenbedrohende Art der die Weltgeschichte beherrschenden Herrschaftssysteme kennzeichnen. Was dann "wie ein einzelner Mensch" das Reich der künftigen Weltzeit empfängt, soll darin endlich ein menschenwürdiges Leben innerhalb der weiterhin nach Völkern gegliederten menschlichen Gesellschaft gewährleisten. Soweit das ursprüngliche Anliegen des Kapitels.

Es gibt jedoch Anzeichen, daß bei einem bestimmten Strang der Danielrezeption alsbald der Ausdruck בַּר אֱנָשׁ stärker gewichtet, d.h. als Titel gewertet worden ist. |

Ein erstes Beispiel könnte schon die noch im 2. vorchristlichen Jahrhundert entstandene Septuagintaübersetzung bieten. Die LXX setzt in V. 13 einen υἱὸς ἀνθρώπου mit dem gleich, der wie ein Alter der Tage aussieht, läßt jenen erscheinen ὡς παλαιὸς ἡμερῶν παρῆν[40]. Vor den Augen des Sehers erscheint demnach ein uraltes Wesen, das wie einer herannaht, der von einem Menschen abstammt; ein griechischsprechender Leser vermag den Text nur so zu verstehen. Eine bislang verborgene, präexistente Gestalt wird also in der Endzeit erscheinen. Für sie gelten zwei Phasen der Tätigkeit. Nach V. 9-11 setzt der Uralte sich, umgeben von unendlich vielen Dienern, auf einen Thron und verurteilt das letzte Tier zum Feuertod. Danach erst besteigt die Gestalt die Wolken des Himmels und zeigt sich epiphan wie ein Menschensohn. Ihr

---

39 S. *Koch*, Das Buch Daniel (s.o. Anm. 9), Kap. 9. [[*J.J. Collins*, Daniel (Hermeneia), 1993, 304–310]].
40 *J. Ziegler* hat in der Ausgabe der Göttinger Septuaginta bedauerlicherweise den griechischen Text nach *M* korrigiert. Dagegen *J. Lust*, Daniel 7,13 and the Septuagint, EThL 54, 1978, 62–69.

wird sodann die ewige ἐξουσία und ein Reich über alle irdischen Völker sowie über pavsa δόξα verliehen. Bezieht sich das letzte Objekt auf überirdische Mächte? Die neue Art der Regierung ist nach V. 18 zugleich die ewige Königsherrschaft der Heiligen (des?) Höchsten; an dieser Stelle setzt die LXX beim zweiten Nomen den Singular und bezieht die gesamte Wendung vermutlich auf die Gemeinde der Gerechten. In der griechischen Bibel wird die Stelle im Zusammenhang mit Num 24,7 zu verstehen sein, wo der Urtext ähnlich abgewandelt war: "Kommen wird ein ἄνθρωπος ... und herrschen", was ebenfalls eschatologisch gemeint ist.

Auch für den aramäischen Bereich gibt es Indizien, daß der Menschenähnliche von Dan 7 sehr bald als menschliche Königsfigur begriffen worden ist, selbst wenn der entsprechende Ausdruck nicht direkt erscheint; darauf wird noch einzugehen sein. Für diesen Sprachbereich könnte wie beim Thema Messias eine Psalmentradition wichtig gewesen sein, die dem Leser der aramäischen Bibel einen entsprechenden Fingerzeig für die Fassung von Dan 7,13 gegeben haben könnte. In Betracht kommt zunächst Ps 8,5: "Was ist der Mensch, daß du seiner gedenkst, und der בֶּן אָדָם, daß du ihn heimsuchst?" F.J. Moloney[41] hat auf das Targum zur Stelle hingewiesen, wo sich בַּר נְשָׁא auf ein herausgehobenes Individuum bezieht, das zuvor gegen Drachen kämpft und dann universale Herrschaft erhält. Nun ist zuzugeben, daß das Psalmentargum relativ spät abgefaßt worden ist. Dennoch wird die hier greifbare Auffassung älter sein. Denn es ist schwer vorstellbar, daß angesichts des pessimistischen Weltbildes der apokalyptischen Bewegung Ps 8 in seiner ursprünglichen Bedeutung verstanden und auf die gegenwärtig lebende Menschheit bezogen worden ist. Dann bleibt jedoch nur die Alternative, den Text als Hinweis auf einen eschatologi|schen "Menschensohn" zu verstehen. Gleiches gilt für Ps 80,16–18. Der Urtext spricht von der Hand Jahwäs über "dem Mann der deiner Rechten, dem בֶּן אָדָם, den du gestärkt hast". Im Targum wird daraus ein בַּר נְשׁ der ausdrücklich als מַלְכָּא מְשִׁיחָא erklärt wird. Der auffällige Ausdruck vom "Mann deiner Rechten" wird schon vor der Verschriftung des Targums nicht mehr auf einen gewöhnlichen Menschen bezogen worden sein; dann aber wird der hier genannte "Menschensohn" notwendig zu einer Herrscherfigur. Schließlich ist Ps 110 anzuführen, ein Text, der sich von anderen Königspsalmen inhaltlich abhebt und auf einen Himmelsthron des Priesterkönigs verweist, was sich zu den Thronen von Dan 7 zu fügen scheint.

Anmerkungsweise ist auf die ungeklärte semantische Problemlage der in Frage stehenden Wendung hinzuweisen. Trotz einer beachtlichen Vorarbeit von E.

---

41 S. *F.J. Moloney*, The Re-Interpretation of Ps VIII, NTS 27, 1981, 656–672; *Colpe*, ThWNT 8, 410.

Sjöberg[42] fehlt es an einer die Targume und neuen Textfunde einbeziehenden Untersuchung, die die historischen Wandlungen beim Sprachgebrauch in Rechnung stellt. Der Mangel erklärt m.E., warum so pauschale Thesen weite Verbreitung finden wie die, daß im Aramäischen zwischen den vier Begriffen אֱנָשׁ indeterminiert, אֲנָשָׁא determiniert, בַּר (אֱ)נָשׁ und בַּר (אֱ)נָשָׁא keinerlei Unterschied bestehe[43], sowie die Annahme, daß dieser Sprachgebrauch völlig gleichbedeutend mit hebr. אָדָם bzw. בֶּן אָדָם, sei. Gegen die letzte Auffassung spricht bereits, daß in den Targumen eine solche Gleichsetzung, obwohl sie den Übersetzern doch naheliegen und ihre Arbeit vereinfachen müßte, häufig nicht vorgenommen wird[44], wobei im Pentateuch die einzelnen Targume bei gleicher Vorlage auseinandergehen. Zur ersten und für unseren Zusammenhang wichtigeren Behauptung ist aber darauf zu verweisen, daß zumindest im Danielbuch ein Unterschied zwischen den vier Ausdrücken nicht zu verkennen ist:

a) Determiniertes אֲנָשָׁא bzw. אנושא (K) bedeutet die Menschheit als kollektive, institutionell erfaßte Einheit oder die gemeinsame menschliche Natur (2,43; 4,13.14.22.29.30; 5,21; 7,8).

b) Determiniertes בְּנֵי אֲנָשָׁא begreift die über die Erde zerstreute Menschheit als eine Vielzahl (2,38).

c) Undeterminiertes אֱנָשׁ im Singular oder Plural meint anonyme oder beliebige einzelne (2,10; 3,10; 4,14b [?]; 5,7; 6,8.13; vgl. 1QGenAp xx,32) oder etwas Menschenähnliches (5,5; 7,4).

d) Undeterminiertes בַּר אֱנָשׁ taucht nur an der angeführten Stelle 7,13 auf. Es dürfte als bewußt herausgestellter Vereinzelungsbegriff verwendet sein, der ein einzelnes Exemplar der Gattung umreißt (בַּר wie hebr. בֶּן, als Singulativ; vgl. 1QGenAp xxi,13). Wenn die letzte Wendung später in ihrer determinierten Form als Titel בַּר אֱנָשׁ verwendet wird, beinhaltet das vermutlich auf diesem Hintergrund einen Menschen im ausgezeichneten Sinn, einen einzelnen, der die gesamte Menschheit in sich repräsentiert. Dies bedürfte weiterer Untersuchungen. Gewiß ist die sprachliche Basis der Danieltexte für eine genaue Bestimmung nicht genügend, doch reicht sie zu, um ein verbreitetes, ohne semantische Untersuchung gewonnenes Urteil ernsthaft in Frage zu stellen. |

3. Problemstellung

Den Spuren einer außerchristlichen, spätisraelitischen Menschensohnauffassung ist nachzugehen. Dabei wird sich schnell ergeben, daß nahezu überall, wo sie auftaucht, zugleich auch der Messiastitel oder Motive, die

---

42 S. *E. Sjöberg*, בן אדם und בר אנש im Hebr. und Aram., AcOr 21, 1950/51, 51f.91ff; *Colpe*, ThWNT 8, 405f.
43 S. *F. Hahn*, Christologische Hoheitstitel, FRLANT 83, Göttingen [2]1964, 22; differenzierend *Colpe*, ThWNT 8, 405f.
44 S. z.B. Mi 5,6f; Ez 1,5.8.

mit diesem eng verbunden sind, verwendet werden, was umgekehrt nicht der Fall ist: Wo vom Messias geredet wird, fehlen häufig alle Menschensohnmotive (z.B. im Profetentargum und in den Psalmen Salomos). Die gegenwärtig unter den Exegeten vorherrschende Ansicht läuft darauf hinaus, daß der Ursprung der Menschensohn- und Messiaserwartung zwar unterschiedlich sein mag, die apokalyptischen Texte aber sehr bald und vollständig zur Gleichsetzung übergegangen seien, da es sich in beiden Fällen um den endzeitlichen Heilskönig handle. Demgegenüber vertrete ich die These und versuche sie im Fortgang zu beweisen, daß die Begriffe *Messias und Menschensohn* zwar im Umkreis apokalyptischer Eschatologie mehrfach miteinander in Beziehung gebracht worden sind, daß es aber *außerhalb des Neuen Testaments nie zu einer wirklichen Gleichsetzung gekommen* ist. Die Aufnahme beider Motivreihen führt vielmehr zu einer zweiphasigen Erwartung von gottgesandten Heilskönigen; kurz gesagt, obgleich vom aramäischen Sprachgebrauch her nicht ganz exakt, zu einer zweistufigen Messianologie.

II. Die Tiervision des Henochbuches

Im Danielbuch wird בַּר אֱנָשׁ noch nicht als Titel und fester Begriff, sondern als Bildmotiv für eine menschenwürdige Herrschaft eschatologischer Zukunft im Gegensatz zu der tierischen Art von Herrschaft in der laufenden Weltzeit eingeführt. Es ist eine vielverhandelte Frage, wo und ab wann der entsprechende Ausdruck zum Titel für den eschatologischen Heilsbringer wird. M.E. spricht vieles dafür, daß das bald nach Abfassung des makkabäischen Danielbuches geschehen ist, wenn nicht gleichzeitig.

Einen ersten Beleg dafür bietet der um 165 v.Chr. entstandene[45] Geschichtsentwurf 1Hen 83ff, obwohl hier der Terminus בַּר אֱנָשׁ nicht ausdrücklich benutzt wird. In 1Hen 90,5ff wird die letzte, vierte Epoche der Fremdherrschaft über Israel geschildert. Unter den Israeliten, als blinde Schafe symbolisiert, werden Lämmer geboren, die sich durch ihre Reinheit von den übrigen abheben. Das aber reizt die Raben, die syrischen Seleukiden, zur harter Verfolgung. Dem schließt sich V. 9b–12 an: |

(9b) Und ich schaute, bis ein großes Horn hervorsproßte, [als] eins jener Schafe ...

(10a) Und ich sah nach ihnen, und ihre Augen wurden geöffnet ...

(12) Und jene Raben kämpften und stritten mit ihm und wollten sein Horn wegreißen, aber sie hatten keine Macht über es.

---

45   S. *S. Uhlig*, JSHRZ V/6, 1984, 673.

Es kommt zu einem Angriff der verschiedensten Raubtiere, also der fremden, hellenisierten Völker, auf das Schaf mit dem Horn. Da tritt himmlische Hilfe in Aktion:

> (14) Ich schaute, bis jener Mann kam, der die Namen der Hirten (der verantwortlichen überirdischen Völkerengel) aufschrieb und hinaufbrachte vor den Herrn der Schafe; und der half ihm und zeigte ihm alles, und seine Hilfe kam herab zu jenem Bock.

"Jener Mann" führt im Himmel das Buch der irdischen Geschichte; im göttlichen Auftrag hat er es nun zu öffnen, was die Vernichtung der Raubtiere auslöst, der Ausdruck bezieht sich wahrscheinlich auf einen Erzengel. Dann folgt eine Gerichtsszene ähnlich Dan 7 mit einem "Thron in dem lieblichen Land" und einem endzeitlichen Gericht über die siebzig Hirten, also die überirdischen Garanten jener Völkermächte.

Bemerkenswert ist das Auftauchen des großen Horns, das den Schafen, also Israel, Befreiung von fremder Unterdrückung verschafft und den bislang blinden Israeliten die Augen öffnet. Das Motiv wird sich, wie M. Hengel[46] mit anderen vermutet, auf Judas Makkabäus und seinen Aufstand beziehen. In unserem Zusammenhang belangvoll ist, daß diese Gestalt mit messianischen Farben gemalt wird, wenngleich ein Stichwort Messias noch fehlt. Denn das Horn, das aus Israel sproß, stellt nach Ps 89,18; 132,17 den Davididen und Gesalbten dar. Die Besiegung der Völkerfeinde könnte Ps 2 entnommen sein; alle diese Psalmenstellen werden anscheinend schon eschatologisch gedeutet. Das Öffnen der Augen erinnert an deuterojesajanische Schilderungen der Heilszeit (Jes 42,7.16.18). Insofern wird also in dem Makkabäer ein Heilskönig für Israel erwartet, freilich mit begrenzter Kompetenz und so, daß seine Regierung dem großen Weltgericht vorangeht und noch nicht die Heilszeit schlechthin einleitet. Später wird von ihm keine Rede mehr sein.

Dennoch handelt die Fortsetzung weiter vom Geschick der Schafe, also des Volkes Israel. Nach dem kosmischen Gericht entsteht ein völlig neuer Tempel in Jerusalem. Zu ihm werden alle Schafe versammelt, die über die Erde verstreut waren, oder sie werden vom Tod erweckt, soweit sie gestorben waren. Aber zum neuen kultischen Zentrum der Erde strömen nicht nur Schafe, sondern "alle wilden Tiere und alle Vögel des Himmels". So beginnt die Heilszeit mit einem gewaltigen, wahrhaft ökumenischen Gottesdienst. Überraschend fügt der Apokalyptiker eine weitere Szene hinzu (90,37f): |

---

46 S. *M. Hengel*, Judentum und Hellenismus, WUNT 10, 1969, 343.

(37) Ich schaute, wie ein weißer Bulle[47] mit großen Hörnern geboren wurde. Und alle wilden Tiere und alle Vögel des Himmels fürchteten ihn und flehten fortwährend zu ihm. (38) Und ich schaute, bis alle ihre Arten (oder: Generationen) verwandelt und sie alle weiße Bullen wurden. Und das erste unter ihnen wurde ein (Stier[48]). Und dieser Stier war ein großes Tier und (es hatte) an seinem Kopf große schwarze Hörner. Und der Herr der Schafe freute sich über (ihn[49]) und über alle Bullen.

Weithin wird behauptet, daß dieses Schlußbild das Erscheinen eines Messias ankündigt. Dieser aber hat keine einzige der ihm sonst zugeschriebenen Aufgaben. Infolgedessen erklärt U.B. Müller[50] den Abschnitt für sekundär. Wer geschichtliche Probleme vorwiegend literarkritisch zu lösen unternimmt, dürfte dem zustimmen, zumal schon 90,9–12 ein Schaf mit einem großen Horn geschildert wurde, das die Augen aller Israeliten zu öffnen in der Lage war und über das die Volksfeinde keine Macht mehr hatten. Insofern wäre hier an zwei verschiedenen Stellen die Heilskönigtradition eingebaut worden. Doch für 90,37–38 erscheint eine messianische Beziehung unwahrscheinlich. Denn der davidische Friedensfürst stammt nach einschlägigen alttestamentlichen Aussagen aus Israel, er müßte nach der Bildlogik als Schaf eingeführt sein. Auch David selbst war in 89,45–48 ein Schaf unter anderen. Hier dagegen taucht ein Bulle und damit eine stärkere und höhere Tierart auf[51]. Er ist im Kontext nicht ohne Vorgänger. In der Tiervision war Adam als erster Mensch ein weißer Bulle, und der gleichen Tierart gehörten seine Nachfahren bis hin zu Abraham und Isaak (89,11) an. Infolgedessen überzeugt das Urteil M. Blacks: "The image seems rather to refer to the birth of a new or second Adam, more glorious than the

---

47 Übersetzung nach *Uhlig*, JSHRZ V/6, 704. *E. Isaac* übersetzt in *J.H. Charlesworth*, The O.T. Pseudepigraphica 1, London 1983, 71 hingegen "cow". Wird auf die geschlechtliche Festlegung verzichtet, wäre also "Rind" zu übersetzen?

48 Äth. *nagar* "Wort". Das behält *A. Caquot*, La Bible écrits intertestamentaires, Bibliothèque de la Pléiade, 1987, 596 bei und sieht im entsprechenden Satz einen christlichen Zusatz. Zumeist wird vermutet, daß aram. רימא "Wildstier" vom griechischen Übersetzer ρῆμ transkribiert und vom Äthiopen als ρῆμα verstanden wurde. Einfacher noch ist die Annahme, daß ראימא zu מאמרא verlesen war; s. Ch.C. *Torrey*, JBL 1947, 266[A]. *M.A. Knibb*, The Ethiopic Book of Enoch, Oxford 1978, II 216[A] erwägt, ob mit wild-ox ein priesterlicher Führer neben den ersten Bullen gestellt werden soll oder ob beide Tiere zu identifizieren sind.

49 Äth. Plural.

50 S. *Müller*, Messias (s.o. Anm. 38), 68f.

51 *R.H. Charles*, The Apocrypha and Pseudepigrapha of the O.T. in English II, Oxford 1913, 260 korrigiert deshalb äth. *nagar* "Wort" als Entsprechung zu hebr. מלה zu טלה "Lamm". Doch der Urtext war mit Sicherheit nicht hebräisch.

first, for ›his horns are large‹"[52]. Schon Charles entdeckte in der Weissa-
gung "a return to the primitive righteous|ness of Eden"; da er dennoch
an einem Messiasbezug festhalten wollte, doch dessen Auftreten im
eschatologischen Schema zu spät eingefügt war, folgerte er: "the Messiah-
hope was practically dead"[53]. Entsprechend eindeutig ist die Auslegung
von Caquot: Le taureau blanc est un nouvel Adam ... et représente le
prototype d'une humanité transfigurée. Il reçoit des nations les honneurs
royaux"[54]. Entspricht aber dann die Rolle des weißen Bullen nicht genau
derjenigen des Menschensohns von Dan 7? Für Gleichsetzung spricht
schon der Kontext. Voran steht in 90,20ff das Aufstellen eines Thrones
zum Weltgericht, das Öffnen des Buches unter Hinzutreten von Diensten-
geln sowie die Aburteilung überirdischer Patrone der vier Weltreiche, die
in eine Feuertiefe geworfen werden. Das ähnelt so sehr Dan 7,9–11, daß
hier eine überlieferungsgeschichtliche Verbindung bestehen muß. Sie wird
dann auch für die Fortsetzung vorauszusetzen sein.

Die Brücke vom Menschenähnlichen im Danielkapitel zum weißen
Bullen in Hen 90 scheint auf zwei Säulen zu beruhen. Das eine dürfte
eine Übersetzung des Aramäischen ins Hebräische als אָדָם בֶּן sein; das
reizt dazu, Adam als Namen des Urmenschen anzusetzen und die eschatologische Heilsgestalt als dessen "Sohn". Andererseits läßt sich das
im Mischnisch-Hebräischen ungebräuchliche[55] אָדָם בֶּן bzw. אֱנָשׁ בַּר als
betontes Singulativ mit Bezug zum Kollektiv "Menschheit" auffassen.
Dann wird auf einen einzelnen Menschen verwiesen, u.U. in herausge-
hobener Stellung, also den von Gott gewollten wahren Menschen im
Henoch-Kontext. Nur unter dieser Voraussetzung läßt sich verstehen, daß
in das Bild des weißen Bullen bei Beginn des neuen Äon nicht nur alle
Israeliten, sondern alle Menschen verwandelt werden. Ob Schafe, wilde
Tiere oder Vögel des Himmels, sie alle werden weiße Bullen und erreichen damit die Gerechtigkeit, wie sie seit Abrahams und Isaaks Tagen auf
Erden nicht mehr vertreten wird. Allein von einer Menschensohnüber-
lieferung her, die als bekannt vorausgesetzt wird, erhält 90,37ff seinen
eschatologischen Stellenwert[56].

---

52 *M. Black*, The Book of Enoch or I Enoch, SVTP 7, 1985, 280; vgl. *J.T.*
Milik, The Books of Enoch, Oxford 1976, 45; *G.W.E. Nickelsburg*, Salvation without and with a Messiah, in: Judaisms and Their Messiahs (s.o. Anm. 24), 49ff,
hier 56.
53 *Charles*, Apocrypha, 260[A].
54 *Caquot*, Bible, 596.
55 S. *Colpe*, ThWNT 8, 404.
56 Im Gegensatz zu Dan 7 ist in 1Hen 90 der Repräsentant des neuen Äons
keine Engelsgestalt, sondern eine Art Supermensch. Wie dort ist er nicht nur für
Israel zuständig, sondern für die Menschheit überhaupt. Durch den veränderten
Bezug in 1Hen 90 verliert freilich eine weitere eschatologische Aufspaltung in

III. Messias und Menschensohn
im 4. Esrabuch und in der Abrahamapokalypse

Schon seit langem ist bekannt, wenn auch meist als Kuriosum eingestuft, daß im 4. Buch Esra das Wirken des Messias und die Erschei|nung des Menschen(sohnes) auf zwei verschiedene Epochen verteilt werden. Als der Seher eine schreckliche Verkehrung der Schöpfung beklagt, weil das erwählte Volk von heidnischen Herrschern unterjocht wird, erhält er vom Engel eine künftige Zeit verheißen, in der die Stadt wieder erbaut hervortritt und das jetzt verborgene Land sich wieder zeigt. "Denn", so heißt es 7,28: "mein Sohn (?), der Messias, wird sich mit denen offenbaren, die bei ihm sind, und wird die Übriggebliebenen glücklich machen 400 (oder 30) Jahre". Am Ende der laufenden Weltgeschichte steht also ein unabhängiges Israel unter einem glückbringenden Gesalbten, der vielleicht nach Ps 2,7 den Titel Sohn Gottes trägt[57]. Diese messianische Epoche wird jedoch nur gestreift, und die Weissagung läuft mit einer überraschenden Ansage weiter:

(29) Nach diesen Jahren wird mein Sohn, der Messias vollendet werden und alle, die Menschenodem haben.

(39) Der עָלַם wird wieder sieben Tage lang in das einstige Schweigen zurückkehren, wie es am Uranfang war.

Erst nach dieser Unterbrechung beginnt die eigentliche Heilszeit V. 31: "Der עָלַם, der noch nicht wach ist, wird erweckt werden und das Vergängliche sterben." Es kommt zur Auferweckung der Toten und zum Weltgericht, bei dem anscheinend den Völkern der (wiedererstandene) Messias als Maßstab für Heil oder Verdammnis vor Augen geführt wird (V. 37): "Seht und erkennt den, den ihr geleugnet, dem ihr nicht gedient, dessen Gebot ihr verachtet habt." Trifft diese Auffassung des Personalpronomens der 3. Person Sing. zu, ist also in V. 37 mit dem Akkusativobjekt der Messias gemeint, so war dessen Regierung zwar politisch nur für Israel hilfreich, von der göttlichen Absicht her aber ein Zeichen für die gesamte Ökumene. Dennoch wird dem Messias nach dem Weltgericht in der nachfolgenden Heilszeit keine eigene Rolle mehr eingeräumt.

Eine ähnliche Abfolge des Geschehens zeichnen die letzten Kapitel des 4. Esrabuches. In der Adler- und Löwenvision taucht nach dem als letztes Weltreich herrschenden römischen Adler "ein Löwe mit Gebrüll aus dem Wald" auf (11,37ff). Er tritt vor den Adler, wirft ihm seine Gewaltherr-

---

Nationen (so noch bei Daniel) ihren Sinn, das Menschengeschlecht wird zu einem einheitlichen, durch den "weißen Bullen" repräsentierten Typ. Ist Henoch von Daniel abhängig oder beruhen beide auf einer älteren Überlieferung?

57 S. *J. Schreiner*, JSHRZ V/4, 1981, 345, mit Anm. zu V. 28b.

schaft vor, und kündet den Untergang an. Die Deutung 12,32–34 erklärt ihn in Anlehnung an Gen 49 als den "Gesalbten, den der Höchste zum Ende der Tage aufbewahrt, (der aus dem Samen Davids hervorgehen und kommen wird)"[58]. Der Gesalbte wird den Vertreter der bisherigen Weltmacht richten und verurteilen, "den Rest meines Volkes aber, die in meinem Lande übrig geblieben sind, wird er gnädig erlösen und ihnen Freude verleihen, bis das Ende, der | Tag des Gerichts, kommt." Wieder wird ein Messias und Davidssproß als siegreicher Erneuerer der politischen Selbständigkeit und Garant einer Freudenzeit für den Rest Israels geweissagt. Doch auch diesmal zählt seine Wirksamkeit nicht zu den Kennzeichen eines neuen Äon, wird vielmehr von dem Tag eines Gerichtes begrenzt, das dann offensichtlich weit mehr umfaßt als die vorher genannte Verurteilung der römischen Weltmacht. Über das, was nach der Zeit des Messias geschehen wird, handelt die Vision in Kap. 13:

> (3) Ich sah, und siehe, der Wind führte aus dem Herzen des Meeres etwas wie die Gestalt eines Menschen (דְּמוּתָא דברנשא[59]) herauf. Ich sah, und siehe, dieser Mensch flog auf den Wolken des Himmels.

Zu Beginn der neuen Weltzeit taucht eine überragende Menschenfigur auf. Der Anschluß an Dan 7 liegt auf der Hand. Die dortige Bildfolge wird insofern noch enger geknüpft, als nicht nur die Verkörperung der Weltmächte, sondern auch der am Ende die Herrschaft übernehmende Menschensohn durch die רוּחַ aus dem Meer hervorgerufen werden. Die folgende Szene blendet in Kap. 13 die Gog-Magog-Tradition Ez 38–39 ein und schildert die Abwehr mit Motiven aus Ez 9 und Dan 2. Dann wird auffällig kurz das Herbeirufen einer "friedlichen Menge" durch jenen Menschen vermeldet. Damit bricht die Vision ab. Nach der angeschlossenen Deutung in V. 26 bedeutet der Mann aus dem Meer denjenigen, "den der Höchste lange Zeit aufbewahrt, durch den er seine Schöpfung erlösen will, er wird die Übriggebliebenen wieder aufrichten (?)"[60]. Fortgefahren wird mit Gericht und Vernichtung der anstürmenden Völker und einer relativ breiten Schilderung der Wiederkehr der zehn verlorenen Stämme Israels. Von einer Erlösung der Schöpfung, wie anfangs angekündigt, aber auch von einer Auferstehung der Gerechten verlautet in der

---

58   S. ebd., 391 Anm. b zu V. 32.

59   Ob ברנשא hier einen Titel meint oder ein bloßes Bild – so *P. Volz*, Die Eschatologie der jüdischen Gemeinde, (1934) 1966, 186; *G. Vermes*, Jesus the Jew, London 1973, 172f –, ist von untergeordneter Bedeutung. Denn auch im zweiten Fall ist damit kein notwendiger Bezug auf einen Messias gegeben. An Michael denkt *H. Sahlin*, Wie wurde ursprünglich die Benennung ›der Menschensohn‹ verstanden?, StTh 37, 1983, 147–179.

60   So die Korrektur von *Müller*, Messias (s.o. Anm. 38), 133; vgl. *Schreiner*, JSHRZ V/4, 396, Anm. 26b.

Deutung nichts. So begreift es sich, daß der Seher dann nochmal um Aufklärung bittet: "Herrscher, Herr, zeige mir, weshalb ich gesehen habe, daß der Mann aus dem Herzen des Meeres aufstieg." Doch das Geheimnis des Menschensohns wird auch einem Esra nicht gelüftet:

> (52) Er sagte mir: Wie niemand das erforschen oder wissen kann, was in der Tiefe des Meeres ist, so kann auch niemand auf Erden meinen Sohn sehen[61] oder jene, die mit ihm zusammen sind, es sei denn zur Zeit seines Tages. |

Vom neuen Äon wird in Kap. 13 also weniger enthüllt als in 7,29ff. Nichtsdestoweniger steht der Menschenähnliche eindeutig *jenseits* der eschatologischen Schwelle, *vor* der der Messias nach Kap. 7 seine Wirksamkeit durchgeführt hatte. So wird auf zwei unterschiedliche Figuren von Heilsbringern in verschiedenen Zeitaltern verwiesen, wenngleich beide den Ehrentitel "mein Sohn"[62] erhalten (7,28f; 13,32.52) und beide bis zur Zeit ihrer Erscheinung beim Höchsten aufbewahrt werden (12,32; 13,26).

Daß für den Endredaktor der Mensch von Kap. 13 "mit dem Messias identisch" war[63], erscheint keineswegs ausgemacht. Eher hat es den Anschein, als ob verschiedene alttestamentliche Weissagungen im Licht von Dan 7 auf zwei aufeinander folgende Heilsbringer in unterschiedlichen Epochen bezogen werden[64].

Begegnet die zweiphasige Heilsbringer-Erwartung oder zweistufige Messianologie, wie sich abkürzend sagen läßt, in der jüngeren Apokalyptik nur in dem eigenartigen 4. Esrabuch?

In der etwa zeitgenössischen Abrahamapokalypse[65] wird geschildert, wie in der zwölften und letzten Weltzeit ein "Mann" aus Abrahams Samen von Gott eingesetzt wird, der einerseits von vielen gemartert,

---

61   Oder: "erkennen"; vgl. ebd., 399, Anm. 52a und b.
62   Oder: "mein Knecht"?; *Colpe*, ThWNT 8, 362; Vgl. *E. Schürer*, Geschichte des jüdischen Volkes im Zeitalter Jesu Christi II, (⁴1907) 1964, 615; ähnlich *E. Schürer*, The History of the Jewish People in the Age of Jesus Christ (175 B.C. – A.D. 135), revised by *G. Vermes a.o.*, II, Edinburgh 1979, 518; *Schreiner*, JSHRZ V/4, 397, zu 13,26.
63   *Müller*, Messias, 183 u.ö.
64   Allerdings läßt die breit ausgeführte Schilderung der Wiederbringung der zehn verlorenen Stämme Israels im Deuteteil von Kap. 13 fragen, ob hier nicht ein jüngeres Textstadium zutage tritt, das Menschensohn und Messias möglichst einander angleichen will; *M.E. Stone*, The Concept of the Messiah in IVEzra, in: Religious in Antiquity, ed. *J. Neusner*, SHR 14, 1968, 295–312; *ders.*, The Question of the Messiah in 4Ezra, in: Judaisms and Their Messiahs (s.o. Anm. 24), 209–224.
65   S. *B. Philonenko-Sayar / M. Philonenko*, JSHRZ V/5, 1982, 419.

andererseits aber auch angebetet wird. Er bringt "Gericht über die ruchlosen Heiden", wird andererseits aber auch zur Hoffnung für eine Zahl von Heiden, sammelt die Gerechten (seines Volks) (Kap. 29). Das alles geschieht, "bevor noch der Äon der Gerechtigkeit wächst" (V. 12). Danach kommen die letzten zehn fürchterlichen Plagen auf die Erde. Sie werden beendet von einem gewaltigen Posaunenton in den Lüften. Dann erst sendet Gott seinen "Auserwählten", der in sich "ein Maß meiner ganzen Kraft haben wird". Damit wird ihm offensichtlich eine stärkere göttliche Kraft zugesprochen als dem vorher genannten Mann aus Abrahams Samen. Von dem Auserwählten wird nur vermerkt, daß er das von den Heiden unterdrückte Gottesvolk zusammenruft, bevor kosmisches Feuer alle Gottesfeinde verbrennt (Kap. 31). Was zu erwarten wäre, daß er nämlich danach die verklärte Menschheit repräsentiert und regiert, wird leider nicht gesagt. Der | Abstand zu Daniel und Henoch ist also größer als im 4. Esrabuch. Dennoch wird auch hier ein Heilsbringer für Israel, der vorgängig auftritt, von einem zweiten zu Beginn des neuen Äon unterschieden.

IV. Die Baruchapokalypse

These: Die gleiche zweistufige Messianologie zeigt sich in der syrischen Baruchapokalypse, wo Messias und Menschensohn in einer Art Personalunion miteinander verbunden sind.

Der Seher empfängt, nachdem er über die letzten Weltwochen belehrt worden ist, in Kap. 29 zum erstenmal Auskunft über einen künftigen Messias.

(2) In jenem Zeitabschnitt (וַבְנָא) beschütze (מֶגֵן) ich allein die, die in jenen Tagen im Land vorgefunden werden.

(3) Danach wird es geschehen, daß vollendet ist, was für jenen Teil (der Zeit) als künftiges Geschehen festgesetzt ist. Dann wird der *Messias anfangen, offenbart zu werden* (oder: sich zu offenbaren [גלה etpe]).

(4) Und offenbart wird Behemot von seinem Ort, und Leviathan wird aus dem Meer aufsteigen, jene beiden Ungeheuer, die ich schuf am fünften Tag 'der' Schöpfung und aufbewahrt habe bis zu diesem Tag. Dann werden sie zu Speise allen, die übriggeblieben sind.

(5) Auch wird die Erde ihre Frucht zehntausendfach geben. An einem Weinstock werden tausend Reben sein, und eine Rebe wird tausend Trauben bringen und eine Traube wird tausend Beeren bringen, und eine Beere wird ein Kor Wein bringen.

(6) Und jene, die entbehrt hatten, werden ergötzt. Weiter aber werden sie Wunder sehen an jedem Tag.

(7) Winde (oder: Geister) werden nämlich von meinem Angesicht ausgehen, um herbeizubringen allmorgendlich den Geruch wohlriechender Früchte und am Abend des Tages Wolken, die träufeln heilkräftigen Tau.

(8) Es wird geschehen in eben diesem Zeitabschnitt: Herabsteigen wird wieder von oben der Manna-Schatz, daß sie von ihm essen in jenen Jahren, weil sie es sind, die erreichen sollen das Ende des Zeitabschnitts (וְבְנָא).

Die angekündigte Anfangsoffenbarung des Messias füllt einen Zeitabschnitt aus, währenddessen nach Kap. 27–28 über die Welt die Wehen der Endzeit kommen. Ausgenommen ist aber "dieses Land", in dem der Messias regiert. Von den Folgen seines Waltens wird nur das messianische Mahl breit geschildert: ungeheure Fleischesmengen durch Schlachtung der Meeresdrachen, Ströme von Wein, himmlisches Manna als tägliches Brot. Im Hintergrund steht eine eschatologische Interpretation von Gen 1,21f; 49,10–12; Ex 16; Jes 26,19 G. Das Mahl ist auf palästinisches Gebiet beschränkt. Nur die Übriggebliebenen werden beschützt, also der Rest Israels. "Die Seligkeit ist mit sinnlichen Farben ausgemalt"[66]. Dabei ist jedoch zu bedenken, daß es eingangs | heißt: "Dann wird der Messias *anfangen*, offenbart zu werden." Nimmt man den Satz so, wie er dasteht, sind die Wunder in Palästina ein Anfang, noch nicht die Vollendung der messianischen Herrschaft. Eine solche Ansicht erscheint den Kommentatoren weithin absurd. Charles ändert den Text, Violet vermutet Übersetzungsfehler. Doch die Wendung läßt sich ebensoleicht ins Griechische rückübersetzen: ἄρχεσθαι ἀποκαλύπτεσθαι wie ins Hebräische: הֵחֵל לְהִגָּלוֹת. Wo liegt also das Recht zu einer Korrektur?

Daß Baruch tatsächlich eine Anfangsepoche von einer Folgeepoche unterscheidet, ergibt die Fortsetzung in Kap. 30, die absichtlich mit einem ähnlichen Eingang anhebt wie die eben behandelte Szene:

(1) Nach diesem wird es geschehen, wenn sich erfüllt die Zeit (וּבְא) der *Ankunft* (מֵאתִיתָא = παρουσία) *des Messias*, wird er zurückkehren (הפך) in Herrlichkeit. Dann werden alle, die in Hoffnung auf ihn schlafen, auferstehen.

(2) Es wird geschehen in jener Zeit, da werden sich öffnen die Schatzkammern, in welchen aufbewahrt wird die Zahl der Seelen der Gerechten, und sie werden herausgehen. Es wird erscheinen die Menge der Seelen allesamt in einer Versammlung und einer Gesinnung, und freuen werden sich die Ersten, und die Letzten sich nicht betrüben.

(3) Denn 'sie' wissen, daß die Zeit gekommen ist, von der verheißen war, daß sie das Ende der Zeiten ist.

(4) Die Seelen aber der Gottlosen, wenn sie das alles sehen, werden sie völlig hinschwinden. Sie wissen nämlich, daß ihre Peinigung naht und ihr Untergang gekommen ist.

---

66   *P. Volz*, Die Eschatologie der jüdischen Gemeinde im neutestamentlichen Zeitalter, (1934) 1966, 43. Zum Manna als Gabe des Messias s. *Bill.* I, 87; IV, 954.

Die Rückkehr geschieht zur Erde, wo diesmal eine Parusie stattfindet, was einen Herrlichkeitsnimbus voraussetzt[67]. Zwischenzeitlich war der Heilsbringer also verschwunden oder entrückt. Kap. 29 hat somit ein "interim kingdom" geschildert[68]. "Mit 30,1 wird der Schauplatz der Seligkeit plötzlich ein anderer und ein ganz neuer Ton angeschlagen"[69]. Hier taucht die den Apokalyptikern gemeinhin nachgesagte "transzendente" Eschatologie auf, mit Themen wie "Auferstehung" und "ewige Freude". Exegetische Bezugsbasis ist eine Koppelung von Dan 7 und 12. Die Parusie des Messias wird mit einem anderen Heil verbunden als sein innerisraelitisches Wirken in der Weissagung des vorhergehenden Kapitels. Die im Glauben Verstorbenen hatten auf ihn und seine auferweckende Kraft vertraut. Wo die Ausleger den Unterschied bemerken, verfallen sie auf Literarkritik und greifen zur Schere. Charles sieht ab 30,2 eine andere Quelle am Werk, Violet in 30,1 einen christlichen Glossator. Zweifellos hat Volz recht, "daß diese beiden Zukunftsbilder Kap. 29 und 30 nicht auf einem Boden gewachsen sind." Aber ist der Unterschied wirklich literarkritisch aufzulösen, er|klärt er sich nicht aus einer Verschmelzung unterschiedlicher Überlieferungen? Die Sprache beider Kapitel ist die gleiche.

Ein Bruch im Gedankengang liegt darin, daß der Messias in Kap. 30 plötzlich zurückkehrt, obwohl von seinem Verschwinden nicht die Rede war. Dennoch ist die Folge sinnvoll. J. Hadot[70] macht auf die parallele Zweistufigkeit im 4. Esrabuch aufmerksam, nur daß hier vom Tod des Messias nicht die Rede ist. Außerdem wird der Titel Messias auch für jene Gestalt beibehalten, die sonst Menschensohn heißt. Von der *Anfangsepoche* des Messias wird jetzt eine *Herrlichkeitsepoche* abgehoben. Nun erst findet seine Parusie statt, seine Erscheinung als Weltheiland. Umfaßte die Anfangsepoche eine Herrschaft über Palästina und den Rest Israels, dem ein Schlaraffenland bereitet wurde, so reicht die Herrlichkeitsepoche weltweit, führt die Auferstehung herbei und das Hinschwinden der Gottlosen. Der Messias erhält als erster die Herrlichkeit, die nachfolgend alle Auferstandenen ziert 51,10.12.16. Das klingt sehr christlich. Handelt es sich um christliche Bearbeitung? Oder ist im Raum spätisraelitischer Apokalyptik eine solche zweistufige Messianologie denkbar? Das 2. Baruchbuch kommt auf dieses Thema noch einmal zurück.

---

67 S. *B. Violet*, Die Apokalypsen des Esra und Baruch in deutscher Gestalt, GCS 32, 1924.
68 S. *Mowinckel*, He that Cometh, Oxford 1956, 404f.
69 *Volz*, Eschatologie, 43.
70 S. *J. Hadot*, La Bible écrits intertestamentaires, Bibliothèque de la Pléiade, 1987, 1505f.

Bei der *Zeder-Weinstock-Vision* wird Baruch wieder auf das Kommen des Messias verwiesen. Nach der Deutung eines vierten und letzten Weltreichs heißt es in den Kap. 39ff:

> (39,7) Es wird geschehen, wenn sich die Zeit seines Endes nähert, daß es fällt, dann wird die *Anfangszeit meines Messias offenbar*, die der Quelle und dem Weinstock ähnlich ist. Wenn sie offenbar wird, rottet sie die Menge seiner Schar aus ...
> (40,1) Der letzte Anführer aber ... wird gefesselt. Sie führen ihn auf den Berg Zion. Und mein Messias wird ihm vorhalten alle seine Bosheiten. Er wird versammeln und ihm vorlegen alle Taten seiner Scharen. Danach tötet er ihn. Und er schützt den Rest meines Volkes, der an dem Ort vorgefunden wird, den ich erwählt habe.
> (3) Und sein *Anfang* wird ein Zeitalter (לְעָלַם) Bestand haben, bis vollendet ist das Zeitalter des Verderbens. Und bis daß sich erfüllen die geweissagten Zeiten ...
> (41,1) Und ich antwortete und sagte: Für wen und wie viele wird dies geschehen? ...
> (42,1) Da antwortete er: ...
> (2) Den Gläubigen nur wird das genannte Gute zuteil werden.

An zwei Stellen wird also ausdrücklich von der Anfangszeit (רֵשִׁיתָא) des Messias gesprochen. In ihr herrscht er nur über Palästina und schützt die Übriggebliebenen Israels. Wie die messianische Herrschaft sich nach innen auswirkt, wird nicht nochmals erörtert; darüber gab Kap. 29 Bescheid. Immerhin wird durch das Bild des Weinstocks wohl angedeutet, daß der Messias seinem Volk angenehmen Trank vermittelt. Im Vordergrund aber steht die außenpolitische Aktivität. Er vernichtet den letzten Herrscher des schon angeschlagenen vierten Rei|ches, nachdem er ihn vorher auf dem Zion seiner Sünden öffentlich überführt hatte. Von einer Folgezeit, in der den Messias Herrlichkeit umgibt, verlautet hier nichts und in Kap. 29 nur wenig. Das hat die Ausleger dazu geführt, das Nomen ”Anfangszeit“ wegzuemendieren, obwohl es in Kap. 39f zweimal im Text steht und in 29,3 eine Parallele findet. Seit V. Ryssel[71] wird meist רֵשְׁנוּתָה ”seine Herrschaft“ gelesen. Doch nach 42,6 werden auf die hier geschilderte Zeit Zeiten anderer Art bis zum Ende folgen, bis zum Ruf nach der Auferstehung (V. 8), die also noch nicht in die erste messianische Epoche fällt. So besteht zur Korrektur kein Anlaß. Im Hintergrund der apokalyptischen Begrifflichkeit steht die im Alten Testament häufige Redeweise vom Anfangsjahr der Herrschaft eines Königs vor der eigentli-

---

71 S. *E. Kautzsch* (Hg.), Die Apokryphen und Pseudepigraphen des Alten Testaments II, (1900) 1975, 425.

chen Thronbesteigung: רֵאשִׁית מַמְלְכוּת[72]. Diese Vorstellung ist hier in die eschatologische Epoche übertragen. Wenn zunächst von einer Folgezeit und Herrlichkeitsepoche wenig verlautet, so erklärt es sich aus dem Aufbau des Buches. Die Zeder-Weinstock-Vision beschränkt sich auf die letzte voreschatologische Zeitstufe.

Von einer Anfangszeit des Messias wird auch in der großen *Wolken-Vision* eine Folgezeit abgehoben. Bei dieser letzten Vision stimmen Schauung und Deutung nicht vollständig überein. In der ersten folgt sechsmal auf ein dunkles Wasser je ein helles, bis am Ende die Wasser droben ein dreizehntes Mal ihren letzten Vorrat an dunklem Wasser ausgießen (53,6–10) und schließlich ein heller Blitz die ganze Wolke auf die Erde herabwirft. Nach der Deutung folgt jedoch auf das letzte überzählige dunkle Wasser nicht ein Blitz, sondern ein vierzehntes helles Wasser als eine (zweite) Zeit des Messias (Kap. 72). Die meisten Kommentatoren stellen gewaltsam eine Übereinstimmung her, indem sie den Text von 72,1 tiefgreifend ändern. Nur der vorsichtige Violet hat Bedenken und plädiert für eine überlieferungsgeschichtliche Lösung, nach der Baruch die Wolkenvision mit dem Blitz am Ende aus vorgegebener Tradition übernommen hat, dann aber seine eigenen Vorstellungen in die Deutung einbringt. Dies erscheint mir die wahrscheinlichste Lösung. Die ältere Überlieferung rechnet mit zwölf weltgeschichtlichen Herrschaften und einer dreizehnten, die wegen ihrer Bosheit aus dem Rahmen fällt. Doch alle gehören der einen Wolke droben zu, die dann vom Blitz radikal beseitigt wird, also zu der einheitlichen Größe irdischer Macht, die durch das himmlische Reich ersetzt wird. In der Deutung ändert Baruch einen überkommenen Stoff, weil das Ende der Welt und das Auftreten des Messias seiner Erkenntnis nach nicht so einlinig geschehen werden. Zwar sieht auch er das eschatologische Reich des Messias durchaus in einer ge|wissen Kontinuität zu den vorhergehenden Reichen der Welt. Deshalb kommt der Messias nicht als ein dem Element des Wassers völlig entgegengesetzter Blitz, sondern als ein letztes helles Wasser, das mit seiner Helligkeit zwar alle vorhergehenden Wasser übertrifft, aber dennoch von vergleichbarer Art bleibt.

Bemerkenswert ist aber nun, daß der Messias nicht erst mit dem hellen vierzehnten Wasser auftaucht, sondern schon vorher während des schrecklichen dunklen dreizehnten Wassers da ist. Diese letzte negative Epoche irdischer Geschichte wird in Kap. 70 nicht mehr als Epoche des vierten Weltreichs, sondern als Krieg aller gegen alle geschildert. Offensichtlich erwartet Baruch von dem Großreich seiner Tage keine gewaltigen Leistungen mehr und sieht deshalb in ihm nicht den unmittelbaren

---

72 Die Wendung steht in Jer 26,1 u.ö. parallel zu akkadisch *reš šarrūti*; vgl. *W. v. Soden*, Akkadisches Handwörterbuch, 1972, 975 D 2).

Vorgänger des Weltendes. Vielmehr wird nach der Beseitigung dieser Weltmacht eine Zeitlang Unruhe auf der Erde sein. Das allgemeine politische und militärische Durcheinander wird durch einen Ansturm von Gog und Magog verstärkt. Allein Palästina bleibt eine Insel des Friedens. Dies alles wird so beschrieben:

(70,8) Es wird geschehen: Jeder, der vom Krieg verschont bleibt, wird durch Erdbeben sterben. Und wer vom Erdbeben verschont bleibt, wird vom Feuer verbrannt. Und jene, die vom Feuer verschont bleiben, werden durch Hunger umkommen.

(9) Jeder, der verschont bleibt und entrinnt all dem eben angeführten, von denen, die gesiegt haben, und denen, die besiegt worden sind, der wird übergeben in die Hände meines Knechtes, des Messias. Denn jedes andere Land (oder: die ganze Erde) wird seine Bewohner verschlingen,

(71,1) das Heilige Land aber wird sich der Seinigen erbarmen und beschützen seine Bewohner zu jener Zeit.

Der Messias erscheint nur am Rand, da weniger das Geschick Israels als das der Völker (69,1) im Mittelpunkt steht. Doch wird deutlich, daß er allein für Palästina in der letzten schweren Zeit bedeutsam ist. Daß dieses Land eigens geschützt wird, war auch an anderen Stellen gesagt worden, die von einer Anfangszeit des Messias gesprochen haben. Wenn es das erste Mal hieß, daß Gott Palästina beschützt (29,2), das zweite Mal der Messias selbst beschützt wird (40,2) und hier nun das Land selbst die Bewohner beschützt, handelt es sich um beabsichtigte Varianten: Gott schützt durch die Herrschaft des Messias, der Messias aber steht mit dem Land Palästina in geheimnisvoller Verbindung. Zu diesem Land retten sich einige aus den Völkern, und zwar aus den Herrenvölkern wie aus den bislang unterjochten Völkern, und der Messias nimmt sie auf.

Die eigentliche Zeit des Messias steigt erst mit dem großen, hellen vierzehnten Wasser (Kap. 72) herauf:

(72,2) Nachdem die Zeiten eingetreten sind, über die ich dir früher Bescheid gab, wenn die Völker bestürzt sind, dann kommt die Zeit meines Messias. Er ruft alle Völker. Einige von ihnen belebt er und einige tötet er. |

(3) Dies also kommt über diejenigen Völker, die künftig bestimmt sind, von ihm Leben zu empfangen: Jedes Volk, das Israel nicht kannte und nicht zertreten hatte den Samen Jakobs, das wird leben, weil sie sich aus allen Völkern deinem Volk unterwarfen. Aber die euch beherrscht haben oder euch kannten, jene werden dem Schwert überliefert.

(73,1) Er wird geschehen, nachdem er gedemütigt hat alle, die in der Weltzeit (עֶלְם) lebten, dann wird er sich setzen in Frieden für eine Weltzeit (עֶלְם) auf den Thron seiner Königsherrschaft. Darauf wird (er) sich (in) Wonne offenbaren, und die Ruhe wird sichtbar.

(2) Darauf wird Heilung herabsteigen in 'Tau' und die Krankheit wird sich entfernen. Und Sorge, Trübsal und Seufzen wenden sich weg von den Menschen. Es wandelt Freude über die ganze Erde.

(3) Und niemand wird vorzeitig sterben ...

Hebt die große eschatologische Wende an, dann naht die eigentliche Zeit des Messias, und er wird über Palästinas Grenzen hinaus aktiv. Er ruft die Völker zusammen. Schließt das ein, daß er sie auferweckt? Er ist es, der ihnen das Leben verleiht, eschatologisches Leben; oder der sie richtet und dem personifizierten Schwert anheimgibt. Dann erst besteigt er seinen Thron, der offenbar als Weltenthron gedacht ist, bei dem aber nicht zu erkennen ist, ob er sich auf Erden befindet oder gar im Himmel. Der exegetische Hintergrund ist wahrscheinlich Ps 110. Den Messias umgibt die Aura der Wonne wie in Kap. 30 die Aura der Herrlichkeit. Die eschatologische מְנוּחָה tritt ein, und der Tau der Heilung senkt sich von oben auf die Erde herab. Schließt das zugleich eine Herabkunft des Messias selbst ein? Die folgenden Sätze führen dann aus, wie Angst, Sünde und Tod verschwinden und ein Tierfriede im Sinne von Jes 11 eintritt. In diesem Abschnitt wird weit mehr geschildert als das Schlaraffenland der messianischen Anfangsperiode in Kap. 29. Züge einer transzendenten Eschatologie treten auf, auf jeden Fall einer universalen. "Le salut est offert à toutes les nations"[73].

Zusammenfassung: Die Eschatologie des Baruch erweist sich dann als Einheit, wenn eine zweistufige Messianologie vorausgesetzt wird. Zwar wird nur ein einziger Titel für den künftigen Heilsmittler verwendet, doch die dadurch gekennzeichnete Figur herrscht in verschiedener Weise in zwei getrennten Epochen. Der Messias wird zunächst noch innerhalb dieser Weltzeit sein Regiment antreten, im Rahmen der letzten bösen Zeit, und wird den Rest Israels in Palästina beschirmen. Das ist mit allerhand Wundererscheinungen verbunden, führt aber noch keine tiefgreifende Verwandlung der Menschen und der Welt mit sich. Die politische und militärische Lage jenseits Palästinas bleibt in dieser Epoche düster. Dann aber kommt die eigentliche Wende der Zeiten. Der Messias offenbart sich plötzlich neu in Herrlichkeit und in Wonne, seine Herrschaft nimmt weltweites Ausmaß an, er besteigt seinen Thron, leitet die Auferstehung der Toten ein und ge|währt ewiges Leben. Eschatologische Freude erfüllt dann die Erde. Diese zwei Linien werden an allen Stellen erkennbar, die vom Messias reden.

---

73 *Hadot*, Bible, 1542A.

Im einzelnen lassen sich Unebenheiten wahrnehmen, die verdeutlichen, wie der Apokalyptiker mit den Stoffen ringt und Überlieferungen zusammenschweißt, die verschiedenen Wurzeln entsprungen sind. So geschieht die Auferstehung in Kap. 72 *vor*, in Kap. 30 *nach* der eschatologischen Thronbesteigung. Ebenso kommt der Tau der Heilung in 29,7 *vor*, in 73,2 *nach* der Wende zur Herrlichkeit herab. Die Verdammnis der Gottlosen wirkt sich in Kap. 30 von selbst aus: sie vergehen angesichts der Herrlichkeit des Messias; in Kap. 72 überantwortet dem Messias diese Menschen dem Schwert. Er ist es auch, der nach Kap. 39 in seiner Anfangsepoche den letzten Herrscher des vierten Weltreiches hinrichtet, nach Kap. 71 hingegen läßt er in dieser Zeit den Kriegen auf Erden ungehindert ihren Lauf. In Kap. 29 scheinen überhaupt keine Weltmächte mehr auf dem Plan zu sein. Hier ähnelt die Anfangsepoche einem voreschatologischen Zwischenreich; dagegen paßt dieser Begriff für die anderen Stellen nicht.

Woher rührt die Zweistufigkeit? Sie läßt sich kaum anders erklären, als daß Baruch eine Menschensohnerwartung neben einer Messiashoffnung vorfindet und sich beiden verpflichtet fühlt, ohne imstande zu sein, beides in eins zu setzen. Immerhin geht er weiter in dieser Hinsicht als das 4. Esrabuch und setzt eine Personalunion voraus. Das macht für ihn den Titel Menschensohn überflüssig. Der Zwang, beide Erwartungen zu verbinden, hängt wohl daran, daß der Apokalyptiker seiner Heiligen Schrift sowohl Verheißungen eines begrenzten, israelitischen Heilsreiches mit nationalem König – so Gen 49,10–12 und Ps 2 – als auch Verheißungen eines transzendenten Weltherrschers und einer Weltverwandlung – so Dan 7, aber wohl auch Ps 110 – vorfindet. Es spricht für seinen exegetischen Takt, daß die Aussagen nicht blindlings harmonisiert werden, sondern ihre Verschiedenheit so stark empfunden wird, daß nur die Theorie von einer doppelten Wirksamkeit im zeitlichen Nacheinander der Gestalt, die nun Messias genannt wird, seinem Schriftverständnis gerecht wird.

V. Die Bilderreden des Henochbuches

Im Zusammenhang unseres Themas lassen sich die Bilderreden des Henochbuches nicht übergehen. Sie entwerfen bekanntlich ein eschatologisches Gemälde, bei dem ein "Sohn des Menschen" in den Farben von Dan 7 vorgeführt und in den Mittelpunkt des eschatologischen Geschehens gestellt wird. Gegenüber dem kanonischen Text werden aber die Kompetenzen erheblich erweitert. Die Stellung und die Aufgabe des Menschensohnes werden an die der personifizierten Weisheit von Prov 8 angeglichen, die zwar neben jenem wirksam bleibt, aber | in den Hintergrund des Geschehens rückt. Von da aus kommt es zur Vorstellung einer Präexistenz des Menschensohns und seiner fortdauernden Verborgenheit während dieser Weltzeit[74]. Die Menschensohnauffassung dieses Buchteils ist häufig untersucht worden und hier nicht im einzelnen darzustellen[75]. Wie verhält sie sich zu älteren messianischen Überlieferungen in engerem Sinn? Der Titel "Gesalbter" wird nur zweimal angeführt. Ist er an beiden Stellen, wie gemeinhin vorausgesetzt, mit dem Menschensohnprädikat schlechthin gleichbedeutend? Die knappen Andeutungen erlauben keine sicheren Schlüsse, lassen sich aber durchaus in das Konzept einer zweistufigen Heilandserwartung einordnen.

Die Kap. 47–48 schildern, wie das Haupt der Tage auf seinem Thron der Herrlichkeit sitzt und vor ihm der Menschensohn erscheint. Sein Name war bereits vor dem Höchsten Gott genannt, ehe die Schöpfung begonnen hatte. Seitdem existiert er vor der Welt verborgen. Doch die göttliche Weisheit hat ihn den Frommen so offenbart, daß er durch die Zeiten hindurch zu ihrer Glaubensstütze werden konnte. In einer weiteren Szene wird die Vernichtung der Könige der Erde angekündigt. Sie wird in ihrem negativen Verhältnis zum Messias begründet:

(48,10) Denn sie haben den Namen des Herrn der Geister und seinen Gesalbten verleugnet.

Wie ist das zu verstehen? Hatte die Weisheit auch den Weltherrschern den verborgenen Menschensohn allezeit und deutlich kundgetan? Oder bezieht sich die Verurteilung der Könige auf ihr Verhalten gegenüber einem gesalbten König Israels? Ein Teil der Kommentatoren erkennt hier ein Problem. Black weist darauf hin, daß mit dieser Zeile auf Ps 2,2 angespielt wird, während der Menschensohn sonst nach Stellen wie Dan 7; Jes 11; 42; 49 geschildert werde. Deshalb folgert er: "It might seem as if the writer deliberately goes out of his way to avoid the use of such a term in connection with his Son of Man or Elect One."[76] Charles hatte die Stelle als sekundär ausgeschieden, da eine Verleugnung des Menschensohns – die Identifikation der Gestalten ist für ihn selbstverständlich – vor dessen Erscheinen im Eschaton schwerlich denkbar sei[77]. Dieser

---

74   S. *J. Theisohn*, Der auserwählte Richter, SUNT 12, 1975; *G. Schimanowski*, Weisheit und Messias, WUNT 2/17, 1985; *G.W.E. Nickelsburg*, Salvation without and with a Messiah, in: Judaisms and Their Messiahs (s.o. Anm. 24), 49–68; *Hampel*, Menschensohn (s.o. Anm. 38), 41–48; *M. Black*, The Messianism of the Parables of Enoch und *J.C. Vanderkam*, Righteous One, Messiah, Chosen One, and Son of Man in 1Enoch 37–71, in: The Messiah (s.o. Anm. 25), 1992, 145–168; 169–191.
75   Noch immer grundlegend ist *E. Sjöberg*, Der Menschensohn im äthiopischen Henochbuch, SUKVL 41, 1946.
76   *Black*, The Book of Enoch (s.o. Anm. 52), 212.
77   S. *R.H. Charles*, The Book of Enoch or I Enoch, Oxford 1912, z.St.; *Müller*, Messias (s.o. Anm. 38), 40f.

Widerspruch löst sich auf, wenn der Ver|fasser wie bereits andere Apoka-
lyptiker in seine Eschatologie sowohl den Messias als auch den Menschensohn einordnet, aber mit jeweils unterschiedlichem Aufgabenbereich.

Am Beginn der zweiten Vision innerhalb der Bilderreden taucht der
Begriff Messias nochmals auf (52,4). Der Seher schaut sechs bis sieben
Metallberge, wahrscheinlich in einer historisch bedingten Ausweitung der
Vier-Monarchien-Sukzession von Dan 2. Was als weltpolitische Lage vor
Augen steht, entspricht also derjenigen, die durch die Könige der Erde in
Kap. 48 bestimmt waren. Die Berge werden durch den deutenden Engel
erläutert:

> (52,4) Alle diese Dinge ... sollen (sollten?) der Herrschaft seines Gesalbten
> dienen.

Nach dem folgenden Text ist das aber nicht geschehen. So kündet der
Engel an, daß "in jenen Tagen" Verborgenes zutage treten wird, und
zwar so:

> (52,9) Alle diese Dinge werden verschwinden und vertilgt werden von der
> Oberfläche der Erde, wenn der Erwählte vor dem Angesicht des Herrn der
> Geister erscheinen wird.

Black[78] sieht in der angekündigten Herrschaft des Gesalbten über die
Weltreiche einen Rückgriff auf Dan 7 und die endzeitliche Herrschaft des
Menschensohns. Das leuchtet aber kaum ein. Denn die Dienstbarkeit der
Großmächte unter dem Gesalbten bezieht sich auf die Zeit *vor* ihrer
endgültigen Vernichtung, welche erst durch das Auftreten des Auserwählten, der dann eindeutig mit dem Menschensohn identisch ist,
heraufgeführt wird. So könnte hier wie in 48,10 mit dem Messias ein
König Israels am Ende der laufenden Weltzeit vorausgesetzt sein. Dann
werden nochmals Messias und Menschensohn einander zugeordnet, aber
auf zwei Epochen im Umbruch der Zeiten verteilt[79].

Anmerkungsweise sei nochmals auf das Qumranschrifttum verwiesen. In den aus
der Sektengemeinde stammenden Schriften wird nicht nur der Titel Messias, wie
oben dargelegt, sparsam und unterschiedlich verwendet, der Titel Menschensohn
wird völlig vermieden. Dennoch gibt es vereinzelt Hinweise auf eine vorläufige

---

78 S. *Black*, The Book of Enoch, 215.
79 Um solchen Folgerungen aus dem Weg zu gehen, scheidet *Sjöberg*, Menschensohn, 140–146 beide Stellen als christliche Glossen aus; vgl. *Müller*,
Messias, 40f. Vorsichtig urteilt *J.H. Charlesworth*, The Concept of the Messiah
in the Pseudepigrapha, ANRW II,19.1 (1979), 188–218, hier 207 Anm. 64:
"The identification of the ›Son of Man‹ with the Messiah must be resisted until
it is relatively certain that the author of 1Enoch 37–71 identified them";
ähnlich *U. Kellermann*, Messias und Gesetz, BSt 61, 1971, 119f.

und eine endgültige Heilsvermittlung durch unterschiedliche göttliche Beauftragte. So erscheint in 11QMelch der "Messias des Geistes" als der in Jes 52,7 verheißende Freudenbote, mit der Bemerkung, daß er auch von Daniel verheißen sei; ihm wird | jedoch keine politische Aktivität zugeschrieben, vielmehr tröstet er die Bedrückten Zions und unterrichtet sie über die Endzeiten des עוֹלָם[80]. Er verheißt die Ankunft "deines אֱלֹהִים", nämlich des Fürsten Melchisedek, der am Ende des zehnten Jubiläums der Weltzeit auftritt, einen eschatologischen Versöhnungstag heraufführt und Guten und Bösen ihr ewiges Los zuweist. Die Notwendigkeit, aufgrund alttestamentlicher Verheißungen mit verschiedenen Heilandsgestalten zu rechnen, wird also auch in Kreisen empfunden, die keine eigene Apokalyptik im großen Stil entwerfen.

VI. Neutestamentlicher Ausblick

Auch den Neutestamentlern ist eine Zwei-Stufen-Messianologie nicht völlig unbekannt. Zumindest bei der Exegese des Römerbrief-Präskripts taucht sie regelmäßig auf. So ist ein Ausblick auf diese Stelle angebracht. Paulus stellt sich im Eingang dieses Briefes der fremden Gemeinde als Apostel des Evangeliums von Jesus Christus als dem Sohn Gottes vor. Das erläutert er durch eine in der Absenderangabe damaliger Briefe ungewöhnliche hymnische Zufügung (Röm 1,3f):

Entstanden aus dem Samen Davids nach dem Fleisch,
eingesetzt zum Sohn Gottes in Kraft nach dem Geiste der Heiligkeit aus der Auferstehung der Toten heraus.

Soweit ich sehe, sind die Neutestamentler weithin einig, daß der Apostel ein vorpaulinisches Bekenntnis aufgreift, um die Übereinstimmung im Glauben mit der ihm bislang fremden Gemeinde in Rom zu betonen. Die aufgegriffene Formel unterscheidet "zwei Stufen"[81] bzw. "zwei Stadien"[82]. Zum ersten geht es um den Davidssamen als Prädikat des irdischen Jesus, zum anderen um den Gottessohn und seine Auferstehung. Der ersten Phase wird ein Dasein κατὰ σάρκα zugewiesen, in der zweiten hingegen ein Dasein κατὰ πνεῦμα. Dem Alttestamentler leuchtet angesichts von Stellen wie Jes 31,3 schwerlich ein, daß diese Antithese ein paulinischer Zusatz sein soll. Ist sie vorpaulinisch, bezeichnet im Bekenntnis die "Geist der Heiligkeit" die Sfäre, welcher der Auferstandene hinfort zugehört, und das ist eben diejenige, in der die Heiligen der apokalyptischen Literatur zu Hause sind. Die Koppelung der Erhebung zum Gottessohn mit der Auferstehung der Toten (wohlgemerkt

---

80 S. *E. Puech*, Notes sur le manuscript de XIQMelkîsédeq, RdQ 12, 1987, 491.
81 *E. Käsemann*, An die Römer, HNT 8a, 1973, 9.
82 *U. Wilckens*, Der Brief an die Römer, EKK VI/1, ²1987, 61.

im Plural) erinnert an die Verbindung von apokalyptischer Menschen-
sohnerscheinung und allgemeiner Auferweckung in der Danielrezeption.
Ist die Zweistufigkeit der übernommenen Formel eine christliche
Erfindung? Angesichts der relativ zahlreichen zeitgenössischen nicht-
christlichen Parallelen erhebt sich die Frage, ob die Urkirche zur Deutung
des Jesusgeschicks nicht auf eine bereits ausgebildete apoka|lyptische
Zwei-Stufen-Messianologie zurückgegriffen hat. In der Gemeinde, die
dieses Bekenntnis ausgebildet hat, wird dann das Prädikat "Sohn Gottes",
das einstmals mit der ersten Phase in der Messias-Tradition verbunden
war (Ps 2,7; 4Esr), nun strenger genommen und deshalb auf die zweite
Phase, die ursprüngliche Menschensohnerwartung, bezogen. Dadurch wird
dieser alte Titel ebenso überflüssig wie im 2Bar. Das Dasein ἐν δυνάμει
entspricht Aussagen über die Parusie des Heilbringers in Herrlichkeit
(2Bar) oder über die göttliche Vollmacht des Erwählten in der
Abrahamapokalypse. Die Parallelen liegen so nahe beieinander, daß eine
überlieferungsgeschichtliche Abhängigkeit naheliegt.

Tritt die zweistufige Messianologie im Neuen Testament nur in Röm 1
zutage? Wie steht es mit der Doppelaussage über den Rang Jesu in Mk
14,62? Oder mit dem Nebeneinander, aber nicht Ineinander von Christus-
und Menschensohnaussage in den synoptischen Evangelien?

Einige Überlegungen zum Schluß: Warum geben sich apokalyptische
Kreise um die Zeitenwende soviel Mühe, die überkommenen eschatologischen Vorstellungen um zwei künftige repräsentative Figuren zu
gruppieren? Warum genügt nicht eine einzige Heilandsfigur, sondern sind
deren zwei nötig oder zumindest zwei Stadien der Wirksamkeit, wo an
eine Personalunion gedacht wird?

Die Sonderrolle eines künftigen Messias für Israel erklärt sich einmal
aus den zahlreichen alttestamentlichen Weissagungen, die dem erwählten
Gottesvolk ein besonderes, partikulares Heil in Aussicht stellen. Vermutlich ist es nicht nur der Respekt vor dem Wortlaut heiliger Schriften,
der diesem Thema eine Sonderbehandlung angedeihen läßt. Zugrunde
liegt vielmehr die Überzeugung, daß Israel als das Volk einer besonderen
Gottesgeschichte seinen Weg gehen und dann an ein eschatologisches
Ziel gelangen wird. Die Verfasser sind Israeliten. Und sie sind begreiflicherweise von der unaufgebbaren Besonderheit ihres Volkes eingenommen.

So überrascht es mehr, daß neben einem Messias für Israel noch ein
universaler Menschensohn auftaucht und daß erst mit dessen Erscheinen
die Grenzen der uns vertrauten irdischen Verhältnisse grundsätzlich
gesprengt werden. Erst mit ihm kommt es zur Auferstehung, zur endgültigen Überwindung der Sünde und zu ewigem Leben. An dieser Stelle
ergibt sich, daß apokalyptisches Denken zwar die Heilsgeschichte Israels
respektiert, sie aber relativiert und die Umrisse einer endgültigen Zukunft

Gottes auf dem Boden einer umfassenden Lehre von der Schöpfung entwerfen kann. Wenn es der eine Gott ist, auf dessen Willen die Welt, in der wir leben, und alles, was es in ihr gibt, zurückgeht, dann wird dieser Gott nicht ruhen, bis er seine Schöpfung und seine besonderen menschlichen Ansprechpartner innerhalb dieser Schöpfung in einen Zustand überführt hat, der allein seinem uranfänglichen heilsamen Willen gerecht wird. Dazu bedarf es am En|de eines Mittlers, der den von Gott gewollten Menschen in Fülle verkörpert. Der (אָ)שָׁנֱא רַּב aber, der im Deutschen mit "Menschensohn" übersetzt wird, zielt auf diesen Menschen im ausgezeichneten Sinn, mit dem sich zu identifizieren jedem anderen Menschen angeboten wird. Deshalb erscheint er nicht primär als Monarch, der Untertanen beherrscht, so sehr in ihm die im Reich Gottes erneuerte menschliche Gesellschaft ihren Zusammenhalt findet, sondern ist einerseits der Weltrichter, der alles Sündig-Menschliche zum Verschwinden bringt, und andererseits "der Menschliche", dessen Geist und Weisheit, dessen uneingeschränkte Gottesnähe alle Erwählten zum gleichen Dasein führen wird.

Nachtrag

Auch die *Rabbinen* verorten den Messias am Ende dieses 'Olam, kennen also eine zweistufige Eschatologie, wenn auch für die zweite, den kommenden 'Olam, eine Heilandsgestalt entbehrlich scheint[83]. Ähnlich die Eschatologie des *Islam*. Danach kehrt am Ende der Tage Jesus wieder, besiegt den Antichrist (*daǧǧāl*) Byzanz und führt ein zeitweiliges Friedensreich herauf. Dann erfolgt der Einbruch von Gog und Magog sowie die endgültige Verwandlung mit Auferstehung der Toten[84].

Zum Thema insgesamt ist jetzt die gründliche Darstellung von J.J. Collins zu vergleichen[85].

[[83   Vgl. Bill 4,816-844; ThWNT 9,516]].

[[84   Dazu H. *Busse*, Messianismus und Eschatologie im Islam, JBTh 8 (1993) 273-289]].

[[85   *J.J. Collins*, The Scepter and the Star. The Messiahs of the Dead Sea Scrolls and Other Ancient Literature (The Anchor Bible Reference Library), 1995]].

Der Schatz im Himmel

Die deutschsprachige evangelische Theologie wird gegenwärtig von einem unstillbaren Drang nach Aktualität erfaßt. Dieser Drang ist dem exegetischen Geschäft nicht günstig, das es notgedrungen mit historischem Stoff zu tun hat, der sich dem Forscher erst nach langem Anmarschweg erschließt - und dann um so fremdartiger ausschaut, je näher man sich an ihn heranarbeitet. Das Bedürfnis an aktuellen Aussagen ist für die Exegese nicht ungefährlich, führt es doch in die Versuchung, altertümliche Denkformen der biblischen Texte unter der Devise "das kann ja gar nicht sein" beiseite zu schieben und entsprechende Wendungen für bloße Bilder zu erklären, um den Stoff für die gegenwärtige Debatte möglichst schnell attraktiv und mundgerecht zu machen. Die lässige Weise, in der die Bibelwissenschaft das schwere Problem eines hebräischen Denkens behandelt[1], ist dafür signifikativ. Der scheinbare Gewinn ist jedoch trügerisch. Wird dem Bezug biblischen Denkens zu den Denkformen des altorientalischen und hellenistischen Altertums nicht eingehend nachgespürt, so wird die gedankliche Strenge, die vielen biblischen Autoren eignet, nicht mehr in Blick kommen; die alt- und neutestamentlichen Aussagen erscheinen dann zu Unrecht auf der gleichen Ebene wie die erbaulichen Phrasen, die heutzutage viele Prediger - Gott sei's geklagt - auf der Kanzel von sich geben. Da rechte Theologie immer an ihre Zeitgenossenschaft adressiert ist[2], ist es der Exeget der Bibel schuldig, sie im Kontext ihrer Zeitgenossenschaft zu interpretieren.

Ein Ergebnis historischer Schriftforschung, das uns heute fremdartig | berührt, ist die Rolle des Lohngedankens im Neuen Testament, scheint doch hier die Idee einer berechenbaren Korrespondenz von Leistung und Lohn aufzutauchen, die der Freiheit Gottes hohnspricht[3]. Es gibt Exegeten, die sich aus der Affäre ziehen, indem sie von Restbeständen alttestamentlicher Leistungsreligion oder jüdischer Werkgerechtigkeit sprechen. Es ist nicht der Ort, nachzuweisen, wie töricht solche Pauschalurteile sind. Aus dem verschlungenen Themenkreis greife ich nur ein Motiv heraus, das in der exegetischen Forschung bisher zu kurz gekommen ist.

---

1 S. meinen Bericht: Gibt es ein hebräisches Denken? Pastoralblätter 108, 1968, S. 258-276.
2 *H. Thielicke*, Der evangelische Glaube I, 1968, § 1.
3 *H. Thielicke*, Theologische Ethik III, 1964, S. 351-355.

I.

Als der *reiche Jüngling* sich sorgt, wie er "das ewige Leben ererbt", gibt ihm nach den synoptischen Evangelien Jesus den Rat:

> Verkaufe, was du hast, und gib's den Armen, so wirst du einen Schatz im Himmel haben. Dann komm, folg mir nach! (Mk 10,21 p.).

Daran knüpft sich ein Gespräch Jesu mit seinen Jüngern an, das in seiner vermutlich ältesten Form[4] lautet:

> Niemand ist, der sein Haus, Brüder, Schwester, Mutter, Vater oder Äcker verläßt wegen des Reiches Gottes,
> der nicht vielfältig empfängt in dieser Zeit, und im künftigen Aion das ewige Leben ererbt.

Das Ererben ewigen Lebens wird im Mittelteil an die Beschaffung eines Schatzes im Himmel geknüpft, der wiederum durch Taten um des Reiches Gottes willen entsteht. Wieweit ist hier "erben" genau zu nehmen? Entspringt aus dem himmlischen Schatz denn einmal (etwa nach der Auferstehung) das ewige Leben? Oder ist "erben" (*klēronomeō*) abgeschliffene, nichtssagende Redensart (Klostermann, HNT z.St.)? Die Auffassung vom Schatz im Himmel wird als bekannt vorausgesetzt. In der Tat findet sich in einem späteren rabbinischen Traktat eine Anekdote über einen Zeitgenossen Jesu, den König *Monobaz* von Adiabene, der während einer Hungersnot seinen königlichen Schatz an die Armen verteilt und sich dabei ähnlich wie Jesus geäußert haben soll: |

> Meine Väter haben Schätze (*'ôṣarôt*) für unten gesammelt, und ich habe Schätze für oben gesammelt...
> Meine Väter haben Schätze gesammelt an einer Stätte, über die die Hand Gewalt gewinnen kann,
> und ich habe Schätze gesammelt an einer Stätte, über die keine Hand Gewalt finden kann.[5]

Doch auch bei Monobaz wird nicht erklärt, wie der himmlische Schatz vorzustellen ist. Da es wie beim reichen Jüngling um Besitzveräußerung geht, legt die deutsche Übersetzung "Schatz" wie das griechische thesau-

---

4 Lk vereinfacht die Verwandtenreihe; Mt und Mk ersetzen "Reich Gottes" durch "wegen meiner" (*R. Bultmann*, Die Geschichte der synoptischen Tradition, [2]1931, S. 115f). Mt streicht den Bezug auf "diese Zeit", den umgekehrt Mk durch eine zusätzliche Aufzählung hervorhebt.

5 Tos.Pea 4,18 bei Bill. I 430 und *Schlatter*, Der Evangelist Matthäus, 1948, S. 221.

ros - die hebräische Vokabel *'ôṣar* hat weiteren Bedeutungsumfang - nahe,
daß an himmlisches Kapital gedacht ist; wer sein Geld hier unten ver-
schenkt, gibt es in Wirklichkeit gar nicht her, sondern zahlt geheimnisvoll
auf sein Konto bei der himmlischen Bank. Die Deutung scheint durch
eine Stelle im Mischnatraktat *Pea* gestützt zu werden, die von den
Kommentaren häufig zitiert wird:

> Das sind die Dinge, von deren Zinsen der Mensch in dieser Welt lebt,
> während ihm das Kapital in der kommenden Welt stehen bleibt: die
> Ehrerbietung gegen Vater und Mutter, die Liebeserweise, das Frie-
> denstiften zwischen den Menschen. Das Studium der Tora aber über-
> trifft sie alle[6].

Allein, so beliebt die Zitierung der Stelle für die neutestamentliche
Vorstellung auch ist, so ist sie nicht unbedenklich. Einmal handelt es sich
gerade nicht in Pea um eine Entsprechung Geldauszahlung unten =
Geldeinzahlung oben. Was unten geübt wird, sind Tugenden, die nicht
direkt mit Geld zusammenhängen. Zum andern fehlt die Begrifflichkeit
von Kapital und Zinsen in neutestamentlicher Zeit für diesen Zusammenhang, und die Mischnastelle ist sichtlich spät[7]. Schließlich setzen diese
und ähnliche[8] rabbinische Stellen nicht voraus, daß sich solcher Besitz im
Himmel befindet, noch wird er mit ewigem Leben verbunden. Das Motiv
wirkt demnach bei den Rabbinen nach, aber in veränderter Gestalt. Es ist
demnach von ihnen nicht erfunden worden, sondern hat anderen Ursprung.

Während im Markusevangelium die Rede vom Schatz im Himmel nur
bei der Erzählung vom reichen Jüngling auftaucht und sonst keine | Rolle
spielt, ist es im Matthäusevangelium anders. Da nehmen die himmlischen
Schätze - diesmal im Plural - in der *Bergpredigt* einen wichtigen Platz ein
(6,19-21):

> Sammelt euch nicht Schätze auf Erden, wo sie Motte und Fraß
> unsichtbar werden lassen und wo Diebe nachgraben und stehlen.
> Sammelt euch Schätze im Himmel, wo sie Motte und Rost nicht
> unsichtbar machen und wo Diebe nicht nachgraben noch stehlen.
> Wo nämlich dein Schatz ist, dort wird auch dein Herz sein.

---

6 *W. Bauer*, Pea. Die Mischna I,2. 1915, S. 11.
7 Der Traktat mag gegen Ende des 2. Jh. n. Chr. niedergeschrieben sein
(*Bauer*, S. 5). Doch I, 1b ist Glosse, die den Zusammenhang zwischen 1a und 2a
sprengt. Indem die "Liebeserweise" unter die meßbaren Dinge gezählt werden,
widerspricht der Satz dem vorangehenden, wonach sie ohne Maß sind (I, 1 a).
8 Bill. I 430f.

Die Kommentare deuten auch diese Stelle auf die Haltung gegenüber Geld und Kapital. Mit den Schätzen im Himmel wird dann - so z.B. Schniewind - auf eine herkömmliche Redensart von einem himmlischen Kapital angespielt. Das kann natürlich von Jesus nicht ernst gemeint sein. Selbstverständlich ist "etwas anderes gemeint, als der Versuch des Juden, sich Himmelschätze zu erwerben"[9], aus dem Schluß soll man herauslesen, "ob der Schatz und Besitz des Herzens bei Gott gesucht wird, ob das innerste Wollen auf ihn gerichtet ist"[10]. Ebenso messerscharf argumentiert Hauck[11]: "So lehrt Jesus in Fortsetzung des jüdischen Bildes und Gedankens, daß der Mensch nicht irdische dinghafte Werte aufsammeln, sondern vielmehr gute Taten verrichten soll... Der Unterschied gegenüber dem Spätjudentum besteht in der durch die eschatologische Naherwartung gesteigerten Ausschließlichkeit der Forderung sowie in dem Fehlen des Verdienstgedankens." Wieso ein Verdienstgedanken fehlt, wird wohlweislich nicht erörtert. Vollends apodiktisch Schlatter[12]: "Der himmlische Schatz besteht darin, daß der Mensch Gott für sich hat, und das war für Jesus, da sein Gott keine Abstraktion, sondern der Wirkende und Gebende war, ein ernsthafter und gegenwärtiger Erwerb, wenn auch erst in der neuen Welt und im ewigen Leben sichtbar werden wird, wie reich Gottes Gnade den Menschen macht." Angesichts so gewundener Erklärungen wird begreiflich, daß Bultmann das Kind mit dem Bade ausschüttet, jeden eschatologischen Einschlag an unserer Stelle vermißt, sie als Äußerung volkstümlichen Gottesglaubens auffaßt und Jesus abspricht[13]. Wieweit in dem Spruch der Glaube des "Spätjudentums" - der vorgeblich eine Einheit darstellen soll! -, wieweit spezifisch jesuanische Gedanken vorkommen, ist offenbar ebenso undeutlich wie ein eschatologischer Bezug. |

Sollte die Unklarheit damit zusammenhängen, daß dem sprachgeschichtlichen Hintergrund bislang keine Beachtung geschenkt wurde? Setzen wir einmal voraus, daß der Spruch aus der palästinensischen Urgemeinde stammt, wofür seine weisheitliche Prägung spricht, so stand für *thesauros* einst aramäisch *'ôṣarā*. *'ôṣarā* meint eigentlich den Vorratsraum samt den darin befindlichen Gütern, zu denen Geldstücke gehören können, aber nicht müssen. Nach dem Targum, der aramäischen Bibelübersetzung, lagern im *'ôṣarā* z.B. Getreide (Gen 41,56) oder Gewänder

---

9   Ähnlich *G. Bornkamm*, Der Lohngedanke im NT, 1947, S. 11f.
10   *Schniewind* NTD, [4]1950, S. 91. Von einem Besitz des Herzens ist im Text gerade nicht die Rede, wohl aber von einer Bindung des Herzens an einen außerhalb seiner befindlichen Schatz.
11   *Hauck*, ThWNT III 137.
12   *Schlatter*, Mt S. 221.
13   AaO., 87. 109.

(Jer 38,11). Eine Übersetzung mit "Vorräten" legt sich auch für die Matthäusstelle aus dem Zusammenhang der Bergpredigt nahe:

1. Ginge es um den rechten Gebrauch des Geldes, wäre das Logion hinter dem Spruch vom Almosen V. 1-4 zu erwarten und nicht hinter demjenigen vom Fasten V. 16-18.

2. Der Spruch ist mit den vorangegangenen Aussagen über Almosen, Beten und Fasten so eng verknüpft, daß er als eine Art Zusammenfassung erscheint. Wie es dort um den Gegensatz von Sichtbarwerdenlassen und Verbergen geht (V. 1.4.5.6.16.18), so hier um das Unsichbarmachen (*'aphanizei*) V. 19.20[14]. Deutlicher noch wird die Verbindung hergestellt durch das Stichwort vom Lohn, den der Vater gibt oder der beim Vater im Himmel sich befindet (V. 4.6.18 vgl. 5,12; Lk 6,35). Das Sammeln der Vorräte im Himmel klingt nach Zusammenfassung dieser verschiedenen Belohnungen. Nicht bloß das rechte Almosengeben, sondern auch rechtes Beten und Fasten reichert den himmlischen Vorrat an, der nach V. 20 allein erstrebenswert ist. Der Aufruf zum Vorratssammeln bringt also keine neue Forderung[15].

3. Eine Wiedergabe von *thesauros* mit "Vorrat" statt "Geldschatz" legt sich vor allem jedoch vom Wortlaut des Spruches selbst nahe. Normalerweise tun Motten und (Holz-, Getreide- oder Metall-)Fraß Geldstücken keinen Eintrag, bringen sie jedenfalls nicht zum Verschwinden[16].

Also empfiehlt es sich, die rabbinische Vorstellung von der himmli|schen Bank, wo für jede gute Tat ein entsprechender Kapitalbetrag errechnet und aufbewahrt und gar regelmäßig ein Zins ausgeschüttet wird, als Parallele zu Mt 6,19-21 auszuscheiden[17]. Die himmlischen Vorräte sind nichts anderes als die *guten Werke selbst*, die gleichsam stofflich *im Himmel liegend* vorgestellt werden. Wozu aber gerade im Himmel? Sollte

---

14 Das Wortspiel *phainō-'aphanizō* dürfte, wenn in V. 16 (*Klostermann* z.St.), dann in V. 1-21 durchgängig beabsichtigt sein. - Die Assoziation des Verborgenen gehört zu *'ōṣār(ā)*; Dtn 32,34; Sir 20,30 und das (Jes 45,3) parallele *maṭmôn* (Wurzel *ṭmn* "verbergen"), das LXX stets *thesauros* übersetzt.

15 Bei dieser Deutung wird begreiflich, warum der Spruch vom lichten Auge nachfolgt. Um den Vorrat zu sehen, der aus verborgenen Taten entspringt, bedarf es eines ungetrübten Auges (V. 22f).

16 *Schniewinds* Bemerkung zeigt die Hilflosigkeit der üblichen Exegese gegenüber dem "Rost": "Genauer würden wir das ein 'Anlaufen' nennen" (ebd.).

17 Die Lukasparallele 12,33f überträgt die ungewohnte aramäische Vorstellung so ins Griechische, daß sie einem Hellenisten verständlich wird. Deshalb wird zum Besitzverzicht aufgerufen; statt von Vorräten im Plural ist von einem Schatz im Singular die Rede; außerdem werden "nicht veraltende Geldbeutel" eingeführt, um der Motte einen Sinn zu geben, nachdem der Schatz allein aus Kapital besteht.

dahinter nicht just jene eschatologische Komponente stecken, die Bultmann von der üblichen "spätjüdischen" Deutung her vermißt? Schniewinds Gleichsetzung des himmlischen Schatzes, der dem reichen Jüngling
vorgehalten wird, mit dem *Schatz im Acker der Gottesherrschaft* des
Gleichnisses Mt 13,44 wird von daher belangreich[18], geht es doch auch
dort um das, was auf Erden noch verborgen bleibt und um dessentwillen
alles andere aufgegeben wird. Der himmlische Schatz wird also zu einem
Teil des künftig in der Sichtbarkeit erscheinenden Reiches Gottes. Solche
Zusammenhänge werden in der synoptischen Tradition nur angedeutet,
also als bekannt vorausgesetzt. Wo stammen sie her?

II.

Ein Vorrat von guten Werken im Himmel, der einst am Eschaton das
ewige Leben schenkt - für den Protestanten eine abscheuliche Vorstellung. Nichtsdestoweniger taucht sie im neuen Testament auf. Sie hat
jedoch ihre Vorgeschichte, die ihren Stellenwert erkennen läßt und sie
einem anderen gedanklichen Koordinatennetz zuweist als dem von
genauer Berechnung und darauf aufgebautem forensischem Endgericht,
wie es abendländischer Auffassung entsprechen würde.

"Besonders schön und vergeistigt" tritt nach Meinung von Volz[19] das
Motiv in den *Psalmen Salomos*, einer Liedsammlung aus dem letzten vorchristlichen Jahrhundert, zutage:

> Wer Gerechtigkeit übt, speichert sich (*thesaurizei*) Leben beim Herrn
> und wer Unrecht übt, verwirkt sich selbst sein Leben in Verderben.
> Denn des Herrn Gerichte geschehen in Gerechtigkeit gegen Person
> und Haus (9,5). |

Volz: "die Seligkeit ist in diesem Spruch gleich einem Besitz, den man
sich allmählich erwirbt, somit ist die Vergeltung auch hier als innerlicher
Vorgang dargestellt." Ist jedoch an ewige Seligkeit gedacht? Nicht alle
Psalmen Salomos kennen eine individuelle Eschatologie. Der Hinweis auf
die Hausgemeinschaft, die vom Tun ihrer Mitglieder mitbetroffen wird,
läßt eher an diesseitige Auswirkungen der "gerechten" Tat denken.

Gleiches gilt für den Aufruf zur Wohltätigkeit im Buch *Tobit*:

> Einen guten Schatz (*thema*) speicherst du dir auf den Tag der Not
> ('*ananke*). Deshalb rettet Wohltätigkeit vom Tod und läßt nicht in die
> Finsternis hineingehen (4,9f).

Schicksalhaft bricht Not über den Menschen herein. Wohl dem, der
einen Vorrat an guten Werken bei sich hat, der dann wirksam wird und

---

18 Zu Mt 6,19-21.
19 *P. Volz*, Die Eschatologie der jüdischen Gemeinde 1934 [1966] S. 307.

Kraft verleiht, dem Tod zu entgehen. Hier wird sichtlich die alte *Auffassung von der schicksalwirkenden Tatsphäre* nach, deren Bedeutung ich früher einmal nachgewiesen habe[20]. Für die hebräische Sprache stellt die Benennung menschlicher Taten mit gut oder böse kein abstraktes Werturteil dar, das von einem geistigen Maßstab her vorgenommen wird. Sondern Gutheit oder Bosheit kennzeichnen innerweltliche Größen, die als Sphären die betreffenden Täter einhüllen und im Lauf der Zeit in ein entsprechendes Ergehen umschlagen, auf seinen Kopf zurückkehren. Wer gemeinschaftsgemäß handelt, dem wird die Sphäre der Gemeinschaftstreue, die er im Laufe der Zeit um sich gesammelt hat, eines Tages Wohlfahrt und jedwedes Heil bescheren. Die hebräische Vokabel *ṣädäq/ṣᵉdaqa*, die wahrscheinlich den beiden eben angeführten Stellen im Urtext zugrunde liegt (oder das aramäische Äquivalent), umfaßt deshalb stets sowohl "Rechtschaffenheit, Gerechtigkeit" wie "heilvolles Ergehen" , was schon dem griechischen Übersetzer die Arbeit ungemein erschwert hat. Wer sich dagegen gemeinschaftswidrig verhält, den umgibt auf die Dauer die Sphäre des Bösen und wirkt sich in Krankheit und Untergang aus. Solche Verkettung von Tun und Ergehen ist gottgewollt, Gott setzt die Tatsphäre eines Tages in Kraft und führt sie damit ihrem inneren Ziel zu[21]. Die Auffassung schicksalwirkender Tatsphäre war in mittelisraelitischer Zeit vor allem in weisheitlichen Kreisen (Hiob, Qohelet) auf Ablehnung gestoßen. In den zitierten spätisrae|litischen Stellen kommt sie wieder zum Vorschein, allerdings abgewandelt. Die Taten wirken nicht mehr als einzelne auf ihren Täter, sondern in ihrer Gesamtheit. Nach den Psalmen Salomos entfernt sich die gute Tat sogar vom Täter, indem sie zu Gott wandert und dauert aufbewahrt wird.

III.

In einen eschatologischen Rahmen wird die abgewandelte Auffassung schicksalwirkender Tat in jenen Schriften übertragen, die sich thematisch mit Auferstehung und kommenden Gottesreich beschäftigen, nämlich die Apokalypsen.

1. Die *Bilderreden des 1. Henoch* bringen Visionen über das Endgeschick jener Auserwählten, denen das Los zuteil wird, einst "im Lichte des ewigen Lebens" zu wandeln (58,3 vgl. 37,4). Gleich anfangs wird berichtet, daß der Gerechte, nämlich der Menschensohn, vor den Gerech-

---

20 ZThK 52, 1955, 1-42. Zum Stand der Diskussion siehe den in der Wissenschaftlichen Buchgesellschaft erschienenen Sammelband: Um das Prinzip der Vergeltung in Religion und Recht des Alten Testaments [= *Koch*, 1972].
[[21 Jer 48,7 stehen schon (dein Vertrauen auf) "deine Werke und deine Schätze" nebeneinander. *W. Rudolph*, Jeremia (HAT I 12), 1947, 238 sieht darin allerdings eine "ungute Zusammenstellung" und konjiziert nach LXX]].

ten erscheint, "deren Werke vor dem Herrn der Geister aufbewahrt sind" (wörtlich: aufgehängt, 38,2). *Im Himmel* sind nicht nur die *Werke der Gerechten gespeichert,* sondern auch deren Seelen, die im Zwischenzustand zwischen Tod und Auferstehung schon mit ihren Werken in eine vorläufige Berührung kommen:

> Hier schauten meine Augen ihre Wohnungen bei den Engeln und ihre Lagerstätten bei den Heiligen.
> Sie baten, legten Fürsprache ein und beteten für die Menschenkinder.
> Gerechtigkeit floß wie Wasser vor ihnen und Barmherzigkeit wie Tau auf der Erde (39,5).

Sobald das Endgeschehen anhebt, werden die Werke gewogen auf *himmlischer Waage:*

> Darnach sah ich alle Geheimnisse der Himmel, wie das (zukünftige) Reich verteilt wird und wie die Handlungen der Menschen auf der Waage gewogen werden. Dort sah ich die Wohnungen der Auserwählten und die Wohnungen der Heiligen (41,1).

Wie in den Synoptikern hängt also das eschatologische Erscheinen der Werke mit der Verwirklichung des Reiches Gottes zusammen. Ergebnis des Wiegens ist das Zuteilen einer herrlichen Wohnung. Der Akt wird 45,3 dem Menschensohn zugewiesen:

> An jenem Tage wird 'mein' Auserwählter auf dem Thron der Herrlichkeit sitzen und unter ihren (der Menschen) Taten eine Auslese treffen, und ihre Wohnungen (werden) zahllos (sein). |

Dem Wägen geht ein seltsames Messen des Glaubens und der Gerechtigkeit mit Schnüren voraus (61,3-8). Wenn der Menschensohn "alle Schätze dessen, was verborgen ist, offenbart" (46,3), mögen die im Himmel lagernden Vorräte guter menschlicher Werke einbegriffen sein. Die mit ihren Werken vereinten Gerechten sind von einem solchen Glanz erfüllt, daß vor ihrem Angesicht die bösen Herrscher der Erde "wie Stroh im Feuer" verbrennen (48,9). An anderer Stelle vergehen die Könige vor dem Angesicht des Menschensohns, nicht ohne vorher bekannt zu haben:

> Wir werden um unsrer Werke willen vor seinem Angesichte vergehen, und alle unsre Sünden sind genau gezählt... unsere Seelen sind von ungerechtem Mammon gesättigt (63,9f).

Über den Sündern sammelt sich das Unheil, das sie sich selbst geschaffen haben (50,2). Ihre bösen Werke gelangten nicht in den Himmel, sondern waren auf der Erdoberfläche geblieben, von der sie am Ende nach den Sündern verschwinden (69,28). Das geschieht, indem der Menschensohn sich auf seinen Thron setzt und seine Herrlichkeit wirksam wird.

Wenn die Gerechten mittels ihrer im Himmel aufbewahrten Werke gerettet werden, so ist das doch nicht ihr Verdienst. Während ihres Erdenwandels war vielmehr der Menschensohn ihr Stab, auf den sie sich stützten, er hat ihr Los bewahrt (48,4.7). Nach ihrem Tod wohnt in ihm der Geist derer, die "in Gerechtigkeit" entschlafen sind. Trotz der massiven Werkvorstellung vertreten die Bilderreden also keineswegs eine Leistungsreligion!

2. Noch deutlicher wird das Verhältnis vom Vorrat guter Werke und ewigem Leben in der syrischen Baruchapokalypse, dem 2. Baruch:

> Denn die Gerechten erwarten gern das Ende, und furchtlos gehen sie aus diesem Leben.
> Weil sie bei dir einen Schatz (*ḥailō*, wörtlich: Kraft) von Werken haben, der in den Vorratskammern aufbewahrt wird (14,12).

Das kann auch so ausgedrückt werden, daß sie den künftigen Aion als "Krone großer Herrlichkeit" erhalten (15,8); die Tat bleibt also Sphäre, die das Haupt einhüllt, als gute Tat ist sie zugleich ein Stück der zukünftigen Welt! Auch die große Auferstehungsrede c. 50f spricht von denen, die "durch ihre Handlungen gerettet worden sind" (51,7) und schließt mit Baruchs Aufruf an die Gerechten (52,7):

> Bereitet euch vor auf das, was euch zugedacht ist. Und macht euch (eure Seelen) geschickt für den Lohn, der euch zugedacht ist. |

Auch für Baruch ist die gute Tat, die dem Täter am Eschaton zugute kommt, nicht einfach Produkt eigener Machtvollkommenheit. Sie wird allein durch gottgeschenkte Weisheit möglich, die für ihn eine ähnliche Stellung einnimmt wie für Henoch der Menschensohn:

> Denn diese sind es, die diese Zeit, von der die Rede ist, erben sollen, und ihrer wartet das Erbe der verheißenen Zeit, diejenigen, die sich Vorräte der Weisheit zu eigen gemacht haben und bei denen sich Schätze der Einsicht vorfinden und die sich von der Gnade nicht losgesagt (wörtlich: entfernt) haben und die die Wahrheit des Gesetzes beobachtet haben. Denn diesen wird der Aion gegeben, der da kommt, der Aufenthalt der vielen übrigen aber wird im Feuer sein (44,13-15).

Die Vorräte an guten Werken, welche die Gerechten erlangen, stammen also aus den *Vorräten der Weisheit*, die ihnen vorgängig *übereignet* worden sind. Die Schätze der Weisheit finden sich vornehmlich im Gesetz (aber auch in anderen Gotteswerken 54,18). Die Schätze der Weisheit stammen ihrerseits aus dem Himmel (54,13). Das Endgeschehen verläuft so:

> Da werden die Schriften aufgetan werden, worin die Sünden aller derer, die gesündigt haben, aufgeschrieben sind, und auch die Vorrats-

kammern (*thesauroi*), wo die Gerechtigkeit aller derer, die in der Schöpfung recht gehandelt haben, aufgespeichert ist (*knš*) (24,1).

Es ist bezeichnend, daß es für die Taten der Gerechten keiner himmlischen Bücher bedarf, sind jene doch im Himmel gegenwärtig. Anders die Taten der Bösen, die auf der Erde verblieben und im Himmel nur aufgezeichnet sind. Auch bei Baruch sind die Taten raumhaft gedacht. Vor der Vernichtung des Antichrist "sammelt" (*knš*) der Messias und stellt (oder: legt, *sîm*) vor ihn hin "alle Taten seiner Scharen" (40,1).

Der Apokalyptiker weiß, daß die Menschen nicht von Geburt an in die zwei Klassen der Gerechten und Frevler zerfallen, sondern daß es ein Überwechseln von der einen zur anderen Gruppe gibt. Das wirkt sich in der Endzeit so aus, daß die himmlische *Waage* jenen Lebensabschnitt höher wiegt, der von guten Taten bestimmt war (c. 41f). Die einzelnen Taten werden also nicht für sich gewogen, sondern zeitlich zusammengerafft.

Im 2. Baruch zeigt sich somit wie in den Henoch- Bilderreden eine geschlossene Auffassung vom menschlichen Werk, seinem raumhaft - dinglichen Charakter und einem untrennbaren Zusammenhang von Tun | und Ergehen, der hier in der Endzeit sich auswirkt. Die gute Tat entläßt aus sich ewiges Leben. Sie ist aber ihrerseits himmlischen Ursprungs und ein Stück des kommenden Aions. Der jetzige Aion erscheint von daher als Acker, der durch menschliche Tat besät und gestaltet wird und der auf einen großen *Erntetag* wartet (70,2)[22].

3. Auch das *4. Esrabuch* beschreibt mehrfach den Vorrat an guten Werken, der im Himmel aufbewahrt wird und zum ewigen Leben führt. Nachdem die Erde die Gebeine und die Kammern die Seelen wiedergegeben haben und der Höchste auf seinem Thron erschienen ist, wird

> mein Gericht allein bleiben, die Wahrheit bestehen,
> der Glaube triumphieren.
> Das Werk folgt nach, der Lohn erscheint.
> Die gerechten Taten erwachen (wörtlich: werden auferweckt?),
> die Bösen schlafen nicht mehr.
> Dann erscheint die Grube der Pein, und gegenüber der Ort der Erquickung (7,34ff).

Die Werke wachen auf wie die Personen[23]. Darf man aber kommentieren: "Der geistige Ertrag eines Menschen folgt ihm ins Gericht wie sein Schatten?"[24] Der Ertrag ist gerade nicht geistig, vielmehr dinghaft und

---

[[22 Vgl. 2Hen 10,9; 14,2: Michael überbringt Gott die Tugenden der Gerechten in einer großen Schale]].

23 *Volz*, S. 293.

24 *Volz*, S. 307.

raumhaft, ist vom Täter auch längst getrennt und beim Höchsten aufbewahrt, um am Jüngsten Tag offenbar zu werden (7,77; 8,33). Wie wenig geistig Esra den Zusammenhang auffaßt, zeigt 7,83, wonach die Bösen nach ihrem Tod am Ort der Qual deshalb besonders leiden, weil "sie den Lohn sehen, der denen aufbewahrt ist, die des Höchsten Zeugnisse geglaubt haben". Paradoxerweise sehen die Gerechten im Zwischenzustand diesen ihren Lohn noch nicht (4,35).

Auch in dieser Apokalypse entspringen gute Werke nicht menschlicher Energie allein, sondern sind vorgängig geschenkt und hangen mit Weisheit zusammen[25]. Für die, die die Herrlichkeit erben sollen, ist

> das Paradies eröffnet, der Lebensbaum gepflanzt,
> der zukünftige Aion zugerüstet, die Seligkeit vorherbestimmt;
> die Stadt erbaut, die Heimat (Ruhstatt) auserwählt;
> die guten Werke geschaffen, die Weisheit bereitet.

Ihnen werden des Lebens Schätze am Ende offenbar (8,51-54). Auch für Esra hängt der Zeitpunkt des Endes mit der Reife der Welt zur Ernte zusammen (4,28f, vgl. 8,17).

Die Hoffnung auf einen *Vorrat von guten Werken im Himmel*, der dereinst sich zum ewigen Leben auswirkt und zum Reich Gottes gehört, | teilt also das Neue Testament mit der jüngeren spätisraelitischen Apokalyptik, zu der sich auch sonst reichlich Querverbindungen herstellen lassen[26]. Es ist nötig, daß man dieser speziellen Beziehung ansichtig wird. Der für das Eschaton aufgespeicherte Vorrat im Himmel ist keineswegs eine zur Zeit Jesu in Israel allgemein verbreitete Vorstellung. Jene Ausleger machen es sich zu leicht, die von späteren jüdischen Belegen her alsbald mit einer Geldvorstellung bei der Hand sind. "Die Werke sind mit Geldmünzen verglichen, die aufgespeichert werden", heißt es bei Volz[27] und bei Hauck[28]: "Während die Zinsen ... derselben dem Menschen in Gestalt erfreulicher Tatfolgen im diesseitigen Leben zugute kommen, bleibt das Kapital als Stammgeld bis zum Gerichtstag im Himmel aufbewahrt und wird dann ausbezahlt." Was der arme Selige am Jüngsten Tag mit Geldmünzen soll, bleibt unerklärt. Eine genaue Beschäftigung mit den Texten zeigt ganz andere gedankliche Zusammenhänge, die mit besonderen Denkformen des Hebräischen und Aramäischen zusammenhängen. Es ist die alte Auffassung schicksalwirkender Tatsphäre, die in apokalypti-

---

25 Vgl. auch TestLev 13,5-7.
26 Zu den Seligpreisungen der Bergpredigt s. mein: Was ist Formgeschichte? [2]1967.
27 *Volz*, S. 307.
28 *Hauck*, ThWNT III 137.

schen Kreisen eine neue Anwendung erfährt und in dieser Form von der
Urchristenheit aufgenommen wird[29].

IV.

Anhangsweise sei vermerkt, daß die apokalyptische Veränderung der
Auffassung schicksalwirkender Tatsphäre, nach der die gute Tat vom
Täter abwandert und in den Himmel gelangt, mit der damaligen Auslegung der bereits vorliegenden alttestamentlichen Schriften zusammenhängt.

Anstöße gibt einmal der nachexilische *Weisheitsgedanke.* Als eigen-
ständige, vom Himmel herabkommende Figur hat die Weisheit droben |
ihre Vorräte, die sie aber gern an Menschen vermittelt (1Bar 3,15; SapSal
7,14). Es gilt, ihre verborgenen Schätze aufzuspüren (Sir 20,30; 41,14).
Gelingt es, fließt reichlich Erkenntnis (Sir 1,25 vgl. Prov 8,21; 21,20), die
ihrerseits wieder rechtschaffene Taten hervorruft. Wird man wie die
Apokalyptiker gewahr, daß Weisheit in dieser Weltzeit nur spärlich
zugänglich wird, hofft man von da aus auf ein eschatologisches Erschließen weisheitlicher Schätze (z.B. 1Hen 91,10), so ist der Schritt zum je
eigenen himmlischen Vorrat an guten Werken nicht weit[30].

Dazu kommt, daß in den prophetischen Schriften die *Tatsphäre* um den
Menschen als sein *Vorrat* (*'ôṣar*) beschrieben wird, und zwar sowohl beim
Guten, dem die Jahwäfurcht sich speichert (Jes 33,6), wie auch bei den
Frevlern, die unsichtbar Frevel in ihren Häusern stapeln (Am 3,10; Mi
6,10). Dieser Vorrat ist ursprünglich innerzeitlich wirksam gedacht; ist er
positiv, verlängert er, ist er negativ, verkürzt er die Lebenszeit. Es ist aber

---

29   Vgl. weiter Offb Joh 14,13; 2. [slaw] Hen 50,5; 3. [griech] Bar 11-16. - Was
in diesen Texten deutsch "Lohn" übersetzt wird, darf nicht strikt genommen
werden, weil wir die apokalyptischen wie die urchristlichen Belege nur in
Übersetzungen vor uns haben, die durch ein Griechisch vermittelt sind, das an
der Septuaginta geschult war. Die Septuaginta aber benutzt *misthos* für eine
ganze Reihe von hebräischen Vokabeln; ihr liegt also an einem einheitlichen
Lohngedanken, wie ihn das hebräische Alte Testament noch nicht kennt. Die
Übertragung der hebräischen Auffassung vom himmlischen Vorrat führte anscheinend auf griechischem Boden notwendig zur Kapitalvorstellung; so z.B.
wohl 1Tim 6,19 (anders 5,24f).

30   Unsicher ist eine Verbindung zur ägyptischen Auffassung vom Totengericht,
bei dem die Taten des Menschen auf Haufen gesammelt und gewogen werden;
so z.B. nach der Weisheitslehre des Merikare 55 (AOT 34; ANET 415). [[4.
Hultgård, Das Judentum in der hellenistischen Zeit und die iranische Religion,
ANRW 19,1 (1979) 512-590, zitiert die iranische Schrift Mēnā i Xrat: "Sei
bemüht, einen Vorrat von guten Werken zu sammeln, auf daß er dir in den
himmlischen Welten zu Hilfe kommt", und schließt auf einen awestischen
Hintergrund und sieht von da aus das Tobitbuch beeinflußt (S. 554)]].

zu erwarten, daß eine stärker am Eschaton ausgerichtete Strömung wie die apokalyptische solche Stellen automatisch auf das Eschaton bezog. (Im Targum zu Jes 33,6 wird das sogar ausdrücklich vermerkt.)

Schließlich gibt es eine alte Rede von *himmlischen Vorratskammern*, in denen Jahwä meteorologische Kräfte wie Regen und Wind (Dtn 28,12; Jer 10,13), aber auch Geräte seines Zorns speichert (Jer 40,14). An einer einzigen Stelle, dem rätselhaften Moselied Dt 32, werden sogar schon die Anschläge der Feinde Israels mit diesen Kammern verbunden (V. 34f):

> Ist nicht dies bei mir aufbewahrt, versiegelt in meinen Vorratskammern?
> Mein ist die Rache und das Heimzahlen zur Zeit, da ihr Fuß wankt.

Wiederum zeigen die Targume, daß die spätisraelitische Zeit dieses Aufbewahren mit dem Jüngsten Tag verbunden hat, dem "großen Gericht" (Jeruschalmi I). Für die Schriftgelehrten lag der Schluß nahe: wenn Gott schon die bösen Taten aufspeichert, um wieviel mehr die guten.

So gab also der damalige Stand der Exegese genug Stellen an die Hand, um die Theorie vom himmlischen Schatz aus der Heiligen Schrift zu beweisen. |

* * *

Fremdartige, fernliegende Schriften und Denkformen haben wir durchmustert. Lohnt die Mühe angesichts brennender theologischer Aufgaben, die uns die Gegenwart stellt? Eine solche Frage vergißt, daß christliche Theologie nie von der Hand in den Mund leben kann, weil sie an ihren geschichtlichen Ursprung gebunden ist. Nur dort, wo sie sich die biblischen Autoren zum Maßstab nimmt für die Adressierung an die jeweilige Zeitgenossenschaft, bleibt Theologie davor bewahrt, in Spekulation auszuarten. Mit welchem Eifer und welchem denkerischen Einsatz hat man um die Zeit Jesu die Botschaft vom zukünftigen Gott nicht nur lauthals vorgetragen, sondern sie auch so verständlich gemacht, daß sie glaubwürdig wurde! Und das gerade auch an einem Punkt, an dem die gegenwärtige Theologie besonders im Dunkeln tappt und kaum präzise Aussagen wagt: dem der Auferstehung. Den Apokalyptikern und Evangelisten war es möglich, deutlich von Auferweckung und Reich Gottes zu sprechen, weil sie den Menschen durchgängig als einen werdenden betrachten, nicht als einen, der immer schon er selbst ist. Nichts anderes steckt hinter der Auffassung von der Tat als Sphäre. Der Mensch aber wird er selbst und gewinnt ewiges Leben nur dadurch, daß Gott ihm zuvor Möglichkeiten eröffnet, die er in Freiheit zu übernehmen und aktiv zu realisieren hat.

IV
Anhang

Nachweis der Erstveröffentlichungen

Die Anfänge der Apokalyptik in Israel und die Rolle des astronomischen Henochbuchs (mit einem Anhang von *U. Gleßmer*: Zur Funktion der Tore in 1Hen 72-82). Bislang unveröffentlicht

Sabbatstruktur der Geschichte. Die sogenannte Zehn-Wochen-Apokalypse (1Hen 93,1-10; 91,11-17) und das Ringen um die alttestamentlichen Chronologien im späten Israelitentum, in: ZAW 95, 1983, 403-430 [Verlag Walter de Gruyter, Berlin / New York]

Esras erste Vision. Weltzeiten und Weg des Höchsten, BZ NF 22, 1978, 46-75 [Verlag Ferdinand Schöningh, Paderborn]

Einleitung zur Apokalyptik = Einleitung, in: "Apokalyptik", hrg. von *K. Koch / J.M. Schmidt* (WdF 365), 1982, 1-29 [Wissenschaftliche Buchgesellschaft, Darmstadt]

Die mysteriösen Zahlen der judäischen Könige und die apokalyptischen Jahrwochen, in: VT 28, 1978, 433-441 [Verlag E.J. Brill, Leiden]

Vom profetischen zum apokalyptischen Visionsbericht, in: Apocalypticism in the Mediterranean World and the Near East, hrg. von *D. Hellholm*, 1983 (= ²1989), 413-446 [Verlag J.C.B. Mohr (Paul Siebeck), Tübingen]

"Adam, was hast Du getan?" Erkenntnis und Fall in der zwischentestamentlichen Literatur, in: Glaube und Toleranz. Das theologische Erbe der Aufklärung, hrg. von *T. Rendtorff*, 1982, 211-242 [Gütersloher Verlagshaus Gerd Mohn, Gütersloh]

Monotheismus und Angelologie, in: Ein Gott allein? JHWH-Verehrung und biblischer Monotheismus im Kontext der israelitischen und altorientalischen Religionsgeschichte, hrg. von *W. Dietrich / M.A. Klopfenstein*, 13. Kolloquium der Schweizerischen Akademie der Geistes- und Sozialwissenschaften 1993 (= OBO 139), 1994, 565-581 [Universitätsverlag, Freiburg Schweiz]

Messias und Menschensohn. Die zweistufige Messianologie der jüngeren Apokalyptik, in: JBTh 8, 1993, 73-102 [Neukirchener Verlag, Neukirchen-Vluyn]

Der Schatz im Himmel, in: Leben angesichts des Todes, FS *H. Thielicke*, hrg. von *B. Lohse*, 1968, 47-60 [Verlag J.C.B. Mohr (Paul Siebeck), Tübingen]

Hinweise zur Dokumentation der Sekundärliteratur und den Abkürzungen sowie zu den Registern

Nachträge oder Veränderungen der in diesem Band gesammelten Aufsätze, die sich bei der Überarbeitung durch Klaus Koch und die Herausgeber ergaben, sind in der Regel durch [[...]] gekennzeichnet worden. Auf die Originalseiten-zählungen wird jeweils durch den eingefügten Senkrechtstrich | im Text bzw. die Nummern in den Titelzeilen verwiesen. Dadurch bleibt eine Vergleichbarkeit mit der jeweiligen Erstfassung möglich. Diese Orientierung an dem Originalbeitrag betrifft auch das Abkürzungssystem sowie die Dokumentation der Literatur. In Ergänzung der Konventionen von RGG und TRE werden folgende Abkürzungen verwendet:

AB	Astronomisches Buch (= 1Hen 72-82)	N	Neofiti
		O	Onkelos
a.m.	anno mundi (von der Weltschöpfung)	PJ / PsJ	Pseudo-Jonathan
ATTM	*K. Beyer*, Aramäische Texte vom Toten Meer, 1984 [Ergänzungsband 1994]	THLI	Textwissenschaft, Theologie, Hermeneutik, Literaturanalyse, Informatik (hrg. H. Schweizer)
F	Fragmententargum		
G	Septuaginta = LXX	TTM	*J. Maier*: Die Qumran-Essener: Die Texte vom Toten Meer (Bd. I, UTB 1862, 1995; Bd. II, UTB 1863, 1995; Bd. III, UTB 1916, 1996)
GA	Gesammelte Aufsätze		
LLAe	Lexicon Linguae Aethiopice (Dillmann 1865 = 1970)		
M	Masoretischer Text = MT		
MPAT	*J.A. Fitzmyer - D.J. Harrington*: A Manual of Palestinian Aramaic Texts, Biblica et Orientalia 34, 1978	TB	Traumbuch (= 1Hen 83-91)
		WBTM	Wörterbuch über Talmud und Midrasch (Levy)

Die Literaturdokumentation erfolgt jeweils im Zusammenhang mit den Aufsätzen in deren Fußnoten sowie z.T. in separaten Verzeichnissen (S. 39, 78, 105f, 178, 217, 233f). Auf ein Gesamtverzeichnis im Anhang wurde aus Platzgründen verzichtet. Um trotzdem eine Übersicht zu bieten und bei nicht-kontinuierlicher Lektüre das Auffinden zu erleichtern, ist ein "Register der Autorinnen und Autoren" angefügt. Bei mehrfachen Bezugnahmen sind jeweils diejenigen Seiten kursiv gedruckt, auf denen sich vollständige bibliografische Angaben finden. Ähnlich bieten auch die anderen ausführlichen Register mit ihren Einträgen eine Auswahl zum Nachschlagen solcher Details an, die für ein Studium der apoka-lyptischen Literatur nützlich erscheinen.

1. Autorinnen- und Autorenregister

2. Sach-, Orts- und Namensregister (in Auswahl)

3. Hebräisches Wortregister

4. Aramäisches Wortregister

אחוא	12	מלאך	27
אהרן	12	מלכא משיחא	245
אמרת	83	מנאין	23
אנושא	246	מערב	23, 27, 28
אנש	244	משיחא	239, 243
אנשא	246	ספר	126
ארחא	80f	עלם	33, 36, 48f, 56, 67, 73,
בר אנש	243, 244, 247, 250		75, 200, 203, 209, 212,
בר (א)נשא	243		215f, 251, 257, 259
בר (א)נש(א)	245f	עירין	188
בר אנש(א)	266	פקדנא	93
דאר	23	קדימא	23
דין	50, 55, 57, 101f	קושטא	50, 52f, 55, 67, 73, 98,
דכיר	200		101, 193
דמותא	252	קשוט	55, 57
זבנא	255	רבותא	207
חזה	9, 10, 15, 23, 25-27,	רוח	252
	156, 254	רוחי שמיא	23
חשבון	10	רמותא	206
לבא בישא	80f, 213	רשיתא	257
מאין	23	שבוע	47f, 58-64, 75
מחשבתא	80	שקרא	67
מלא	28		

5. Griechisches Wortregister

ἁμαρτία(/αι)	166, 204	ἰδού	156
ἀνάγκη	272	κληρονομεῖν	268
ἄνθρωπος	245	μυστήριον	119
ἀφανίζειν	271	παλαιὸς ἡμερῶν	244
βασιλεία τοῦ θεο	3, 131	παραβολαῖς	160
διάβολος	230	παρουσία	255
δόξα	245	(κατὰ) πνεῦμα	26, 264
ἐν δυνάμει	265	κατὰ σάρκα	264
ἐξουσία	245	τηρεῖν	200
ἕβδομος λόγος	73	υἱὸς ἀνθρώπου	244
θησαυρίζειν	272	ὁ υἱὸς τοῦ ἀνθρώπου	243
θησαυρός	270f, 275	χριόμενος	237
ἰδεῖν	156	χριστός	243

6. Register der Bibelstellen
(und antiker Dokumente)

11,42	137	31,3	264	3,14	146
14,21	137	33,6	278, 279	9	158, 252
15,2	137	34f	113	11,13	159
15,10	137	40,1f	138	11,19	213
22	158	40,3-6	219	11,19 Tg	90
22,21	229	41,3	164	14,21	155
22,42	137	41,21-29	219	20,12ff	142
		42	262	28,12-16	219
2Könige		42,1	239	30,13	219
8,17	137	42,6	53	34,24	236
8,26	137	42,7.16.18	248	36,26	90, 213
11,4	137	45,1	237	36,26 Tg	90
12,2	137	45,3	271	37	128
14,2	137	45,5	219	37,22.24	236
15,2	137	46,1	219	37,25	236
15,33	137	49	262	38–39	252
16,2	137	52,7	129, 264	40ff	138
17,2	137	52,10	4	44,3	236
21,2	137	52,13	239		
21,19	137	53,10	239	*Hosea*	
22,1	137	61,1f	138, 241	3,5	239
23,5	17			6,7 Tg	210
23,31	137	*Jeremia*		9,7f	229
23,36	137	3,6ff	161	13,4-8	161
24,8	137	3,17	90		
24,18	137	7,24	90, 213	*Amos*	
25,27	137	10,13	279	2,13	195
		11,8	90, 213	3,10	278
Jesaja		18,18	127	7	155, 158, 160
1,2	197	20,1	237		
1,21	101	23,5	236	7,1-3	153
3,14	101	23,15	239	7,1-9	119
4,4	101	25,11f	73, 139	7,3.6	87
6	119, 158, 161	26,1	258	7,8	156
		29,10	73	8,3	156
6,9f	197	31	4	8,8	195
6,11	158	33,15	236	9,1	153
9,11	132	34	72, 137, 139		
11	242, 260, 262			*Micha*	
		34,14	137	5,6f	246
11,1	239	38,11	271	6,10	278
14	232	40,14	279		
14,12-17	152			*Nahum*	
24-27	113	*Ezechiel*		2,1	230
26,3	188	1	158, 219		
26,19	255	1,5.8	246	*Habakuk*	
28,16	239	1-3	119	3,13	235

Schriften neben dem AT

Qumran-Schrifttum

Neues Testament

Anderes antikes Schrifttum

Fortführung der Bibliografie Klaus Koch (1991 - 1995)

Die folgende Bibliografie bietet eine Fortführung zu der 1991 von *M. Rösel* für die Festschrift "Ernten, was man sät" (S. 583-595) zusammengestellten. Damals mußten bei einigen Angaben noch Seitenzahlen und andere Details z.T. offenbleiben. Um den Fortschreibungs- und Ergänzungscharakter der jetzt für die nächsten fünf Jahre vorliegenden Dokumentation deutlich zu machen, wird auf die Bibliografie von 1991 mit eckigen Klammern und FS-Nr. am rechten Rand verwiesen, wo es sich um bereits aufgelistete, jedoch hier modifizierte Einträge handelt. Da bereits fortlaufende Nummern für die verschiedenen Publikationstypen vergeben sind, versucht die Fortführung daran anzuknüpfen und markiert die neuen Nummern mit einem Stern *.

I. Selbständige Veröffentlichungen

*20   Geschichte der ägyptischen Religion : Von den Pyramiden bis zu den Mysterien der Isis, Stuttgart / Berlin / Köln 1993
[FS-Nr. 20]

*10³   Die Profeten I. Assyrische Zeit (Urban Taschenbücher 280), Stuttgart / Berlin / Köln dritte, völlig neu bearbeitete Auflage 1995
[FS-Nr. 10]

*19.II Die Reiche der Welt und der kommende Menschensohn. Studien zum Danielbuch. Gesammelte Aufsätze Bd. II, hrg. von *M. Rösel*, Neukirchen-Vluyn 1995 [= GA II]

II. Aufsätze

*91.   Damnation and Salvation. Profetic Metahistory and the Rise of Eschatology in the Book of Isaiah.- in: Ex Auditu 6 (1990) 5-3
[FS-Nr.96]

*92.   Rezeptionsgeschichte als notwendige Voraussetzung einer biblischen Theologie - oder: Protestantische Verlegenheit angesichts der Geschichtlichkeit des Kanons, in: "Sola scriptura". Das reformatorische Schriftprinzip in der säkularen Welt, hrg. von *H.H. Schmid / J. Mehlhausen*, 1991, 143-155 [FS-Nr. 94]

*93.   Der doppelte Ausgang des Alten Testaments in Judentum und Christentum, JBTh 6 (1991) 215-242   [FS-Nr. 93]

*94.   Weltgeschichte und Gottesreich im Danielbuch und die iranischen Parallelen, in: Prophetie und geschichtliche Wirklichkeit im alten Israel, FS *S. Hermann*, hrg. von *R. Liwak / S. Wagner*, 1991, 189-205 [= GA II, 46-65]   [FS-Nr. 95]

*95.   The Deluge Story in the Bible, Ancient Mesopotamia and ancient India, in: Arasaradi Journal of Theological Reflection (Madurai) I, 1986, 8-23

*96.   Ezra and Meremoth. Remarks on the History of the High Priesthood, in: "Sha'arei Talmon" hrg. von *M. Fishbane / E. Tov*, 1992, 105-110   [FS-Nr. 90]

*97.   Gefüge und Herkunft des Berichts über die Kultreformen des Königs Josia. Zugleich ein Beitrag zur Bestimmung hebräischer "Tempora", in: Alttestamentlicher Glaube und Biblische Theologie, FS *H.D. Preuß*, hrg. von *J. Hausmann / H.J. Zobel*, 1992, 80-92   [FS-Nr. 92]

*98.   Der "Märtyrertod" als Sühne in der aramäischen Fassung des Asarja-Gebetes Dan 3,38-40, in: Dramatische Erlösungslehre. Ein Symposion, hrg. von *J. Niewiadomski / W. Palaver* (Innsbrucker Theologische Studien 38) 1992, 119-134 [= GA II, 66-82]

*99.   Syrien - Kanaan, in: Die großen Religionen des Alten Orients und der Antike, hrg. von *E. Brunner*, 1992, 71-94

*100.   Das apokalyptische Lied der Profetin Hanna : 1 Sam 2,1-10 im Targum, in: Biblische Welten, FS M. Metzger hrg. von *W. Zwickel* (OBO 123), 1993, 61-82

*101.   Heilserwartung zwischen Altem und Neuem Testament - das apokalyptische Schrifttum der Zeitenwende, in: Qumran. Ein Symposion, hrg. von *J.B. Bauer / J. Fink / H.D. Galter* (Grazer theologische Studien 15), 1993, 205-216

*102.   Wind und Zeit als Konstituenten des Kosmos in phönikischer Mythologie und spätalttestamentlichen Texten, in: Mesopotamica - Ugaritica - Biblica, FS *K. Bergerhof*, hrg. von *M. Dietrich / O. Loretz* (AOAT 232), 1993, 59-91

*103.   Gottes Herrschaft über das Reich der Menschen. Dan 4 im Licht neuer Funde, in: The Book of Daniel in the Light of New Findings, hrg. von *A.S. van der Woude* (BETL 106), 1993 77-119 [= GA II, 83-124]

*104.   Ḥazzi - Safôn - Kasion. Die Geschichte eines Berges und seiner Gottheiten, in: Religionsgeschichtliche Beziehungen zwischen

Kleinasien, Nordsyrien und dem Alten Testament (Internationales Symposion Hamburg 17.-21. März 1991), hrg. von *B. Janowski / K. Koch / G. Wilhelm* (OBO 129), 1993, 171-223

*105. Messias und Menschensohn. Die zweistufige Messianologie der jüngeren Apokalyptik, JBTh 8 (1993) 73-102 [= GA III, 235-266]

*106. Ba'al Sapon, Ba'al šamem and the critique of Israel's prophets, in: Ugarit and the Bible, hrg. von *G.J. Brooke / A.H.W. Curtis / J.F. Healey* (UBL 11), 1994, 159-174

*107. Der Psalter und seine Redaktionsgeschichte, in: Neue Wege der Psalmenforschung, FS *W. Beyerlin*, hrg. von *K. Seybold / E. Zenger* (Herders Biblische Studien I), 1994, 243-277

*108. Die Entstehung der Heilserwartung in Israel und ihre kanonische Rezeption, in: Nachdenken über Israel, Bibel und Theologie, FS *K.D. Schunck*, hrg. von *H.M. Niemann / M. Augustin / W.H. Schmidt* (BEATAJ 37), 1994, 235-250

*109. Monotheismus und Angelologie, in: Ein Gott allein? JHWH-Verehrung und biblischer Monotheismus im Kontext der israelitischen und altorientalischen Religionsgeschichte, hrg. von *W. Dietrich / M.A. Klopfenstein*, 13. Kolloquium der Schweizerischen Akademie der Geistes- und Sozialwissenschaften 1993 (= OBO 139), 1994, 565-581 [GA III, 219-234]

*110. Das Hohe Lied unter kanonischer Perspektive. Beobachtungen zur Rezeptionsgeschichte anhand von Targum und Midrasch, in: Gottes Ehre erzählen, FS *H. Seidel*, hrg. von *M. Albani / T. Arndt*, 1994, 11-23

*111. Der Artaxerxes-Erlaß im Esrabuch, in: Meilenstein, FS *H. Donner*, hrg. von *M. Weippert / S. Timm* (ÄAT 30), 1995, 87-90

*112. Some Considerations on the Translation of *kappōret* in the Septuagint, in: Pomegranates and Golden Bells, FS *J. Milgrom*, hrg. von *D.P. Wright / D.N. Freedman / A. Hurvitz*, 1995, 65-75

*113. Das Reich der Heiligen und der Menschensohn, in: Die Reiche der Welt und der kommende Menschensohn. Studien zum Danielbuch. *K. Koch*, Gesammelte Aufsätze Bd. II, hrg. von *M. Rösel*, 1995, 140-172

*114. Bücher auf Erden und Bücher im Himmel, in: Zwischen Verkündigung und Studium : Festschrift zum Hundertjährigen Bestehen der Nordelbischen Kirchenbibliothek in Hamburg, hrg. von *J. Stüben / R. Hering* (Bibliothemata Bd. 13) 1995, 395-408

III. *Forschungsberichte und Rezensionen*

C.C. Broyles, The Conflict of Faith and Experience in the Psalms (JSOT.SS 52), 1989, in: ThLZ 118 (1993) 1023f

K. Koenen, Heil den Gerechten und Unheil den Sündern (BZAW 229), 1994, in: ThLZ 120 (1995) 1068f

IV. *Herausgeberschaft und Mitarbeit*

Religionsgeschichtliche Beziehungen zwischen Kleinasien, Nordsyrien und dem Alten Testament (Internationales Symposion Hamburg 17.-21. März 1991), hrg. von *B. Janowski / K. Koch / G. Wilhelm* (OBO 129), 1993 (eigener Aufsatz Nr. *104)